Josef Imbach
Rom ohne Heiligenschein

Josef Imbach

Rom ohne Heiligenschein

Geschichten der Ewigen Stadt

Albatros

Titel der Originalausgabe:
Kirchenfürsten, Künstler, Kurtisanen. Rom – Geschichten einer Stadt
© 2003 Patmos Verlag GmbH & Co. KG, Düsseldorf

Bibliografische Information der Deutschen Nationalbibliothek

Die Deutsche Nationalbibliothek verzeichnet diese Publikation
in der Deutschen Nationalbibliografie;
detaillierte bibliografische Daten sind im Internet
über http://dnb.d-nb.de abrufbar.

© 2010 Patmos Verlag GmbH & Co. KG /Albatros Verlag, Mannheim
Alle Rechte vorbehalten.
Umschlaggestaltung: butenschoendesign.de, Lüneburg
Umschlagmotiv: Dario Mitidieri © getty-images
Printed in the Czech Republic
ISBN 978-3-491-96279-8
www.albatros-verlag.de

Inhalt

Wer Rom sagt …

Rom ist eim jeglichen das, was er ihm selber ist: ist einer fromb,
heilig, gottsfürchtig, so findt er der Leut dieshalben allen Vorrat,
wie ers nur haben will. Ist einer gelehrt und sucht Gelehrte, so findt
ers. Ist einer ein Weltmann und sucht Weltleut, so hat ers. Ist einer
aber bös, unrein, üppig und begehrt seinsgleichen, so findt ers
abermal. Wer dem Guten in Rom nachgehn und nachsetzen will,
der wird in Deutschland von Rom gewisslich anders nichts denn
alles Liebs und Guts wissen sagen.
Jakob Rabus, Hofprediger Herzog Albrechts V., am Schluss eines
Berichts über seine Romwallfahrt anlässlich des Heiligen Jahres 1575

ALLE WEGE FÜHREN NACH ROM, »und wer einmal dort war«, sagt Werner Bergengruen, »und sei es auch nur für eine kurze Zeit, hat in Jahrhunderten und in Jahrtausenden gelebt«.

Tatsächlich, wer Rom sagt, meint nicht nur das heilige oder das ewige Rom, sondern denkt gleichzeitig auch an die antike, heidnische und frühchristliche Zeit zurück, an die mittelalterliche Stadt auch und damit an das *saeculum obscurum*, jenes düstere Jahrhundert um die Jahrtausendwende, als die Nachfolger des heiligen Petrus den römischen Adelsgeschlechtern als Handlanger dienten, wenn sie nicht gerade ihre Komplizen waren; erinnert sich weiter daran, dass das Papsttum ausgerechnet während der Blüte des Humanismus und im Zeitalter der Renaissance einen noch nie da gewesenen moralischen Tiefstand erreichte (nachher konnte es wirklich nur noch aufwärts gehen); entsinnt sich schamrot der Tatsache, dass die im Getto eingepferchten Juden im 15. Jahrhundert anlässlich des römischen Karnevals zum Zweck der Volksbelustigung öffentlich gedemütigt wurden und dass sie, wie ein Chronist im Jahre 1600 schreibt, allwöchentlich, und zwar ausgerechnet am Sabbat, »ihren verstockten Herzen zum Trotz, um der himmlischen Gnade teilhaftig zu werden, an Kopf und Haaren in eine römische Kirche geschleift wurden«, wo sie (aber vorher hatten sie sich die Ohren mit Wachs verstopft) eine Mönchspredigt über sich ergehen lassen mussten, in der sie fast regelmäßig als Gottesmörder gebrandmarkt wurden, ein verwerflicher Brauch, der erst 1847 von Pius IX. abgeschafft wurde; wer Rom sagt, sieht vor seinem Auge farbenprächtige Prozessionen vorüberziehen, aber auch die Pest und die Cholera, die beide vor der Ewigen Stadt keinen Respekt kannten, gedenkt wohl auch des heiligen Philipp Neri, der sich über sich selber lustig machte und manchmal auch über den einen oder anderen Papst (er hat immerhin vierzehn von ihnen überlebt, einen, Klemens VIII., sogar von der Gicht geheilt, indem er sich zum Entsetzen der anwesenden Kämmerer und Kardinäle einfach zu ihm ins Bett legte); wer Rom sagt, meint außerdem die moderne Großstadt mit ihren über drei Millionen Einwohnern, mit ihren Schänken und Trattorien und der *Via Condotti*, wo die Dame von Welt und der Herr mit Scheckheft alles finden, was das Herz begehrt und dieses doch nicht auszufüllen vermag; und nicht zuletzt weiß, wer Rom sagt, dass es keine Epoche gab, in der Sage und Legende und Geschichte sich in dieser Stadt nicht miteinander verbanden, gar verbündeten, weswegen ihr schon allein deshalb etwas Rätselhaftes und Geheimnisvolles eignet; wer Rom sagt – jetzt hält es meinen langen Satz nicht länger; laut und eindringlich schreit er nach einem Punkt.

Wer Rom sagt, hat schon deshalb viel zu sagen, weil hier jeder Fleck seine eigene Geschichte und jede Geschichte wiederum verschiedene Überlieferungen hat.

Die *urbs*, einst Mittelpunkt eines von Götterdienern und Agnostikern und häufig auch von Frevlern beherrschten Weltreiches, entwickelte sich, kaum dass Kaiser Konstantin im Jahre 313 in Mailand dem ganzen Reich die Religionsfreiheit gewährt hatte, schnell zum Zentrum einer wachsenden Christenheit. Fortan lag über dieser Stadt selbst in ihren düstersten Zeiten ein geheimnisvoller Glanz von Erhabenheit. Dennoch hat man immer wieder das Gefühl, dass einem aus den alten Gassen und dunklen Winkeln gelegentlich der Pesthauch des Dämonischen entgegenweht. Geschichte und Sage, aber auch das Mysteriöse und das Monströse sind in Rom aufs Engste miteinander verflochten.

Gerät man beim Anblick von Michelangelos Moses in *San Pietro in Vincoli* in Ekstase, erfasst einen noch immer ein unerklärliches Schaudern, kaum dass man die Kirche verlassen hat. Man geht ein paar Schritte nach rechts und schon steht man vor dem Bogengang des berüchtigten *Vicus sceleratus*, der Frevlergasse (heute *Via Santa Francesco di Paola*), die im alten Rom niemand betrat, ohne vorher die Götter anzurufen. Hier wurde im 6. Jahrhundert v. Chr. der weise König Servius Tullius auf Veranlassung seiner Tochter Tullia von Mörderhand umgebracht; auf diese Weise hoffte die Prinzessin, ihren Mann, den Etrusker Tarquinius, auf den Thron zu hieven. Als Tullia wenig später am Ort des Verbrechens vorbeifuhr, hielt der Kutscher beim Anblick der Leiche die Pferde an. Aber die Ruchlose befahl, über den Toten hinwegzufahren; dabei wurde sie mit dem Blut ihres Vaters bespritzt. Nur wenige Jahre nach dieser Untat, 510 v. Chr., zwang das Volk Tarquinius und seine Gemahlin, Rom zu verlassen und rief die Republik aus.

Nach der Zeitenwende gesellten sich in Rom zu den heidnischen Sagen die christlichen Legenden, und nicht selten geschah es, dass eine Geschichte, in der früher die eine oder andere Gottheit Regie führte, nun plötzlich einen Engel oder einen Heiligen zum Protagonisten hatte – was wiederum daran erinnert, dass später so mancher römische Tempel in eine christliche Kirche umgewandelt wurde.

Aber das heidnische Fundament (und oft nicht nur dieses) blieb bestehen. Begreiflich daher, dass im Lauf der Jahrhunderte uralte antike Überlieferungen und christliches Brauchtum miteinander verschmolzen.

Harmonische Dissonanzen dieser Art prägen auch den heutigen Alltag. So sind sich fast ausnahmslos alle darüber einig, dass die ganze Stadtverwaltung eine einzige *associazione di ladri*, eine Bande von Gaunern und Dieben und Halsabschneidern sei. Aber wehe, wenn ein Fremder dieser Meinung beipflichten sollte; man würde ihn als Rassisten beschimpfen.

Dass die Spaghetti nicht windelweich sein dürfen wie das Herz einer reumütigen Sünderin, sondern *al dente* gegessen werden, ist für jede Römerin eine Prestige- und für jeden Römer eine Existenzfrage. Aber kaum jemand kann sagen, warum die Eisenbahner schon wieder für zwei Tage die Arbeit niedergelegt haben. Der Ausdruck *sciopero*, Streik, ist den Kindern vertraut, noch bevor sie *buongiorno* sagen können. Bald streikt die Post, bald tritt die Lehrerschaft in den Ausstand, bald verordnen die Gewerkschaften den Angestellten der öffentlichen Verkehrsmittel einen Ruhetag. Dann wieder legen die Taxifahrer die Arbeit nieder, anschließend oder gleichzeitig streiken die Ärzte, die Gastwirte, die Apotheker, die Metallarbeiter… Kurzum, es vergeht keine Woche ohne Arbeitskampf und es gibt kaum einen Berufszweig, der innerhalb eines halben Jahres nicht mindestens zwei Mal in den Ausstand tritt. Die Schuld daran trägt nach Meinung der Römer einzig und allein die Regierung, die fast so häufig wechselt wie die Jahreszeiten. Nur die *borsaioli*, die Taschendiebe, sind unentwegt auf Achse und können weiterhin erstaunliche Erfolgsquoten verbuchen.

Die Romreisenden aus dem Norden ficht das alles wenig an. Sie finden es eher amüsant, wenn der Bus wegen einer Protestkundgebung für eine geschlagene Stunde im Verkehr stecken bleibt. Was die Rückreise in ihre Heimat betrifft, haben sie vorsichtshalber, weil auf die italienischen Piloten auch kein Verlass mehr ist, nicht bei *Alitalia* gebucht. Vielleicht kommen sie trotzdem in den Genuss, die Folgen eines Arbeitskampfes einmal hautnah erleben zu dürfen. Wenn nämlich die Fluglotsen streiken, hebt auch keine Lufthansa-Maschine mehr ab.

Natürlich ist das, was man im Norden unter einer perfekten Organisation versteht, auch nicht die Mozzarella auf der Pizza. In Rom löst man die Probleme nun einmal auf andere Weise. Die Devise heißt nicht Planung, sondern *bisogna arrangiarsi* – man muss sich arrangieren. Darin hat die Bevölkerung Roms eine jahrhundertealte Erfahrung. Sich arrangieren, das ist *ihre* Form der Organisation. Pilger und Touristinnen mögen das faszinierend finden. Für sie gibt es ja keinen Alltag, und deshalb können sie unmöglich verstehen, dass jemand, der sein halbes Leben in Rom verbracht hat, zu dieser erbarmungslosen und doch so einzigartigen Stadt eine Art Hassliebe entwickelt, wie man sie sonst nur Menschen gegenüber verspürt, zu denen man nie ganz hinfindet und von denen man auch nicht loskommt. Und sollte man sich doch einmal losreißen, so empfindet man schon nach drei Tagen wieder Heimweh.

Aber werden wir jetzt bloß nicht wehmütig! Rom bleibt uns erhalten. Und während wir die folgenden Seiten überfliegen, da und dort mit unseren Gedanken hängen bleiben und dem pedantischen Famulus Wagner ausnahmsweise Recht geben (»Verzeiht, es ist ein groß Ergetzen, sich in den Geist der Zeiten zu versetzen«), fällt uns der richtige Name für die Endstation Sehnsucht plötzlich doch noch ein: *Roma Termini.*

Hure Babylon
oder heilige Stadt?

Rom ist das Haupt der Welt / voll Witz wie ich befinde /
Voll Weißheit / voll Verstand / doch auch voll Läuß und Grinde.
Andreas Gryphius im Jahre 1646

»Das mir grawet, wenn ich dran dencke«

WOHL KEINE EUROPÄISCHE METROPOLE vereinigt so viele Gegensätze und Widersprüche in sich wie Rom. In der *Geheimen Offenbarung* des Neuen Testaments erscheint die Stadt im Hinblick auf die damals herrschenden Zustände als »Hure Babylon«. Kaum zwei Jahrhunderte nach dieser Einschätzung betrachtet die Christenheit Rom als zweites Jerusalem. Und wiederum ein paar Jahrhunderte später denkt sich niemand etwas dabei, als der 1549 mit den Steuern der Kurtisanen restaurierte *Pons Aemilius*, die älteste steinerne Brücke Roms, den frommen Namen *Ponte Santa Maria* erhält (die Bezeichnung *Ponte rotto* kam erst nach 1598 auf, als eine Überschwemmung diese antike Verbindung zwischen den beiden Tiberufern bis auf zwei noch heute bestehende Pfeiler zerstörte).

Rom ist voller Ungereimtheiten, im religiösen wie im profanen Bereich (sofern denn diese Unterscheidung in der Ewigen Stadt überhaupt getroffen werden kann). Während die Pilgerleute an Gott denken, sinnen die Händler und Geldwechsler auf Gewinn, und wo die Frommen zusammenströmen, wittern die Scharlatane ein Geschäft. So warnt schon ein *Pilgerführer* für den Jakobsweg nach Santiago de Compostela in der zweiten Hälfte des 12. Jahrhunderts vor Gastwirten, welche die frommen Abenteurer am Stadteingang empfangen und in ihre Herbergen locken, wo sie dann allerlei böse Überraschungen erleben, weil der Schankwirt ihnen die Wallfahrtskerzen zu überhöhten Preisen verkauft, verdorbene Speisen auftischt oder die Schlafenden während der Nacht durch Komplizen berauben lässt. Die Schlussmahnung klingt schon fast sarkastisch: Wer es als Gauner und Betrüger zu etwas bringen will, lasse sich am besten an Wallfahrtsorten wie Bari oder Tours oder Rom ausbilden.

Mit Blick auf gewisse Epochen der Kirchen- und Papstgeschichte könnten wir auch sagen: Wer Luxus und Wollust sucht und lose Moral und lockere Sitten schätzt, sehe in Rom sich um.

In der Tat fehlt es nicht an authentischen Stimmen und glaubhaften Zeugnissen, welche den zeitweiligen Sittenverfall und die Verderbnis der Heiligen Stadt vor allem zur Zeit der Renaissance beklagen. Erinnert sei an Martin Luther, der während seines Romaufenthaltes im Herbst 1511 zwar nicht den Glauben an Gott, aber doch jeglichen Respekt vor dem Papsttum verlor.

Der damals 28-jährige Augustinermönch und Magister der Theologie reiste zusammen mit dem Prior Johann von Mechelen nach Rom. War dieser bemüht, interne Streitigkeiten des Ordens beizulegen, nutzte jener seine Rolle als von der Ordensregel vorgeschriebener Begleiter zu einer Pilgerfahrt. Nachdem die beiden Mönche durch die *Porta del Popolo* die Ewige Stadt betreten hatten, fiel Luther auf die Knie, erhob die Hände gen Himmel und rief: »Heil dir, heiliges Rom, Land der Märtyrer, geheiligt durch das Blut, das sie hier vergossen haben!« Für die ganze Dauer seines Aufenthaltes wohnte der spätere Reformator in dem hinter dem Stadttor gelegenen Kloster seines Ordens, zu dem auch die Kirche *Santa Maria del Popolo* gehörte. Die kurze Zeit seines Romaufenthaltes genügte, um seine Gemütsverfassung völlig durcheinander zu bringen. Von Tag zu Tag wurde der fromme Klostermann verstörter angesichts der

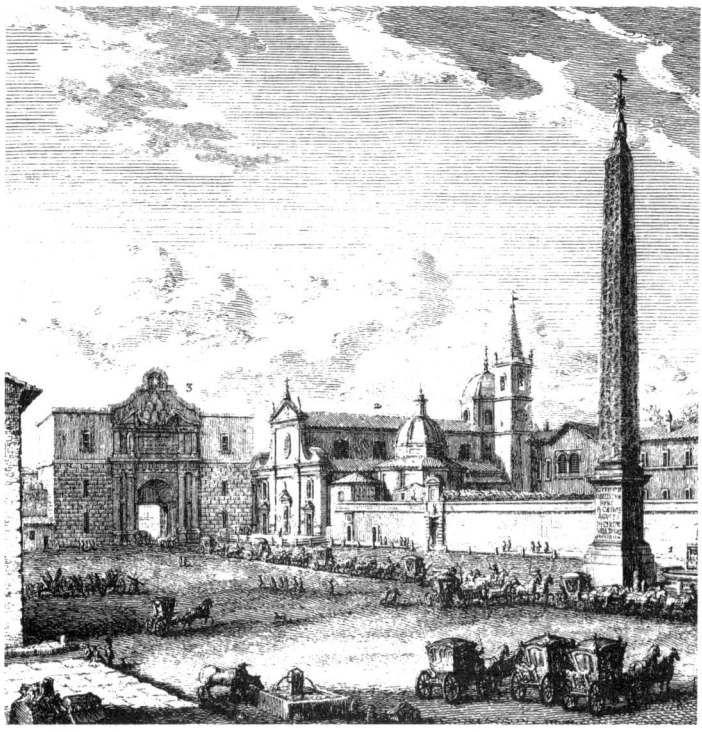

Santa Maria del Popolo. Stich von Giuseppe Vasi.

Zustände, die er im Zentrum der Christenheit antraf. Rückblickend formuliert er seine Eindrücke in der berühmten Predigt über die ›Winkelmessen‹, von der wir hier einen Abschnitt im Originalton wiedergeben.

Ich bin zu Rom gwest, nicht lange, hab da selbs viel messe gehalten, und auch sehen viel messe halten, das mir grawet, wenn ich dran dencke. Da höret ich unter anderem guten, groben grumpen uber tissche, Curtisanen lachen und rhümen, wie etliche messe hielten, und uber dem brod und wein sprechen diese wort: Panis es, panis manebis, Vinum es, vinum manebis [Brot bist du und bleibst Brot; Wein bist du und bleibst Wein; Anspielung auf die Wandlungsworte der Messliturgie: Jesus nahm das Brot und sprach: »Dies ist mein Leib«; dann nahm er den Kelch und sprach: »Dies ist der Kelch des neuen und ewigen Bundes, mein Blut…«], und also auff gehaben, Nu ich war ein junger und recht ernster frommer Münch, dem solche wort wehe thetten, Was solt ich dencken? Was konde mir anders einfallen, denn solche gedancken? Redet man hie zu Rom frey, offentlich uber tisch also, Wie? Wenn sie alzumal beide, Babst, Cardinal, sampt Curtisanen, also messe hielten? Wie fein were ich betrogen, der ich von jhnen so viel Messe gehört hette, Und zwar ekelt mir seer da neben, das sie so sicher und fein rips raps kundten Messe halten, als trieben sie ein gauckel spiel, Dann ehe ich zum Euangelio kam, hatte mein neben Pfaff seine Messe aus gericht, und schrien mir zu: Passa, Passa, jmer weg, kom da von etc.

Nu wissen wir, das der Curtisanen tugent und glauben viel aus Rom und Welschland gebracht, und beide Stifft und Pfarren wol da mit beschmeisst sind worden, denn wir haben viel ruchloser Thumbherrn, Vicarien und Altaristen gesehen, die fast ein wildens, wüsten lebens mit schwelgen und hurerey tag und nacht zu brachten, und dennoch des morgens Messe gehalten haben. Wer will hie burge da für sein, und uns gewis machen, das sie nicht auch haben auff solche Römische und Curtisanische weise Messe gehalten, und uns lassen eitel brod und wein anbeten?

Als Frater Martinus sich von der Ewigen Stadt verabschiedete, um wieder in seine Heimat zurückzukehren, soll er ausgerufen haben: »Lebe wohl, Rom, du Stadt, vor der jeder Christenmensch, der ein gottesfürchtiges Leben führen will, fliehen muss!«

Ähnlich wie Luther äußert sich sein Zeitgenosse Ulrich von Hutten (1488–1523) gegenüber dem gemeinsamen Freund und Humanisten Crotus (eigentlich: Johann Jäger; 1480–1539) über die römischen

16

Zustände; er ist pikiert über das der Geldbeschaffung und Bereicherung dienende Ablasswesen, skandalisiert angesichts der Laster der Kurie, frustriert wegen der lockeren Sitten – und erinnert sich in Anbetracht dieser traurigen Lage an die Zeiten, in denen ein Pompeius, Curius oder Metellus Pius das Sagen hatten.

Ich hab gesehen von Rom die halbverfallenen Mauern,
hier, wo mit Heil'gem zugleich Gott wird selber verkauft;
auch den gewaltigen Papst, die heil'ge Versammlung, o Crotus,
und, aneinander gereiht, Kardinäle von Rang;
so viele Schreiber, Menschen zuhauf, die niemandem nützen,
die mitsamt ihrem Ross wallender Purpur bedeckt;
viele, o Crotus, die Unzucht an sich und an anderen treiben,
orgiastischen Kults Freunde, doch bieder zum Schein;
jene sodann, die Anstand nicht heucheln noch anständig leben,
die für die Sitte nur Spott kennen, für Gute nur Hohn,
die gar Bosheit erfreut – und denen sie freisteht, vor deren
Joch sich das deutsche Land beugt auf erbärmliche Art.
Und die geben und nehmen, die öffnen, wo vorher sie schlossen,
und nach eigener Lust teilen den Himmel uns zu,
römische Weiber sind sie, und nicht mehr römische Männer!
Luxus ist allüberall, alles voll schamloser Gier:
All das hat nach Pompeius, nach Curius und nach Metellus
traurige Sitten und Zeit – duldsam ertragen dies Rom?
Wünsche nicht mehr, o Crotus, das heilige Rom zu besuchen:
Römisches triffst du hier nicht, hier, wo doch Rom einmal war.

Ein weiterer Zeitgenosse, Erasmus von Rotterdam (1466 oder 1469–1536), trägt die gleichen Klagen vor – und bringt es gleichzeitig fertig, seinen ganzen Frust in einem einzigen prägnanten Distichon zusammenzufassen.

Rom, leb wohl! Ich hab dich geseh'n genug; ich kehr wieder,
wenn ich Kuppler und Hur', Witzbold und Wollüstling bin.

Allerdings gab es auch welche, die ihren Blick weniger auf die haltlosen Zustände der Kirche, als vielmehr auf die von den Renaissancepäpsten errichteten Bauwerke fixierten und die damals schon bestaunten, was wir noch heute bewundern. Es gilt dies etwa für den deutschen Theologen Georg Cassander (1513–1566), der 1533 in Löwen zum *maître ès arts* promoviert wurde und fünf Jahre vor seinem Tod ein theologisches Werk veröffentlichte, in welchem er nicht die Unterschiede, sondern die Gemeinsamkeiten zwischen den Altgläubigen und den Reformatoren herausarbeitete – und deswegen prompt von beiden Seiten angefeindet wurde. Als Kunstsachverständiger interessiert sich Cassander mehr für den Wiederaufbau der Ewigen Stadt als für den dortigen Sittenverfall.

Wer da erblickt die erbärmlichen Spuren der uralten Roma,
der kann wahrlich mit Recht sagen: Rom ist dahin.
Wer die herrlichen Bauten im Rom von heute betrachtet,
der wird wahrlich mit Recht sagen: Lebendiges Rom.

Spätere Zeiten – bessere Sitten? Dass dies nicht in jedem Fall zutrifft, dokumentiert der Spätaufklärer und Schriftsteller Johann Gottfried Seume (1763–1810), der 1801 zu einer längeren Italienreise aufbrach, die er in seinem heute bekanntesten Werk, dem *Spaziergang nach Syrakus im Jahre 1802* verarbeitete. Darin setzte er sich in scharfer Form mit den gesellschaftlichen Missständen in Süditalien und mit der Gestalt Napoleons auseinander. Für Rom hat er keinerlei Lob übrig.

Rom ist die Kloake der Menschheit gewesen, aber vielleicht nie mehr als jetzt. Es ist keine Ordnung, keine Justiz, keine Polizei; auf dem Lande noch weniger als in der Stadt (…) Die Heerstraßen sind voller Räuber; die niederträchtigsten Bösewichter ziehen bewaffnet im Lande herum. Bloß während meiner kurzen Anwesenheit in Rom sind drei Kuriere geplündert und fünf Dragoner von der Begleitung erschossen worden. Niemand wagt mehr, etwas mit der Post zu geben. (…) Die Kardinäle sind immer noch in dem schändlichen Kredit als Beschützer der Verbrecher. Man erzählt jetzt noch Beispiele mit allen Namen und Umständen, dass sie Mörder in ihren Wagen aus der Stadt in Sicherheit bringen lassen.

Bezüglich der in der Ewigen Stadt herrschenden Unsicherheit scheint sich bis zum Ende des 19. Jahrhunderts wenig geändert zu haben – falls denn die Warnungen und Ermahnungen tatsächlich begründet waren, die Anton de Waal, damals Rektor des deutschen *Campo Santo*, seinem *Rompilger* voranstellt:

Überhaupt darf man nicht vergessen, dass seit der Eroberung Roms im Jahre 1870 die Bevölkerung aus zwei Klassen besteht: den Alt-Römern, die sich Romani di Roma [im Römer Dialekt heißt es allerdings: de Roma!] nennen, und den Eingewanderten, die zu einem starken Prozentsatz der Abschaum aus ganz Italien sind. So ist Rom überschwemmt von Gesindel, niederem und hohem. Man bedenke auch, was Revolution und eine kirchenfeindliche Regierung seit mehr als einem halben Jahrhundert getan haben, die Religion im Herzen des Volkes zu ersticken. Auch der massenhafte Strom von Fremden jahraus, jahrein, unter denen leider so viele leichtsinnige, religionslose Genussmenschen sind, konnte nicht ohne schlimme Einwirkung bleiben.

Dass Kutscher, Kellner und Kaufleute den Fremden prellen, wo und wie sie können, dieses Vergnügen kann man nicht bloß in Italien genießen. Die Italiener erlauben sich, jeden forestiere für einen steinreichen Engländer zu halten, dem es auf einige Sterlini nicht ankommt. Doch lässt der Kaufmann auch mit sich handeln, und er wirft dich nicht hinaus, wenn du ihm die Hälfte bietest von dem, was er verlangt. Die Hotelrechnung sollte man stets revidieren, da die Kellner beim Addieren vortrefflich das Multiplizieren für sich verstehen. Antiquitäten kaufe man nur in Begleitung von Kennern. (…)

Die auffallend große Menge von Geistlichen und Ordensleuten hat ihren Grund in der Verwaltung der Gesamtkirche, in den Generalaten der verschiedenen Orden, in den zahlreichen Kollegien aller Nationen zur Ausbildung von Priestern, in der großen Zahl von Festen und Andachten in den vielen Kirchen, in der Menge von fremden Geistlichen aus nah und fern. Wenn es unter so vielen auch einzelne faule Fische gibt, so sind dies durchwegs auswärtige, besonders aus Unteritalien, die in ihrer Diözese nicht gut taten und sich hier unter allerlei Vorwänden herumtreiben. Man gebe einem bettelnden Geistlichen nie etwas, am wenigsten aber Messstipendien.

Blick ins Vatikanische Geheimarchiv

Rom, 25. August 1490. Ynnomer Savart, wohnhaft in Onasel in der Diözese Beauvais wurde beim Bischof dieser Diözese sowie bei der Heiligen Inquisition mit Sitz in Paris beschuldigt, die Kunst der Wahrsagerei auszuüben und häretischen Lehren anzuhängen. Aus diesem Grund wurde er vor die beiden besagten Tribunale zitiert, um hinsichtlich seines Glaubens Rechenschaft abzulegen. Aus Furcht vor dem [falschen] Zeugnis ihm übel wollender Personen hat sich der Bittsteller [Ynnomer Savart]) geweigert, der Vorladung zu folgen und sich entschlossen, stattdessen trotz Armut und Altersbeschwerden bei der Römischen Kurie vorstellig zu werden, um diese um Absolution von den Vergehen der Magie und der Häresie zu bitten. Gleichzeitig ersucht er die Kurie zu veranlassen, dass die oben erwähnten Gerichte ihn bei Strafe der Exkommunikation nicht weiter behelligen mögen.

Ynnomer Savarts beschwerliche Reise aus dem nordfranzösischen Beauvais nach Rom hat sich gelohnt. Seinem Ersuchen wurde stattgegeben, wie aus den Akten (Registriernummer 39 folio 252v) des Päpstlichen Geheimarchivs hervorgeht.

Bis zum Jahre 1995 wussten die Kirchenhistoriker bloß, dass in diesem Archiv auch Dokumente der Apostolischen Pönitenziarie aufbewahrt werden und dass diese Akten für die Forschung nicht zugänglich waren – »wegen ihres skandalträchtigen Inhalts«, wie Don Giuseppe Gallota 1928 in einem Memorandum festhielt. Gallota selber, der damals mit der Katalogisierung des Materials beauftragt war, musste unter Eid geloben, über diese Akten absolutes Stillschweigen zu bewahren. Inzwischen hat der Kirchengeschichtler Filippo Tamburini, der seit 1969 im Archiv der Apostolischen Pönitenziarie beschäftigt ist, hundert dieser Schriftsätze im lateinischen Original mit italienischer Übersetzung und ausführlichen Erläuterungen veröffentlicht (*Santi e peccatori*, Milano 1995).

Bei diesen Dokumenten aus der Mitte des 15. bis zum Ende des 16. Jahrhunderts handelt es sich zumeist um Gnadengesuche, die auf dem Weg über die Apostolische Pönitenziarie an den Heiligen Stuhl gerichtet waren. Die Pönitenziarie, eine Art ›Bußgerichtshof‹, unterstand zu jener Zeit der Inquisitionsbehörde und war für besonders gravierende moralische und disziplinarische Vergehen zuständig. Die Ursprünge dieser vatikanischen Dienststelle reichen bis in die

Mitte des 12. Jahrhunderts zurück. An ihrer Spitze stand von Anfang an ein ›Groß-Pönitenziar‹ im Kardinalsrang. Manche Persönlichkeiten, die dieses Amt ausübten, machten später als Päpste oder Heilige Karriere, so etwa Karl Borromäus († 1584; 1610 heilig gesprochen), der nachmalige Papst Pius II., Enea Piccolomini († 1464), Ippolito Aldobrandini, der später als Klemens VIII. die Kirche regierte († 1605) oder Francesco Saverio Castiglioni (Pius VIII., † 1830). Ursprünglich hatte der Groß-Pönitenziar in jenen Fällen zu entscheiden, die eigentlich dem Papst vorbehalten waren (Absolution bei Glaubensverleugnung, Aufhebung der Exkommunikation usw.). Der gängigen Praxis entsprechend sprachen die Schuldigen entweder persönlich beim Vertreter des Papstes vor oder ließen ihm eine Bittschrift überreichen. Die erhaltenen Akten erlauben den Rückschluss, dass der Groß-Pönitenziar schon im 13. Jahrhundert einen beachtlichen Mitarbeiterstab benötigte. Diese ›Bußbeamten‹ betätigten sich vorwiegend als Gutachter.

Die Bittgesuche selber betreffen alle nur denkbaren Lebenssituationen. Der eine oder andere Gläubige bittet um Dispens vom (Priester-)Weihehindernis der unehelichen Geburt, einige Kleriker ersuchen um Lossprechung, weil sie sich zwecks vollkommener Beobachtung des Keuschheitsgebotes selber entmannt haben, einem anderen wiederum geht es um das Privileg, die Einkünfte aus seiner Pfarrei trotz mehrjähriger Abwesenheit nutzen zu dürfen … Nicht wenige Eingaben beinhalten die Bitte um Absolution und Straferlass für die unterschiedlichsten Verbrechen und Vergehen. Da gibt es Falschmünzer, die um Gnade bitten, Urkundenfälscher, welche Besserung geloben, Ehebrecherinnen, denen das Gewissen zu schaffen macht, ferner Giftmörder, Frauenschänder, Sodomiten, Apostaten, Häretiker und Hexenmeister, die alle von den für ihre Übeltaten vorgesehenen Strafen befreit werden möchten. Manche Bittsteller rekrutieren sich aus den untersten sozialen Schichten, andere wiederum stehen auf den höchsten Sprossen der kirchlichen Karriereleiter. Sehr oft handelt es sich um Ordensleute, wie etwa bei jenen fünf Nonnen aus Piacenza, welche am 22. April 1465 um Absolution baten, weil sie die Klostervorsteherin umbringen ließen: »Orsolina dei Bianchi, Giustina dei Gambelli, Caterina dei Panizzari, Margherita degli Scarani und Susanna di Fontana, inzwischen allesamt Nonnen im Benediktinerinnenkloster *Santa Maria di Valleverde* in der Diözese Piacenza, haben mehrmals und vergeblich versucht, die Äbtissin zu vergiften. Diese wurde schließlich von einem Manne erwürgt, dem die besagten Frauen Zugang zum Kloster verschafft hatten. Die Schuldigen bitten um die Rücknahme der auf diesem Verbrechen stehenden Exkommunikation und um den Nachlass der dafür vorgesehenen Strafe. Dies umso mehr, als sie inzwischen allesamt ins Kloster eingetreten sind und die Vorschriften der Ordensregel aufs Strengste beobachten.«

Offensichtlich handelte es sich bei den Bittstellerinnen um frühere Klosterangestellte, denen die Äbtissin nicht sehr gewogen war. Überdies wissen wir aus anderen zeitgenössischen Dokumenten, dass in sittlicher Hinsicht auch unter den Nonnen gerade dieses Klosters überaus desolate Zustände herrschten. Dass die ermordete Äbtissin nicht gerade im Geruch der Heiligkeit stand, scheint man auch in der Pönitenziarie gewusst zu haben. Nur so lässt sich die relativ milde Reaktion erklären: »Die an dem Mord beteiligten Nonnen sollen während dreier Jahre jeden Freitag bei Brot und Wasser fasten. Außerdem darf keine von ihnen jemals im eigenen oder in einem anderen Kloster das Amt einer Äbtissin oder Oberin ausüben.«

Da die zivile und die geistliche Gerichtsbarkeit in dieser Zeit vielerorts in eins fielen, hatten die päpstlichen Pönitenziare nicht nur die Aufgabe, die Gesuchstellenden von kirchlichen Disziplinarstrafen freizusprechen; vielmehr lag es in ihrer Vollmacht, auch zivilrechtlich vorgesehene Sanktionen zu mildern oder aufzuheben. Das änderte sich erst im Jahre 1569, als Pius V. die Kompetenzen der Pönitenziarie ausdrücklich auf den Gewissensbereich beschränkte und damit deutlich machte, dass es sich bei diesem Gericht um eine Art geistlichen ›Gnadenhof‹ handelte. Unter seine Zuständigkeit fielen fortan nur noch Dinge spiritueller Natur: die Absolution von Sünden, deren Nachlass dem Papst vorbehalten war; die Dispens von Gelübden sowie die Entscheidung bei Gewissenskonflikten, die der Pönitenziarie unterbreitet wurden.

Dass die Kompetenzen zwischen dem profanen und dem sakralen Bereich dennoch fließend blieben, vorab, wenn es sich um an Geistlichen begangene Straftaten handelte, zeigt das Beispiel eines eifersüchtigen Ehegatten namens Martino Diez aus dem spanischen Avila, der sich am 22. Oktober 1500 an die Apostolische Pönitenziarie wandte. Dieser hatte seine Frau mit einem Priester bei den Werken der Liebe überrascht und den auf frischer Tat Ertappten – aber erteilen wir seinem Schreiber lieber selber das Wort – »an Händen und Füßen gebunden. Um ihn zu bestrafen, klemmte er das Geschlecht des Priesters unter den Deckel einer Kiste und setzte sich dann selber auf den Kasten, damit der Priester noch größere Schmerzen verspüre. Wegen dieser Gewaltanwendung gegen eine geweihte Person jedoch ist er der Exkommunikation verfallen und bittet nun um deren Aufhebung, zumal er den besagten Priester bald von seinen Fesseln befreit hat, wobei dieser keinen Schaden davongetragen hat, der ihn bei der Ausübung seines heiligen Amtes behindert hätte.« Am Schluss des Dokuments findet sich von anderer Hand geschrieben ein *Fiat*, was so viel bedeutet wie ›dem Gesuch wird entsprochen‹.

Manche Bittschriften, welche von der Bevölkerung der Ewigen Stadt selber eingereicht wurden, vermögen einiges beizutragen zur Erhellung (eigentlich eher zur Verdunkelung) des römischen Sittenbildes im 15. und 16. Jahrhundert. So ersucht am 7. März 1523 ein gewisser »Paolo, Sohn eines Bischofs und einer Nonne«, darum, »zu den heiligen Weihen zugelassen zu werden«. Bekanntlich galt damals die uneheliche Geburt als Hindernis für die Priesterweihe. Unerbaulich ist auch der Tatbestand, um dessentwillen ein gewisser Diego am 26. September 1558 um Aufhebung der Exkommunikation ersucht: »Diego, Subdiakon und Kanonikus der Kirchen *Santa Maria in Trastevere* und *Sant'Angelo in Pescheria* zu Rom ist mit Girolamo Grasso, Priester und Kanonikus von *Santa Maria in Trastevere*, in ebendieser Kirche in heftigen Streit geraten. Dabei verprügelte er mit einem Stock dessen Kopf und Körper, allerdings ohne dass dabei Blut floss. Der Bittsteller, der mit besagtem Girolamo bereits Frieden geschlossen hat, ersucht um Aufhebung der Strafen der Exkommunikation sowie um die Zurücknahme der Suspension von seinem Amt.« – Beiden Bittschriften wurde mit einem *Fiat* stattgegeben.

Heute befassen sich die Apostolischen Pönitenziare vorwiegend mit delikaten Anfragen moralischer Natur, die seitens der Bischöfe an sie gerichtet werden. Ansonsten gelten sie als besonders qualifizierte Beichtväter. Ihren Dienst versehen sie in den römischen Patriarchalbasiliken (*San Pietro, Santa Maria Maggiore, San Giovanni in Laterano*) und anderen dem Heiligen Stuhl unmittelbar unterstellten Wallfahrtskirchen (Loreto, Assisi, Padua).

Grabmal und Fluchtburg

Rom besitzt drei Wahrzeichen. Das Kolosseum gemahnt an die antike und damit heidnische Vergangenheit. Der Petersdom verweist darauf, dass der ehemalige Mittelpunkt des Römischen Reiches sich bald einmal zur Hauptstadt der Christenheit wandelte. Die Engelsburg wiederum, die vom *sepulchrum* zum *castrum* oder *castellum*, vom Grabmal zur Bastion und Befestigung umfunktioniert wurde, erinnert an die Tatsache, dass Rom im Lauf der Geschichte Wandlungen unterworfen und Wechseln ausgesetzt war, die das Antlitz der Stadt nicht nur geprägt, sondern gleichzeitig auch völlig verändert haben.

Im Jahre 2001 entdeckte man anlässlich der Restaurierungsarbeiten im *Ospedale Santo Spirito* in einem der Krankensäle eine Darstellung der Engelsburg aus dem 15. Jahrhundert. Daraus geht hervor, dass die Festungstürme des imposanten Mausoleums damals mit grünen und roten Kreisen und Rauten verziert waren. Heute präsentiert es sich als unverputzter roter Backsteinbau. Ursprünglich grünte auf dem Zylinder ein Zypressenhain, der von einer Quadriga mit Kaiser Hadrian als Wagenlenker überragt wurde. Dieser hatte das Bauwerk im frühen zweiten Jahrhundert nach dem Vorbild des Augustus-Mausoleums als Grabstätte für sich und seine Nachfolger konzipiert. Gleichzeitig orientierte er sich dabei an den etruskischen Grabstätten, die aus einem rechteckigen Unterbau und einer darüber errichteten Trommel bestanden. Hinsichtlich seiner Ausmaße erinnert das Grabmal jedoch eher an die ägyptischen Pyramiden. Wie bei diesen befand sich die Grabkammer im Mittelpunkt der Anlage. Dort wurden während etwa hundert Jahren die Urnen der Nachfolger Hadrians und der Mitglieder der kaiserlichen Familien beigesetzt.

Später bauten die römischen Imperatoren das Grabmonument zu einer Festung aus. Im 6. Jahrhundert versuchte man von dort aus vergeblich, den Goten den Zutritt zur Stadt zu verwehren. In jener Zeit spielt auch die Legende, nach welcher Gregor der Große im Jahre 590 während einer Bittprozession zur Abwehr einer Pestepidemie sah, wie der Erzengel Michael sein Schwert in die Scheide steckte. Der Papst deutete dies als Zeichen, dass die Seuche bald zu Ende gehen würde. Heute erhebt sich an jener Stelle des Mauso-

Die Erscheinung des Erzengels Michael auf der Burg. Ausschnitt aus einem verbreiteten Druck mit Szenen aus dem römischen Leben.

leums, wo sich früher die Statue Hadrians befand, das Standbild des Erzengels Michael; er scheint im Begriff, das Schwert zu senken. In den meisten Romführern wird behauptet, dass diese Statue im Anschluss an die besagte Legende entstanden sei. Damit aber werden Ursache und Wirkung verwechselt; in Wirklichkeit verhielt es sich nämlich gerade umgekehrt. Die Legende hat ihren Ursprung in einem Gebet Gregors des Großen, das auch in späteren Jahrhunderten noch rezitiert wurde und in dem vom Schwert des göttlichen Zornes die Rede ist. Dieses Schwert-Wort brachte man im 10. Jahrhundert mit dem Schwertengel in Verbindung, der sich schon seit Beginn des 7. Jahrhunderts an der Stelle befand, wo früher die Quadriga stand. Von dort aus sollte Michael die Stadt vor Angriffen schützen. Tatsächlich steckt der Erzengel sein Schwert nicht in die Scheide (um das Ende der Pest anzukünden), vielmehr *zieht* er es, um die Feinde zu vertreiben! Der Engel war es auch, der dem Bauwerk, allerdings erst im 9. Jahrhundert, zu seinem neuen Namen *Castel Sant'Angelo* (Engelsburg) verhalf.

Rückansicht des Hadrian-Mausoleums, der Engelsburg. Im Vordergrund rechts der berühmte Passetto. Stich von Giovanni Battista Piranesi.

1277 schuf Nikolaus III. mit dem berühmten *Passetto* eine Verbindung zwischen dem Vatikanischen Palast und der Engelsburg. Es handelt sich dabei um eine Festungsmauer mit einem überdeckten Gang, der später mehreren Päpsten in besonders dramatischen Situationen als Fluchtweg diente. Alexander VI. baute die Festung nach seiner Thronbesteigung im Jahre 1492 weiter aus und richtete darin Wohngemächer ein, was den Päpsten ein zeitweiliges Residieren in dem uneinnehmbaren Kastell ermöglichte. Der Nutzen dieser ebenso sinnvollen wie weitsichtigen Initiative erwies sich schon nach zwei Jahren, als König Karl VIII. von Frankreich Rom bedrängte und Papst und Kardinäle sich gezwungen sahen, Hals über Kopf in die Engelsburg zu fliehen. Den Fluchtweg über den *Passetto* benutzte auch Klemens VII. am 6. Mai 1527, als deutsche Landsknechte und spanische Söldner unter Führung des Kronfeldherrn Karls von Bourbon Rom heimsuchten und die Stadt in einem bis dahin nie gekannten Ausmaß verwüsteten. Zunächst leistete die Schweizergarde der feindlichen Übermacht verzweifelt Widerstand. 147 Schweizer starben, während sich die restlichen 42 Soldaten zusammen mit dem Papst über den *Passetto* in die Engelsburg retten konnten. Der Gardekommandant Kaspar Röist wurde im Gefecht verwundet und später in seiner Wohnung vor den Augen seiner Frau von nachstürmenden Söldnern bestialisch niedergemetzelt. Die damaligen furchtbaren Gräueltaten sind unter dem Stichwort *Sacco di Roma* in die Geschichte eingegangen. Dabei handelte es sich allerdings nicht um eine bloße Plünderung (*sacco*), sondern um unerhörte Grausamkeiten. Die Chronisten berichten von Massenerhängungen und Massenvergewaltigungen, denen auch zahlreiche Laienschwestern und Nonnen zum Opfer fielen, aber auch von abscheulichen Folterungen, um die Bewohner zur Herausgabe ihrer Güter zu zwingen. Erst nachdem die Pest ausbrach, ließen die Eindringlinge von der Stadt ab, die dann Jahrzehnte brauchte, um sich von diesen furchtbaren Vorfällen halbwegs zu erholen.

Im Übrigen diente der *Passetto* nicht nur als Fluchtweg, sondern erwies sich auch sonst in mancher Hinsicht als nützlich. Zum einen bot er den Mitgliedern des päpstlichen Hofes die Möglichkeit, sich diskret aus dem Vatikanpalast zu entfernen, und zum anderen konnte man auf diesem Weg mutmaßliche oder offensichtliche, in jedem Fall aber hochrangige Verbrecher vom Vatikan aus auf direktem Weg und ohne jedes Aufsehen ins *Castel Sant'Angelo* überführen; die Engelsburg galt nämlich nicht nur als unbezwingbare Festung, sie war auch eines der gefürchtetsten Gefängnisse der päpstlichen Justiz und der römischen Inquisition. So kommt es, dass gerade an diesem Ort Kirchengeschichte und Kriminalgeschichte auf unselige Art aufs Engste miteinander verquickt sind.

Unter anderem zeugt davon das Schicksal, das Papst Johannes X. im Jahre 928 ereilte. In jenen unsicheren Zeiten, als das Papsttum zum Spielball der römischen Adelsgeschlechter degeneriert war (Stichwort: *saeculum obscurum*), wurde Rom von Marozia (›Mariechen‹), der Frau des Markgrafen von Tuszien, und ihrer Sippe beherrscht. Als der Papst zwecks größerer politischer Selbstständigkeit mit König Hugo von Italien ein Bündnis einging, ließ Marozia ihn kurzerhand in der Engelsburg einkerkern, wo er kurz darauf erdrosselt wurde. Zwei Jahre danach hievte Marozia ihren Sohn, den sie vermutlich mit Papst Sergius III. gezeugt hatte, auf den Stuhl Petri; in der Liste der Stellvertreter Christi figuriert er unter dem Namen Johannes XI. Wiederum zwei Jahre später, 932, heiratete Marozia in dritter Ehe König Hugo von Italien. Noch im selben Jahr jedoch riss Alberich II., ein Sohn aus der ersten Ehe der Marozia, die Herrschaft über Rom an sich und brachte seinen Halbbruder Johannes XI. in der Engelsburg in Gewahrsam; die Haftbedingungen waren so schlimm, dass der Unglückliche schon kurz darauf verstarb.

Nicht nur weltliche Machthaber, auch Päpste machten manchmal kurzen Prozess mit Personen, die ihren persönlichen oder politischen Zielen im Weg standen. Alexander VI. ließ einige seiner Opfer in den Verliesen der Engelsburg vergiften, erdrosseln oder ganz einfach verhungern. Sein Zeremonienmeister, der aus dem Elsass stammende Johannes Burckard, hat einige dieser horrenden Vorkommnisse in seinen Tagebüchern akribisch festgehalten, so unter anderem den Fall des Erzbischofs Bartolomeo Flores, der aus Gewinnsucht rund dreitausend päpstliche Erlasse mit verschiedenen Bewilligungen im Namen des Borgia-Papstes gefälscht hatte:

28. Oktober 1497. Bartolomeo Flores, vormals Erzbischof von Cosenza und Privatsekretär seiner Heiligkeit, wurde heute, nachdem er aller Ehren, seines Ranges und seiner Pfründen beraubt und in der Feste gefangen gesetzt worden war, bis auf sein Hemd entkleidet. Man gab ihm ein hölzernes Kruzifix. Dann wurde er aus seiner Zelle in eine andere, San Marocco genannt, gebracht, wo ein Bett aus Holzbohlen mit einem Strohsack und zwei Decken für ihn vorbereitet worden war. Man händigte ihm ein Gebetbuch, eine Bibel und eine Abschrift der Petrusbriefe, ein Fass Wasser, einen Laib Brot und eine Öllampe aus. Der Wärter wurde angewiesen, ihm zwei- bis dreimal die Woche neue Vorräte zu bringen. Er muss dort bleiben, bis er stirbt…

Hinzuzufügen ist, dass das hier erwähnte *San Marocco* als das berüchtigtste Verlies der Engelsburg galt – und dass der frühere Erzbischof von Cosenza bereits nach knapp neun Monaten, am 23. Juli 1498, verstarb. Burckard notiert lakonisch: »Es heißt, er sei sehr gefasst und gottgefällig verschieden.«

In der Engelsburg beinahe umgekommen wäre auch ein späterer Nachfolger Alexanders VI., nämlich Alessandro Farnese, der 1534 als Paul III. aus dem Konklave hervorging. Er war eingesperrt worden, weil er in seiner Eigenschaft als Beamter eine päpstliche Verfügung gefälscht hatte. Als der junge Farnese erfuhr, dass der Papst vermutlich seine Hinrichtung verfügen werde, bestach er einige Wachen, die ihn, während Alexander VI. gerade an der Fronleichnamsprozession teilnahm, in einem Korb über die Mauer hinunterließen (eine List, welcher dem 9. Kapitel der Apostelgeschichte zufolge auch der heilige Paulus sein Leben verdankte).

Wesentlich dramatischer gestaltete sich die Flucht Benvenuto Cellinis. Dieser wohl berühmteste Goldschmied der Renaissance (und unbestreitbar größte Raufbold und Hasardeur unter den Künstlern aller Zeiten) stammte aus Florenz. Nachdem er dort 1523 wegen eines Mordes zum Tod verurteilt worden war, flüchtete er nach Rom. Vier Jahre später, während des *Sacco di Roma*, sitzt Cellini in der Engelsburg fest, an deren Verteidigung er sich aktiv beteiligt. In seiner Autobiografie nimmt er für sich in Anspruch, den Anführer der Belagerer, Karl von Bourbon, mit einer Kanonenkugel niedergestreckt zu haben, eine Behauptung, die wir mit guten Gründen bezweifeln dürfen. Anschließend treffen wir Cellini bald in Florenz, bald in Mantua und dann wieder in Rom, wo er für allerlei illustre Persönlichkeiten Gedenkmünzen prägt und für Klemens VII. (mit dem er während des *Sacco di Roma* in der Engelsburg eingeschlossen war) einen Messkelch ausführt. Als Cellini 1531 den Mörder seines Bruders kurzerhand umbringt, wird es auch dem Papst ein bisschen zu viel. Der Goldschmied flüchtet nach Neapel, kehrt aber bald schon wieder nach Rom zurück, wo ihn ein bitteres Schicksal ereilt. Inzwischen nämlich sitzt Paul III. auf dem Papstthron. Und bei diesem nun bezichtigt ein Diener den berühmten Goldschmied, er habe während des *Sacco di Roma*, als Klemens VII. ihn beauftragte, die Juwelen der Apostolischen Kammer aus ihrer Fassung zu brechen und das Gold zu schmelzen, zahlreiche Kleinode gestohlen. Der berühmte Cellini, von dem man sich herumerzählt, dass er seinerzeit höchstpersönlich den Anführer der Belagerer eliminiert habe, soll ein gemeiner Dieb sein, ein ordinärer Gauner, ein absolut durchschnittlicher Scharlatan? Darüber könnte er, der sich als Goldschmied und als Held feiern lässt, nur lachen, wenn – ja, wenn die Sache nicht unerwartet eine ernste Wendung nähme. Paul III. nämlich verfügt, Cellini in der Engelsburg einzukerkern, und zwar ausgerechnet in dem berüchtigten Verlies *San Marocco*.

Benvenuto Cellini verdanken wir die Einsicht, dass dem Begriff Fluchtburg etwas Zweideutiges anhaftet; eine Festung bietet nicht nur Schutz, man kann aus ihr auch flüchten!

Cellini genießt das Privileg, seine Wäsche von draußen beziehen zu dürfen. Dabei gelingt es ihm, ein paar Betttücher zurückzubehalten und diese zu Stricken zu verarbeiten. Kunsthandwerklich nicht unbegabt ersetzt er die Nägel seiner Tür durch Attrappen. Eines Nachts stiehlt er sich aus seiner Zelle auf das Dach, steigt in den

Innenhof, wo er an den Zinnen der Außenmauer das selbst gefertigte Seil befestigt. Zu seinem Leidwesen bemerkt er, dass er sich bezüglich der Länge etwas vertan hat. Das Seil erweist sich als zu kurz; der berühmte Goldschmied und berüchtigte Raufbold fällt mehrere Meter tief und stürzt auf die Straße, wo er mit argen Prellungen und einem gebrochenen Fuß liegen bleibt. Dennoch hat er vorerst Glück. Ein Wasserhändler bringt ihn auf seinem Esel zur Residenz des befreundeten Kardinals Ippolito d'Este. Der aber liefert ihn bald wieder an den Papst aus, weil er für einen Günstling ein Bistum braucht. Cellini wird erneut, wenn auch nur noch vorübergehend, in die Engelsburg gebracht.

Darauf ließ sich der Kastellan, krank und elend, wie er war, gleichfalls an diesen Ort tragen und sagte: Nicht wahr, ich habe dich wieder? Ja, versetzte ich, aber nicht wahr, ich bin euch entkommen, und wäre ich nicht unter päpstlicher Treue, um ein Bistum, zwischen einem venezianischen Kardinal und einem Römer Farnese, verhandelt worden, welche beide den heiligen Gesetzen sehr das Gesicht zerkratzt haben, so hättest du mich nicht wieder erwischen sollen. Weil sie sich aber so schlecht betragen haben, so tue nun auch das Schlimmste, was du kannst; denn ich bekümmere mich um nichts mehr in der Welt. Da fing der arme Mann an gewaltig zu schreien und rief: Wehe mir! Dem ist Leben und Sterben einerlei, und er ist noch kühner, als da er gesund war. Bringt ihn unter den Garten und redet mir nicht mehr von ihm, denn er ist Ursache an meinem Tode.

Man trug mich unter den Garten, in ein dunkles Behältnis, das sehr feucht war, voll Taranteln und giftiger Würmer. Man warf mir eine Matratze von Werg auf die Erde, gab mir diesen Abend nichts zu essen und verschloss mich mit vier Türen. So blieb ich bis neunzehn Uhr des andern Tages, da brachte man mir zu essen, und ich verlangte einige meiner Bücher zum Lesen. Ohne mir zu antworten, hinterbrachten sie es dem Kastellan, welcher gefragt hatte, was ich denn sagte. Den andern Morgen reichten sie mir eine Bibel und die Chronik des Villani [Giovanni Villani, 1280-1348, beschreibt vom guelfischen Standpunkt aus die Geschichte von Florenz und liefert dabei die erste Weltchronik in italienischer Sprache]. Ich verlangte noch einige andere Bücher, aber sie sagten mir, daraus würde nichts werden, ich hätte an diesen schon zu viel. So lebte ich, elend genug, auf der ganz verfaulten Matratze, denn in drei Tagen war alles nass geworden. Wegen meines gebrochenen Fußes konnte ich mich nicht regen, und wenn ich um meiner Not-

durft willen aus dem Bett musste, so hatte ich mit großer Not auf allen
vieren zu kriechen, um den Unrat nur nicht zu nahe zu haben.

1540 treffen wir Cellini am Hof des französischen Königs Franz'
I., in dessen Dienst er seine Kunst nun stellt. 1543 vollendet er die
berühmte *Saliera*, ein Salzgefäß mit einer allegorischen Darstellung
der Elemente Wasser und Erde. Dieses berühmteste Tafelgerät der
Renaissance gilt als die einzige erhaltene und gleichzeitig gesicherte
Goldschmiedearbeit Cellinis. (Bis vor einiger Zeit war das auf
50 Millionen Euro geschätzte Kunstwerk im Saal IV der Gemälde-
galerie des Wiener Kunsthistorischen Museums zu besichtigen. In
der Nacht auf den 11. Mai 2003 fiel es Einbrechern in die Hände.
Möglicherweise ziert der Salzstreuer inzwischen den Frühstücks-
tisch eines pathologischen Sammlers.)

Zwischendurch hält der Künstler sich kurz in Siena auf, wo er in
einem Wutanfall einen Postmeister umbringt. 1544 verlässt er Frankreich fluchtartig in Richtung Florenz, was den Verdacht nahe legt,
dass er das für königliche Aufträge bestimmte Silber versilberte und
den Erlös für eigene Bedürfnisse verwendete. In seiner Heimatstadt
gerät er, wieder einmal, mit dem Gesetz in Konflikt. 1556 muss er
eine Gefängnisstrafe absitzen, weil er ein Waisenkind verprügelt hat;
im folgenden Jahr wird er wegen Sodomie angeklagt. Auch beruflich
geht es abwärts; andere Goldschmiede vermögen dem gewandelten
Geschmack besser Rechnung zu tragen. Cellini verlegt sich aufs
Schreiben und verfasst unter dem Titel *Vita* eine geschönte Autobiografie (die Goethe ins Deutsche übersetzte) und einige Traktate über
die Goldschmiedekunst und die Bildhauerei.

Benvenuto Cellini starb am 14. Februar 1571, wenige Stunden,
nachdem er sein Testament aufgesetzt hatte. Als Künstler war er von
mehreren Päpsten, von König Franz I. von Frankreich und von den
Medici umworben. Als Goldschmied blieb er zeitlebens dem Manie-
rismus verpflichtet. Als Mensch war er ein Abenteurer und Glücks-
ritter, der in der von ihm verfassten *Vita* nicht nur seine Erfahrungen, sondern auch (oder vor allem?) seine nie verwirklichten
Träume beschrieb.

Andere Zeiten – andere Unsitten

Jene fernen, für die Künste und Wissenschaften lichten Zeiten, die kulturhistorisch mit den Begriffen *Humanismus* und *Renaissance* be- oder besser umschrieben werden, bilden unter dem Blickpunkt heutiger Moralvorstellungen gleichzeitig eines der dunkelsten Kapitel der kirchlichen Sittengeschichte. Ein deutliches Anzeichen für den im späten 14. Jahrhundert einsetzenden moralischen Verfall war eine damals aufkommende neue Sprachregelung, welche die Venusdienerinnen betraf. Galten diese bislang als *puttane* (was so viel wie Huren, Hetären oder Dirnen oder all das zusammen bedeutet), bezeichnete man sie jetzt immer häufiger als *cortigiane*, womit sie, der Begriff sagt es, *hof*fähig wurden. Die *cortigiana onesta* unterschied sich von der gewöhnlichen *puttana*, die es natürlich auch weiterhin gab (das gemeine Volk hat ja auch seine Bedürfnisse), durch guten Geschmack und gepflegte Umgangsformen, vor allem aber durch Bildung; ihre Eleganz und Eloquenz zeigte den hoch gestellten Freiern, dass zwischen einem Straßenmädchen und einer Dame von Welt Welten liegen. Eine richtige Kurtisane war eben nicht nur Gespielin, sondern auch Gesellschaftsdame.

Immer mehr Geistliche hielten sich seit Beginn der Renaissance eine Geliebte, Prälaten hielten sich Konkubinen und manche Päpste hielten dafür, dass das biblische Liebesgebot bislang viel zu eng ausgelegt worden war.

Alexander VI., mit bürgerlichem Namen Rodrigo de Borja, war zweifellos der berühmteste und gleichzeitig berüchtigtste dieser Stellvertreter Christi. Geboren wurde er um 1430 im spanischen Valencia. Sein Onkel Kalixtus III. ernannte den gerade 25-Jährigen zum Kardinal und erhob ihn bereits ein Jahr später zum Vizekanzler der Kirche. Der glänzend begabte junge Mann nutzte die Chance, wobei er allerdings weniger das Evangelium Jesu, sondern fast ausschließlich die eigene Karriere im Kopf hatte. Unter fünf Päpsten baute er seine Machtstellung aus, erweiterte seine Geschäftskenntnisse und trug immense Reichtümer zusammen. Sein im Lauf der Jahre angehäuftes Vermögen erlaubte es ihm nicht nur, die berühmtesten Renaissancekünstler um sich zu scharen, sondern auch andere Kardinäle zu bestechen und 1492, als wieder einmal eine Papstwahl anstand, den Heiligen Stuhl zu kaufen.

Cesare Borgia. Lithografie, um 1600.

Nicht nur als Kardinal, auch als Papst hatte Rodrigo de Borja neben einer offiziellen Konkubine auch sonst noch die eine oder andere Gespielin. Zu seinen Geliebten in der Zeit vor seiner Papstwahl gehörten die berühmte Kurtisane Giulia Vannozza Cattanei, die Mutter von Cesare Borgia (der seinen spanischen Adelsnamen Borja italienisierte) und die bezaubernde Lucrezia, die man schon zu ihren Lebzeiten der abscheulichsten Machenschaften bezichtigte, allerdings zu Unrecht, wie die Geschichtsforscher inzwischen herausgefunden haben. Ihren schlechten Ruf verdankte Lucrezia nämlich vor allem der skrupellosen väterlichen Ehepolitik. Der jüngste Sohn aus der Verbindung mit Vannozza, Jofré, führte als Fürst von Squillace ein eher zurückgezogenes Dasein, während der älteste, Juan, 1497 in Rom ermordet wurde – möglicherweise von seinem eigenen Bruder, dem gewissenlosen Cesare.

Angeblich haben sich in Rom drei Bilder der skandalumwitterten Vannozza erhalten. Manche meinen, ihre Gesichtszüge in jenen der Maria der Verkündigungsszene zu erkennen, mit der Pinturicchio einen der Wohnräume Alexanders VI. im Vatikanischen Palast schmückte (Vatikanische Museen, *Appartamento Borgia, Sala dei misteri,* d.h. der Glaubensgeheimnisse). Auch die liebliche, etwas naive Statuette der Jungfrau mit dem Jesuskind über dem Altar in der Matthäus-Kapelle der französischen Nationalkirche *San Luigi dei Francesi* (wo wir gleich drei Meisterwerke von Caravaggio mit Szenen aus dem Leben des Apostels Matthäus bewundern können) trägt möglicherweise die

Lucrezia Borgia. Medaille von Giancristoforo Romano, um 1505.

33

Alexander VI. Ausschnitt aus: Pinturicchio (Bernardino di Betto), Die Auferstehung Christi, 1492–94, Appartamento Borgia, Sala dei misteri, Vatikan.

Züge Vannozzas. Einer alten, allerdings nicht mehr nachprüfbaren Überlieferung zufolge soll die Geliebte des Borgia-Papstes dem unbekannten Künstler Modell gestanden haben. Ein drittes Bildnis befindet sich in dem in Trastevere an der *Via Roma libera* gelegenen *Ospizio di San Cosimato*. Im ehemaligen Versammlungsraum, der leider nicht öffentlich zugänglich ist, hängen mehrere Porträts von Förderern und Wohltäterinnen dieses einstigen Klosters, darunter eines von Vannozza Cattanei, die hier ziemlich finster aus dem Rahmen blickt.

Vannozza (der Name ist eine Koseform von Giovanna) war nicht nur eine angesehene Kurtisane, sondern auch eine gewitzte Kauffrau, die außer ihrem päpstlichen Liebhaber immerhin noch drei Ehemänner überlebte. Nach dem Tod Alexanders im Jahre 1503 investierte sie einen großen Teil ihres Vermögens in Grundstücke und Kneipen. 1514 erwarb sie für 2870 Golddukaten einige Gebäulichkeiten an zentralster Lage, nämlich am *Campo de' Fiori*. Dort gehörte ihr unter anderem die verrufene *Taverna della Vacca* (Gasthof zur Kuh), die sich schnell zum Stammlokal der Prostituierten und damit zu einer ihrer erfolgreichsten Unternehmungen mauserte. Noch immer ziert ihr Wappen das Haus, in welchem sie ihre berüchtigte Schänke eingerichtet hatte (*Vicolo del Gallo*, Haus Nummer 13). Das vierfeldige Emblem zeigt oben links einen Stier und unten rechts alternierend sechs helle und sechs dunkle Streifen (beide dem Borgia-Wappen entnommen), oben rechts und unten links hingegen einen Löwen im Sprung (aus dem Wappen der Cattanei) sowie einen weiteren Löwen, der aus der Wappenscheibe ihres dritten Ehemannes Carlo Canale stammt.

Dem Urteil ihrer Zeitgenossen zufolge scheint sich Vannozza auf ihre alten Tage hin in eine geldgierige Schlampe verwandelt zu haben. Nach ihrem Tod im Jahre 1518 stellte sich allerdings heraus, dass sie ihr unermessliches Vermögen samt und sonders wohltätigen Einrichtungen vermacht hatte. Tatsächlich war es damals an der Tagesordnung, dass Begüterte, welche auf die sündige Lust nicht verzichten mochten, sich mit einem Legat zu Gunsten der Kirche der himmlischen Freuden zu versichern suchten. So sind wir im Besitz der testamentarischen Verfügung einer gewissen Josima Kinch, welche den stolzen Titel einer *Romanam Curiam sequens,* einer Kurien-Kurtisane, führte und in ihrem 1522 verfassten Testament an erster Stelle erwähnte, wie sie die zu erwartenden Qualen des Fegfeuers abzukürzen oder doch zu mildern gedachte. An ihrem Todestag sollten zwölf Messen *submissa voce* (so genannte ›stille Messen‹) gelesen werden. Dann waren in den sieben Hauptkirchen Roms je vier Gottesdienste zu feiern; außerdem noch rund dreißig weitere Messen in weiteren sieben Kirchen. Schließlich stiftete Josima drei Golddukaten, die dem zugute kommen sollten, der nach ihrem Tod nach Loreto pilgern würde, falls sie vor ihrem Ableben keine Gelegenheit hätte, diese Wallfahrt selber zu machen. In einem etwas seltsamen Kontrast zu dem hier durchscheinenden Sündenbewusstsein steht die Tatsache, dass die *cortigiane oneste* in ihren letztwilligen Verfügungen Formeln und Floskeln benutzten, die sonst nur von wirklich ›ehrbaren‹ Leuten verwendet wurden – etwa wenn sie hinsichtlich des mit ihrem Gewerbe erwirtschafteten Reichtums als von »ihren von Gott empfangenen Gütern« sprachen. Nachruhm beglückt naturgemäß nur, wenn man ihn schon in diesem Leben vorkostet. Wohl deshalb finden sich in den Testamenten der Kurtisanen präzise und detaillierte Angaben hinsichtlich der Gestaltung des Begräbnisses und der damit verbundenen Feierlichkeiten. Die besagte Josima Kinch beispielsweise legte fest, dass 16 Mönche ihren Leichnam zum Grab geleiten sollten; einem jeden von ihnen hatte sie für diesen Dienst zwei Golddukaten zugedacht. Den Sargträgern vermachte sie zusätzlich ein Fass feinsten griechischen Weins. Nach dem Begräbnis sollten zwei Ordensbrüder an ihrem Grab Totenwache halten.

In einer Zeit, da Kardinäle und Kurtisanen miteinander öffentlichen Umgang pflegten, nahm niemand daran Anstoß, dass die einen wie die anderen in ihrem Testament dafür Sorge trugen, dass ihnen in einer römischen Kirche nicht nur ein vornehmes Begräbnis bereitet, sondern auch ein standesgemäßes Monument errichtet wurde.

Die berühmte Edelkurtisane Fiammetta Michaelis beispielsweise, die ab 1479 in Rom wirkte, ließ sich in der Kirche *Sant'Agostino* (wo viele Venusjüngerinnen die Messe hörten und zur Beichte gingen) eine eigene Grabkapelle errichten, die sie mit reichen Spenden dotierte, in der Gewissheit, dass die Mönche dort regelmäßig Messen für ihr Seelenheil lesen würden. Zwei ihrer Häuser befanden sich an der renommierten *Via dei Coronari* (heute Hausnummern 148 und 156); möglicherweise besaß sie noch ein drittes an der nach ihr benannten *Piazza Fiammetta*. Eine andere, namentlich leider nicht bekannte Dame wünschte in *Trinità dei Monti*

Die Kurtisane Imperia. Aus: W. Roscoe, *Leben und Pontifikat Leos X.*, Mailand 1816.

Baldassare Peruzzi malte im Deckenfresko der Villa Farnesina um 1511 das Horoskop des Hausherrn Agostino Chigi. Die Szene, in der Perseus der Medusa das Haupt abschlägt, spiegelt Chigis Vorherbestimmung zu großen Taten.

beigesetzt zu werden. Den dafür von Giulio Romano ausgeführten Freskenzyklus mit Darstellungen aus dem Leben der heiligen Maria Magdalena kennen wir aus den Beschreibungen von Giorgio Vasari; zusammen mit der ganzen Ausstattung der Kapelle wurden auch die Bilder im 19. Jahrhundert zerstört. Nicht unerwähnt bleiben soll in diesem Zusammenhang die 1481 geborene Imperia (eigentlich Lucrezia), welche von Künstlern (wie dem Literaten Angelo Colocci) und Kaufleuten (unter anderem von dem schwerreichen Bankier Agostino Chigi) gleichermaßen hofiert wurde wie von den Kanonikern von Sankt Peter. 1511 nahm sie sich das Leben, weil ihr Beschützer Agostino Chigi sich einer jüngeren Dame zuwandte. Der erfüllte immerhin den letzten Wunsch seiner früheren Gespielin und errichtete ihr in der Kirche *San Gregorio Magno* ein prunkvolles Grabmal mit dieser Inschrift: »Imperia Cognata Romana / die dieses Namens würdig war / und deren seltene Erscheinung / unter den Menschen Glanz verbreitete / lebte 31 Jahre, 12 Tage / und starb am 15. August 1512.«

Nicht alle Praktikantinnen des Gunstgewerbes konnten sich posthum derart erhebender Elogen erfreuen. Der französische Schriftsteller Pierre de Bourdeille Brantôme (1537–1614) will auf dem Fußboden der Kirche *Santa Maria del Popolo* eine schon beinahe frivole Inschrift für eine dort begrabene Kurtisane gelesen haben: »Ich bitte dich, Vorübergehender, der du mich so oft bestiegen hast, nun nicht mehr auf mich zu treten.« In der altehrwürdigen Augustinerkirche *Santa Maria del Popolo*, wo bereits ihr Sohn Juan seine letzte Ruhestätte gefunden hatte, wurde auch Giulia Vannozza Cattanei beigesetzt.

Heute sind nicht nur die Inschriften, sondern auch die einstmals prachtvollen Gräber selbst unauffindbar. Das hängt mit dem neuen Wind zusammen, der in der Zeit der Gegenreformation auch in Rom immer heftigere Stürme entfachte – andere Zeiten, andere Sitten! Spätestens mit dem Amtsantritt des rigorosen Pius V. im Jahre 1566 ging das goldene Zeitalter der *cortigiane oneste* endgültig zu Ende. Schon gut sechs Monate nach seiner Wahl, am 22. Juli (ausgerechnet am Festtag der heiligen Magdalena, welche die Prostituierten zu ihrer Patronin erwählt hatten), ordnete der Papst an, dass die Dirnen binnen sechs Tagen aus Rom und innerhalb von 12 Tagen aus dem Kirchenstaat auszuweisen seien – es sei denn, sie würden heiraten oder sich in ein Kloster zurückziehen. Klagen, dass die Stadt entvölkert und Kaufleute geschädigt würden, welche den Liebesdienerinnen Waren auf Kredit geliefert hatten, nützten wenig. Erst nachdem einige der Ausgewiesenen durch Wegelagerer ermordet worden waren, beschloss der Papst, die noch in Rom Verbliebenen in ein abgelegenes Quartier zu verbannen, das sie bei Strafe der öffentlichen Auspeitschung nicht verlassen durften. Waren die Kurtisanen bislang freiwillig zur Messe gegangen, wurden sie nun dazu zwangsverpflichtet. Verpflichtend waren auch die Predigten, die in der Kirche *Sant'Ambrogio* jetzt eigens für sie abgehalten wurden. Wie zweifelhaft diese Bekehrungsversuche waren, weiß der Chronist zu berichten. Im November 1566 mussten die Eingänge zur Kirche von Sbirren bewacht werden, weil auch rund 2000 Männer an dem Spektakel teilnehmen wollten. Als der Prediger die Kirche betrat, wurde er von den Dirnen mit Gejohle und Gelächter empfangen, worauf er selber sich, wenn wir denn dem Chronisten trauen dürfen, das Lachen kaum verbeißen konnte. Weniger glimpflich verlief ein Bekehrungsversuch im März des folgenden Jahres. Als der Mönch den Lebenswandel der Frauen mit scharfen Worten geißelte, erhob sich eine gewisse Nina da Prato und schrie, dass es seine Aufgabe sei, das Evangelium zu predigen und nicht die Anwesenden zu beschimpfen. Sie wurde auf der Stelle verhaftet und öffentlich ausgepeitscht. Von einer Bekehrung im Anschluss an diese Quälerei weiß der Chronist nichts zu berichten. Zwar gab es in Rom schon seit 1520 ein eigenes Kloster für reuige Kurtisanen, den der heiligen Maria Magdalena geweihten Konvent der Konvertiten. Dort aber fanden weder hässliche noch alte Prostituierte Aufnahme, weil man befürchtete, dass in diesen Fällen ein Klostereintritt weniger aus Bußgesinnung, denn als günstige Möglichkeit der Altersversorgung in Erwägung gezogen werde.

In jenen strengen Zeiten, die mit dem Pontifikat Pius' V. für die Kurtisanen einsetzten, ging es nicht nur darum, die damaligen Zustände zu verbessern, sondern auch die Flecken der Vergangenheit zu beseitigen. So erklärt es sich, dass kein einziges von den Kurtisanengräbern erhalten ist, die im Lauf des 16. Jahrhunderts in Roms Kirchen errichtet wurden. Die Kapelle der einstmals hoch geachteten Fiammetta ist ebenso verschwunden wie das Grab der nicht minder geschätzten Imperia. Bei dieser Spurentilgung handelte es sich um gezielte Säuberungsaktionen. Als besonders eifriger Verfechter der neuen Moral erwies sich Klemens VIII. (1592–1605). Auf seine Veranlassung hin mussten nicht nur unzählige nackte Gestalten auf Altarbildern übermalt, sondern auch sämtliche Erinnerungstafeln und Gedenksteine der Kurtisanen entfernt werden. Er war es auch, der 1594 dafür sorgte, dass die Grabinschrift für Giulia Vannozza Cattanei in der Kirche *Santa Maria del Popolo* beseitigt wurde. Ihre Gebeine aber und die ihres Sohnes Juan ruhen vermutlich noch immer in einer der Mauern oder irgendwo unter dem Fußboden.

Grabplatte der Vanozza Cattanei. San Marco, Eingangshalle.

Vor einigen Jahren kam zwischen den Fliesen der Kirche *San Marco* (an der gleichnamigen Piazza) bei Renovierungsarbeiten der Gedenkstein der Vannozza zum Vorschein. Heute ist das lateinische Epitaph für *Vannotiae Cathaneae* zusammen mit anderen Grabinschriften und Marmorfragmenten rechts in der Vorhalle von *San Marco* in die Mauer eingelassen. Die Namen Vannozzas und ihrer Kinder sind trotz der mutwilligen Verunstaltung der Inschrift – offensichtlich ein Versuch einer *damnatio memoriae* – gut zu entziffern.

Nachzutragen bleibt, dass die Kurtisanen sich gelegentlich aus objektiv schwer nachvollziehbaren, psychologisch jedoch leicht verständlichen Gründen gewisser Freiheiten erfreuten. Als der Stadtpräfekt unter dem Mailänder Pius IV. (1559–1665) eine Verfügung gegen die römischen Dirnen erließ, ohne vorher den Papst darüber zu informieren, witterte dieser darin einen Versuch, seine Autorität zu untergraben. Er zitierte den Übereifrigen zu sich, bedachte ihn mit einer Reihe derber lombardischer Kraftausdrücke und befahl ihm, die nicht autorisierte Bestimmung unverzüglich rückgängig zu machen.

Die Cenci-Legende

WER DURCH DIE VIA DI MONSERRATO SCHLENDERT und seinen Blick über die Außenmauer des Hauses Nummer 42 gleiten lässt, bemerkt dort eine Gedenktafel neueren Datums:

DA QUI
OVE SORGEVA IL CARCERE DI CORTE SAVELLA
L'11 SETTEMBRE 1599
BEATRICE CENCI
MOSSE VERSO IL PATIBOLO
VITTIMA ESEMPLARE DI UNA GIUSTIZIA INGIUSTA
S.P.Q.R – 1999

»Von hier aus, wo sich einst das Gefängnis von Corte Savella befand, machte sich Beatrice Cenci am 11. September 1599 auf den Weg zum Schafott, ein beispielhaftes Opfer einer ungerechten Gerechtigkeit.« Aus der letzten Zeile geht nicht nur hervor, dass »Volk und Senat von Rom« der unglücklichen Beatrice diese Inschrift zum 400. Todestag gewidmet haben, sondern auch, dass die Erinnerung an die angelastete Untat in Rom noch immer lebendig ist – und dass die Römer und Römerinnen in ihrer Beurteilung des vor gut vier Jahrhunderten ergangenen Urteils noch heute zum Ausdruck bringen, dass die schöne Beatrice irgendwelchen zweifelhaften Machenschaften zum Opfer fiel.

In der Tat hat wohl kein anderes Verbrechen in der Erinnerung der römischen Bevölkerung derart tiefe Spuren hinterlassen wie jene schreckliche Bluttat vor gut vierhundert Jahren, als Beatrice Cenci und ihre Brüder beschlossen, ihren Vater umzubringen.

Das alte Geschlecht der Cenci hatte in der Nähe des Gettos, in einem düsteren Palazzetto an der nach ihm benannten *Piazza dei Cenci* (Haus Nummer 56) seinen Wohnsitz. In der zweiten Hälfte des 16. Jahrhunderts war auch dieses Adelsgeschlecht, wie so viele andere, gänzlich heruntergekommen. Das Haupt der Sippe, Cristoforo Cenci, fungierte damals als Generalschatzmeister der Apostolischen Kammer in Sankt Peter, eine Stellung, die er dazu benützte, um sich unrechtmäßig zu bereichern. Dem Tode nah und geplagt von seinem Gewissen verzichtete er 1562 auf seine Ämter und heiratete seine Mätresse Beatrice Arias. Der Sohn dieses Paares, der 1549 geborene Francesco, fiel schon früh auf wegen seines gewalttätigen Wesens. Als junger Mann zwei Mal wegen Bluttaten eingekerkert, erhielt er gegen Zahlung großer Geldsummen seine Freiheit wieder. 1572 wurde er wegen Misshandlung des Dienstpersonals für sechs Monate aus dem Kirchenstaat verbannt. Die zahlreichen Kinder, die Francesco Cenci aus einer frühzeitig eingegangenen Ehe hatte, erbten fast alle die Untugenden ihres gewalttätigen Vaters. Als Francesco 1593 nach dem Tod seiner ersten Frau mit einer gewissen Lucrezia Petroni eine neue Ehe einging, dachte er nicht im Entferntesten daran, sein ausschweifendes Leben zu ändern. Ein im darauf folgenden Jahr gegen ihn angestrengter Prozess wegen mit Sodomie verbundener Gewalttaten endete mit einem Loskauf von 100'000 Scudi.

Durch die Zahlung einer so gewaltigen Geldsumme gerät Francesco in finanzielle Schwierigkeiten, so dass er seinen kleinen Palazzo in Rom nicht mehr halten kann. Deshalb zieht er sich 1597 mit seiner Frau, seinem Sohn Bernardo und der 1577 geborenen Tochter Beatrice nach Rocca Petrella, auf ein abgewirtschaftetes an der Straße von Rieti nach Avezzano gelegenes Schloss zurück. Die anderen Söhne bleiben in Rom. Der älteste, Giacomo, hat gegen den Willen seines Vaters geheiratet, und ist deshalb von diesem enterbt worden. Worauf Giacomo prompt eine Urkunde von 13'000 Scudi fälscht – zum Schaden seines Vaters. Nicht weniger verkommen sind auch zwei andere Söhne; der eine fällt 1595 in einem Duell; der andere wird 1598 im Zusammenhang mit irgendwelchen Liebeshändeln in Trastevere ermordet.

Entsetzliche Zustände herrschen aber auch auf dem abgelegenen Felsenschloss in Petrella. Francesco Cenci wird immer mehr zum zügellosen Wüstling. Seine Familie und die wenigen Dienstboten behandelt der Familientyrann wie Gefangene. Im Herbst 1598 gelingt Bernardo mit Hilfe des Kastellans Olimpio Calvetti die Flucht. Francescos Wut ist unbeschreiblich. Und sie steigt noch, als er erfährt, dass seine inzwischen 21-jährige Tochter mit Calvetti ein Liebesverhältnis unterhält. Der Kastellan wird fortgejagt, Beatrice grausam misshandelt und wie ihre Stiefmutter streng bewacht. Trotzdem gelingt es Beatrice, sich auch weiterhin nicht nur mit ihrem Liebhaber, sondern auch mit ihren nach Rache dürstenden Brüdern Giacomo und Bernardo zu treffen. Bei einem dieser heimlichen Zusammenkünfte entsteht der Plan, den Vater umzubringen. Lucrezia Petroni,

die Stiefmutter, stimmt dem Vorhaben zu. Am 9. September 1598
wird Francesco Cenci in eine Falle
gelockt und von Calvetti und
einem gedungenen Meuchelmörder erschlagen. Die Täter versuchen den Mord zu vertuschen,
indem sie einen Fenstersturz vor-
täuschen. Doch die Behörden
schöpfen Verdacht und machen
allen Familienangehörigen den
Prozess. Schon vor Beginn der
Verhandlungen entbrennt weit
über Rom hinaus eine heftige
Auseinandersetzung über Schuld
und Unschuld der Verdächtigten.
Die gerichtliche Untersuchung erstreckt sich auf alle Tatbeteiligten.

*Beatrice Cenci. Stich von A. Paquier
nach dem Gemälde von Guido Reni.*

Die liebreizende Beatrice behauptet, ihr Vater hätte sich ihr mit in-
zestuösen Absichten genähert. Adel und Pöbel, Männer und Frauen,
Junge und Alte, alle sind sie ausnahmslos eingenommen von Beatri-
ces Schönheit, von ihrem schwärmerisch-schwermütigen Blick, von
ihren rotblonden Haaren und dem turbanartigen weißen Kopfputz
(Guido Reni hat sie in diesem Aufzug in einem hinreißenden Gemälde verewigt); eine Beteiligung an der furchtbaren Tat traut ihr
niemand zu.

Dennoch nehmen die Dinge nicht nur für ihre Stiefmutter und
die beiden Brüder, sondern für alle Angeklagten die schlimmstmög-
liche Wendung. Lucrezia verlegt sich zunächst aufs Leugnen, dann
flüchtet sie sich in Schweigen. Giacomo wälzt alle Schuld auf die
anderen ab. Beatrice gibt sich sarkastisch und bestreitet die Tat.
Bernardo schließlich gesteht, wie der teuflische Plan ausgeheckt und
ausgeführt wurde.

Sämtliche Angeklagten werden für schuldig befunden. Auf Mord
steht die Todesstrafe. Gutachter gibt es keine. Diese Rolle übernahm
damals die öffentliche Meinung. Und die spricht eindeutig zu Gunsten der Angeklagten. War Francesco Cenci vielleicht kein *mostro*,
kein Ungeheuer?! War er kein stadtbekanntes Scheusal?! Hat er sich
seinen Angehörigen gegenüber nicht wie eine Bestie verhalten?! Hat

den unersättlichen Lüstling nicht endlich die gerechte Strafe ereilt? Soll er jetzt nach seinem Tod gar als Edelmann gelten?

Die letzte Entscheidung in dieser heiklen Sache liegt beim Papst. Klemens VIII. ist über den Lebenswandel des Ermordeten informiert. Er neigt dazu, Milde walten zu lassen – die Cencis haben die Tat wohl geplant, ausgeführt jedoch wurde sie vom Kastellan und einem anonym gebliebenen Meuchelmörder; beide haben sich der Gerechtigkeit durch Flucht entzogen.

Doch dann besinnt der Papst sich eines anderen. Denn unweit von Rom, in Subiaco, wo der heilige Benedikt vor fast 1200 Jahren seine fromme Ordensregel niederschrieb, hat ein gewisser Paolo Santa Croce seine Mutter umgebracht, weil diese ihm die Erbschaft verweigerte. Angesichts dieses neuen grausigen Mordes meint der Papst, ein Exempel statuieren zu müssen. Unter den gegebenen Umständen heißt das: Keine Gnade für die Cencis!

Ob die mit einem Todesurteil verbundene Konfiskation der Güter bei dieser Entscheidung eine Rolle gespielt hat, ist umstritten. Ludwig von Pastor bemerkt dazu nur, dass diese Maßnahme »im Einklang stand mit dem Strafgesetz jener Zeit«. Die Frage, ob die Zeit dafür reif war, ein solches Gesetz zu hinterfragen, stellt er nicht.

Lucrezia und Beatrice werden zum Tod durch das Schwert verurteilt. Giacomo soll mit Zangen gezwickt, mit einem Beil erschlagen und gevierteilt werden. Bernardo wird wegen seines jugendlichen Alters zu lebenslänglicher Galeerenstrafe begnadigt, mit der Auflage, der Vollstreckung der Todesurteile seiner Mutter und der Geschwister beizuwohnen.

Das Verhör der Beatrice Cenci. Stich von Canedi Gallieni, um 1870.

Die Hinrichtung erfolgt am 11. September 1599 auf der Richtstätte bei der Engelsbrücke. Ganz Rom ist bei der Exekution anwesend. Wie Augenzeugen berichten, ging Beatrice Cenci gelassen in den Tod. Wie sie auf die Sympathiekundgebungen der Schaulustigen reagierte, ist nicht überliefert, wohl aber, dass sie eine Reihe frommer Vermächtnisse hinterließ.

In unmittelbarer Nähe des Cenci-Palastes steht die Kirche *San Tommaso*. Sie wurde im 12. Jahrhundert von einem Bischof aus dem Geschlecht der Cenci erbaut; in der Folge diente sie mehreren Angehörigen dieses Hauses als Begräbnisstätte. Eine der Grabstätten hatte Francesco für sich selber vorgesehen. Dort wurde sein Sohn und Mörder Giacomo beigesetzt. Die Leiche des Vaters hatte man in Rocca Petrella begraben. Beatrice fand ihrem Wunsch entsprechend in der auf dem *Gianicolo* gelegenen Kirche *San Pietro in Montorio* ihre letzte Ruhestätte. Inzwischen sind ihre sterblichen Überreste verschollen. Niemand weiß, wer sie weggeschafft hat. In der Kirche *San Tommaso* wird noch heute alljährlich am 11. September eine Seelenmesse für die unglückliche Cenci-Familie gelesen.

San Giovanni decollato

WIE SCHON DER NAME VERRÄT, wurde die Kirche *San Giovanni decollato* (sie liegt an der gleichnamigen, nach ihr benannten Straße) zu Ehren des heiligen Johannes des Täufers errichtet. Vermutlich befand sich an diesem Ort früher ein Marienheiligtum, welches 1535 durch das jetzt bestehende Gotteshaus ersetzt wurde, und zwar auf Veranlassung der *Arciconfraternita di San Giovanni decollato*. Diese »Erzbruderschaft vom enthaupteten Johannes« wurde 1488 gegründet und besteht noch heute. Die Bezeichnung der frommen Vereinigung hat ihren Ursprung in jener Szene des Matthäusevangeliums (Kapitel 14, Verse 3-11), die den gewaltsamen Tod des eifernden Predigers und Vorläufers Jesu schildert.

Herodes hatte den Johannes greifen, binden und ins Gefängnis legen lassen, wegen Herodias, der Frau seines Bruders Philippus. Denn Johannes hatte zu ihm gesagt: Es ist dir nicht erlaubt, sie zu haben! Und er wollte ihn töten, fürchtete aber das Volk, denn sie hielten ihn für einen Propheten. Als nun Herodes seinen Geburtstag beging, tanzte die Tochter der Herodias vor den Gästen und gefiel dem Herodes. Darum verhieß er ihr mit einem Eide, ihr zu geben, was sie auch fordern würde. Da sie aber von ihrer Mutter angeleitet war, sprach sie: Gib mir hier auf einer Schüssel das Haupt Johannes des Täufers! Und der König ward betrübt; doch um des Eides willen und derer, die mit ihm zu Tische saßen, befahl er, es zu geben. Und er sandte hin und ließ Johannes im Gefängnis enthaupten. Und sein Haupt wurde auf einer Schüssel gebracht und dem Mädchen gegeben, und sie brachte es ihrer Mutter.

Den Besucherinnen und Besuchern präsentiert sich der abgeschlagene Kopf des Täufers gleich doppelt, auf zwei identischen Marmortafeln zu beiden Seiten des Eingangs zur Kirche. Es handelt sich dabei um das Wappenzeichen der Erzbruderschaft, deren Mitglieder früher die zum Tod Verurteilten auf ihrem letzten Gang begleiteten (weshalb die fromme Vereinigung in manchen Dokumenten auch unter der Bezeichnung *Arciconfraternita della misericordia* erscheint). Was das konkret bedeutete, vermögen uns so richtig erst die Gebäulichkeiten vor Augen zu führen, vorab das kleine, auf ein einziges Zimmer beschränkte Museum, welches in der Regel nicht zugänglich ist. Aber ein angemessenes Trinkgeld für den Kustoden wirkt wie Öl auf quietschende Türangeln; sobald sie geschmiert werden, öffnen sich die Pforten fast von selbst. Die kleine Sammlung, die sich uns präsentiert, enthält Gewänder, welche die Mitglieder der Bruderschaft in den vergangenen Jahrhunderten bei ihren Verrichtungen trugen, Stricke, mit denen man die Delinquenten erhängte, Körbe, welche die Köpfe der Enthaupteten auffingen (auch der Korb, in den der Kopf der berühmt-berüchtigten Beatrice Cenci fiel, ist hier zu sehen), eine Tragbahre mittels derer die Leichen von der Hinrichtungsstätte entfernt wurden … Eine Besonderheit bilden die tellergroßen Tafeln mit der Darstellung des Gekreuzigten, die, ähnlich Handspiegeln, mit einem Griff versehen sind. Diese Tafeln, welche ein Mitglied der Bruderschaft den Verurteilten auf ihrem Weg zum Schafott vor Augen hielt, sollten bei den Verbrechern Gefühle der Reue und der Bußfertigkeit erwecken und sie auf ihrem schweren Gang trösten. Hätte da aber nicht ein einfaches Kreuz genügt? Auf diese Frage hin schluckt der *Custode* erst einmal leer, bevor er zu einer Erklärung ansetzt. Es gab eben auch Uneinsichtige, Verhärtete, die nicht ihr Seelenheil, sondern ausschließlich ihr Unglück vor Augen hatten und nicht nur ihre Geburt und ihr ganzes Leben und Gott verfluchten, sondern dem gut meinenden Tröster ins Gesicht spuckten, der sich mit Hilfe der besagten Tafel wenigstens halbwegs vor dem Rotz und dem Geifer der Unbußfertigen zu schützen versuchte. Stand eine Hinrichtung bevor, versammelte sich die Bevölkerung am Abend zuvor in der nahen Kirche *San Nicola in Carcere*, um dort zwischen zwanzig Uhr und Mitternacht vor der ausgestellten Hostie für den Verurteilten zu beten.

Wie es am darauf folgenden Morgen zuging, erfahren wir aus einer Tagebuchnotiz, die Michel de Montaigne anlässlich seines Romaufenthalts im Jahre 1581 seinem Diener diktierte:

Am elften Januar, als der Herr von Montaigne vormittags seine Wohnung zu Pferd verließ, um in banchi (auf die Bank) zu gehen, kam er gerade hinzu, wie man einen gewissen Catena aus dem Gefängnis zur Richtstätte führte. Es war ein berüchtigter Räuber und Banditenhauptmann, der ganz Italien in Furcht gehalten hatte und von dem man sich ungeheuerliche Mordtaten erzählte, vor allem den Mord, den er an zwei Kapuzinern begangen: er hatte sie Gott verleugnen lassen, indem er ihnen unter dieser Bedingung das Leben versprach, und sie dann doch abgeschlachtet, ohne jeden Anlass, den man in Habsucht oder Rachgier hätte finden können.

Der Herr von Montaigne machte Halt, um sich das Schauspiel an-
zusehen. Über den französischen Gebrauch hinaus wird vor dem Ver-
brecher noch ein großes schwarz verhangenes Kruzifix hergetragen und
es folgt zu Fuß eine große Zahl in Tuch verkleideter und maskierter
Leute; es sollen Edelleute und sonstige angesehene Römer sein, die eine
Bruderschaft bilden und sich dem Dienste weihen, den Verbrechern zur
Richtstätte und den Leichen von Verstorbenen das Geleit zu geben.
Zwei von ihnen oder auch Mönche, die gerade so gekleidet und mas-
kiert sind, sitzen neben dem Verbrecher im Wagen und predigen ihm,
und der eine von ihnen hält ihm fortwährend ein Bild unseres Herrn
und Heilandes vors Gesicht, damit er es küsse: dabei kann man das
Gesicht des Übeltäters auch nicht auf der Straße sehen. Am Galgen, der
aus einem Balken zwischen zwei Pfosten besteht, hielt man ihm das
Bild so lange vor die Augen, bis er frei in der Luft hing: Sein Tod bot
nichts Ungewöhnliches; er blieb regungslos und sprach kein Wort. Es
war ein dunkler Mann von etwa dreißig Jahren. Nachdem er gehenkt
war, wurde er in vier Stücke geschnitten. Sie lassen die Menschen kaum
anders als eines einfachen Todes sterben und lassen ihre Härte erst am
Leichnam aus.

Der Herr von Montaigne fand hier wieder eine Bemerkung bestä-
tigt, die er schon anderswo ausgesprochen hat: wie sehr sich das Volk
über die Strenge erschrecke, die an den toten Körpern geübt wird. Das
Volk, das ganz ruhig angesehen hatte, wie dieser Verbrecher erdrosselt
wurde, schrie bei jedem Hieb bei der Zerstücklung mitleidig auf. Sofort
nach dem Tode traten ein oder mehrere Jesuiten oder andere Geistliche
auf irgendeine Erhöhung und begannen, der eine hier, der andere da,
laut schreiend zum Volk zu predigen, um ihm das Beispiel zu Gemüt zu
führen.

Eine ähnliche Szene aus dem Jahre 1806 schildert die heute kaum
mehr bekannte baltische Freifrau und Schriftstellerin Elisa von der
Recke in ihrem *Tagebuch einer Reise:*

Gewöhnlich sind die Missetäter, die das Leben verwirkt haben, dazu
bestimmt, am ersten Tage des Karnevals, wenige Stunden vor dem Aus-
bruch der Freude, öffentlich hingerichtet zu werden. Das war auch
diesmal der Fall.

Am Spätabend wird der Galgen auf dem Platz del Popolo errichtet.
Der Henker nimmt zu dieser Arbeit mehrere Gehilfen aus der niederen
Volksklasse, die schon in Arlekins-Masken dabei erscheinen, um nicht
erkannt zu werden. Dem Missetäter wird nun erst in der Nacht vor der

Hinrichtung sein letztes Schicksal angekündigt. Man führt ihn nämlich in der Mitternachtsstunde in den mit allen Schrecknissen des Todes behangenen Gerichtssaal; hier vernimmt er sein Urteil. Auf dem Rückweg zum Gefängnis wird er in eine Kapelle gebracht, wo ein Christusbild, durch Maschinenwerk in Bewegung gesetzt, ihm vom Kreuze herab die Arme entgegenstreckt. Von diesem Augenblick an treten zwei Mitglieder jener Brüderschaft zu ihm, deren ich schon öfter erwähnt habe. Sie teilen das Geschäft, dem Verurteilten die letzten Stunden durch geistigen Trost und körperliche Erquickungen zu erleichtern. Auch ein Geistlicher wird beauftragt, ihn zum Tode vorzubereiten.

Heute am Morgen erscholl plötzlich das Gerücht der hartnäckigen Unbußfertigkeit eines Verbrechers. Das gespannte Volk war betroffen und niedergeschlagen und betete für die Rettung der armen Seele, bis die Nachricht der endlichen Bekehrung erfolgte. Nun kam der Zug des ernsten peinlichen Gerichts, von Kavallerie und Sbirren begleitet. Jeder Verurteilte saß auf einem besonderen Karren, neben dem verhüllten Bruder [der Confraternita]; ihm gegenüber ein Geistlicher, der ihm das Kruzifix vorhielt. Kavallerie und das Haupt der Sbirren beschlossen den Zug. In einem schwarz behangenen Vorhause am Richtplatz legte jeder Missetäter noch einmal seine Beichte ab und erhielt die letzte Absolution. Der Geistliche und der tröstende Bruder begleiteten ihn zur Richtstelle. Der Letztere nimmt sich endlich auch des Leichnams an. Während der Hinrichtung betet, stehend und kniend, das Volk sehr inbrünstig für die Seele des Unglücklichen, der jetzt von der Schwelle des Lebens hinabgestoßen wird. Dies verursacht unter einer so großen Menge ein schauderhaftes Getöse. Die Genossen der Brüderschaft sammeln indes Almosen ein. Das Geld wird teils zu Seelenmessen für die Hingerichteten, teils zur tröstenden Aufrichtung ihrer Familien verwandt, und zwar so, dass diese jedes Mal den Ertrag von der letzten bei der vorherigen Exekution veranstalteten Sammlung erhalten. Auch werden die Angehörigen noch, um sie dem schmerzlichen Anblick der Vorkehrungen zu entziehen, außer der Stadt bewirtet.

Etwas makaber mutet eine Gepflogenheit an, von der offenbar weder Michel de Montaigne noch Elisa von der Recke Kenntnis hatten und die zeigt, wie fließend die Grenzen zwischen Glaube und Aberglaube, aber auch zwischen Volksfrömmigkeit und Folklore sind. Während nämlich die Unglücklichen in Prozession vom Gefängnis zur Richtstätte geführt wurden, hielten Römer und Römerinnen Augen und Ohren offen, weil sie sich von deren Äußerungen oder Verhalten Hinweise auf die Gewinnzahlen beim Lotto erhofften, ein Glücksspiel, das sich in Rom noch immer größter Beliebtheit erfreut.

Die Leichen jener Verurteilten, die ihre Taten vor der Exekution bereut hatten, wurden im Kreuzgang der Kirche *San Giovanni decollato* in einem der sieben Massengräber beigesetzt, von denen eines den Frauen und sechs den Männern vorbehalten waren – was den Rückschluss erlaubt, dass vorzüglich das starke Geschlecht Stärke mit Gewalttätigkeit verwechselte. Manche Mitglieder der Erzbruderschaft, auch solche aus vornehmsten Familien, ließen sich hier begraben. Entsprechend ihrem Willen erinnert kein Gedenkstein an sie, ging es ihnen doch einzig darum, denen, die sie aufs Schafott begleitet hatten, auch im Tod noch nahe zu sein. Die mit einem Marmordeckel verschlossenen runden Grabplatten tragen allesamt die gleiche Inschrift: *Domine cum veneris judicare noli me condemnare* – Herr, wenn du dereinst zum Gericht erscheinst, bewahre mich vor der ewigen Verdammnis.

Besonders Interessierten wird der Kustode vielleicht sogar die Türen zum Versammlungssaal der Bruderschaft öffnen, obwohl dieser Raum für Außenstehende eigentlich nicht zugänglich ist. Dort sehen sich die Eintretenden unvermittelt den Blicken von rund zwanzig ehemaligen *Governatori* der Bruderschaft ausgesetzt, die sie aus kostbaren Bilderrahmen heraus teils mit ernstem, teils mit skeptischem Blick, manchmal gar mit einer gewissen Herablassung betrachten. Neben diesen Porträts hängen an den Wänden einige eingefasste Mitgliederverzeichnisse aus dem 16. und 17. Jahrhundert. Aus ihnen geht hervor, dass Künstler wie Michelangelo oder Kardinäle wie der heilige Karl Borromäus, aber auch Päpste wie Klemens VIII., Urban VIII. und Klemens IX. der berühmten *Arciconfraternita* angehörten.

Die weißen und schwarzen Bohnen in einer Schale auf dem Tisch des Versammlungssaales, die auch heute noch bei Abstimmungen gebraucht werden, erinnern an ein Privileg, welches die Erzbruderschaft bis zur Abschaffung des Kirchenstaates im Jahre 1870 innehatte. Alljährlich am 29. August, dem liturgischen Gedenktag der Auffindung des Schädelknochens Johannes' des Täufers, durfte die Erzbruderschaft einen zum Tod Verurteilten begnadigen. Amnestiert wurde, wer bei der Abstimmung am meisten schwarze Bohnen erhielt. Dass hier entgegen damaligem Brauch nicht Weiß den Ausschlag gab, hängt mit dem schwarzen Umhang zusammen, den die Mitglieder der Bruderschaft bei offiziellen Anlässen trugen. Angetan mit einem rosaroten Gewand (von denen eines im kleinen Museum in einer Vitrine hängt), wurde der Begünstigte von der ganzen Bruderschaft in Prozession durch die Stadt geleitet und anschließend freigelassen.

Heute widmet sich die Vereinigung vor allem der Betreuung der Angehörigen von Strafgefangenen. Jeweils am 24. Juni, am Fest Johannes des Täufers, findet im Kreuzgang der Kirche eine feierliche Prozession statt, ein Ereignis, welches Selvaggia Puceti 1996 auf einem Fresko im ehemaligen Speisesaal des Konvents festgehalten hat; bei der letzten Person, die frommen Blickes und gesenkten Hauptes dem Bittgang folgt, handelt es sich um ein Selbstporträt der Künstlerin. Am 29. August hingegen gedenken die Mitglieder der Erzbruderschaft nach wie vor der Enthauptung ihres Schutzherrn und Patrons. Bei dieser Gelegenheit legen sie auf jede der sieben Grabstellen im Kreuzgang einen Olivenzweig nieder.

Kopfjäger in der Sixtina

Wᴇɴɴ ᴠᴏɴ ᴅᴇʀ Sɪxᴛɪɴɪsᴄʜᴇɴ Kᴀᴘᴇʟʟᴇ ᴅɪᴇ Rᴇᴅᴇ ɪsᴛ, denkt man unwillkürlich an Michelangelos Jüngstes Gericht. Ihren Namen leitet die berühmte Kapelle mit dem noch berühmteren Wandfresko von Papst Sixtus IV. her, auf dessen Geheiß sie in den Jahren 1477– 1480 erbaut wurde. Nun gibt es in Rom aber noch eine weitere Sixtina, die ein Papst gleichen Namens in Auftrag gab, nämlich Sixtus V. (1585–1590), der als Kind Schweine gehütet und schließlich zum obersten Seelenhirten aufgestiegen war. Bei dieser von ihm gesponserten *Capella Sistina* handelt es sich um die vordere rechte Seitenkapelle in der Basilika *Santa Maria Maggiore*, in deren rechtem Seitenarm sich das Grabdenkmal dieses in vieler Hinsicht außergewöhnlichen Bauherren und Kirchenherrschers erhebt. Die von Domenico Fontana geschaffene Skulptur zeigt den Papst kniend und barhäuptig. Sein Blick ist dem Sakramentshaus und der Krippe von Betlehem zugewandt, deren angebliche Reste dort seit dem 7. Jahrhundert verwahrt und verehrt werden. Die Reliefs des Monuments stammen von Nicolas Mostaert, einem kaum bekannten Künstler aus Arras, der von 1578–1604 tätig war. Thema eines dieser Ruhmesreliefs ist nicht, wie an der Stirnwand in der anderen *Sixtina*, das Jüngste Gericht, sondern die päpstliche Gerichtsbarkeit, um derentwillen Sixtus V. seinerzeit im ganzen Kirchenstaat von vielen gefürchtet und von anderen gelobt wurde. Links im Vordergrund sitzt die *Justitia*, die Gerechtigkeit mit Schwert und Waage; neben ihr thront die *Veritas*, die Wahrheit, welche – die Fackel in ihrer Rechten deutet darauf hin – im Begriff ist, die Höhlen und Schlupfnester der Banditen und Briganten auszuräuchern. Tatsächlich fühlte sich in jenen turbulenten Zeiten, da die Wegelagerer auf den Straßen und die Verbrecher in den Städten ungestraft ihr Unwesen trieben, kein reisender Händler und kein sesshafter Bürger sicher. Nach dem Tod Gregors XIII., der angesichts dieser tristen Zustände längst resigniert hatte, verpflichteten die Kardinäle den künftigen Papst noch vor seiner Wahl zur Wiederherstellung der öffentlichen Ordnung. Sixtus V. (vorher Felice Peretti), der am 24. April 1585 nach einem nur dreitägigen Konklave gewählt wurde, nahm diesen Auftrag ernst. Schon wenige Tage später, am 30. April, erneuerte er ein früher bloß auf dem Pergament bestehendes Edikt, welches das Tragen von Waffen

Relief von Nicolas Mostaert, das Sixtus V. auf seinem Grabmonument in
S. Maria Maggiore anbringen ließ: Päpstliche Soldaten mit den Köpfen erschlagener
Banditen bei der Rückkehr nach Rom.

unter Todesstrafe stellte. Noch am Tag der Bekanntgabe verhaftete die Polizei bei der *Porta San Giovanni* vier junge Burschen, die umgehend zum Tod verurteilt wurden. Als man den Papst darauf hinwies, dass diese Hinrichtung unangebracht sei, da am folgenden Tag, einem 1. Mai, seine Krönung stattfinden sollte, verbat sich dieser jegliche Diskussion; Verbrecher müssten allesamt und allemal ausgerottet werden. Das Urteil wurde in der Frühe des Krönungstages vollstreckt. Die nächste Exekution fand bereits am 24. Mai statt. An diesem Tag erblickten die Römerinnen und Römer am Aufgang zur Engelsbrücke den mit einer goldenen Krone gekrönten Kopf des Banditen Guercino, der sich selber zum »König der Campagna« ernannt und die ganze Umgegend Roms mit seinen Mordtaten in Angst und Schrecken versetzt hatte. Nahezu in jeder der folgenden Wochen, teilweise sogar fast täglich, konnten die Römer auf der Engelsbrücke die abgeschlagenen Köpfe anderer eingefangener Verbrecher betrachten. Am 1. Juni wurde in Rom ein Edikt des Papstes verlesen, das jedem Banditen, der sich freiwillig stellte und gleichzeitig einen toten oder lebenden Kumpanen einlieferte, nicht nur Begnadigung, sondern auch eine erkleckliche Geldsumme versprach. Auf diese Weise gelang es Sixtus V., den festen Zusammenhalt der Banden zu sprengen, deren Mitglieder fortan von gegenseitigem Misstrauen erfüllt waren. Gerade drei Wochen später bemerkt ein Chronist, dass diese Methode »Früchte trage«; konkret bedeutet das, dass, wer immer die Engelsbrücke passierte, nicht mehr Gefahr lief, von Mordbrennern oder anderen Missetätern überfallen zu werden, sondern deren dort zur Schau gestellten Köpfen begegnete.

In der Folge vermelden die Chronisten immer häufiger Vorkommnisse dieser Art. Am 17. August 1885 hält einer von ihnen fest, dass zwischen Anagni und Frosinone zwölf Galgen errichtet wurden, die mit den Gliedmassen gevierteilter Banditen behangen seien. Am 24. Dezember, am Vorabend von Weihnachten, wurde der Kopf des berüchtigten Räuberhauptmanns Giovanni Valente an der Engelsbrücke zur Besichtigung und Abschreckung ausgestellt. Ein anderer Geschichtsschreiber vermerkt, es seien im verflossenen Jahr beim *Ponte Sant'Angelo* mehr Köpfe von Banditen als Melonen auf dem Markt zu sehen gewesen. Der Vergleich mag makaber anmuten, aber er zeigt, dass Sixtus V. kein Mittel scheute, um dem grassierenden Räuber- und Banditenwesen ein Ende zu bereiten.

Von diesen Bemühungen zeugt das bereits erwähnte Relief an seinem Grabdenkmal. In der Mitte der Darstellung, hinter der *Justitia* und der *Veritas* erkennen wir neun päpstliche Soldaten, welche die abgeschlagenen Köpfe getöteter Banditen in die Stadt bringen, um sie dort für die Bevölkerung zur Schau zu stellen. Diese in Marmor gemeißelte Warnung an die unbotmäßigen Untertanen ist eindeutig; sie alle müssen befürchten, dass sie in Bälde das gleiche Schicksal ereilt. Außerhalb der Stadt, wo die Ruinenödnis beginnt (dargestellt im oberen Bilddrittel), finden noch immer Kämpfe statt. Dass das Gesetz den Sieg davontragen wird, deutet der Künstler im folgenden Bild an, das die mit Trophäen beladenen heimkehrenden Soldaten zeigt.

In dieser Hinsicht hat der Künstler (und der Papst, in dessen Auftrag er arbeitete) freilich allzu optimistisch geurteilt. Zwar konnte Sixtus V. schon im Herbst des Jahres 1587 mit Befriedigung feststellen, dass Sicherheit und Ruhe im Kirchenstaat größtenteils wiederhergestellt waren. Im Sommer 1590 jedoch nahm das Banditenunwesen erneut überhand; Sixtus V., der am 27. August dieses Jahres verstarb, gab sich Rechenschaft, dass er seinen Kampf zwar nicht verloren, aber leider auch nicht gewonnen hatte.

»Eine höchst verhasste Institution«

Das Lied meiner Jugend war das Lied eines kleinen, römischen Brunnens, der seinen zarten Strahl in das vergreiste Marmorbecken eines antiken Sarkophages ergoss, an dessen Rand man mich als Kind aus dem fernen Deutschland verpflanzt hatte. Der alte Palast, in dessen Hof der Brunnen rann, erhob seine goldfarbigen Massen aus dem schattigen Gewirr der tiefen Straßenschluchten des Campo Marzio gegen den kleinen, sonnigen Platz von Santa Maria sopra Minerva. Meine Fenster blickten in die samtenen Schatten jenes Hofes hinab, wo inmitten von allerlei Palmen, Magnolien und zierlichem Schlingkraut der Brunnen seine eintönig süße Melodie wob. Ich hörte bei Nacht seinen geheimnisvollen Rausch, hingegossen in die sanfte Kühle der Mondnacht, und wenn ich mich im Bett aufrichtete, sah ich die Weiße seines duftigen Strahles wie einen kleinen, silbernen Flügel der schwarzen Erde steil zum Himmel empor gespannt und dann wieder zum Schoß seiner Herkunft zurücksinkend. Ich fühlte zu diesem Brunnen eine innige Zugehörigkeit; ja manchmal kam es mir vor, als ob er das Allerverwandteste sei, was ich überhaupt auf der Welt hätte.

»Das Lied meiner Jugend war das Lied eines kleinen römischen Brunnens …« Um die Autorin dieser Zeilen, Gertrud von Le Fort, ist es seit ihrem Tod im Jahre 1971 ruhiger geworden. Aber dieser erste Satz, mit dem sie ihren bedeutendsten Roman mit dem Titel *Das Schweißtuch der Veronika* einleitet, klingt manchen ihrer Leserinnen und Lesern noch immer im Ohr. Der fragliche Brunnen im Hof des Dominikanerklosters von *Santa Maria sopra Minerva* (von dem inzwischen bloß noch ein einziger Flügel von den Ordensleuten bewohnt ist) plätschert noch immer still vor sich hin. Die Dichterin hatte dort anlässlich ihrer ersten Romreise im Jahre 1904 ein Zimmer bezogen.

In diesem Kloster wurde Giordano Bruno im Jahr 1600 zum Scheiterhaufen verurteilt und Galileo Galilei 1633 zur Zurücknahme seiner Thesen gezwungen. Denn hier befand sich über Jahrhunderte hin der Hauptsitz der römischen Inquisition (weshalb den Jüngern des heiligen Dominikus der zweifelhafte Ruf als *Domini canes*, als Hetzhunde Gottes, vorausging).

Der Kreuzgang des Klosters (den man unmittelbar links neben der Kirche, Haus Nummer 42, betritt) stammt aus dem 16. Jahrhundert. Die Fresken, mit denen ihn eher zweitrangige Künstler im Jahre 1602 ausschmückten, befinden sich in einem recht desolaten Zustand. Dargestellt sind neben den 15 Gesätzen des Rosenkranzes das Leben des heiligen Dominikus sowie die bekanntesten (und berüchtigtsten) Inquisitoren. Einige von ihnen halten den eigenen Kopf in den Händen. Es handelt sich um Glaubenswächter, welche schon den bloßen Anschein einer Häresie aufs Grausamste verfolgten und schließlich, als der Volkszorn sich gegen sie selber richtete, vom Pöbel gelyncht und so (zumindest in den Augen der Dominikaner) zu Märtyrern wurden.

Dass gelegentlich schon ein einziges abschätziges Wort genügte, um die Inquisition auf den Plan zu rufen, bezeugt eine von dem dänischen Hofmeister Johann Georg Keyssler (1689–1743) in seinem einstmals berühmten Nachschlagewerk mit dem Titel *Neueste Reisen* überlieferte Episode. Hat dieser zuvor lobend erwähnt, dass man in Italien »als Protestant völlig frei reden darf«, sieht er sich wenig später, als er auf den Konvent *Santa Maria sopra Minerva* zu sprechen kommt, veranlasst, seine Meinung angesichts der real herrschenden römischen Verhältnisse zu revidieren:

Hier hat die fürchterliche und den vernünftigen Katholiken selbst höchst verhasste Inquisition ihren Sitz, indem alle Mittwochen in diesem Kloster Kongregation gehalten wird, davon der General des Dominikanerordens jederzeit nach den Bischöfen der erste Beisitzer oder Consultator ist. Es werden wöchentlich drei Kongregationen des h. Officii gehalten. Die erste im Palaste der Inquisition, die andere hier alla Minerva, da man in Ordnung bringt, was dem Papste soll vorgetragen werden bei der dritten Kongregation, in dem Palaste, wo sich der Papst aufhält. Die Zahl der Kardinäle, so zugleich Inquisitores sind, ist nicht gewiss, erstreckt sich aber öfters auf zwölf und mehrere, denen viel Theologen und andere Bedienten beigefüget sind. So scharf als man in Spanien und Portugal verfährt, ist man hier nicht, und wissen die Italiener besser zu leben.

Absonderlich nimmt man es mit den Fremden und denjenigen, so unter dem Schutze eines Kardinals oder auswärtigen Ministers stehen, nicht gar genau. Der spanische Minister Marquis de Monteleone erzählte dem geheimen Rat B. v. F. im Haag, dass einstmals der Neveu des Kardinals Imperiali in einem öffentlichen Hause (wo ich nicht irre zu Genua) auf dem Billard gespielt, indessen dass ein anderer die gedruckten Zeitungen und aus derselben den Artikel vom päpstlichen

Hofe laut vorlas. Während solcher Ablesung machte obgedachter Neveu einen unglücklichen Coup, und wie man in der Hitze des Spiels gern alles auf einen andern schiebt, also fuhr er auch in seinem Unmute gegen den Lesenden heraus: avec vôtre foutû Pape vous me faites perdre le jeu. Es währte nicht lange Zeit, so war die Sache bei der Inquisition angebracht: weil sie aber den Verwandten eines Kardinals, den man nicht gern vor den Kopf stoßen wollte, betraf, so kam sie vorher an seine Eminenz, welche die Sache bald in der Stille beizulegen wusste. Der Kardinal ließ indessen seinen Neveu vor sich kommen, bezeugte ihm, wie er mit seiner Aufführung wohl zufrieden sei, er möchte aber in seinen Gedanken zurückgehen und nachsinnen, ob er (der Neveu) nicht Feinde habe, ob er nicht etwan wider den Kaiser zu frei gesprochen habe? Ob nicht dergleichen in Ansehung der Krone Frankreichs geschehen? Als alle diese und andere Fragen mit Nein beantwortet waren, erkundigte sich endlich der Kardinal, ob nichts wider den Papst selbst geredet worden? Der Neveu, dem hiebei dasjenige, dessen er schuldig war, alsbald in den Sinn kam, antwortete, er habe sich auch in diesem Stücke nichts vorzuwerfen, es sei denn, dass ihm vielleicht in der Hitze des Spiels einmal etwas entfahren. Darauf gab ihm der Kardinal die Lehre: Man könne zwar denken, der Papst sei ein …, allein es sei weder nötig noch ratsam, es zu sagen.

Entgegen einer weit verbreiteten Ansicht ist die Inquisition keine mittelalterliche Erfindung zur Ketzerbekämpfung. Zwar wurde sie erst unter Gregor IX. im Jahre 1231 zu einer päpstlichen Einrichtung erhoben und im folgenden Jahr von Kaiser Friedrich II. auf das ganze Reich ausgedehnt. Aber ihre eigentlichen Ursprünge reichen bis ins christliche Altertum zurück. Allerdings wandte man anfänglich gegen Häretiker nur geistliche Zuchtmittel an, deren äußerstes im Ausschluss aus der Kirchengemeinschaft bestand. Später erst entschloss man sich dazu, die Ketzerei mit Güterenteignung und Verbannung und sogar mit dem Tod zu ahnden.

Um die Mitte des 6. Jahrhunderts, unter dem byzantinischen Kaiser Justinianos I., galt Häresie, insofern sie sich gegen die Staatsreligion richtete, als Majestätsbeleidigung und der Häretiker als Hochverräter, der mit dem Feuertod bestraft werden musste.

Seit Beginn des zweiten Jahrtausends wurde diese Sanktion auch im Abendland verhängt und vermochte sich trotz des anfänglichen Protests vieler Theologen schnell durchzusetzen. Als Feind des Gemeinwohls war der Häretiker mit allen Mitteln zu bekämpfen.

Angesichts der rapiden Ausbreitung der Katharer und Waldenser drohte das Vierte Laterankonzil 1215 allen Fürsten, welche die Häretiker nicht verfolgten, mit Exkommunikation und Konfiskation der Ländereien.

Auf diesen Grundlagen entstand die mittelalterliche Inquisition als Ergebnis der Zusammenarbeit zwischen Papst Gregor IX. und Kaiser Friedrich II. Dem Staat oblag es nun, Ketzer und der Häresie Verdächtigte aufzuspüren. Aufgabe der Kirche war es, sie zu prüfen und zu richten. Mit der Vollstreckung des Urteils wurde wiederum der Staat betraut.

An sich handelte es sich bei diesem Inquisitionsverfahren um einen Fortschritt in der Rechtsprechung, weil eine gewisse Gewaltenteilung gewährleistet war. Der Staat fungierte als Ankläger, die Kirche als Richterin. Außerdem sollte das Inquisitions- oder Untersuchungsverfahren einen fairen Prozess garantieren.

Aber bald konnte von einer Gewaltenteilung nicht mehr die Rede sein. Schon seit 1231 waren päpstlich ernannte Inquisitoren (meist Dominikaner und Franziskaner) damit beauftragt, die Häretiker aufzuspüren. Eine ebenso verhängnisvolle wie folgenschwere Entwicklung der Inquisition sanktionierte Innozenz IV., welcher 1252 die Anwendung der Folter zur Erzwingung von Geständnissen guthieß. Nach ihrer Verurteilung wurden die ›Schuldigen‹ von den Kirchenbeamten dem ›weltlichen Arm‹ übergeben. Die gleichzeitig vorgebrachte Bitte, ihr Leben zu schonen, kann nur als Ausdruck eines bodenlosen Zynismus oder aber einer unüberbietbaren Naivität verstanden werden. Denn wer zögerte, die Todesstrafe zu vollstrecken, geriet selber unter Häresieverdacht.

Während Skandinavien, England und Deutschland von der Inquisition weitgehend verschont blieben (deren Verfahrensweisen sich dort aber auf die Hexenprozesse auswirkten), forderte diese vor allem in Holland und Frankreich tausende von Opfern. Am schlimmsten wüteten die Inquisitoren in Spanien. Papst Paul III. (1534–1549) unterstellte die Inquisition einem Kardinalskollegium, dem späteren *Sanctum Officium Sanctissimae Inquisitionis* (›Heiliges Büro der Allerheiligsten Ermittlungsbehörde‹). In Spanien und Portugal wurde die Praxis der Inquisition erst in der ersten Hälfte des 19. Jahrhunderts offiziell abgeschafft, und ganz zuletzt, im Jahre 1870, auch im Kirchenstaat. Die Behörde jedoch blieb weiterhin bestehen und bekam ihren Sitz in unmittelbarer Nähe des Peters-

Palast der römischen Inquisition. Stich von 1638.

platzes, im *Palazzo del Sant' Uffizio*. Papst Paul VI. bedachte die nach wie vor berüchtigte Institution mit einem neuen Namen; seither nennt sie sich *Glaubenskongregation*, eine Bezeichnung, die sich um einiges harmloser ausnimmt als die Nachrichten, die über sie im Umlauf sind.

Neues zum Fall Galilei

Z<small>EIGTEN SICH DIE</small> T<small>HEOLOGEN</small> bis zu Beginn des 16. Jahrhunderts fast ausschließlich an den Regionen interessiert, die ihrer Ansicht nach über oder hinter den Sternen lagen, schenkten die Wissenschaftler unter ihnen spätestens seit Kopernikus (1473–1543) den Gestirnen selber vermehrt Beachtung. Kopernikus nämlich vertrat die für seine Zeitgenossen befremdliche Ansicht, dass das Universum sich nicht um die Erde und um den Menschen drehe, sondern dass die Sonne den Mittelpunkt des Weltalls bilde. Als einer der Ersten bekam Galileo Galilei (1564–1642) die Folgen dieser für die Gottesgelehrten etwas ungewöhnlichen Beschäftigung mit dem Lauf der Gestirne zu spüren.

Rom, am Vormittag des 26. Februars 1616. An diesem Morgen wird der berühmte Mathematiker, Naturphilosoph, Naturwissenschaftler und Astronom von Kardinal Roberto Bellarmino und dessen wissenschaftlich nicht uninteressierten Kollegen Maffeo Barberini und späteren Papst Urban VIII. im Vatikan in der *Stanza del Paradiso* zu einem »Gespräch« empfangen. Die beiden weisen Galilei darauf hin, dass die neue Lehre, nach welcher die Erde um die Sonne kreise, im Widerspruch steht zur Heiligen Schrift und nehmen dem Gelehrten das Versprechen ab, in dieser Sache nichts weiter zu veröffentlichen. Dieser versteht sehr wohl, dass die Eminenzen ihm durch diese private Form der Mitteilung zwar ihre Wertschätzung bekunden, ihm aber gleichzeitig zu verstehen geben, dass seine Theorien ihm Ärger mit der Glaubensbehörde einbringen könnten.

Bertolt Brecht hat den Gedankenaustausch, der an jenem denkwürdigen 26. Februar 1616 zwischen Galilei und den beiden Kardinälen stattfand, in seinem Stück *Leben des Galilei* zu rekonstruieren versucht.

Bellarmino (zu Galilei): *Sie beschuldigen das höchste Wesen, es sei sich im Unklaren darüber, wie die Welt der Gestirne sich bewegt, worüber Sie sich im Klaren sind. Ist das weise?*
Galilei: *Ich bin ein gläubiger Sohn der Kirche …*
Barberini: *Es ist entsetzlich mit ihm. Er will in aller Unschuld Gott die dicksten Schnitzer in der Astronomie nachweisen! Wie, hat Gott nicht sorgfältig genug Astronomie studiert, bevor er die Heilige Schrift verfasste? Lieber Freund!*

Galilei: *Schließlich kann der Mensch nicht nur die Bewegungen der Gestirne falsch auffassen, sondern auch die Bibel!*
Bellarmino: *Aber wie die Bibel aufzufassen ist, darüber haben ausschließlich die Theologen der heiligen Kirche zu befinden, nicht?*
Galilei: *Die Winkelsumme im Dreieck kann nicht nach den Bedürfnissen der Kurie abgeändert werden.*

Der Naturwissenschaftler beruft sich auf seine Experimente. Die Theologen hingegen pochen auf die Bibel. Tatsächlich heißt es im alttestamentlichen Buch Josua (Kapitel 10, Verse 12-13), dass die Sonne einstmals so lange stehen blieb, bis die Israeliten an ihren Feinden Rache genommen hatten. Wie konnte man also behaupten, dass sich die Erde um die Sonne drehe?! Angesichts einer derart unerhörten, weil angeblich im Widerspruch zur Heiligen Schrift stehenden Auffassung sah sich die Inquisition genötigt einzuschreiten. Schließlich stellte, wer auch nur eine einzige in der Bibel verankerte Wahrheit leugnete, grundsätzlich den ganzen Glauben in Frage. Damals erkannte man eben noch nicht, dass (wie sich Galilei später ausdrückte) »die Bibel nicht lehrt, wie der Himmel geht, sondern wie man zum Himmel geht«.

Rom, 11. Juni 1982. Im ersten Stockwerk des *Palazzo del Sant' Uffizio*, nach welchem die unweit des Petersplatzes gelegene Piazza benannt ist, wartet der italienische Wissenschaftshistoriker Pietro Redondi ungeduldig darauf, ein bislang unbekanntes Dokument aus dem Jahre 1625 über Galilei einsehen zu dürfen, von dem in einem Brief eines seiner Schüler die Rede ist. In dem besagten Brief erwähnt dieser Schüler einen gewissen Pater Guevara, der sich, ebenfalls in schriftlicher Form, gegenüber einem Kardinal lobend über Galilei geäußert haben soll.

Die Vermutung, dass der Schriftsatz dieses Pater Guevara möglicherweise in den Archiven der Glaubenskongregation aufbewahrt werde, kam Redondi, nachdem ihm im Verlauf seiner Forschungen ein paar Einzelheiten aufgefallen waren, welche seine Kollegen bisher übersehen hatten.

Wie alle Galileikenner wusste Redondi natürlich, dass der berühmte Astronom um 1620 in einen Gelehrtenstreit mit einigen römischen Jesuiten verwickelt war, welche der Theorie des Kopernikus ablehnend gegenüberstanden. In diesem Zusammenhang veröffentlichte Galilei im Jahre 1623 seine berühmte Streitschrift *Il Saggiatore*, die gleichzeitig einen Großangriff auf die Vertreter der in Rom herr-

schenden traditionalistischen Kultur darstellte. Gewidmet war das Werk dem neu gewählten Papst Urban VIII., der sich als Kardinal den Naturwissenschaften gegenüber höchst aufgeschlossen gezeigt hatte.

Obwohl der Papst für Galilei große Sympathien hegt und ihn mehrfach empfängt, lässt er sich, aus welchen Gründen auch immer, nicht dazu bewegen, die Verurteilung des Kopernikus und damit des neuen Weltbildes zurückzunehmen.

Galilei befindet sich inzwischen längst wieder in Florenz. Aber über die Vorgänge in Rom hält er sich auf dem Laufenden. Unter anderem geht das aus dem bereits erwähnten Brief seines Schülers hervor, welcher ihm am 18. April 1625 berichtet, dass ein gewisser Pater Guevara den *Saggiatore* positiv beurteilt. »Überdies hielt er [Guevara] schriftlich einige Verteidigungspunkte fest, wonach er diese Lehre der Bewegung der Erde, auch wenn sie in dem Werk enthalten sein sollte, nicht für verdammenswert halte …«

Diese Briefnotiz war den Galilei-Forschern bekannt, aber keiner hatte sich jemals Gedanken darüber gemacht. Das schien auch nicht nötig, weil der *Saggiatore* bei der Verurteilung Galileis keine Rolle spielte. Dies wenigstens glaubte man – bis Pietro Redondi auf die Idee kam, bei der Glaubenskongregation nachzufragen, ob sich in ihrem Archiv ein Dokument betreffend einen gewissen Pater Guevara und den *Saggiatore* befinde. Genau diese Anfrage Redondis führte zu einer überraschenden Entdeckung.

Zu *Guevara* fand sich nichts; dafür aber war (was kein Galilei-Spezialist vermuten konnte) unter dem Stichwort *Saggiatore* ein zweiseitiges Dokument registriert. Redondi durfte es einsehen und auswerten. Statt der gesuchten Stellungnahme von Pater Guevara kam die Anzeige eines anonymen Denunzianten folgenden Wortlautes zum Vorschein: »Nachdem ich das Buch des Herrn Galileo Galilei mit dem Titel *Il Saggiatore* gelesen habe, bin ich dazu gelangt, eine Doktrin zu erwägen, die schon von den Alten gelehrt und von Aristoteles schlagend widerlegt wurde, nun vom selbigen Galilei aber erneuert wird …« Im Folgenden präzisiert der Denunziant, dass Galilei einem philosophischen Irrtum, nämlich dem Atomismus, aufgesessen sei.

Zur Erklärung: Der griechische Philosoph Aristoteles unterschied in Bezug auf alles Seiende zwischen dem Wesen einer Sache (ihrer Substanz) und deren zufälligen Eigenschaften (den Akzidenzien). Wenn beispielsweise Wasser erhitzt oder gefärbt wird, wechseln bloß die Eigenschaften, während die Substanz (das Wesen) unverändert bleibt. Die Substanz Wasser ist demnach der Träger bestimmter Eigenschaften (in unserem Fall: von Hitze und Farbe), die immer nur in Verbindung mit einer Substanz (hier: dem Wasser) existieren.

Dagegen lehrte Galilei, dass auch die sinnlich wahrnehmbaren Eigenschaften (wie etwa Hitze oder Farbe) ein eigenes Sein besäßen, also unabhängig von einer Träger-Substanz existieren würden, und zwar in Form von kleinsten Teilchen oder Atomen – daher der Begriff ›Atomismus‹.

Heute neigen wir dazu, derartige Diskussionen als Silbenstecherei abzutun. Damals allerdings stand nichts weniger als eine der zentralen Glaubenswahrheiten der Kirche auf dem Spiel. Oder hatte das Konzil von Trient etwa nicht gelehrt, dass bei der Konsekration in der Messfeier Brot und Wein in die Substanz des Leibes und des Blutes Christi verwandelt würden? Das heißt, die ursprünglichen Substanzen von Brot und Wein bestehen nach der Wandlung nicht mehr weiter, sondern sind nunmehr Akzidenzien, bloße Erscheinungsformen.

Wenn man aber mit Galilei annimmt, dass die Eigenschaften ein eigenes Sein besitzen, so bedeutet das nach dem Verständnis der Aristoteles-Anhänger, dass Brot und Wein auch nach der Konsekration bleiben, was sie vorher waren und nicht in Christus ›verwandelt‹ werden. Kurzum, die Irrlehre, welcher Galilei nach der Publikation des *Saggiatore* bezichtigt wurde, betraf gar nicht seine astronomischen Ansichten, sondern die möglichen Konsequenzen seiner Naturphilosophie und damit indirekt – nämlich in ihren Auswirkungen – das katholische Dogma von der Eucharistie! In dieser

Sache aber konnte ihn selbst der Papst nicht in Schutz nehmen, ohne selber der Häresie verdächtigt zu werden.

Urban VIII. findet dennoch einen Weg, Galilei vor dem Schlimmsten zu bewahren. Angeblich weil die Bedeutung des Falles dies erfordert, setzt er ein außerordentliches Verfahren an und eine Sonderkommission ein.

Schon immer haben die Historiker darüber gerätselt, was wohl den Richter bewogen habe, Galilei während des laufenden Verfahrens am 27. April 1633 in seiner Zelle aufzusuchen und mit ihm allein, ohne Zeugen, zu sprechen. Redondi hält es für sicher, dass der Richter dem Gelehrten das Angebot machte, mit der Sonderkommission eine Absprache zu treffen: Von der gefährlichen Anklage, Galilei würde (implizit) die Wesensverwandlung von Brot und Wein während der Messe leugnen, wollte man Abstand nehmen; sie hätte den Gelehrten unweigerlich auf den Scheiterhaufen gebracht. Stattdessen fand man einen Vorwand, um die Inquisitionsbehörde und – nicht zu vergessen! – die Gegner Urbans VIII., die bereits an eine Palastrevolte und an die Absetzung des Papstes dachten, zu beruhigen.

Jahre zuvor, im Februar 1616, hatte Kardinal Bellarmino Galilei dazu verpflichtet, nichts mehr über das neue (kopernikanische) Weltbild zu publizieren, da dieses angeblich im Widerspruch zur Schrift stehe. Dennoch hatte dieser 1632, gerade ein Jahr bevor ihm der Prozess gemacht wurde, ein Werk mit dem Titel *Dialoge* veröffentlicht, in dem er erneut auf diese Frage zurückkam. Damit hatte die von Urban VIII. eingesetzte Sonderkommission die Möglichkeit, die Anklage wegen Häresie zu übergehen und Galilei wegen seiner neuerlichen Äußerungen zum kopernikanischen Weltbild den Prozess zu machen und ihn wegen »Hochverrats« zu verurteilen.

Die Gegner Urbans VIII. konnten den Fall Galilei nun nicht mehr als Vorwand benutzen, um den Papst zu stürzen. Dieser seinerseits vermochte den Gelehrten mit dem von ihm gesteuerten Verfahren vor dem Scheiterhaufen zu bewahren.

Bevor Pietro Redondi das inzwischen von der Päpstlichen Akademie der Wissenschaften veröffentlichte Dokument entdeckte, glaubte man stets, dass Galilei in diesem Prozess übel mitgespielt wurde. In Wirklichkeit hat er seinerseits mitgespielt, indem er auf die Vorschläge seines Richters einging und eine Verurteilung wegen seiner astronomischen Theorie und deren öffentlichen Widerrufs in Kauf nahm, was dann ein für ihn völlig aussichtsloses Verfahren bezüglich seiner ›häretischen‹ Naturphilosophie überflüssig machte. Untermauert wird diese These durch die Tatsache, dass der Papst persönlich Galilei schon bald nach dem Verfahren begnadigte. Bekanntlich lautete das Urteil auf lebenslange Haft. Schon nach kurzer Zeit jedoch erlaubte Urban VIII. Galilei, in seinem Landhaus bei Florenz zu leben; die Kerkerstrafe wurde in Hausarrest umgewandelt, zum Dank für sein Wohlverhalten während des Prozesses.

Kanonendonner in Rom

Von Kurd von Schlözer, der von 1864–1869 als preußischer Legationssekretär und später von 1882–1892 als preußischer Gesandter beim Heiligen Stuhl in Rom weilte, wird in diesem Buch noch einige Male die Rede sein. Denn in seinen an die Mutter und an den älteren Bruder gerichteten Briefen spiegeln sich überaus farbig nicht nur die Anschauungen und die Denkart der Römer, sondern auch die Sitten und Gebräuche, welche in der zweiten Hälfte des 19. Jahrhunderts das Leben in der Ewigen Stadt bestimmten. So beschreibt der Diplomat in einem Brief vom 5. Mai 1864 unter anderem, wie die Zeitmesser schon im damaligen Rom das Leben beeinflussten.

Um Mittag herum, einige Minuten vor und nach zwölf Uhr, herrscht in Rom eine eigene Unruhe. Jetzt z.B. zieht lärmend die große französische Wache auf dem Kapitol auf. Von meinen Fenstern aus sehe ich unter vielen anderen Kirchtürmen und Kuppeln auch einen hohen dicken Turm mit Stangen, Leitern und allerhand Gerätschaften. Das ist die Sternwarte von Sant'Ignazio und dem dazugehörigen Collegio Romano der Jesuitenschule. Kurz vor zwölf Uhr erhebt sich an einer der Stangen, welche die Plattform jenes Turmes überragen, eine schwarze große Kugel. Ein sternsehender Jesuit steht dabei. Sowie es nach seiner Berechnung Mittag ist, lässt er die Kugel wieder herabgleiten. Das alles wird sorgfältig von der hohen, entfernt gelegenen Engelsburg beobachtet; dort steht schon wenige Minuten vor zwölf Uhr ein Kanonier mit brennender Lunte, sowie die schwarze Kugel fällt, schießt er eine große Kanone ab, deren Donner der Stadt Rom verkündet, dass es Mittag ist. Ein gut organisierter Römer – zu denen ich in dieser Hinsicht auch gehöre – reguliert dann seine Uhr. Was in Berlin die Akademieuhr ist, ist hier der Schuss von der Engelsburg. Wer sich auf den berufen kann, ist unwiderlegbar. Zugleich mit diesem Schuss fangen aber eine Unzahl von Kampanilen an zu läuten, dazu schlagen die verschiedenen Turmuhren und zugleich höre ich das Trommeln der französischen Wachen.

Einen Kanonendonner ganz anderer, nämlich von der kriminellen Art, hatten die Römer gut zweihundert Jahre zuvor erlebt, am Neujahrsmorgen des Jahres 1656. An jenem unvergessenen Datum hatte Christine von Schweden, die ebenso streitbare wie launische Tochter Gustav Adolfs, sich in den Kopf gesetzt, das neue Jahr auf dem *Castel Sant'Angelo* zu begrüßen.

Noch herrscht tiefste Dunkelheit, als sie an diesem 1. Januar 1656 mit ihren Begleitern dorthin aufbricht. Als das Grüpplein in die Engelsburg einzieht, ist es noch immer nicht hell geworden. Im Fackelschein glänzt das Metall der Geschütze auf der Bastion, was die eigenwillige Christine veranlasst, mit ihren Schießkünsten zu prahlen. Dass der eine oder andere der sie begleitenden Kavaliere mitleidig lächelt, kann man verstehen. Dass dieses Lächeln unvorhersehbare Folgen hat, ist beim Charakter dieser Frau vorauszuahnen. Christine, ganz *grande dame* und fest entschlossen, den Tatbeweis für ihre Äußerungen zu erbringen, befiehlt, die 2395 Pfund schwere *Spinosa* zu laden, jene besonders gewichtige Kanone, welche die päpstlichen Truppen seinerzeit vom Heer des Kronfeldherrn Karl von Bourbon auf dem Monte Mario erbeutet haben. Dann richtet Christine das Geschütz auf die auf dem gegenüberliegenden *Pincio* gelegene Villa Medici, wo der toskanische Botschafter sich von der Silvesterparty erholt.

Heute beherbergt die Villa Medici die französische Akademie der Künste. Gegründet wurde die Akademie im 17. Jahrhundert vom Sonnenkönig Ludwig XIV., um talentierten Malern die Möglichkeit zu geben, in Rom ihre Kunstfertigkeit zu vervollkommnen. Jean-Auguste-Dominique Ingres war zeitweilig Direktor dieser Akademie; Nicolas Poussin, Jean-Honoré Fragonard und François Boucher gehörten zu ihren Absolventen. Später wurden hier auch Musiker aufgenommen, was unter anderem Hector Berlioz und Claude Debussy zugute kam. Ihren heutigen Namen erhielt die Villa erst 1576, als Kardinal Ferdinando di Medici sie erwarb.

Als Christine in Rom weilt, dient das Gebäude der toskanischen Botschaft als Sitz. Und als sie in der Morgenfrühe dieses fatalen 1. Januar 1656, nun nicht mehr *grande dame*, sondern ganz und gar Feldherrin, das geladene Geschütz auf die Villa richtet, wird es nur noch wenige Augenblicke dauern, bis der Botschafter entsetzt aus dem Schlaf fährt.

Denn Christine landet einen Volltreffer. Eine irreparable Delle zeugt seither von den Schießkünsten der abgedankten schwedischen Königin, deren Konversion zum Katholizismus den Papst mit immenser Genugtuung erfüllte – und die anschließend wegen ihres kapriziösen Verhaltens zu einer schweren Belastung für die Kirche wurde.

Heute krönt die Kanonenkugel, die zu Beginn des Jahres 1656 eine ernste diplomatische Krise auslöste, den Brunnen auf der vor der Villa Medici gelegenen Piazza.

68

Gauner oder Genie? Oder beides?

Vicolo delle Grotte. Führt von der Via dei Giubbonari zur Via Capo di Ferro. Im 15. Jahrhundert umfasste die Gasse auch die heutige Via della Corda. Vermutlich geht die Bezeichnung auf einen damals beim Campo de' Fiori gelegenen »Grotto« (Schänke) zurück. In den Prozessakten von Giuseppe Balsamo, Graf von Cagliostro, taucht das Gässchen unter dem Namen Vicolo delle Cripte auf. Cagliostro wohnte hier im Haus des Gießers Feliciani, wo er seine künftige Frau, die schöne Lorenza kennen lernte. Einer noch heute verbreiteten Legende zufolge bewegt sich der Geist Lorenzas jeweils um Mitternacht von dieser Gasse herkommend zur Piazza di Spagna, wo Cagliostro gefangen genommen wurde. Dort soll Lorenza in ein markerschütterndes Gelächter ausbrechen, während eine Stimme ihren Namen ruft. (Sergio Delli, Le strade di Roma, Newton Compton editori, Rom 1993, Seite 492.)

Am 27. Dezember 1789 wurde Alessandro Graf Cagliostro, alias Conte di Felix, alias Marchese Pellegrini, alias Marchese D'Anna, alias Marchese Balsamo Principe di Santa Croce, auf Geheiß Papst Pius' VI. in Rom wegen politisch unerlaubter Machenschaften verhaftet und bis zur Durchführung des Prozesses in der Engelsburg gefangen gehalten. Seine noch immer bildhübsche Frau, eine Römerin namens Lorenza Feliciani, sperrte man einstweilen im Nonnenkloster *Santa Apollonia* in Trastevere in eine enge Zelle.

Gerade drei Jahre vor seiner Verhaftung war Cagliostro in Paris in jenen Jahrhundertprozess verwickelt gewesen, der unter dem Stichwort ›Halsbandaffäre‹ in die Annalen der europäischen Kriminalgeschichte einging.

Im Jahre 1784 gelingt es der Schwindlerin Jeanne de La Motte, den Großalmosenier von Frankreich, Kardinal Rohan, davon zu überzeugen, dass die Königin

SERAPHINIA FELICHIANI
Comtesse de Cagliostro

Lorenza (später Serafina) Feliciani, Gemahlin des Cagliostro. Zeitgenössischer Druck.

Marie Antoinette ihr Herz an ihn verloren habe, worauf der Kardinal den Kopf verliert. Seine Eminenz lässt sich von Jeanne de La Motte überreden, für ein sündteures Diamantcollier geradezustehen, dessen Kosten ihm die Königin in Raten zurückerstatten werde. Der Kardinal besorgt sich das Schmuckstück und übergibt es Jeanne de La Motte in der Meinung, diese würde es der Königin aushändigen. Die angebliche Vermittlerin jedoch verschachert die Preziosen. Nach einem Vierteljahr fliegt die ganze Geschichte auf. Dem Kardinal und der de La Motte wird der Prozess gemacht, in dessen Verlauf Letztere einen anderen Schwindler in die Sache hineinzieht; sie beschuldigt Cagliostro, einen Freund und Vertrauten des Kardinals, die Diamanten gestohlen zu haben. Jeanne de La Motte wird verurteilt und als Diebin gebrandmarkt (was hier wörtlich zu verstehen ist); der Kardinal kommt ungeschoren davon (aber sein Ruf ist ruiniert); Cagliostro, der ausnahmsweise einmal unschuldig ist, wird des Landes verwiesen.

Auf seine Person angesprochen, pflegte Cagliostro mit einem Bibelzitat zu antworten: »Ego sum, qui sum« (Ich bin, der ich bin). Heute wissen wir, dass Cagliostro eigentlich Giuseppe Balsamo hieß und am 2. Juni 1743 in Palermo geboren wurde.

Mit 13 Jahren beginnt er sein Noviziat im Kloster der Barmherzigen Brüder im sizilianischen Caltagirone, wo er sich mehr für Chemie und Medizin als für die Gottesgelehrtheit interessiert. Schon bald begreift Balsamo, dass er keinerlei Talent zum Ordensmönch besitzt. Weshalb er wenig später in Palermo auf- oder eher untertaucht, wo er Theaterkarten und Testamente fälscht und sich mit anderen größeren oder kleineren Betrügereien über Wasser hält. 1768 flieht er nach Rom, wo er sich im verrufenen *Vicolo delle Grotte*, einem Seitengässlein der *Via dei Giubbonari* niederlässt. Dort lernt er die 14-jährige Gießerstochter Lorenza Feliciani kennen, die er bald darauf in der Kirche *San Salvatore* in Campo heiratet.

Während dreier Jahre findet er in der Folge in London als Betrüger sein Auskommen, wird aber seinerseits von einem Landsmann geleimt, kommt ins Schuldgefängnis, irrt in halb Europa umher und tritt in Marseille erstmals als Wunderheiler auf. Einem Greis verspricht er für viel Geld die ewige Jugend. Als das Mirakel allzu lange auf sich warten lässt, setzt er sich mit seiner Frau nach Spanien ab und von dort – wir schreiben inzwischen das Jahr 1776 – nach Cadix, wo er sich mit dem Namen Alessandro di Cagliostro und dem

Titel eines Offiziers im Dienst des preußischen Königs schmückt. Zu diesem Zeitpunkt erkennt auch seine Frau Lorenza, dass sie zu Höherem berufen ist und – ein neuer Mensch braucht einen neuen Namen – nennt sich fortan Serafina.

Gerade ein Jahr später wird das Paar in London wegen Betrügereien arretiert. Aus der Haft entlassen, beschäftigen sich die beiden intensiv mit Alchemie, Okkultismus und der Freimaurerei. Sie gründen eine eigene ›Ägyptische Loge‹; Cagliostro tritt als ›Großkophta‹ in Erscheinung, während Lorenza-Serafina als ›Königin von Saba‹ vor allem Herren vorgerückten Alters für das Projekt begeistert.

In den Jahren 1777–1780 kann Cagliostro eine ganze Reihe von Pluspunkten verbuchen. In Petersburg gelingt es ihm, die ganze Stadt davon zu überzeugen, dass er ein totes Mädchen zum Leben erweckt hat. In Warschau gibt der Hof zu seinen Ehren einen prunkvollen Empfang.

Cagliostro lebte in einem Zeitalter, in welchem der Glaube an Gott allmählich durch den Glauben an die Vernunft ersetzt wurde. Offenbar aber genügt die Vernunft allein nicht, um die spirituellen Bedürfnisse der Menschen zu befriedigen. Wie anders sollte man es sich sonst erklären, dass selbst aufgeklärte Geister mit einer geradezu sträflichen Gutgläubigkeit auf magische Praktiken schworen und sogar den windigsten Schwindel zur elitären Heilslehre hochjubelten? Damit wird freilich nicht behauptet, dass Cagliostros Erfolge nur auf schamloser Scharlatanerie und cleverer Bauernfängerei beruhten. Immerhin sprechen ein paar Gründe dafür, dass er elementare medizinische Kenntnisse und eine geradezu unglaubliche Suggestionskraft besaß und sich überdies auch in Sachen Magnetismus und Hypnose gewisse Fähigkeiten erworben hatte. Dank seiner Heilerfolge in Straßburg, wo er 1781 Kardinal Rohan kennen lernte, brachte er es in halb Europa zu Ruhm und Ansehen. Dass er die Armen umsonst behandelte, trug ihm darüber hinaus den Ruf eines Menschenfreundes ein.

Weitere Stationen in seinem unsteten Vagabundenleben sind Neapel, Bordeaux, Lyon und Paris, wo Cagliostro als Arzt und Esoteriker bei Hof höchste Bewunderung und unter dem einfachen Volk immense Anerkennung genoss, was ihm später in der Halsbandaffäre wiederum zustatten kam. Dank diesem Aufsehen erregenden Abenteuer bekam er Gelegenheit, die Bastille von innen kennen zu lernen.

Von England aus dann prophezeit der »Großkophta« die Erstürmung des berüchtigten Staatsgefängnisses. Anschließend reist er nach Italien und trifft im Mai 1789 in Rom ein.

Zu diesem Zeitpunkt ist Cagliostros Stern bereits im Sinken. Zwar vermag er trotz des päpstlichen Verbots der Freimaurerei nicht nur mehrere Kardinäle, sondern auch ein paar marode Adelige für seine Loge zu gewinnen. Die schöne Serafina jedoch, ganz unerwartet von religiösen Skrupeln geplagt, ergeht sich dieweil in allerlei Indiskretionen über die turbulente Vergangenheit ihres Mannes und bringt damit die Inquisition auf den Gedanken, ihm den Prozess zu machen (mit dem man in Wirklichkeit die römische Freimaurerei treffen will). Dass Cagliostro sich während der langen Untersuchungshaft als reuiger Sünder gibt, nützt ihm wenig. Am 7. April 1791 wird er wegen Freimaurerei und Ausübung magischer Praktiken sowie wegen angeblich häretischer Ansichten zum Tod verurteilt; Papst Pius VI. wandelt die Strafe in lebenslängliche Haft um. Serafina, obwohl freigesprochen, bleibt auch künftig den Nonnen zur Verwahrung anvertraut; über ihr weiteres Schicksal ist nichts bekannt.

Cagliostro indessen wird in die Festung *San Leo* (in der heutigen Provinz Pesaro) überführt, wo er in einem fensterlosen Verlies gefangen gehalten wird. Schon nach ein paar Wochen verliert er den Verstand, nicht zuletzt wegen der brutalen Misshandlungen durch die Aufseher, die am 26. August 1795 seinen Tod vermelden. Sein Leichnam wird an unbekannter Stelle verscharrt, was dem Gerücht Vorschub leistet, er habe sich in einem neuen Körper reinkarniert. Immer wieder will ihm jemand begegnet sein – natürlich während er gerade unterwegs war.

Patronin der Delinquenten

KEIN GEMÄLDE UND KEINE STATUE STELLT IHN ALLEIN DAR. Und doch ist sein Bildnis in vielen Kirchen zu sehen und dort häufig über dem Hauptaltar. Die Rede ist vom reuigen Räuber, der zur Rechten (also auf der ›Glücksseite‹) Jesu gekreuzigt wurde und der sich dem Lukasevangelium zufolge im Angesicht des Todes bekehrte (Kapitel 23, Verse 39-43). Die Legende hat ihm den Namen Dismas verpasst.

Ein vermutlich im 6. Jahrhundert aus anderen Schriften kompiliertes *Arabisches Kindheitsevangelium* nennt auch den Namen des zweiten mit Jesus gekreuzigten Schächers, Dumachus (nach einer anderen Überlieferung: Gestas). Angeblich wollte dieser die Heilige Familie auf ihrer Flucht nach Ägypten berauben; doch soll er auf Zureden seines Kumpanen Dismas von seinem verruchten Plan abgelassen haben. Jesus habe darauf seiner Mutter geweissagt, Dumachus werde nach dreißig Jahren zu seiner Linken gekreuzigt werden. Dismas hingegen wurde als Lohn für seine gute Tat die Gnade der Bekehrung zuteil, was wiederum bewirkte, dass die Räuber, Diebe und Banditen ihn zu ihrem himmlischen Schutzpatron und Fürsprecher erwählten. Bußprediger und andere eifrige Seelenhirten allerdings betonen immer wieder (und nachdrücklich!), dass der Schutzheilige sich – wenn überhaupt – nur dann als hellhörig erweist, wenn die Fehlbaren Einsicht zeigen und Reue bekunden.

Sei es, weil schon der Name des reumütigen Schächers legendär und seine Biografie sagenhaft ist, sei es, weil selbst das Diebespack von dem an Wallfahrtsorten fließenden Gnadenstrom ein Rinnsal abbekommt, oder sei es gar, weil das Räubergesindel nun einmal von Natur aus auf Gegenständliches fixiert ist – fest steht, dass die römischen Banditen und Buschklepper dem Beistand des heiligen Dismas nicht allzu sehr vertrauten und sich deshalb nach einer mächtigeren Vertrauensperson umsahen, und zwar in den allerhöchsten himmlischen Sphären. Dass ihre Wahl ausgerechnet auf die größte aller Heiligen, nämlich auf die Gottesmutter Maria fiel, mochte mit ihren über die Maßen hohen Berufsrisiken zusammenhängen.

Das Standbild der Mutter Gottes, welchem die gewaltbereiten Diebe und Räuber ihre Verehrung zollten, befindet sich in der Kirche *Sant'Agostino*, gleich rechts hinter dem Haupteingang. Die dort thronende Statue der Jungfrau mit Kind wird unter der Ehrenbe-

Madonna del Parto
in Sant'Agostino.
Von Jacopo Sansovino
1521 geschaffene Statue.

zeichnung *Madonna del Parto* (Maria von der Geburt) von der Bevölkerung noch heute hoch verehrt. Selbst Kunstverständige, die mit
der Religion wenig am Hut haben, zeigen sich ergriffen angesichts
dieses Meisterwerks von Jacopo Sansovino (1486–1570; eigentlich Jacopo Tatti; nicht zu verwechseln mit seinem Lehrer Andrea Sansovino!). Bis zum 19. Jahrhundert übereigneten einsichtige Delinquenten dieser Statue ihre Stilette, Messer und Dolche, die sie für ihre
Gräueltaten benutzt hatten. Allerdings waren es nicht diese Mord-
instrumente, sondern Zuwendungen ganz anderer Art, welche den
Gerichtsbehörden mitunter juristische Querelen und, schlimmer
noch, arge Gewissensnöte bescherten. So wissen wir von einer reichen Witwe, welche um 1750 der Madonna von *Sant'Agostino* ihren
ganzen Schmuck testamentarisch vermachte. Die Erben fochten
diese letztwillige Verfügung erfolgreich an. Aber selbst die abgebrüh-
testen Gerichtsvollzieher wagten es nicht, der Statue das Geschmeide
abzunehmen, mit dem die schlauen Mönche sie vorsichtshalber behängt hatten.

Heute trifft man vor dieser Kultmadonna nicht mehr auf ehemalige Gewaltverbrecher, die einem trotz ihrer Sinnesänderung insge-

heim Angst einflößen. Nunmehr ist das Standbild zu allen Tageszeiten von Betenden umlagert. Gelegentlich ist ein leises Seufzen zu vernehmen, hin und wieder bloß ein stilles Wimmern, ein Lispeln oder ein Geräusch von Rosenkranzperlen, die verzweifelte oder dankbare Gläubige durch ihre Finger gleiten lassen.

Die Bezeichnung *Madonna von der Geburt* verdankt die Statue dem Umstand, dass ihr ein römischer Handwerker namens Leonardo Bracci im Jahre 1820, nachdem er vor dem Bildnis wochenlang (und erfolgreich) für eine glückliche Entbindung seiner Frau gebetet hatte, eine Öllampe stiftete, die Tag und Nacht brennen sollte. Fortan galt die *Madonna dei Romani* (wie sie auch genannt wird) als wundertätig; schon damals drängten sich Hunderte vor dem Bildnis und viele schenkten ihr *per grazie ricevute*, zum Dank für erwiesene Gnaden, wertvollen Schmuck und jede Menge silberner Herzen.

Der inzwischen längst legendäre römische Mundartdichter Giuseppe Gioachino Belli scheint diese Preziosen nicht besonders geschätzt zu haben, wie sein derbes Sonett *La Madonna tanta miracolosa* (Die wundertätige Madonna) vom 2. Februar 1833 dokumentiert. Bevor wir seine Verse deklamieren, scheint ein Wörtlein über den Verseschmied selber angebracht.

Bellis Biografie spiegelt alle Probleme des Kirchenstaates von der Revolution von 1798 bis zum Pontifikat Pius' IX. Der 1791 geborene Belli fand nach Jahren äußerster Armut als 25-Jähriger eine feste Anstellung in der päpstlichen Finanzverwaltung. Mit 35 Jahren ging er bei fast vollem Gehalt in den einstweiligen Ruhestand, wurde reich durch das Vermögen seiner Frau und verarmte nach deren Tod im Cholerajahr 1837. Als Römer betrachtete er trotz aller Kritik am Kirchenstaat (der sich immer mehr zum Polizeistaat entwickelte) die Republik von 1849 als chaotisches Gebilde. So trat er wieder in päpstliche Dienste, ließ ein paar fromme Schriften drucken; seine *Kirchlichen Hymnen* durfte er sogar Pius IX. überreichen. Von seinem eigentlichen, dichterischen Schaffen freilich wusste fast niemand. In seinen guten Jahren vor 1837 nämlich verfasste Belli insgesamt 2279 meist satirische Sonette, in denen er in kräftigem römischem Dialekt das Leben in der so genannten Heiligen Stadt kommentierte und zahlreiche Erlasse der Päpste karikierte. Von Gregor XVI. (1831–1846) beispielsweise sagte er: *A Papa Grigorio io je volevo bene, perchè me dava er gusto de potenne dí male* (Papst Gregor hatte ich herzlich gern, weil ich so schön über ihn lästern konnte).

Seine Satiren trug Belli ausschließlich im Kreis seiner Freunde zu deren Ergötzung vor. 1863 verstarb er; zuvor hatte er den Wunsch geäußert, man solle seine Verse vernichten. Ein befreundeter Bischof jedoch, der dieses Naturtalent von einem Dialektpoeten zu schätzen wusste, veröffentlichte eine Auswahl. Erst 1886–89 erschienen die Texte vollständig – um der klerikalen Aufsichtspflicht zu genügen, sorgfältig getrennt in einen ›anständigen‹ und einen ›unanständigen‹ Teil. Nur Letztere waren trotz des fünffachen Preises ein Erfolg. Erst 1952 erschienen Bellis Gedichte im Zusammenhang. Allein auf ihrer Grundlage ließen sich die (öffentlichen, politischen und religiösen) Zustände im Rom des ersten Drittels des 19. Jahrhunderts mühelos rekonstruieren. Das Sonett über das Gnadenbild in der Augustinerkirche zeugt wohl von einer gewissen Respektlosigkeit; religionsgeschichtlich nicht uninteressant ist jedoch das darin angeführte Inventar der Preziosen, mit denen das Volk dieses Gnadenbild behängte:

Ich war von einer Menge eingekreist
und landete – ich ließ mich einfach zieh'n –
vor der Madonna von Sankt Augustin,
die jedem jeden Wunsch erfüllt, wie's heißt.
Umrahmt von Bildchen für erwiesne Gnaden,
sitzt sie da mit dem Kind und präsentiert
den ganzen Kram, den man ihr offeriert:
Von Putz und Kinkerlitzchen überladen.
Armbänder, Ketten, Spangen, Gürtel, Ringe,
Perlen, Brillanten, Gold am Hals, im Ohr…
Sie trägt nur feine, allerfeinste Dinge.
Die trägt sie ohne allzu viel Geschmack,
kommt mir abscheulich aufgedonnert vor,
im Grunde fehlt ihr nur der Nagellack.

1851 wurde das Gnadenbild vom Kapitel von Sankt Peter mit einer vergoldeten Krone gekrönt, was einer offiziellen Anerkennung des ›Wunderstatus‹ gleichkam. Diese Krone wurde zu Beginn des 20. Jahrhunderts gestohlen; ebenso eine spätere Nachbildung. Seither tröstet die Madonna die Gläubigen ungekrönt und ohne jeden Juwelenschmuck; denn auch dieser lockte immer wieder Diebe an. Wertvolle Preziosen aber werden nach wie vor gespendet. 1972 vermachte eine vermögende Familie dem Bildnis einen hochkarätigen Diamanten, dessen Gegenwert für die Renovierung der Kirchenorgel und für einen Bronze-Kandelaber des Bildhauers Giuseppe Niglia ausgegeben wurde. Der besagte Kerzenständer befindet sich links von der Statue; die Reliefs illustrieren das Gleichnis von den fünf klugen und den fünf törichten Jungfrauen.

Auf Ersuchen der Augustinerpatres gewährte Pius VII. am 22. Mai 1822 all jenen einen vierzigtägigen Ablass, die »den Fuß der besagten Statue *corde contrito ac devote* (zerknirschten Herzens und frommen Sinnes) küssen und nach der Meinung seiner Heiligkeit ein Gebet verrichten«. Von diesem Ablass scheint das römische Volk reichlich Gebrauch gemacht zu haben. Inzwischen nämlich ist der von Küssen und Berührungen schon ganz abgewetzte Fuß der Madonna mittels einer silbernen Umhüllung geschützt.

Sprechende Steine

Wenn die Anhänger schweigen, werden die Steine schreien.
Lukasevangelium, Kapitel 19, Vers 40

Das Kätzlein der Kleopatra

WAHRSCHEINLICH WISSEN DIE WENIGSTEN, dass die mitten im *Centro storico* gelegene *Via della Gatta* ihren Namen letztlich Kleopatra verdankt, einer der faszinierendsten Frauengestalten der Antike. Von Plutarch wegen ihrer sinnlich-rauen Stimme in den Olymp erhoben, von Dante auf Grund ihrer angeblichen Lüsternheit in die Hölle verbannt, von Shakespeare als liebestolle Politikerin auf die Bühne gebracht und von den heutigen Altphilologen wegen ihrer Schreibschwäche belächelt (wir werden darauf zurückkommen), gehört die ägyptische Königin noch heute zu den umstrittensten Persönlichkeiten der Weltgeschichte.

Im Jahre 69 v. Chr. in Alexandrien als Tochter Ptolemäus' XII. geboren, teilt Kleopatra nach dem Tod ihres Vaters als Siebzehnjährige den Thron mit ihrem zehnjährigen Bruder Ptolemäus XIII., mit dem sie später verheiratet wird. Zu dieser Zeit ist Ägypten von Rom abhängig, und Kleopatra schätzt Julius Cäsar als starken Politiker – vom Hörensagen. Dass er auch ein starker Mann ist, erkennt sie wenig später auch *realiter*, als der Triumvir sich 48 v. Chr. nach Ägypten einschifft und in ihrem Palast auftaucht. Als Cäsar sich im Thronstreit zwischen den beiden Geschwistern auf die Seite Kleopatras schlägt und sich gar noch in die verführerische und polyglotte Königin verliebt, dreht sich jedes Gespräch in den römischen Salons bloß noch um Kleopatra. Und als diese zwei Jahre später ihrem Liebhaber in der *urbs* einen Besuch abstattet, bricht in Rom die Ägyptomanie aus. Nach Cäsars Ermordung im Jahre 44 v. Chr. teilen sich Octavianus (der spätere Kaiser Augustus) und der Feldherr Marcus Antonius (der früher als Offizier in Ägypten gedient hat) die Herrschaft. Oktavian herrscht über den Westen, während Mark Anton als Ostregent nach Ägypten zurückkehrt, wo ihm die schöne Kleopatra schöne Augen macht – sei es, weil sie politische Absichten verfolgt, sei es, weil ihre Hormone verrückt spielen, oder sei es gar aus beiden Gründen. In dem darauf folgenden Machtkampf mit Oktavian unterliegt Antonius; als ihm im Jahr 31 nach einer bei Aktium verlorenen Seeschlacht der angebliche Tod Kleopatras gemeldet wird, bringt er sich um. Diese nimmt sich wenig später ebenfalls das Leben, mittels eines Schlangengifts. Obwohl (oder gar weil?) Oktavian seinen Gegner im Senat als Befehlsempfänger einer ägypti-

Porta San Paolo mit Blick auf die Pyramide des Cajus Cestius. Stich von L. Rossini.

schen Hure beschimpft, greift die ägyptische Krankheit in Rom immer weiter um sich. Eines ihrer letzten Opfer ist der Praetor Cajus Cestius. Er gehörte den Septemviri an, der Gruppe der sieben Epulonen, welche die Opfermähler zu Ehren der Götter arrangieren. Weil ›ein bisschen Ägypten‹ nun einmal Mode ist, und Cestius die nötigen Mittel besitzt, lässt er sich in den Jahren 12/11 vor Christus bei der *Porta Ostiensis* (der heutigen *Porta San Paolo*) eine Pyramide als Grabstätte errichten (die dann später in die Aurelianische Mauer miteinbezogen wird).

Der damals verbreitete Ägyptenboom indessen hat schon gut drei Jahrzehnte vorher eingesetzt, als die Schöne vom Nil höchstpersönlich in der Hauptstadt auftauchte. Mit ihrem Erscheinen hielten auch die ägyptische Kunst und Religion Einzug in die römische Gesellschaft – und zwar nicht nur in den städtischen Salons und in den ländlichen Villen, sondern auch in der breiten Öffentlichkeit. Tatsächlich wurden damals nicht nur ganze Schiffsladungen von Buchrollen und Kunstwerken aus Ägypten importiert, sondern auch Bauwerke im ägyptischen Stil und Tempel für die Gottheiten der Nilgegend errichtet. Eines dieser Heiligtümer zu Ehren der Göttin Isis entstand ums Jahr 43 in der Nähe der heutigen *Piazza Grazioli*.

Dessen Überreste wurden 1619 im Zug einiger Ausschachtungsarbeiten entdeckt. Bei diesen Grabungen kamen auch zahlreiche ägyptische Skulpturen ans Licht, unter anderem ein zierliches in Marmor gehauenes Kätzchen, dem die *Via della Gatta* ihren Namen verdankt und das jetzt bei der Hausnummer 14, an der Ecke zur anliegenden *Piazza Grazioli* auf der Höhe einer davor stehenden Straßenlaterne vom Gesimsbalken herabäugt. Die ägyptische Königin hat wohl nichts dagegen, wenn wir (und sei es bloß des Stabreims wegen) die unscheinbare Skulptur als Kätzchen der Kleopatra bezeichnen.

Von Kleopatra selber existieren weltweit über die Museen verstreut rund 360 Büsten, Mosaike, Statuen und Münzen. Ob sie wirklich so schön war, wie Plutarch (über hundert Jahre nach ihrem Tod!) sie beschreibt, ist umstritten, nicht zuletzt deshalb, weil die Münzbilder mit ihrem Porträt eine Frau mit einer betont großen Nase zeigen. Diese berühmte Nase muss aber, wie Numismatiker betonen, die auch etwas von Altertumskunde verstehen, nicht unbedingt der realen Erscheinung entsprechen; sie könnte auch ein Symbol für eine starke Persönlichkeit sein. Aber hässlich war die ägyptische Königin bestimmt nicht. Sonst wären Cäsar und Marcus Antonius ihrem Augenaufschlag nicht auf Anhieb erlegen.

Und polyglott war sie auch. Ohne Dolmetscher soll sie sich mit arabischen, jüdischen, syrischen und äthiopischen Abgesandten unterhalten haben. Bei Hof sprach man übrigens griechisch, und die letzte ptolemäische Königin war gleichzeitig die Erste, die auch das Ägyptische, die Sprache des eigenen Volkes, beherrschte. Dass sie sogar schreiben konnte, ist erst seit kurzem bekannt. Im September 2000 nämlich wurde im Magazin des Berliner Ägyptischen Museums eine Papyrusrolle aus dem Jahr 33 v. Chr. entdeckt, auf der Kleopatra die Bestechung des römischen Armeechefs Candidus anordnet. Eine kleine Sensation bildet die Signatur des Textes, *genesthoi* (so soll es umgesetzt werden), die von Kleopatra höchstpersönlich stammt. Allerdings monieren Historikerinnen und Altphilologen unisono, dass dieser Ausführungsbefehl einen Fehler aufweist; das überflüssige *i* am Ende dokumentiere, dass die Herrscherin die griechische Orthografie nur unzureichend beherrschte. Als unzureichend erwies sich auch der auf diesem Schriftstück dokumentierte Bestechungsversuch. Zwei Jahre nach Erlass des Dekrets nahm sich die Königin angesichts der anrückenden römischen Truppen das Leben.

Damnatio memoriae

Auf Hochverrat stand im Rom der Kaiserzeit die Todesstrafe. Gleichzeitig wurde den Schuldigen nach der Hinrichtung das Begräbnis verweigert und allfällige zu ihren Ehren errichtete Standbilder mussten zerstört werden. Den Angehörigen war es verboten, um die Verurteilten zu trauern oder Bildnisse von ihnen aufzubewahren. Alle diese Bestimmungen gipfelten in der *damnatio memoriae*, der vollständigen Auslöschung des Andenkens. Das bedeutet, dass die Namen der Verfemten – es handelte sich ja ausschließlich um illustre Persönlichkeiten – von allen öffentlichen Denkmälern entfernt und aus den Staatsakten getilgt wurden.

Aber nicht nur Lebenden, sondern auch Verstorbenen machte man den Prozess. So fielen Nero (37–68) und Maximinus I. (der erste römische Soldatenkaiser, ›der Thraker‹; 235–238) posthum der *damnatio memoriae* anheim, weil der Senat diese Tyrannen nach ihrem Tod zu Staatsfeinden erklärte. Gelegentlich kam es auch vor, dass ein neuer Kaiser aus eigener Initiative die Erinnerung an einen Vorgänger auslöschte. Dieses Schicksal traf den größenwahnsinnigen Caligula (wörtlich: ›Soldatenstiefelchen‹; 37–41), den blutrünstigen Domitian (81–96) und den ebenso zügellosen wie gewalttätigen Commodus (180–192).

Das wohl bekannteste Zeugnis für eine *damnatio memoriae* findet sich auf dem *Forum Romanum*, am Triumphbogen des Lucius Septimius Severus, den der Senat zu Ehren dieses Kaisers und seiner beiden Söhne gestiftet hatte. Septimius Severus wurde am 11. April 146 in Leptis Magna (nahe dem heutigen Homs in Libyen) geboren. Im Jahre 193 bestieg er den Thron. Nach seinem Tod am 4. Februar 211 übernahm sein Sohn Caracalla zusammen mit dem jüngeren Bruder Publius Septimius Geta die Herrschaft. Beide hatte der Vater schon im Jahre 209 zu Mitregenten ernannt. Während Septimius Severus mancherlei rechtliche und militärische Reformen vorantrieb, war die Herrschaft der Söhne von Extravaganz und Verschwendungssucht geprägt. Caracalla (eigentlich Marcus Aurelius Antoninus; der Spitzname Caracalla leitet sich von der Bezeichnung für ein langes, gallisches Gewand ab, das er in Rom einführte) war überdies gefürchtet wegen seiner unerhörten Grausamkeit. Gerade ein Jahr an der Macht, ließ er im Februar 212 seinen Bruder und Mitregenten

Geta vor den Augen der Mutter umbringen. Wenig später veranlasste er die Ermordung seiner Gemahlin und seines Schwiegervaters. Anschließend wurde auf sein Geheiß der Name seines Bruders am oberen Teil des Triumphbogens des Septimius Severus auf beiden Seiten entfernt und durch eine neue Inschrift ersetzt: *Optimis fortissimisque principibus – den besten und tapfersten Fürsten.* Anhand der Dübellöcher für die Bronzelettern lässt sich der ursprüngliche Text der vierten Zeile leicht rekonstruieren: *P[ublio] Septimio Getae nob[ilissomo] Caes[ari]* – dem Publius Septimius Geta, dem vornehmsten Kaiser.

Auf ein weiteres Zeugnis für eine solche Ächtung des Andenkens stoßen wir in der *Via del Velabro.* Gegenüber dem Haus Nummer 3 schließt sich ein kleiner marmorner Bogen an die *Kirche San Giorgio in Velabro* an, der die Straße ihren Namen verdankt. Es ist dies der Bogen der *argentarii et negotiantes boari,* der Geldwechsler und Viehhändler, die ihn zu Ehren des Septimius Severus und seiner Familie stifteten. Vermutlich bildete dieser Bogen das Zugangstor zum nahe gelegenen *Forum Boarium,* dem Viehmarkt. Bei näherem Hinsehen bemerkt man deutlich, dass die Lettern der Widmung in der dritten Zeile plötzlich gedrängter werden: *fortissimo felicissimoque principi.* Das bezieht sich auf Caracalla, der an dieser Stelle den Namen seines Bruders Geta tilgte, um sich selber als »tapfersten und glücklichsten aller Herrscher« zu preisen. Die verwitterte Gestalt auf der Vorderseite des linken Pfeilers stellt vermutlich Caracalla dar. Auf der Innenseite sehen wir ihn auf einem Altar ein Opfer darbringen. Auf dem dritten Medaillon führen römische Soldaten einen gefangenen Barbaren ab. Auf dem rechten Pfeiler ist Septimius Severus mit seiner Gemahlin bei einer Opferhandlung dargestellt. Die Figur auf der leeren Fläche daneben wurde weggemeißelt; aller Wahrscheinlichkeit nach handelte es sich um Geta. Die restlichen Kleinreliefs zeigen Herkules, den Patron der Viehhändler und Metzger, Ochsen, die zum Brandaltar geführt werden, sowie Opfer- und Metzgerutensilien und Musikinstrumente.

Das Loch neben dem Stier im untersten Relief auf der rechten Innenseite des Bogens verdankt sich der Leichtgläubigkeit der Römer. Im späten Mittelalter nämlich zirkulierte das Gerücht, dass zwischen der Kante (*canto*) des Reliefs und dem Stier ein Schatz versteckt sei: *Tra il canto e il toro / è nascosto un tesoro.* Irgendwann haben irgendwelche Schatzsucher dieses Gemunkel wörtlich genom-

San Giorgio in Velabro. Bei dem linken Anbau handelt es sich um den »Bogen der Geldwechsler«. Stich Ende des 18. Jh.

men und die Probe aufs Exempel gemacht, freilich ohne Erfolg. Ihr Aberglaube hat bloß dazu geführt, dass das Relief jetzt arg lädiert ist, weswegen wir allen künftigen Schatzsuchern zur Mahnung ebenfalls einen Reim probieren: Weshalb denn lange sich schinden? / Gold und Klunker sind hier nicht zu finden.

Dass sich das Auslöschen des Gedenkens keineswegs auf die Hauptstadt beschränkte, geht aus einer römischen Meilensäule aus dem Jahre 201 hervor, die im Mai 1984 in der Siedlung Gänsäcker II in Kösching (Landkreis Eichstätt, Oberbayern) anlässlich eines Wohnhausneubaus unmittelbar unter der Grasnarbe gefunden wurde. Die Inschrift ist beinahe identisch mit jener auf dem Triumphbogen des Septimius Severus. Auch hier hatte man den Namen Getas ausgemerzt, ihn aber durch keine andere Inschrift ersetzt.

Caracalla selber wurde im Jahre 217 während eines Feldzugs in Mesopotamien von einem Offizier umgebracht, und zwar auf Anstiften des Marcus Opelius Macrinus, der Caracallas Gräueltaten nicht mehr ertragen mochte. Macrinus übernahm daraufhin die Herrschaft und fiel schon ein Jahr später selber einem Mordanschlag zum Opfer.

Die erwähnte Meilensäule von Kösching dokumentiert, dass man sich gelegentlich damit begnügte, die Namen der Geächteten zu tilgen, ohne sie in der Folge zu überschreiben. Zwei weitere Beispiele für diese einfache Art der posthumen Ächtung finden sich auch auf dem *Forum Romanum*.

Zwischen dem *Lapis niger*, dem Schwarzen Stein, wo die Sage das Grab des Romulus lokalisiert, und der *Curia*, dem Sitz des Senats, steht ein von Kaiser Maxentius den Gründern Roms und dem Gott Mars geweihtes Postament. Indirekt erinnert dieses Piedestal an den tödlichen Machtkampf zwischen Maxentius und Konstantin; Letzterer gewann schließlich die Oberhand, als er sich mit der Partei der Christen verbündete und seinen Gegner am 28. Oktober 312 in der Schlacht bei der Milvischen Brücke tötete. Dessen Andenken wurde daraufhin von dem besagten Postament getilgt, allerdings nicht gründlich genug. Über der Zeile *Invictus Aug[ustus]*, der unbesiegte Augustus, ist Maxentius' Name noch immer, wenn auch nur mit einiger Mühe, zu entziffern.

Ähnlich verhält es sich mit einer Inschrift, die links hinter dem *Lapis niger* auf einem Postament angebracht ist. Bei diesem Steinblock handelt es sich um die hochkant aufgestellte Basis einer Reiterstatue. Die Inschrift selber nennt die beiden oströmischen Kaiser Arcadius und Theodosius, sowie den Herrscher des weströmischen Reiches, Honorius, und erinnert an den glücklichen Ausgang des ersten Teils des Gotischen Krieges. Ende 401 fielen die Westgoten unter Alarich von Aquileia her in Norditalien ein. Mit eilends zusammengezogenen Truppen befreite der zum Ersten römischen Feldherrn aufgestiegene Vandale Stilicho, der starke Mann neben dem damals erst 16-jährigen Honorius, das belagerte Mailand. Während Honorius sich nach Ravenna zurückzog, errang Stilicho am Ostersonntag 402 bei Pollentia (heute Pollenzo, südlich Turin) einen halben und 403 bei Verona den vollen Sieg über Alarich – Grund genug, diese Ruhmestat auf dem *Forum* in Stein zu verewigen. Im Jahre 408 erschien Alarich erneut in Italien. Stilicho verbündete sich mit dem Angreifer, angeblich um mit dessen Hilfe den oströmischen Thron für sich zu gewinnen, wurde in der Folge des Zusammenspiels mit den Germanen beschuldigt, seines Kommandos enthoben, aus dem Kirchenasyl gelockt und auf Befehl des Honorius ermordet; gleichzeitig verfiel sein Name der *damnatio memoriae*. Aus diesem Grund fehlt auf dem besagten Postament zwischen der neunten und zehnten Zeile jene Huldigung, die an Stilicho, den leitenden Minister und Schwiegervater des jugendlichen Honorius, erinnern sollte.

Nachzutragen bleibt, dass Alarich bis nach Rom vordrang. Eine zweite Belagerung im Jahre 410 führte zum Fall der Stadt und anschließend zu einer furchtbaren Plünderung.

Wie der Sultan zum Tyrannen wurde

VIELE PÄPSTE HABEN IM PETERSDOM ihre letzte Ruhestätte gefunden. Aber auch an manche, die anderswo begraben sind, erinnert dort ein Grabdenkmal. Eines der prächtigsten und künstlerisch wertvollsten, ein Werk des florentinischen Bildhauers Antonio Pollaiuolo, ist Innozenz VIII. (1484–1492) gewidmet und befindet sich rechts im zweithintersten linken Pfeilerdurchgang. Es ist dies übrigens das einzige päpstliche Grabmonument, das nach dem Abriss der alten Peterskirche in der neu errichteten Basilika aufgestellt wurde. Gleichzeitig handelt es sich um das erste, das einen Papst auf seinem Thron sitzend zeigt. Diese Haltung schien damals so ungewöhnlich, dass der Künstler sich genötigt sah, den Verstorbenen darunter noch ein zweites Mal, auf dem Totenbett liegend, darzustellen.

Die wenigsten wären überrascht, wenn der auf der Cathedra Petri Thronende sein berühmt-berüchtigtes Schreiben *Summis desiderantes affectibus* (›Hexenbulle‹) in der Hand hielte, in welchem er behauptet, dass man die Hexen daran erkenne, dass sie Schadenzauber praktizieren und sich in Tiere verwandeln könnten. Stattdessen umklammern seine Finger die Spitze einer Lanze. Damit verweist der Künstler nicht nur auf den Tod Jesu, genauer noch, auf den Speer, mit welchem der Hauptmann den am Kreuz Hängenden durchbohrte, sondern auch auf pikante politische Vorkommnisse, die sich während der Regierungszeit Innozenz' zugetragen haben.

Der Legende zufolge wurde die ›heilige Lanze‹, mit welcher der römische Offizier Jesu Seite öffnete, zusammen mit dem Kreuz Christi von der Kaiserin Helena aufgefunden. Zeugnisse aus dem späten 6. Jahrhundert nennen als Aufbewahrungsort die Grabeskirche in Jerusalem. Die Lanzen*spitze* gelangte im Jahr 614 in die *Hagia Sophia* zu Konstantinopel, von wo aus sie später an die Venezianer verpfändet wurde. Diese übergaben sie 1241 König Ludwig IX. von Frankreich. Bis zu ihrem Verschwinden in den Revolutionswirren von 1796 war sie in der *Sainte-Chapelle* in Paris zur Verehrung ausgestellt. Irgendwann im letzten Viertel des ersten Jahrtausends kam auch der *Schaft* dieser Lanze nach Konstantinopel.

An dieser Stelle unserer Geschichte tritt ein türkischer Prinz namens Dschem auf den Plan. Der machte seinem Bruder, dem Sultan Bajasid II., den Thron streitig, unterlag aber im Kampf um den

Der türkische Prinz Dschem, Ausschnitt aus Pinturicchios Fresko
»Die Disputation der heiligen Katharina«, um 1495 im Auftrag Alexanders VI.
fertiggestellt. Vatikan, Appartamento Borgia, Sala dei santi.

größten Turban und flüchtete nach Jerusalem. Dort wurde er von
christlichen Kriegern gekidnappt, nach Frankreich und später nach
Rom gebracht, wo er ab 1489 am Hof Innozenz' VIII. als politischer
Gefangener unter Gewahrsam stand. Bajasid seinerseits versuchte
Innozenz mit großen Geldsummen dazu zu bewegen, Dschem er-

morden zu lassen, was dieser aber ablehnte, weil er sich von einer lebenden Geisel größeren Vorteil erhoffte als von einem toten Gefangenen. Dabei schien das Angebot durchaus verlockend, waren doch die päpstlichen Finanzen damals derart zerrüttet, dass sogar die Tiara und ein Teil des Kronschatzes verpfändet werden mussten. Schließlich versuchte der Sultan auf einem frommen Umweg, sein Ziel doch noch zu erreichen. Um Innozenz gefügig zu machen, schenkte er ihm den bis dahin in Konstantinopel aufbewahrten Schaft der ›heiligen Lanze‹.

Den Ereignissen etwas vorgreifend und damit jene Neugier befriedigend, welche den Geschichtsforschenden nun einmal eignet, erzählen wir noch kurz, welches Ende dem türkischen Prinzen beschieden war. Als Karl VIII. von Frankreich 1494 in Italien einfiel, sah Innozenz' Nachfolger, der berüchtigte Alexander VI., sich gezwungen, den Gefangenen aus dem Morgenland an den abendländischen König abzutreten. Worauf Dschem das Zeitliche segnete, nachdem er, wie ein Chronist notiert, »irgendwelche Speisen oder Getränke zu sich genommen hatte, die er nicht gewohnt war und die ihm nicht bekamen«.

Heute wird der von Bajasid geschenkte Schaft der Lanze im Petersdom über dem nordwestlichen Kuppelpfeiler in einem Kristallreliquiar verwahrt und den Gläubigen bei feierlichen Anlässen zur Verehrung vorgezeigt.

Wie bereits erwähnt, hält Innozenz VIII. auf seinem Grabmonument eine Lanzenspitze umklammert, womit der Künstler, selbst Begriffsstutzige merken das auf Anhieb, auf das Geschenk anspielt, welches der türkische Sultan dem Papst übereignete. Und wir würden uns wundern, wenn die Inschrift am Grabmal Innozenz' den Transfer dieses Schatzes unerwähnt ließe.

Diese Gedenktafel allerdings wurde erst im Jahre 1621 angebracht, als das Monument aus Alt-Sankt-Peter in die neue Basilika verlegt wurde. Sie preist Innozenz als »Hüter des Friedens« und erinnert daran, dass er es war, der die kostbare Reliquie *a Baiazete turcarum tyranno*, von dem türkischen Tyrannen, zum Geschenk erhielt. Bei genauem Hinsehen bemerken wir allerdings, dass die Inschrift hier eine Korrektur erfahren hat. Ursprünglich nämlich stand da *a Baiazete turcarum Imper[atore]*, vom türkischen Kaiser. Dass aus dem Sultan oder Kaiser plötzlich ein Tyrann wurde, liegt daran, dass den Zeiten offenbar schon früher eignete, was sie noch heute kennzeichnet; sie ändern sich eben. Dies brachte es mit sich, dass sich das Verhältnis zwischen Rom und Konstantinopel, oder, wie man damals sagte, zwischen frommen Christenmenschen und gottlosen Türkenhorden, verschlechterte, was sich in der Folge auch auf die Geschichtsdeutung auswirkte. Die Korrektur in der siebten Zeile ist übrigens dermaßen dilettantisch ausgeführt, dass selbst Kurzsichtige sie leicht erkennen können.

Die Eingeweide der Päpste

DIE KIRCHE *SANTI VINCENZO E ANASTASIO* beim Trevibrunnen weist gleich zwei Besonderheiten auf. Die erste springt einem schon vor dem Betreten ins Auge. Im Giebelfeld über dem Eingang, und das ist tatsächlich außergewöhnlich für eine römische Kirche, befindet sich die Büste einer Frau. Weder ein Palmzweig noch ein Kelch oder sonst ein Symbol lässt darauf schließen, dass es sich um eine Heilige handeln könnte. Die Tatsache, dass ein derartiger Personalausweis fehlt, mittels dessen sich die Lieblinge Gottes gewöhnlich auf Anhieb identifizieren lassen, legt es nahe, die Kriterien bei der Personensuche etwas auszuweiten.

Tatsächlich findet sich des Rätsels Lösung nicht im Heiligenkalender, sondern in der Baugeschichte der Kirche. Und die verweist uns darauf, dass der französische Politiker und Minister Ludwigs XIV. von Frankreich, Jules Mazarin (der nebenamtlich auch als Kardinal der heiligen Kirche aktiv war), im Jahre 1646 für dieses Gotteshaus eine neue Fassade errichten ließ, die wegen ihrer eng gestellten Säulen an einen Orgelprospekt erinnert, weshalb die spottlustigen Römer das Bauwerk prompt *San Vincenzo dei canneti* (›Orgelpfeifenvinzenz‹) bezeichneten. Der Auftraggeber drang darauf, dass über dem Eingang nicht bloß sein Wappen prangte; vielmehr hatte er sich in den Kopf gesetzt, im Tympanon auch seine Nichte Maria Mancini, die Geliebte Ludwigs XIV., zu verewigen. In Romführern ist gelegentlich zu lesen, dass die besagte Büste nicht Maria Mancini, sondern deren Schwester Hortensia darstelle. Das ist schon deshalb unwahrscheinlich, weil diese erst 1646 geboren wurde, als Mazarin die Fassade in Auftrag gab. Wie dem auch sei, in beiden Fällen werden die Eintretenden von einer Dame begrüßt, deren faszinierende Schönheit und lockerer Lebenswandel den Vornehmen von Versailles und dem Pöbel von Paris gleichermaßen (und hinreichend) Gesprächsstoff lieferten.

Uns hingegen überfällt, kaum dass wir die Kirche betreten haben, ein leichter Schauer, der jeden frivolen Gedanken vertreibt. Die Ursache unseres Unbehagens bilden die zwei großen rechteckigen Gedenktafeln aus Marmor zu beiden Seiten der Chorwand. Genauer ausgedrückt, es ist die Überschrift auf den beiden Tafeln, die uns irritiert: *PRAECORDIA*, zu Deutsch: *Eingeweide*. Gemeint sind die

Santi Vincenzo e Anastasio. Stich von G. B. Falda vor der Umgestaltung des Trevi-Brunnens.

Eingeweide der Päpste, die in dieser Kirche in einer Kapelle unter dem Hochalter aufbewahrt werden.

Als es im Mittelalter Brauch wurde, die verstorbenen Päpste vor der Beisetzung öffentlich aufzubahren, entdeckte man mit der Zeit immer wirksamere Methoden der Einbalsamierung. Das älteste diesbezügliche Zeugnis findet sich in der Lebensbeschreibung Paschalis' II. († 1118) – wobei allerdings noch nicht die Rede ist von einer öffentlichen Zurschaustellung des Leichnams. Der Verfasser sagt lediglich, dass die Leiche mit Balsam eingerieben wurde. Erstmals und sehr ausführlich wird diese Verrichtung in einem päpstlichen Bestattungszeremoniale aus den Jahren 1385–1390 beschrieben:

Ist der Papst gestorben, so waschen die Pönitenziare zusammen mit den Brüdern der Bulle [den Siegelbewahrern], falls sie da sind, oder sonst mit den Brüdern der Pignotte [den Elemosinaren] den Leib des Papstes mit warmem Wasser, in das man gute Kräuter getan hat. Zubereitet wird dieses Wasser von den Kammerherren. Der Barbier schert Bart und Haupt. Ist der Leichnam gewaschen, so verstopfen ihm der Apotheker und die genannten Brüder von der Bulle alle Körperöffnungen, nämlich Nase, Mund, Ohren und Anus, wenn möglich mit Myrrhe, Weihrauch und Aloe, sonst mit Baumwolle oder Werg. Der Leichnam wird gewaschen mit gut erhitztem, mit Würzkräutern und Vernaccia versetztem Weißwein, den die Kellermeister oder Kammerherren liefern müssen. Die Kehle wird gefüllt mit Gewürzen und mit

93

Cumbumbasium [?], die Nasenöffnungen mit Moschus. Zuletzt wird der ganze Körper kräftig abgerieben und mit Balsam bestrichen, auch die Hände. Den Balsam liefern die Kämmerer, die Kammerherren oder der Sakristan.

Schon fast ein halbes Jahrhundert früher erwähnt Guy de Chauliac, der Leibarzt Klemens' VI. (1342–1352) in seinem berühmten Standardwerk *Cyrigia magna* noch eine zweite Art, »die Leiber der Toten zu behandeln«. Die bestand darin, dass man die Bauchdecke aufschnitt und die Eingeweide herausnahm. Er habe, fügt der Medizinmann hinzu, diese Technik von einem Apotheker gelernt, »der viele römische Bischöfe hergerichtet hat«. Aus anderen Quellen wissen wir, dass die Leichen Alexanders V. († 1410) und Pius' II. geöffnet wurden. Letzterer verstarb 1464 in Ancona. Seine Eingeweide wurden in der dortigen Kathedrale beigesetzt, der Leichnam hingegen nach Rom überführt und dort bestattet. Zu Beginn des 16. Jahrhunderts beginnt sich die Einbalsamierung ›von innen‹ allgemein durchzusetzen.

Dass die Eingeweide der Päpste schließlich fast ausnahmslos in *Santi Vincenzo e Anastasio* beigesetzt wurden, hängt mit der Lage des Quirinalpalasts zusammen, in welchem die Päpste zeitweilig residierten. Wie die Marmortafel auf der linken Seite besagt, verlieh Sixtus V. (1585–1590) der Kirche den Titel einer *Apostolica parochia*, einer »Päpstlichen Pfarrei«. Dies brachte es mit sich, dass die Eingeweide der Päpste seit 1590 in dieser Pfarrei bestattet wurden, zu der die damalige Papstresidenz gehörte. Allerdings geht aus den Inschriften hervor, dass die Kollektion ein paar Lücken aufweist; von den dreißig Päpsten, die von Sixtus V. bis Leo XIII. (1878–1903) regierten, verweisen die beiden Marmortafeln bloß auf 25 hier verwahrte pontifikale *praecordia*. Auffallend ist das leere Feld, welches für Pius IX. († 1878) reserviert ist. Heute wissen nur noch wenige Eingeweihte, dass der damalige Pfarrer mit dieser unbeschrifteten Fläche seinen Protest gegen den vatikanischen Kardinalkämmerer zum Ausdruck brachte. Dieser nämlich erteilte nach der Einbalsamierung der Leiche den Befehl, die Urne mit den Eingeweiden Pius' IX. in den Vatikanischen Grotten in unmittelbarer Nähe der *Confessio* einzumauern.

Den schon damals obsoleten Brauch, die päpstlichen *praecordia* gesondert beizusetzen, hat Pius X. nach seiner Wahl im Jahre 1903 abgeschafft. Ob die spöttischen Verse des römischen Mundartdichters Giuseppe Gioachino Belli bei dieser Entscheidung eine Rolle spielten, muss offen bleiben. Tatsache ist, dass der wegen seines Lästermauls gefürchtete Poet die Kirche *Santi Vincenzo e Anastasio* in einem seiner Sonette als *Museo di corate e ciorcelli*, als Geschlingeund-Gedärm-Museum, bezeichnet hat.

Fijo de mignotta

WENN EIN *ROMANO DE ROMA*, ein gebürtiger Römer, dir sagen will, dass du eine Kanaille, ein Hochstapler und Halsabschneider oder auch nur ein mieser nichtsnutziger schleimiger Intrigant bist, dann bezeichnet er dich nicht als Kanaille, als Hochstapler und Halsabschneider und schon gar nicht nennt er dich einen miesen nichtsnutzigen schleimigen Intriganten. Sondern? Sondern sagt, und zwar in reinstem *dialetto romanesco*: »*Sei un gran fijo de mignotta*«, was in korrektem Italienisch so viel wie *figlio di puttana* und auf Deutsch schlicht und einfach ›ausgemachter Hurensohn‹ bedeutet. Eine gebürtige Römerin, die etwas auf sich hält, würde diesen ungebührlichen Ausdruck allerdings nie in den Mund nehmen, sondern dich mit einem Blick betrachten, für den sie eigentlich einen Waffenschein benötigte. Dann weißt du, was die *Romana* dir sagen würde, wenn sie ein *Romano de Roma* wäre.

Dabei hatte der Ausdruck *mignotta* anfänglich eine ganz andere Bedeutung. Indirekt verdankt er seine Entstehung einer unscheinbaren Marmortafel, die links neben dem ursprünglichen Eingang zum *Ospedale Santo Spirito* (›Heilig-Geist-Hospital‹) angebracht ist. Und die darauf hinweist, dass – aber gehen wir der Reihe nach vor.

Das *Ospedale Santo Spirito* ist das älteste Krankenhaus der Welt, das seit seiner Gründung ununterbrochen in Betrieb ist. Es liegt, wenn man vom Tiber her kommend auf den Vatikan zusteuert, an der linken Straßenseite, gleich am Anfang des *Borgo Santo Spirito*. Ein *borgo* war und ist auch heute noch ein kleines Quartier, wo alle alle kennen und jede weiß, was jeder treibt. Im *Borgo Santo Spirito* befand sich ehemals die *Schola Saxorum*, welche eine Kirche und ein Hospiz umfasste, zwei Einrichtungen, die um 727 von König Ina von Sassia (dem heutigen Sussex) für die angelsächsischen Romwallfahrer und -pilgerinnen gegründet wurden. 120 Jahre später, 847, fiel der *borgo* einer Feuersbrunst zum Opfer (woran Raffaels Fresko *Brand des Borgo* im Vatikanpalast erinnert). Auf den Wiederaufbau des Hospizes folgte dessen Niedergang. Papst Innozenz III. erneuerte 1207 die damals völlig verwahrloste Stiftung, die fortan nicht nur Kranken, Gebrechlichen und Altersschwachen, sondern auch Findlingen dienen sollte. Später verfiel die Anlage erneut, wurde aber auf die Initiative Sixtus' IV. (1471-1484) hin saniert und erweitert. Wie im

Das Ospedale Santo Spirito. Stich von G. B. Falda, 17. Jh.

Jahre 2001 im Zug fortschreitender Restaurierungsarbeiten immer
deutlicher wurde, förderte dieser Papst eine Heilmethode, die heute
unter der Bezeichnung Musiktherapie praktiziert wird. In der Mitte
des Krankenhauses nämlich ließ Sixtus eine Orgel bauen und die
beiden Flügel (*Sala Baglivi* und *Sala Lancisi*) mit Emporen ausstat-
ten, von denen aus ein Sängerchor die Kranken mit seinen Darbietungen erfreute. Die Wände wurden mit Fresken bemalt, in der Annahme dass ihr Anblick ebenfalls zur Genesung beitrage. Mit einer
Fläche von insgesamt 1400 Quadratmetern stellen diese Fresken den
umfangreichsten Zyklus des 15. Jahrhunderts in Rom dar. Sie zeigen
Szenen aus dem Leben jener Päpste, die das Krankenhaus errichten
und erweitern ließen. Uns interessieren hier vor allem drei Darstellungen an der Stirnwand des linken Flügels (*Sala Baglivi*), die ein
Ereignis vergegenwärtigen, das Innozenz III. veranlasste, die Gebäulichkeiten für unehelich geborene Kinder zu öffnen. Da ist ein getö-
tetes Neugeborenes zu sehen, aus dessen Hand Blut fließt. Auf dem
folgenden Bild erkennen wir einen Fischer, in dessen Netz sich die
im Wasser versenkte Kindsleiche verfangen hat. Das dritte Fresko
schließlich zeigt den Fischer mit seinem grausigen Fund vor dem
Papst, der in der Folge im Traum den Auftrag erhält, mittellose Mütter zu unterstützen. (Leider wurde die mittlere Darstellung später
teilweise mit einer Kreuzigungsszene übermalt.)

Die volle Bedeutung dieser Bilder erschließt uns erst die *ruota*,
eine radförmige Durchreiche links vom Eingang des Hospitals.
Diese *ruota*, die so konstruiert ist, dass man weder von innen nach

außen, noch von außen nach innen sieht, wurde auch als ›Rad der Findlinge‹ bezeichnet und erinnert an jene tristen Zeiten, da Eltern, vorab aber ledige Mütter, sich gezwungen sahen, aus lauter Not ihre Neugeborenen auszusetzen. Damit die betroffenen Kinder nicht ihrem Schicksal überlassen blieben, verpflichtete Innozenz III. das Hospiz, sich um diese armen Wesen zu kümmern. Aber zuerst einmal mussten sie natürlich dort abgegeben werden. Und dazu eben diente die erwähnte *ruota*. Gleich daneben ist eine Marmortafel in die Mauer eingelassen. Auf dieser erkennen wir ein doppeltes Kreuz und darunter eine Inschrift in altem Italienisch: *Elemosine per li poveri proietti nell ospedale* – Almosen für die armen Säuglinge, die ins Krankenhaus geworfen werden. Tatsächlich war es üblich, die Kinder in den zylinderförmigen Kasten zu legen; anschließend wurde das Rad einfach um eine halbe Runde gedreht, und das Neugeborene von den Nonnen im Hausinneren entgegengenommen. Die brannten ihm als Erstes das Wappen des Hospizes, nämlich das doppelte Kreuz, in den Fuß, zum Zeichen, dass es nunmehr zur ›Familie‹ gehörte. Damit war fürs Überleben vorerst gesorgt. Zugang zum wahren Leben jedoch, die Welt war damals zwar nicht besser als heute, wohl aber gottgläubiger, findet ein Mensch erst, wenn er *in grazia di Dio*, in der Gnade Gottes wandelt. In unserem Fall bedeutet das, dass die armen Waisen baldmöglichst getauft werden mussten. Und wer die Taufe empfängt, wird registriert, und was diese letztere Sache betrifft, hatte die frühere kirchliche Praxis in organisatorischer Hinsicht manchen heutigen italienischen Amtsstellen einiges voraus; aber schweifen wir jetzt bloß nicht ab. Wenn also beispielsweise an Ostern ein kleiner Junge im runden Kasten lag, lag es natürlich nahe, ihm bei der Taufe den Namen Pasquale zu verpassen. Pasquale allein aber reicht nicht. Bei weitem nicht. Denn Pasquale heißen einfach zu viele. Deshalb ist Pasquale eben nicht gleich Pasquale. Der eine heißt Pasquale Rodriguez, weil einer seiner Vorfahren in Spanien einen maroden *conde* vergiftet hatte und anschließend im Kirchenstaat bei Alexander VI. Zuflucht suchte – und der zeigt sich angesichts derartiger Petitessen schon deshalb nachsichtig, weil er diesbezüglich ja selber hinreichend Erfahrung hatte; eine andere ist bekannt unter dem Namen Pasqualina Gambarotta, weiß der Kuckuck, welches Familienmitglied sich da früher einmal das Bein gebrochen hat und diesen unmöglichen Spitznamen angehängt bekam, mit dem nun die späteren Generationen bis ans Ende der Zeiten durchs Leben humpeln müssen; einer schließlich nennt sich Pasqualino Rubagalline, und dies bloß, weil sein Urgroßvater nicht einmal fähig war, ein Huhn zu stehlen, ohne sich dabei erwischen zu lassen.

Wie aber nennt man einen Pasquale, der am hochheiligen Osterfest in den Zylinder gelegt und den Nonnen übergeben wird? Er hat ja nicht nur keinen Vater; das arme Würmchen wird auch nie wissen, welche Mutter es gebar. Die huschte ja ganz schnell davon – ob tränenüberströmt oder erleichtert, muss hier offen bleiben – nachdem sie das schreiende Bündel in die *ruota* geschoben hatte. Die Nonnen von *Santo Spirito* indessen denken jetzt zuallererst einmal an das Seelenheil der armen Kreatur, während sie sie aus den löchrigen Lumpen wickeln. Und der Franziskanerpater mit dem ungepflegten Bart, dem das Osterhäschen noch am selben Tag zur Taufe gereicht wird, verliert weiß Gott keinen Gedanken darüber, wie sich der Kleine dereinst wohl zurechtfinden wird im wunderlichen Weltgetriebe; sollte er später im Knabenchor des Hospizes (die Musik wurde dort zeitweise über alles gepflegt) wegen seiner glockenreinen Stimme auffallen, wird er sich vielleicht als Pasqualino Cantalamessa einmal einen Namen machen. Wie dem auch sei, und wir gehen jede Wette ein, dass es so ist, der Kuttenmann wird sich nach der Taufe im Namen des Vaters und des Sohnes und des Heiligen Geistes das Taufbuch mit den fettverschmutzten Eselsohren greifen, die schlecht zugespitzte Gänsefeder ins Tintenfässlein tauchen und schnell das Datum und einen kurzen lateinischen Vermerk eintragen: *Paschalis filius m. ignotae* (Pasquale, Sohn einer unbekannten Mutter). Wobei der Buchstabe *m* mit dem nachfolgenden Punkt für *matris* steht. Wir unsererseits brauchen keinen Kirchenlehrer zu Rate zu ziehen, um zu begreifen, dass die derbe Redewendung *fijo de mignotta* davon herrührt, dass man später bei der Lektüre solcher Eintragungen das Pünktlein nach dem Buchstaben übersah, so dass zwei an sich ehrbare Begriffe zu einem einzigen, jetzt plötzlich als unflätig empfundenen Ausdruck verschmolzen.

Für die Waisenkinder indessen war gesorgt. Wenn die Mädchen das heiratsfähige Alter erreicht und einen Mann gefunden hatten, erhielten sie eine kleine Mitgift. Eine Morgengabe wurde aber auch jenen gewährt, die sich fürs Klosterleben entschieden. In früheren Zeiten galt es nämlich bei den meisten weiblichen Orden als selbstverständlich, dass eine angehende Nonne eine Aussteuer mitbrachte.

Es konnte also durchaus vorkommen, dass eine junge Frau nicht reich genug war, um das Gelübde der Armut abzulegen. Die heranwachsenden Burschen hingegen fanden Arbeit bei einem Handwerker oder Bauern. Natürlich machten nicht alle eine so diskrete Karriere wie ein gewisser Nicolò *m. ignotae,* der sich bereits in jungen Jahren als derart tüchtig erwies, dass er später den Zunamen Cirillo (nach dem Hospitalleiter Bernardino Cirillo) führen durfte. Dieser Nicolò Cirillo, der es im 17. Jahrhundert bis zum Prior von *Santo Spirito* brachte, gehört mit zu den herausragenden Gestalten des Hospizes, das er durch mehrere Neubauten erweitern ließ.

Naturgemäß waren die meisten Mütter, welche ihr Kind in der *ruota* des römischen Waisenhauses abgaben, unverheiratet. Dazu passt, was schon der Mäzen Klopstocks und nachmalige dänische Außenminister Johann Georg Keyssler (1693–1743), der sich 1729 in Rom umsah, in seinen *Neuesten Reisen* notierte: »Im Herbst ermutigt sich jedermann mit der Weinlese, und gibt sich sonderlich das gemeine Volk so viele Freiheiten, dass davon die Früchte im Monat Mai und Junius hervorzukommen pflegen, und man aus den Registern der Hospitäler, sonderlich von Sanct Spirito in Rom will bemerkt haben, dass in diesen zween Monaten mehr neugeborene Kinder in die Maschinen, die man zur Abwendung der Kindermorde eingeführt hat, gelegt werden als in den übrigen zehn zusammengerechnet.«

Derartige Zustände führten dann leider dazu, dass selbst heute noch Leute, bezeichnenderweise vorwiegend solche, die in soliden Verhältnissen leben, eine ledige Mutter als *mignotta* verunglimpfen.

Der Zorn des Tibergottes

WER VOM TIBER HER kommend den *Borgo Santo Spirito* betritt, bemerkt gleich zu Beginn der Straße, am *Ospedale Santo Spirito*, eine marmorne Erinnerungstafel mit folgender Inschrift:

> *Clemente VIII Pont. Max.*
> *anno eius septimus*
> *Tyberis eusque crevit*
> *ipsa dni natali nocte*
> *MDXCVIII*

Auf Deutsch: Im siebten Jahr des Pontifikats Papst Klemens' VIII. schwoll der Tiber in der Nacht auf Weihnachten 1598 bis zu dieser Höhe an.

Tatsächlich wurde Rom damals von einer Überschwemmung heimgesucht, die alle vorausgehenden und späteren weit übertraf. Am 21. Dezember waren wolkenbruchartige Regengüsse über die Stadt niedergegangen, welche die schlammgelben Fluten des Flusses schlagartig anschwellen ließen. Am 23. Dezember begann der Tiber an einigen Stellen über die Ufer zu treten. Anfänglich meinte man noch, keinen Grund zur Sorge zu haben. Indessen stieg das Wasser ständig, Stunde um Stunde. Gegen Abend verstanden zumindest die Humanisten, was Horaz mit seiner Rede vom wilden Zorn des *Deus tiberinus*, des Tibergottes, meinte. Warenballen, Heubündel, Hausrat, Möbelstücke, Palasttore wurden von den Wassermassen zusammen mit Tierkadavern und Menschenleichen durch die Straßen geschwemmt. Dem tobenden Element fielen damals auch zwei Bogen des zwei Jahrzehnte zuvor von Gregor XIII. (1572–1585) restaurierten *Ponte Santa Maria* zum Opfer, der seither *Ponte rotto* (eingestürzte Brücke) heißt.

Rom erlebte eine furchtbare Heilige Nacht. Viele Einwohner flohen auf die umliegenden Hügel, andere flüchteten sich auf die Dächer ihrer Häuser. Und alle beobachteten sie schreckerfüllt das Ansteigen des Wasserspiegels. Im Hospital von *Santo Spirito* war dieweil ein aus den Abruzzen stammender ehemaliger Soldat und Spieler und bekehrter Gotteslästerer zusammen mit sechs Gefährten die halbe Nacht über damit beschäftigt, die Kranken in einem höher gelegenen Stockwerk unterzubringen. Es handelte sich um den heiligen Camillo de Lellis (1550–1614), den Gründer des Kamillanerordens, der sich auch sonst, vor allem wegen seiner heroischen Einsätze während einer Reihe von Pest- und Choleraepidemien, große Verdienste erwarb.

Erst in den frühen Morgenstunden begannen die Fluten allmählich zu sinken, nachdem »der Papst die Strudel mit einem Bann belegt hatte« (wie ein Chronist festhält). Zu diesem Zeitpunkt befanden sich die meisten Kirchen bereits so tief unter Wasser, dass fast nirgendwo ein Gottesdienst gehalten werden konnte; sogar das päpstliche Pontifikalamt musste ausfallen. Welches Bild der Verwüstung Rom an diesem Weihnachtstag bot, geht aus einem Bericht hervor, den wir dem damaligen Provisor der deutschen Nationalkirche *Santa Maria dell'Anima* verdanken:

Nachdem der verhängnisvolle Strom unser Gotteshaus lange aufs Furchtbarste angerannt und gegen dasselbe weggerissene Dächer, Mühlen- und Schiffsbalken, ja alles, was er überhaupt von allen Seiten her rauben konnte, geworfen hatte, allerdings umsonst, weil nämlich die Architektur der Gewalt standhielt, begann er gegen das Innere der Kirche zu wüten. Alle Gräberhöhlen unterwühlte er; Leichen, Asche, Fäulnis wälzte er heraus und vermischte alles aufs Scheußlichste mit Brunnen- und anderem Wasser, mit Erde und Luft, so viel er vermochte. Die Sitze im Chor wie in der Sakristei ließ er bersten; die Bilder Unserer Lieben Frau, die er daselbst, aber auch nahe den Altären, traf, schändete er; die Türen, da er sie nicht aus den Angeln zu heben vermochte, bog, quetschte und löste er mannigfach; sogar die Behänge, die im Hinblick auf die Weihnachtsfeierlichkeiten an den Säulen und anderswo aufgehängt waren, entfärbte und verdarb er fast bis auf die halbe Höhe mit schmutzigem Wasser; beinahe alle Monumente und Gedenkzeichen, darunter die des Herzogs von Kleve und des seligen Papstes Hadrian VI., verunreinigte er.

Wer sich heute einen Eindruck von der Höhe des Wasserstandes machen will, mag sich zur Kirche *Santa Maria sopra Minerva* begeben, an deren Fassade sechs marmorne Markierungen an die schlimmsten Tiberüberschwemmungen erinnern. Zuoberst findet sich jene, die auf die Wassernot von 1598 verweist. Die jüngste trägt das Datum von 1870 (von dieser Überschwemmung existieren Fotos, die zeigen, wie Leute im Pantheon Boot fahren); die älteste Inschrift stammt aus dem Jahre 1498.

Gerade drei Jahre vorher, 1495, hatte der Tiber eine Katastrophe verursacht, über die wir ebenfalls detaillierte Zeugnisse besitzen. Am 25. November jenes Jahres herrschte eine für die Gegend ungewöhnliche Kälte. Am 1. Dezember schneite es ein wenig, dann setzte plötzlich eine milde Witterung mit ungewohnt heftigen Regengüssen ein. Erst nach zweieinhalb Tagen, am 4. Dezember, hellte sich der Himmel wieder auf. Kurz darauf schwoll der Tiber mit außerordentlicher Geschwindigkeit an und überschwemmte die ganze Stadt. Einen Eindruck von dieser grauenhaften Katastrophe vermittelt der Bericht eines venezianischen Gesandten, der damals gerade in Rom weilte:

Nach Tisch ritt unser Botschafter Girolamo Zorzi aus, um die Überschwemmung zu sehen, und fand, dass das Wasser sich überall ausgebreitet hatte; es bedeckte fast gänzlich den Ponte Sisto, stieg ständig an, Holz, Mühlen, Stege und kleinere Häuser mit sich führend. Als wir uns später nach Santa Maria del Popolo begeben wollten, war dies nicht mehr möglich. Die Bilder der Fliehenden und die einstürzenden Häuser, die sich uns darboten, waren so jammervoll, dass wir an diesem Tag nichts mehr sehen wollten und nach Hause zurückkehrten. Unseren Pferden reichte das Wasser bis zum Sattel. Um ein Uhr nachts kam die Flut auch an unsere Straße. Wir versuchten, die Tür und das Fenster im Erdgeschoss zu verrammeln und zu verstopfen, um den dort lagernden Wein nicht zu verlieren, aber alles war vergeblich. In einem Augenblick ward der ganze Keller von dem von unten eindringenden Wasser gefüllt, und wenn unsere Diener nicht die Fässer auf die Schultern genommen und in einen höher gelegenen Saal getragen hätten, wären wir ohne Wein gewesen. Später zerstörten die wilden Gewässer auch die Verrammlung des Tores und füllten augenblicklich den Hof. Unsere Diener im Keller entrannen mit knapper Not dem Tode. Die Flamländer in unserer Nachbarschaft flohen, über ihre zurückgelassene Habe jammernd. Unser Hausherr Demonico de' Massimi suchte vergeblich seine mit kostbaren Spezereien angefüllten Magazine zu retten. Da das Wasser von verschiedenen Straßen her mit entsetzlicher Gewalt heranstürmte, ging alles verloren, und Massimis Untergebene konnten sich nur schwimmend retten. Er selbst musste mit seiner Dienerschaft bis an die Brust im Wasser waten; sein Schaden beziffert sich auf 4000 Dukaten. Wir versorgten ihn und die ganze Nachbarschaft mit Wein, während er uns mit Brot aushalf. Bis Samstagabend stieg das Wasser unaufhörlich. In unserem Hof stand es sieben, auf der Straße zehn Fuß

Der Tiber, im Vordergrund der Ponte rotto. Stich von P. Schenk, 15. Jh.

hoch. In dieser Weise wurde fast die ganze Stadt heimgesucht. Allenthalben fuhr man in Kähnen und Barken durch die Straßen wie in Venedig durch unsere Lagunen, um die Blockierten mit Lebensmitteln zu versorgen. An manchen Orten stellte sich die Wassernot so rasch ein, dass die Leute in ihren Betten davon überrascht wurden. Viele Menschen ertranken, eine noch größere Zahl verlor Hab und Gut. Nachts hörte man weithin das Hilfegeschrei derer, die von der Flut überrascht wurden. Drei Stunden lang raste ein Sturm, wie man ihn stärker nicht auf der See erleben kann. Da die Brunnen unbrauchbar und die Lebensmittelvorräte zerstört worden waren, gerieten die Bewohner mancher Stadtteile in die größte Not. Viele können bis zur Stunde ihren Durst nicht löschen, und doch sind wir fast bis zum Ertrinken im Wasser. In Trastevere fürchtet man die Zerstörung der Brücken. Viele Häuser und Paläste sind eingestürzt und haben die Bewohner unter ihren Trümmern begraben. Die Mosaikfußböden der Kirchen sind vernichtet, ebenso die Gräber und alle Lebensmittel in der Stadt. Fast der ganze Viehbestand in der Umgegend ist zu Grunde gegangen. Um ihr Leben zu retten, flüchteten die Hirten auf die Bäume und banden sich dort an, kamen aber doch teilweise durch Hunger und Kälte um; andere wurden mit den entwurzelten Bäumen halb tot in die Stadt geschwemmt. Man fürchtet, dass es in der Umgebung Roms im nächsten Jahr keine Ernte geben wird. Auch zur Zeit Sixtus' IV. und Martins V. haben große Überschwemmungen stattgefunden, aber eine solche Wassernot hat Rom noch nicht erlebt. Viele sind von größter Furcht erfüllt und sehen in der Überschwemmung ein Warnzeichen des Himmels; doch mir ziemt es nicht, hierüber zu sprechen. Der Papst hat Prozessionen angeordnet, um die Barmherzigkeit Gottes anzurufen.

Die Bilanz dieser Naturkatastrophe war in der Tat verheerend. In Tor de Nona ertranken viele Gefangene. Zahlreiche Arbeiter fielen der Flut in den Weinbergen zum Opfer; Hirten kamen auf den Feldern um. Erst in der Nacht vom 5. auf den 6. Dezember begann das Wasser langsam zu sinken. Weil aber die Flusskähne und die Mühlen am Tiber zerstört waren, mangelte es an Brot. Ein großer Teil der Bevölkerung blieb während Monaten obdachlos. Epidemien rafften Menschen und Vieh gleicherweise dahin. Die tiefen Gräben um die Engelsburg blieben noch lange mit Wasser gefüllt.

Begreiflich, dass dieses furchtbare Ereignis und dessen Folgen nicht nur die Einbildungskraft der Unheilspropheten, sondern auch die Fantasie des Volkes beflügelten. Man erinnerte sich an das Schicksal von Sodom und Gomorra und erwartete ein Gottesgericht und den endgültigen Untergang der Stadt. Die abstrusesten Erzählungen machten die Runde. Besonders großes Aufsehen erregte die Nachricht von einer Missgeburt, die angeblich Ende Januar 1496, knapp zwei Monate nach der Katastrophe, im Tiber gefunden wurde. Der venezianische Gesandte beschreibt sie als »Ungeheuer, das den Kopf eines Esels und den Körper einer Frau hat. Der linke Arm hat menschliche Form, der rechte geht in einen Elefantenrüssel über. Hinten befindet sich das Gesicht eines alten Mannes mit Bart. Als Schwanz kommt ein langer Hals heraus, der in einen Schlangenkopf mit offenem Maul mündet. Der rechte Fuß ist der eines Adlers mit Krallen, der linke der eines Ochsen. Die Beine und der ganze Körper sind schuppig wie ein Fisch.«

Das römische Volk erblickte darin ein Zeichen des Himmels, das auf ein drohendes Gottesgericht hindeutete. Aber auch in anderen Teilen Italiens betrachtete man das Monstrum als schlimmes Omen. Noch im gleichen Jahr nahm Savonarola es in seinen Fastenpredigten zum Anlass, um den bevorstehenden Untergang des »Gesetzes der Priester« zu prophezeien: »O Italien! Gräuel auf Gräuel werden über dich hereinbrechen! Verzweiflung wird die Menschen ergreifen; das Oberste wird zuunterst gekehrt werden.« Zumindest diese letzte Voraussage hat sich als wahr erwiesen, und zwar immer wieder und immer neu, wenn auch auf etwas andere Weise, wie nicht nur die Geschichte des Kirchenstaates, sondern auch die Entwicklung der italienischen Republik bis hinein in unsere Gegenwart dokumentiert.

Überall in Rom stößt man auf Gedenktafeln, auf denen vermerkt ist, wie hoch die Flut anlässlich der häufigen Tiberüberschwemmungen jeweils angestiegen war, so etwa am Eingang zur Kirche *Sant'Eustachio*; an der Ostwand von *Sant'Andrea della Valle*; an der Stelle, wo die *Via Laurina* in die *Via del Babuino* mündet; an der bei der *Ara Pacis* gelegenen Kirche *San Rocco*. An dieser Letzteren wurde 1821 ein Marmorband nach Art eines überdimensionalen Metermaßes angebracht, auf dem der bei den schlimmsten Überschwemmungen jeweils erreichte Wasserstand verzeichnet ist.

Die älteste noch existierende Inschrift dieser Art stammt aus dem Jahre 1276 und befindet sich unweit der Engelsbrücke, im Durchgang des *Arco dei Banchi*. Aus welchem Grund auf diesem Stein ein sonst unbekannter GIOAN LIPO (möglicherweise ein Wächter, der den Durchgang kontrollierte?) Jahrhunderte später seinen Namen und die Jahreszahl 1640 eingravierte, wird wohl für immer ein Geheimnis bleiben.

Verschont wurde die Stadt von den furchtbaren Überschwemmungen erst, als gegen Ende des 19. Jahrhunderts der Tiber reguliert und bei dieser Gelegenheit eine neue Verkehrsader, der *Lungotevere*, angelegt wurde.

Spaziergang zu den Statue parlanti

Rom, anno Domini 1501. Pasquino, eine Persönlichkeit, welche fortan öffentliche Vorgänge kommentieren und päpstliche Verfügungen konterkarieren wird, erblickt zum zweiten Mal das Licht der Welt. Als Geburtshelfer fungiert ein Kardinal, Oliviero Carafa, der dem römischen Adelsgeschlecht der Orsini einen prächtigen Palazzo abgekauft hat, um sich darin standesgemäß einzurichten.

Doch selbst der vornehmste Palast wirkt wenig repräsentativ, wenn die Gäste bei Regenwetter gezwungen sind, durch den Morast zu waten, ehe sie den Torbogen erreichen. Also lässt der Kardinal den Platz davor einebnen und pflastern. Bei den Arbeiten wird ein marmorner Torso zu Tage gefördert, von dem bislang gerade ein paar Zoll aus dem Boden ragten und der deshalb von allen für einen Steinbrocken gehalten wurde. Oliviero, überglücklich über den Fund und stolz auf seinen neu gepflasterten Platz, lässt die verstümmelte Statue an der Ecke seines Palastes aufstellen. Auf dem Sockel aus Travertin bringt er sein Wappen und eine lateinische Inschrift an: *Oliverii Carafae beneficio sum anno salutis MDI* (Dank Oliviero Carafa bin ich hier aufgestellt worden im Jahr des Heils 1501).

Man hat lange darüber gerätselt, wen der Torso wohl darstelle: Ajax, welcher die Leiche des Achilles davonträgt? Herkules? Menelaos? Oder vielleicht doch nur irgendeinen namenlosen Gladiator? Bis vor wenigen Jahren waren die Sachverständigen sich nur darin einig, dass es sich um ein hellenistisches Kunstwerk aus dem 3. vorchristlichen Jahrhundert handeln müsse. Oder um eine Kopie. Inzwischen wissen wir, dass Letzteres zutrifft. Im Frühjahr 1995 nämlich haben Archäologen in der Villa des Herodes Attikus im arkadischen Loukos das Original ausgegraben. Und dieses stellt den König Menelaos dar, während er den toten Patroklos vom Schlachtfeld trägt. Michelangelo lag also gar nicht so daneben, als er die Statue in künstlerischer Hinsicht auf eine Ebene mit der Laokoongruppe stellte.

Wie kam es, dass der arm- und beinlose Torso mit der beschädigten Nase zur ersten und bedeutendsten *statua parlante*, zu einer sprechenden Statue, wurde?

Alljährlich am 25. April, am Fest des Evangelisten Markus, führte seit Beginn des 15. Jahrhunderts eine Prozession am Kardinalspalast vorbei. Irgendwann verfielen Studenten, die mit ihrem Talent glänzen wollten, auf den Gedanken, an diesem Festtag lateinische Verse an der Mauer und am Sockel der Statue anzubringen. Unbekannte Schreiberlinge und zweifelhafte Bettelpoeten schlossen sich ihnen an, so dass der akademische Brauch schon bald zu einem frivolen Spiel geriet. Wiederum ein paar Jahre später, noch zu Lebzeiten des Kardinals, mochte irgendein frustrierter Zeitgenosse das Fest des heiligen Evangelisten nicht mehr abwarten und heftete eines Nachts ein boshaftes Epigramm an die Statue, in welchem er stadtbekannte Missstände wie Privilegienwirtschaft und Pfründenjägerei beim Namen nannte. Natürlich fand er sofort Nachahmer.

Ein zeitgenössischer Chronist behauptet, dass in dieser Gegend damals ein Schneider (nach anderen handelte es sich um einen Wirt, einen Bartscherer oder um einen Schulmeister) namens Pasquino wohnte, der für sein loses Mundwerk bekannt war. Dieser Mann soll der Statue zu ihrem Namen und der Sprache zu einem neuen Begriff verholfen haben. Klebte wieder einmal ein besonders bissiger Spruch an der Figur, hieß es fortan: Der Torso lästert wie Pasquino! Was schließlich dazu führte, dass die Statue selber zum Pasquino wurde. Besonders boshafte Sentenzen nennt man seither Pasquinaten oder Pasquillen.

Pasquino, und das ist historisch verbürgt, hörte alles, sah alles, wusste einfach alles – und kommentierte alles. Und immer mehr wurde er zum Sprachrohr des *popolino*, der kleinen Leute, welche der Ausbeutung und der Abzockerei durch die Mächtigen hilflos ausgeliefert waren. Kurzum, seit die Piazza vor dem Palazzo (heute: *Piazza di Pasquino*) baumlos war, hatte Pasquino kein Blatt mehr vor dem Mund. Was auch immer die Päpste verordneten und die Prälaten verkündeten, wurde von ihm kommentiert, ironisiert und parodiert.

Zur Zeit der Renaissance, als sich die Adelsgeschlechter der Carafa, der della Rovere, der Medici und der Farnese um den Stuhl Petri stritten, gab es immer wieder Päpste, die mehr Gewicht auf einen heiteren Lebenswandel als auf die Verkündigung der Frohen Botschaft legten. So spottete Pasquino nach der Wahl Pauls V. (1605–1621), der dem Geschlecht der Borghese entstammte: »Dopo i Carafa, i Medici e i Farnese / or si deve arricchir la casa Borghese« (Nach den Carafa, den Medici, den Farnese / giert jetzt nach Reichtum das Geschlecht der Borghese).

Pasquino. Zeitgenössischer Stich.

Die Päpste freilich ließen sich die bissigen Kommentare nicht immer gefallen, und so wurde aus dem anzüglichen Spiel zuweilen blutiger Ernst. Einem Priester, Don Annibale Cappello, der Spottgedichte gegen die Schwester und die Nichte des gestrengen Sixtus V. verfasst hatte, ließ der Papst am 13. November 1585 auf dem *Ponte Sant'Angelo* eine Hand und die Zunge abschneiden. Anschließend wurde der Unglückliche auf der Brücke erhängt. Als Sixtus V. gar die Absicht bekundete, den Torso zertrümmern zu lassen und die Reste im Tiber zu versenken, soll ihm der Dichter Torquato Tasso dringend davon abgeraten haben: »Es könnten sonst aus dem Tiber Schwärme von Fröschen aufsteigen, die dann Tag und Nacht quaken!«

Bei der offensichtlichen Lust der Römer an der Satire und am politischen Witz versteht es sich von selbst, dass sich Pasquino bald einmal ein paar Mitstreiter und schließlich gar eine Mitarbeiterin zugesellten. Pasquinos Primat allerdings stand nie zur Disposition.

Der zweite Platz unter den sprechenden Statuen gebührt dem Abate Luigi auf der *Piazza Vidoni*, an der linken Außenseite der Kirche *Sant'Andrea della Valle*. Das Standbild trägt das Gewand der römischen Senatoren und einen solchen stellt es wohl auch dar. Gefunden wurde die Figur in der Nähe ihres jetzigen Standortes. In dieser Gegend wohnte damals ein Kleriker, Abate Luigi, dessen Gestalt etwas unproportioniert wirkte, was die Spaßmacher dazu verleitete, die Statue nach diesem Priester zu benennen. Über Jahrhunderte hin bot der Abate dem römischen Regen und dem päpstlichen Regiment die Stirn. Erst in den Dreißigerjahren des letzten Jahrhunderts hat er zum ersten Mal den Kopf verloren, seltsamerweise ohne dass es ihm dabei die Sprache verschlug. 1966 widerfuhr ihm das gleiche Schicksal von neuem; Vandalen (oder Souvenirjäger?) köpften die Statue abermals und entkamen mit ihrer Beute. Der jetzige Schopf stammt aus den kommunalen Altertumsbeständen und passt sogar besser als der frühere, welcher eindeutig zu klein geraten war.

Muss man eigens darauf hinweisen, dass die sprechenden Statuen untereinander Kontakt pflegten? Pasquinos bevorzugter Gesprächspartner befindet sich auf dem Kapitol, im Hof des *Palazzo Nuovo*. Dort erwartet uns die Kolossalstatue einer liegenden Flussgottheit, deren Identität (Tiber? Donau? Rhein? Ozean?) ebenso dunkel ist wie der Name, den ihr die Römer verpassten: Marforio. Seit 1511, der Geburtshelfer Pasquinos starb am 20. Januar des gleichen Jahres, tritt Marforio als Gesprächspartner seines berühmten Rivalen in Erscheinung; was dieser sagte, wurde spätestens beim übernächsten Morgengrauen von Pasquino aufgegriffen und kommentiert. So wollte Marforio einmal wissen, warum sein Kollege und Rivale schmutziger sei als ein Köhlerhemd. Pasquino darauf: »Meine Waschfrau ist leider Prinzessin geworden.« Das bezog sich auf die Schwester Sixtus' V., eine einfache Frau aus dem Volk, welche sich nach dessen Wahl zum Papst im Glanz ihres Bruders sonnte.

Während sich Pasquino vorzugsweise mit Marforio unterhielt, bandelte der etwas missgestaltete Abate Luigi mit einer

Madama Lucrezia. Zeichnung von M. van Heemskerck.

Dame an, der wir nun ebenfalls unsere Aufwartung machen. Dazu steigen wir die Treppe vom Kapitol hinunter, überqueren die *Piazza San Marco* und begeben uns geradewegs zur gleichnamigen Kirche. Links vom Eingang erblicken wir eine antike Büste von spektakulären Ausmassen: Madama Lucrezia. Weder wissen wir, wen sie ursprünglich darstellte, noch welcher Lucrezia sie ihren volkstümlichen Namen verdankt. Fest steht lediglich, dass sie nie sehr geschwätzig war. Als Gregor XIV. schwer erkrankte, ließ er sich am 4. Oktober 1591 vom Vatikan in den kühleren Palazzetto bei der Kirche *San Marco* bringen. Um den Lärm abzudämpfen, errichtete man dort einen hölzernen Zaun; doch der Papst starb bereits elf Tage später. Seinen Tod kommentierte Madama Lucrezia am darauf folgenden Morgen auf eher humorlose Art: *Mors intravit per cancellos* (Der Tod kam durch den Lattenzaun geschlichen). Unweit der Kirche *San Marco*, in der *Via Lata*, einer Seitenstraße der *Via del Corso*, sprudelt am Fuß eines Palazzo ein kleiner Brunnen, den eine weitere *statua parlante* schmückt, nämlich der sympathische, aber von den meisten Touristen und Pilgerinnen gleicherweise (und schnöde) ignorierte *Facchino*. Eigentlich handelt es sich gar nicht um einen Dienstmann, sondern um einen Wasserverkäufer, worauf die Tonne in seinen Händen eindeutig verweist. Manche Römerinnen und Römer wollen in ihm ein Bildnis Martin Luthers erkennen. Eine gewisse Ähnlichkeit zwischen der marmornen Brunnenfigur und dem berühmten Luther-Porträt von Lucas Cranach lässt sich allenfalls nach dem Genuss von zwei, drei Schoppen Frascati feststellen. In Wirklichkeit wurde der Brunnen erst unter Gregor XIII. (1572–85) errichtet. Noch immer kolportieren einige Romführer, dass es sich bei der Büste um das Porträt eines Lastenträgers namens Abbondio Rizzo handle, der im damaligen Rom nicht nur als Dienstmann, sondern auch als legendärer Trinker einen zweifelhaften Ruf genoss. Inzwischen wissen wir auf Grund von alten Stichen, dass es noch mindestens zwei andere solcher Brunnen gab, was den Rückschluss erlaubt, dass diese serienmäßig angefertigt wurden. Überdies ist nicht einzusehen, was einen Papst veranlassen könnte, ausgerechnet einen stadtbekannten Säufer mit einer Porträtbüste zu ehren.

Einer weiteren sprechenden Statue begegnen wir in der *Via del Babuino*, welche die *Piazza di Spagna* mit der *Piazza del Popolo* verbindet. Etwa auf halber Höhe, bei der Hausnummer 150, erblicken wir über einem Brunnenbecken den berühmten *Babuino* (nach römischer Dialekt-Schreibweise mit nur einem b!). Eigentlich handelt es sich um einen Silen. Die Römer indessen, nur noch vage vertraut mit den Fabelwesen der griechischen Mythologie, glaubten in der Gestalt einen Pavian zu erkennen, weshalb aus dem Silen ein *babuino* wurde. Der spanische Kardinal Deza, der gegen Ende des 16. Jahrhunderts in dieser Gegend wohnte, lüftete stets seinen Hut, wenn er an der Statue vorbeiging. Von Natur aus sehr kurzsichtig, meinte er, es handle sich um ein Standbild des von ihm hoch verehrten Kirchenlehrers und Bibelübersetzers Hieronymus.

Derlei Anekdoten könnten leicht über die politische Bedeutung hinwegtäuschen, welche den sprechenden Statuen zukam. Immer wieder haben die Päpste versucht, Volkes Stimme unter Androhung von schärfsten Strafmassnahmen zum Schweigen zu bringen. Exemplarisch dafür ist eine Verfügung Benedikts XIII. aus dem Jahre 1727, in welcher der Papst allen Verfassern von Pasquinaten, »die Kleriker inbegriffen«, mit Güterentzug und Todesstrafe drohte. Während des Konklaves von 1829, aus dem Pius VIII. als Papst hervorging, stand Pasquino sogar unter polizeilicher Überwachung. Das zeigt nicht nur, wie verbreitet der politische Witz damals war, sondern auch, wie sehr die Mächtigen sich davor fürchteten.

Schließlich verdient hier noch eine sprechende Statuengruppe ganz anderer Art Erwähnung, nämlich die berühmte Anna selbdritt, eine Muttergottes mit Kind und der heiligen Anna von Andrea Sansovino. Sie befindet sich in der Kirche *Sant'Agostino*, am dritten linken Pfeiler vom Eingang her gesehen, unter einem Jesaja-Fresko von Raffael. (Als der Stifter dieses Freskos, der deutschstämmige Vatikanische Protonotar Johann Gorlitz sich bei Michelangelo beschwerte, Raffael habe ihn übervorteilt, entgegnete dieser trocken: »Das Knie allein ist schon das Geld wert, das Ihr bezahlt habt.«)

Zu Beginn des 16. Jahrhunderts, als Pasquino zu reden begann, wurde im päpstlichen Rom das Fest der heiligen Anna am 26. Juli besonders feierlich begangen. Bei dieser Gelegenheit wurde Sansovinos Statuengruppe mit Gedichten und Epigrammen geradezu überhäuft. Als Verfasser zeichneten nicht irgendwelche dahergelaufene Verseschmiede, sondern berühmte Humanisten wie die Kardinäle Pietro Bembo (1470–1547) oder Jacopo Sadoleto 1477–1547). Während die Gruppe der heiligen Anna mit dem Ausklingen des Humanismus schon bald völlig verstummte, sind Pasquino und seine Mitstreiter erst seit dem Untergang des Kirchenstaates im Jahre 1870 schweigsamer geworden. Ihre Rollen haben sie an die Karikaturisten der Tageszeitungen abgetreten. Gänzlich scheinen sie auf ihre früheren Aktivitäten dennoch nicht verzichten zu können. Pasquino und der Babuino sind nach wie vor aktiv und scheuen sich nicht, Berlusconi als Mogler und Marktschreier zu titulieren. Der aber gibt sich gelassen. Was vermag schon ein Pasquino gegen einen Medienzaren …

Ablasstafeln oder Vergebung gegen Vermögenswerte

ROMREISENDEN, DIE SICH VOM VATIKAN HER KOMMEND den male-
rischen *Borgo Pio* hinunterbewegen, lächelt von der Ecke des Hauses
Nummer 27 eine liebliche Madonna mit Kind entgegen. Darunter
befindet sich eine zierliche Tafel mit einer in antiquiertem Italienisch gehaltenen Inschrift:

> *La Santià D. N. Sig.re PP. Pio VI*
> *con rescritto di V luglio MDCCICVII*
> *concede a tutti i fedeli*
> *dell uno e l altro sesso*
> *duecento giorni d indulgenze*
> *d applicarsi anche all A S del purgatorio*
> *ogni volta che divotamente*
> *e col cuor contrito*
> *reciteranno le litanie*
> *di M SSa innanzi questa sagra immagine .*

»Mit Reskript vom 5. Juli 1797 gewährt Seine Heiligkeit, der Herr
Papst Pius VI., allen Gläubigen einen Ablass von 200 Tagen, der auch
den armen Seelen im Fegfeuer zugewendet werden kann, und zwar
jedes Mal, wenn sie vor diesem erhabenen Bild andächtig und zerknirschten Herzens die Litaneien zu Ehren der allerheiligsten Maria
beten.«

Aber was sind schon 200 Tage Ablass! Das reine Nichts, wenn
man bedenkt, dass man sich anderswo in viel kürzerer Zeit gleich
massenweise geistliche Meriten erwerben kann, zum Beispiel in der
Kirche *Sant'Eusebio* an der *Piazza Vittorio Emmanuele II*. Dort verspricht eine unter dem Portikus rechts neben dem Eingang ange-
brachte wesentlich ältere Marmortafel den Eintretenden einen Ablass von *millibus annis et centum viginti dierum,* von tausend (in
Ziffern: 1000) Jahren und 120 Tagen, »sooft sie das Gotteshaus in der
Zeit vom Mittwoch der Karwoche bis zum Sonntag nach Ostern
aufsuchen«. Gewährt wurde dieses Privileg von Papst Gregor IX.
»anno domini MCCXXXVIII«, im Jahre 1238. Wohl sind, darauf
weist schon der Psalmist hin, vor Gott »tausend Jahre wie ein Tag«
(Psalm 90, Vers 4). Angesichts solch exorbitanter Verheißungen je-

doch traut selbst die frömmste Rompilgerin ihrer Brille nicht mehr und betrachtet die Tafel mit bloßem Auge. Und was sieht sie da, ohne erst lange hinschauen zu müssen? Dass ein unbekannter Steinmetz in unbekannter Zeit eine Zahl gelöscht und an deren Stelle den Tausender hineingemeißelt hat – vermutlich nicht vor dem 15. Jahrhundert. Denn erst gegen Ende des 14. Jahrhunderts verfielen die Päpste darauf, Vergebung gegen Vermögenswerte *en gros* anzubieten, um den Inhalt ihrer Privatschatullen oder die Finanzen des Kirchenstaates aufzustocken. Jedenfalls dürfte die Änderung der Inschrift nicht ohne amtliche Ermächtigung erfolgt sein. Den römischen Kurienbeamten wäre ein derart eklatanter Eingriff in die Rechte des Papstes sicherlich nicht entgangen. Gregor IX. hingegen überschritt, wie wir aus alten Dokumenten wissen, nur sehr selten die Jahreslimite, wenn er einen Ablass billigte. Bezüglich der Kirche *Sant' Eusebio* erwies er sich sogar als besonders großzügig, indem er eine Gnadenfrist von *einem* Jahr und 120 Tagen konzedierte. Das wurde aber erst vor einem knappen Jahrhundert publik, als ein frommer Forscher in den Vatikanischen Archiven zufällig auf das Original der Ablassbulle von 1238 stieß (jetzige Registriernummer unter den *instrumenta miscellanea*: 7245).

Zur Zeit Luthers gewährte Leo X. Ablässe von 1000, 10'000, gar von 100'000 Jahren. So bewilligte er dem Kurfürsten Friedrich dem Weisen für die Wittenberger Schlosskirche bei Vorzeigung der dortigen Reliquien sieben Mal jährlich einen Ablass von hundert Jahren und hundert Quadragenen (1 Quadragene = 40 Tage), und zwar für jedes einzelne Knöchelchen besonders! Auf diese Weise erwies sich der Pardon als profitabel. Wer sich innert eines Jahres jedes Mal in der Schlosskirche einfand, wenn die Reliquien zur Schau gestellt wurden, konnte insgesamt Ablässe von über drei Millionen Jahren verbuchen. Denn die Zahl der Reliquienpartikel war bis zum Jahr 1520 immerhin auf 18'855 angewachsen. Den größten Coup landete der Papst, als er Friedrichs Bruder, dem Erzbischof Ernst von Magdeburg, für dessen damals sehr viel kleinere Reliquiensammlung (1520 waren es ›nur‹ 8133 Partikel) Ablässe von vierzig Millionen Jahren verkaufte.

Nicht nur der Adel, auch das gemeine Volk traf damals fleißig Vorsorge, um im Jenseits nicht allzu sehr leiden zu müssen – und ließ sich diese Vorsichtsmaßnahmen einiges kosten. Rom lieferte die Vergebung gegen Vorauszahlung *en bloc* an die Grossisten (also an die Banken, vorab an die Fugger in Augsburg); diese wiederum veräußerten sie weiter an die Verteiler (nämlich an die Fürsten und die Bischöfe), die sie ihrerseits an die Kleinhändler (will sagen an die einzelnen Klöster) verkauften, welche die Konsumwilligen dann *en détail* bedienten. Bei dieser Vermarktung begnügten sich die mit der Ablasspredigt betrauten Mönchs- und Bettelorden natürlich nicht mit ein paar Kuchenbröseln, sondern wollten auch richtig gegessen haben. Mit einem Wort, die Ablässe wurden wie eine Ware verhökert; die ewige Seligkeit, früher eine von der Kirche verkündete Heilshoffnung, war jetzt gegen Geldeswert feil.

Wobei die Endverbraucher nicht nur an das eigene Heil, sondern auch an ihre toten Angehörigen dachten. Den Gedanken, dass die Gläubigen Ablässe den Verstorbenen zuwenden können, um deren jenseitige Läuterung abzukürzen, hatten die Theologen nämlich bereits im 13. Jahrhundert ins Spiel gebracht.

Bekanntlich hat sich der Ablass aus der frühkirchlichen Bußpraxis heraus entwickelt. Schon in ihren Anfängen musste die neue Glaubensgemeinschaft die Erfahrung machen, dass viele Getaufte in ihrem Eifer erlahmten und nur allzu bald wieder ihren alten Lastern frönten. Angesichts dieser betrüblichen Tatsache setzte sich die Ansicht durch, dass die Kirche ermächtigt sei, gegenüber jenen, die nach der Taufe rückfällig geworden waren, noch einmal Milde walten zu lassen und ihnen Vergebung zu gewähren. Gleichzeitig verbreitete sich die Überzeugung, dass Verfehlungen wie Glaubensabfall, Mord und Ehebruch (später zählte man noch schweren Diebstahl zu diesen ›Kapitalsünden‹) zwar vergeben werden konnten, aber nicht mehr wie bei der Taufe durch einen reinen Gnadenerweis Gottes, sondern erst nach Ableistung strenger Bußübungen. Diese »zweite Taufe«, wie man solche Sühnewerke auch nannte, bildete die Vorstufe der heutigen Beichtpraxis – und damit des Ablasswesens.

Konkret sah das dann so aus, dass die Fehlbaren ihre Vergehen dem Bischof bekannten und eine öffentliche Buße leisteten, die zumeist im zeitweiligen Verzicht auf die eheliche Intimgemeinschaft und in einem strengen Fasten bestand.

Im 6. Jahrhundert erfuhr diese Bußpraxis eine einschneidende Veränderung, weil die Äbte und Mönche in irischen und angelsächsischen Klöstern damit begannen, der Bevölkerung *wiederholt* Versöhnung zu gewähren. Damit verbunden war eine weitere Neuerung, insofern jetzt die Lossprechung von den Sünden schon vor Ableistung der entsprechenden Bußübungen erteilt wurde, während die Sündenstrafen anschließend durch genau festgelegte Bußleistungen abgetragen werden mussten, die aber nach wie vor eine fast übermenschliche Belastung bedeuteten.

Da diese harte Disziplin langfristig nicht durchzuhalten war, wurde sie bald einmal durch die *Kommutation* oder Umwandlung der zu leistenden Sühnewerke ersetzt. Das bedeutete, dass man ein langes Fasten besonders streng gestaltete oder den Verzicht auf die eheliche Intimgemeinschaft mit der Enthaltung von Speise kombinierte und dafür abkürzte. Eine andere Weise, die Wiederversöhnung mit Gott und der kirchlichen Gemeinschaft erträglicher zu gestalten, bildete in der Folge die *Redemption* oder Ablösung. Diese Art der Wiederversöhnung verpflichtete die Fehlbaren dazu, an Stelle der vorgesehenen Bußauflagen ein gutes Werk zu vollbringen. Dazu rechnete man Geldspenden für fromme Zwecke oder gemeinnützige Unternehmen wie den Bau einer Brücke oder einer Befestigungsanlage, sowie Gebetsübungen und Wallfahrten. Der Sühnegedanke blieb dabei unangetastet. Wenn aber jede Sündenstrafe durch ein entsprechendes Bußwerk abgetragen werden kann, ist nicht einzusehen, warum dieses unbedingt vom Sünder persönlich zu leisten ist. Wenn man für andere beten konnte, musste es doch auch möglich sein, *stellvertretend für andere* Buße zu tun! Derlei Überlegungen führten schließlich zu der von uns heute als anstößig empfundenen Gepflogenheit, auferlegte Bußleistungen durch Drittpersonen verrichten zu lassen und diese dafür finanziell zu entschädigen. Dadurch aber ging die bei den ›Umwandlungen‹ noch deutlich ersichtliche direkte Verbindung zwischen Bußwerken und Büßenden verloren.

Aus Umwandlung, Ablösung und stellvertretender Buße entstand im 11. Jahrhundert dann der eigentliche Ablass: Auf ein Gebet, ein Bußwerk oder eine wohltätige Gabe hin gewährt die Kirche den Büßenden jetzt den Erlass zeitlicher Sündenstrafen. Wenn für die Ableistung eines Bußwerks 90 Tage Ablass bewilligt wurden, so bedeutete das nicht, wie manche irrtümlich annehmen, dass der oder die Büßende drei Monate weniger im Fegfeuer schmoren musste, sondern dass eine für einen Tag vorgeschriebene Bußübung so viel galt, als wäre sie an 90 aufeinander folgenden Tagen verrichtet worden.

Leider entartete das Ablasswesen seit dem Spätmittelalter immer mehr zu einem kruden Geldgeschäft. Als einer der ersten Päpste ließ sich Bonifaz IX. (1389–1404) bei der Verleihung von Ablässen systematisch von finanziellen Interessen leiten.

Nichtsdestotrotz hat die kirchliche Ablasspraxis auch manches Gute bewirkt, zumindest solange der Zusammenhang mit ihren Ursprüngen (Umwandlung und Ablösung!) im Bewusstsein der Gläubigen noch lebendig war. Sie führte den Ernst der Sünde und die Notwendigkeit der Sühne vor Augen und vermochte gleichzeitig die Nächstenliebe zu beleben und den Sinn für Solidarität zu wecken.

Was die Tafel im *Borgo Pio* betrifft, haben wir den Text nicht vollständig übersetzt. Für die des Italienischen Unkundigen wäre noch auf ein Kuriosum hinzuweisen. Ausdrücklich wird darauf hingewiesen, dass der Ablass von »allen Gläubigen beiderlei Geschlechts« (*a tutti i fedeli dell uno e dell altro sesso*) gewonnen werden kann. Damit liefert diese Inschrift gleichzeitig den Beweis, dass Ende des 18. Jahrhunderts eine schwierige Frage gelöst war, über der sich viele mittelalterliche Theologen den Kopf zerbrochen hatten, nämlich ob auch die Frauen eine Seele besäßen. Oder handelt es sich am Ende vielleicht doch nur um einen diskreten Hinweis darauf, dass es auch Männern anstünde, gelegentlich ein Gebet zu verrichten?

Das Haus der Crescenzi

DAS UNWEIT DER KIRCHE SANTA MARIA IN COSMEDIN an der *Piazza della Bocca della Verità* gelegene Crescenzi-Haus gehört zweifellos zu den schönsten und bemerkenswertesten römischen Baudenkmälern des Mittelalters.

Die Crescenzi entstammten einem alten Baronengeschlecht, das den deutschen Kaisern seit jeher feindselig gesinnt war; über die Gründe – römisches Überlegenheitsgefühl, eingefleischter Adelsstolz, übertriebenes Nationalbewusstsein – können wir nur mutmaßen. Tatsache ist, dass Kaiser Karl V., als er anlässlich seines Rombesuchs im Frühjahr 1536 die 190 Stufen zum Gewölbe des Pantheons erstiegen hatte, um den Rundbau durch die Deckenöffnung zu besichtigen, beinahe einem Attentat zum Opfer gefallen wäre. Aber eben nur *beinahe.* Gerade neun Jahre zuvor hatten seine Soldaten in der Stadt aufs Unmenschlichste gewütet, und natürlich war die Erinnerung an diesen furchtbaren *Sacco di Roma* noch immer lebendig. Ein junger Römer aus der Familie der Crescenzi, der den hohen Gast bei der Besichtigung des Pantheons eskortierte, gestand seinem Vater hinterher, dass er versucht gewesen sei, den Kaiser durch den *oculus*, durch die runde Kuppelöffnung, in die Tiefe zu stoßen. Die Antwort des Vaters fiel knapp und kategorisch aus: *Figlio mio, queste cose si fanno, non si dicono* (Als ich in deinem Alter war, hätte man so etwas getan und nicht bloß darüber geredet).

Das Crescenzi-Haus wurde in den Jahren 1040–1065 erbaut. Damals gehörte das Geschlecht zu den mächtigsten Roms. Ursprünglich wurde das doppelstöckige Gebäude, von dessen zweitem Obergeschoss heute nur noch ein Teil erhalten ist, von einem Turm überragt. Zeitweise diente die Anlage auch als Festung. Tatsächlich ließ sich von dort aus der Tiber besonders gut kontrollieren, der an

Cola di Rienzo. Stich 16. Jh.

dieser Stelle wegen der nahe gelegenen Insel leicht überquert werden konnte. Von daher erklärt es sich, dass in alten Chroniken gelegentlich auch von der *Tor Crescenzia* die Rede ist. In manchen Urkunden taucht das Gebäude unter der Bezeichnung *Casa di Cola di Rienzo* auf, was auf eine durch die Namensähnlichkeit bedingte Verwechslung des Crescenzi-Clans mit dem Geschlecht des schwärmerischen Volkstribunen zurückzuführen ist, welcher im August 1354 während eines Aufstandes auf dem nahe gelegenen Kapitol gelyncht wurde. Manche Römer und Römerinnen sprechen von dem architektonischen Kleinod noch heute als von der *Casa di Pilato*, eine Bezeichnung, welche auf die im Mittelalter in Rom üblichen Passionsspiele zurückgeht und sich auch auf einem römischen Stadtplan aus dem Jahre 1551 findet. Es bestand damals der Brauch, während der Karwoche die Leidensgeschichte Jesu szenisch darzustellen. Die Schauplätze dieses ›römischen Kreuzwegs‹ erstreckten sich vom *Foro Boario* bis zum *Testaccio*, der bei dieser Gelegenheit zum ›Kalvarienberg‹ wurde. Die Gerichtsszene zwischen Jesus und Pilatus gelangte jeweils vor dem Crescenzi-Haus zur Aufführung.

Nicht nur die Quadern des Gebäudes, sondern auch zahlreiche Gesimse und Steinbalken entstammen alt-römischen Bauten; bekanntlich wurde diese (aus heutiger Sicht barbarische) Art der Materialbeschaffung für neue Palazzi und Kirchen seit dem Frühmittelalter gepflegt. Kleinere Privathäuser hingegen, deren Steinquadern aus antiken Ruinenresten gebrochen wurden, sind nur wenige erhalten; das Crescenzi-Haus ist eines der seltenen und gleichzeitig schönsten Beispiele.

Portal und Fenster an der Hausfront sind von einem spätrömischen Sims mit geflügelten Cupidos verziert, das sich auf der linken Seitenmauer fortsetzt. Diese Mauer wiederum schmücken Säulen und Pfeiler aus Ziegelstein, sowie verschiedene Karniese und Terrakotta-Kapitelle aus antiken Bauten. Ganz rechts an der Mauer gewahren wir eine Tür, die früher einmal den seitlichen Zugang zur Eingangshalle bildete. Rechts von dieser Pforte erblicken wir auf einer bogenförmigen Marmortafel eine lateinische Inschrift:

VOS QUI TRANSITIS HEC OPTIMA TECTA QUIRITIS
HAC TEMPTATE DOMO OS NICOLAUS HOMO
Bürger, die ihr vor diesem prächtigen Wohnsitz verweilet,
zögert jetzt nicht, Niccolò, den Besitzer selber, kennen zu lernen.

Dass es diesem Niccolò nicht an Selbstbewusstsein fehlte, erahnen wir, wenn wir die Frontseite des Hauses betrachten. Die Bogen über dem Portal und über dem rechten Fenster stammen aus römischen Tempeln, während die Fensterbank früher einmal zur Decke einer antiken Basilika gehörte. Nicht weniger einzigartig als die Konstruktion aber ist die Fassadeninschrift, mit welcher dem Erbauer das Kunststück gelungen ist, sich selber ein Denkmal zu setzen *und verbal Bescheidenheit zu demonstrieren: † NON FUIT IGNARUS CUIUS DOMUS HEC NICOLAUS QUOD NIL MOMENTI SIBI MUNDI GLORIA SENTIT ...* – aber sagen wir's lieber auf Deutsch:

Niccolò, der Besitzer dieses Hauses, ist sich sehr wohl bewusst, dass der Ruhm dieser Welt nicht von Bedeutung ist. In der Tat war es nicht Eitelkeit, die ihn dazu verführte, ein solches Haus zu bauen, als vielmehr der Wunsch, den uralten Ruhmesglanz Roms wieder zum Leben zu erwecken. Bedenket den Tod und das Grab und dass es euch kurz nur vergönnt ist, in schönen Palästen zu wohnen. Keiner lebt ewig, denn knapp bemessen ist unsere irdische Zeit. Selbst wenn ihr dem Winde entflieht und hundert Tore verriegelt und über tausend Armeen gebietet – der Tod kommt auf Schwingen und wird euch trotzdem erreichen. Und wenn ihr euch einschließt in einem Kastell, umgeben von Mauern so hoch wie der Himmel, der Arm des Würgers wird euch auch dorten erreichen. Dieses prächtige Haus, das sich erhebt zu den Sternen, ist ein Werk Niccolòs des Großen und Ersten unter den Noblen. Vom Vater ererbt hat er den Namen Crescenzi; die Mutter hieß Theodora. Erbauer dieser Prunkstätte ist Niccolò; bestimmt hat er sie für den Sohn, für Davide, den über alles Geschätzten.

Viel Kopfzerbrechen bereitet haben den Gelehrten die vereinzelten Buchstaben, die beidseitig der Inschrift angebracht sind. Das Rätsel um diese Abkürzungen ist inzwischen gelöst.

Zur Linken:

L C L T N R S O C N S T / T R S H / P N T T / R S H P / R T G / V B

Levitas, castra, Lisgor, te non reddent securum, ostia culmina non salvabunt te. Tu reminiscere sepulcri heres. Palatium non tuebitur te. Rome surgit hoc palatium romane tutela gentis, urbis bono.

Zur Rechten:

N T S C L P T F G R S / N I C D / D T / D D / F S

Nicolaus, Theodore Senator Crescentius liberum, palatium totum fecit gloriam Romae sue. Nicolaus dedit domum totam Davidi dilecto filio suo.

Die Übersetzungsarbeit überlassen wir für diesmal den Liebhaberinnen und Experten der lateinischen Sprache, zumal es sich bloß um eine Kurzfassung der bereits erwähnten weitschweifigen Fassadeninschrift handelt.

Dass der Bauherr nicht bloß verbal um seinen Nachruhm besorgt war, beweist der Zweizeiler am Fensterbogen:

ADSUM ROMANIS GRANDIS HONOR POPULIS
INDICAT EFFIGIES QUIS ME P[ER]FECERIT AUCTOR
Der hier Dargestellte gereicht dem römischen Volke zur Ehre;
sein Bildnis erinnert an jenen, der mich erbaute.

Der mich erbaute – es ist das prachtvolle Haus selber, das diese Worte spricht und damit auf seinen Besitzer verweist. Die Inschrift bezieht sich nämlich auf eine verloren gegangene Marmorbüste (der berühmte Gregorovius ist ihrer um die Mitte des 19. Jahrhunderts noch ansichtig geworden), die sich in der Nähe des Fensters befand und Niccolò Crescenzi darstellte.

»Hier liegt einer, dessen Name ins Wasser geschrieben ist.«

AM 13. FEBRUAR 2000 gab die *Neue Zürcher Zeitung* einen Wohnsitz-wechsel bekannt: »Ich bin umgezogen. N. N. – 23. 10. 1950 – 2. 3. 2000. Meine neue Adresse lautet: Cimitero Accattolico, Via Gaio Cestio 6, Rom. Über Besuche freue ich mich.« Leider fehlte die Postleitzahl. Aber der Ort ist ja leicht zu finden.

Cimitero Accattolico – gemeint ist der römische Friedhof bei der Cestius-Pyramide, einer der schönsten Totenäcker der Welt.

Karl August Georg von Platen (1796–1835), der als Schriftsteller bei seinen Landsleuten keine Anerkennung fand und sich deswegen vom »deutschen Pöbel« nach Italien absetzte, bewunderte in Rom neben dem Kolosseum, dem Vatikan und dem Kapitol und den unzähligen Ruinen insbesondere den Friedhof der Nichtkatholiken bei der Pyramide; zeitweise träumte er gar davon, dort begraben zu werden. Davon zeugt seine Ode *Die Pyramide des Cestius* (in welcher er gleichzeitig gegen den universalen Wahrheitsanspruch der Römischen Kirche polemisiert):

Pyramide des Cajus Cestius. Stich von Giovanni Battista Piranesi.

Wehe, wer nicht spielend, ein Kind der Kirche,
Ihr im Schoß ruht! Wehe, denn jeden Tag droht
Priestermund ihm, Priestergemüt in Rom ihm
Späte Verdammniß! (sic!)

Aber huldreich gönnten sie doch des Irrtums
Söhnen gern hier eine geheime Ruhstatt,
Ja, es kühlt dein Schatten, o Bau des Cestius,
Nordische Gräber!

Möchten hier einst meine Gebeine friedlich
Ausgestreut ruhn, ferne der kalten Heimat,
Wo zu Reif einfriert an der Lippe jeder
Glühende Seufzer.

Platens Grab befindet sich ganz woanders. Der Dichter verstarb am 5. Dezember 1835 in Syrakus, wohin er vor der Cholera geflohen war, die damals auf dem italienischen Festland wütete. Als er, bereits auf sizilianischem Boden, von einer heftigen Kolik befallen wurde, glaubte er, die Seuche habe auch ihn erfasst und nahm die Arzneimittel in solcher Überdosis, dass sie zusammen mit den Krämpfen zu seinem Tod führten. Sein Grab befindet sich in der Nähe von Syrakus, auf dem Landsitz des Marchese Mario Landolina. Dieser, damals »ein alter Mann von außerordentlicher Güte und Gefälligkeit«, hatte den Kranken während der letzten Tage gepflegt.

Auch Goethe suchte den Friedhof der Nichtkatholiken anlässlich seines Romaufenthaltes im Jahre 1787 mehrmals auf. Der Schluss seiner siebten *Römischen Elegie* deutet darauf hin, dass er wie Platen gelegentlich mit dem Gedanken spielte, sich dort beisetzen zu lassen:
O, wie fühl ich in Rom mich so froh!
Dulde mich, Jupiter, hier, und Hermes führe mich später
Cestius' Mal vorbei, leise zum Orkus hinab.
Der Wunsch sollte sich nicht an ihm, sondern an seinem Sohn August erfüllen, der zeitlebens im Schatten seines Vaters stand und nun im Schatten der Pyramide begraben liegt. An dieses Schattendasein erinnert selbst noch die lakonisch anmutende Inschrift auf dem Grabstein, die der Dichterfürst von Weimar für seinen Sohn meißeln ließ – und die den Namen des Toten verschweigt:

GOETHE FILIUS PATRI ANTEVERTENS
OBIIT ANNO XL – MDCCCXXX
GOETHES SOHN, DEM VATER VORAUSEILEND
VERSTARB ANNO 1830 IN SEINEM 40. LEBENSJAHR

Einer der Ersten, der dort seine letzte Ruhestätte fand, war der junge
Baron Georg von Werpup aus Hannover, der während einer Audienz
bei Klemens XIII. den Wunsch äußerte, bei der Pyramide begraben
zu werden. Als er 1765 im Alter von nur 25 Jahren an den Folgen
eines Wagenunfalls starb, erfüllte man ihm diese Bitte.

Angelegt wurde der Friedhof um die Mitte des 18. Jahrhunderts.
Erstmals erwähnt ist er in einem Stadtplan, den Giambattista Nolli
im Jahre 1748 zeichnete. Die Pyramide erscheint auf dieser Karte als
»der Ort, an dem man die Protestanten beerdigt«.

Bis zum Untergang des Kirchenstaates im Jahre 1870 durften die
Toten dort bis auf wenige Ausnahmen nur nachts begraben werden.
Es handelte sich dabei nicht um eine diskriminierende Vorschrift,
sondern um eine Schutzbestimmung. In jenen Zeiten der religiösen
Intoleranz sollte verhütet werden, dass die leicht erregbaren Römer
sich beim Anblick eines protestantischen Trauerzuges zu Belästigun-
gen oder gar zu gewaltsamen Ausschreitungen hinreißen ließen.

In der Folge bezeichnete man die Begräbnisstätte bei der Pyramide auch als »Friedhof der Nichtkatholiken« (so die offizielle Be-
nennung), oder – weil es sich bei den dort Beigesetzten zumeist um
Romreisende aus anderen Nationen handelte – als »Ausländerfried-
hof«.

Im Grunde aber gehört diese Nekropolis den Dichtern, Denkern
und Künstlern; es sind einige hunderte, die dort begraben sind; die
Engländer Keats und Shelley zählen zu den Berühmtesten unter
ihnen.

Keats kam gegen Ende 1820 nach Rom; er litt damals an unheil-
barer Schwindsucht. Zu jener Zeit versprach man sich vom römischen Klima Heilung von diesem Leiden. Aber schon im Februar
1821 erkannte der Dichter, dass er nur noch wenige Tage zu leben
hatte. Er bat daher seinen Freund, den Maler Joseph Severn, nach
einer für ihn geeigneten Grabstätte Ausschau zu halten. Als Severn
ihm berichtete, dass auf dem Friedhof bei der Pyramide wilde Veil-
chen und Gänseblümchen auf den Gräbern blühten, wünschte
Keats, dort bestattet zu werden; er fühle jetzt schon die Blumen über

sich wachsen. Die von ihm eigenhändig entworfene Grabinschrift zeigt, wie unverstanden sich Keats als Dichter fühlte:

Here lies One Whose Name was writ in Water
Hier liegt einer, dessen Name ins Wasser geschrieben ist.

Sein Name wurde dann doch in Stein gehauen, und zwar auf der Grabplatte von Joseph Severn, der an seiner Seite begraben liegt. Von ihm spricht die Inschrift als dem »ergebenen Freund und Grabgenossen von John Keats«.

Von größter Schlichtheit ist auch der Totengedenkstein von Percy Bysshe Shelley; eingemeißelt sind die Lebensdaten (1792–1822), die Worte *COR CORDIUM* (Herz der Herzen) und drei englische Zeilen aus dem Gesang des Ariel in Shakespeares *Der Sturm*:

Nichts an ihm, das soll verfallen
Das nicht wandelt Meereshut
In ein reich und seltnes Gut.

Shelley war am 8. Juli 1822 einem Seesturm zum Opfer gefallen, als er allein in einem kleinen Boot der versilischen Küste entlangsegelte. Entsprechend einem damaligen Gesetz wurde der Leichnam am Fundort verbrannt. Shelleys Freund, der Italienbewunderer Lord Byron, veranlasste die Überführung der Asche nach Rom. Er war es auch, der einen unbekannten Bildhauer dazu bewog, die berühmten Zeilen Shakespeares in den Grabstein zu meißeln und dabei Shelleys Handschrift nachzuahmen.

Wahrscheinlich gibt es nur wenige Friedhöfe auf der Welt, die jene überirdische Ruhe ausstrahlen, wie das Gräberfeld bei der Cestius-Pyramide. Zwischen Pinien und Zypressen, umgeben von Myrten und Lorbeer, hinter Rosensträuchern und roten Kamelien stehen die Grabsteine mit den Namen der Toten und den zwei Jahreszahlen. Wir lesen das Jahr, in dem ihnen ein Name geschenkt ward, und das Jahr, in dem dieser Name zu Stein wurde. Und wenn wir beim Verlassen des Friedhofs den Blick noch einmal zurückwenden, bemerken wir eine Inschrift, die wir beim Betreten vermutlich übersehen haben:

RESURRECTURIS
(Denen, die der Auferweckung entgegenharren)

126

Kurioses aus der Kunstgeschichte

Rom erschlafft die Geister, wie man selbst an den meisten hiesigen Künstlern siehet; es ist ein Grabmal des Altertums in welchem man sich gar zu bald an ruhige Träume u. an den lieben Müßiggang gewöhnet.

Johann Gottfried Herder, An Caroline Herder, am 13. Dezember 1788

Die Pferdeknechte des Papstes

DIE KIRCHE DER *SANTI QUATTRO CORONATI* auf dem Caelius verdankt ihre Entstehung einer frommen Legende. Sie wurde im vierten Jahrhundert zu Ehren der vier römischen Soldaten Severus, Severianus, Carpoforus und Vittorianus gegründet, deren Herkunft und Leben im Dunkeln liegen und die »auf des Kaisers Diokletians Gebot mit Bleiklötzen zu Tode geschlagen« wurden, wie Jakobus de Voragine in seiner *Goldenen Legende* erzählt.

Doch dann ward festgesetzt, dass ihr Gedächtnis unter den Namen von fünf [!] anderen Märtyrern: Claidii, Castorii, Simplicii, Nocostrati und Symphorani werde gefeiert, die zwei Jahre nach ihnen das Martyrium erlitten. Dieselben Märtyrer waren große Meister in der Bildhauerkunst, und da sie dem Diocletianus ein Götterbild nicht wollten schnitzen, wurden sie auf des Kaisers Gebot lebendig in bleierne Särge geschlossen und in das Meer geworfen, um das Jahr des Herrn 287. Unter den Namen dieser Fünf gebot darnach der Papst Miltiades jene vier anderen zu ehren und sie zu heißen die vier Gekrönten.

Selbst leichtgläubige Gemüter werden angesichts dieser konfusen Schilderung von handfesten historischen Zweifeln heimgesucht. Warum denn sollten vier bekannte Märtyrer nicht zusammen mit, sondern vielmehr an Stelle von fünf anderen Leidensgenossen geehrt werden? Lassen wir also die Gekrönten, seien es nun deren vier oder fünf oder gar neune, in Frieden mit Gott und mit sich selbst, zumal wir die ihnen geweihte Kirche aus ganz anderen Gründen aufsuchen. Nachdem wir vom Kolosseum her kommend die nach ihnen benannte steile Straße hinaufgekeucht sind, hegen wir nicht mehr den geringsten Zweifel, dass der Verfasser unseres Stadtführers Recht hat. Der behauptet nämlich, und zwar mit guten Gründen, dass es sich bei dieser Kirche und dem dazugehörigen Konvent ursprünglich um ein Festungskloster handelte, das im 5. Jahrhundert dazu diente, den Zugang zum Lateran zu verteidigen.

Kirche und Kreuzgang verdienten fraglos eine ausgedehnte Besichtigung. Wir indessen streben zielbewusst auf die Klosterpforte im Innenhof zu und erbitten von einer offensichtlich gut gelaunten Augustinernonne den Schlüssel zur Silvesterkapelle. Kaum haben wir diese betreten, finden wir uns mittendrin in einer anderen Le-

gende, die wir uns diesmal nicht vom kundigen Jakobus de Voragine, sondern von einem mittelalterlichen Freskenmaler erzählen
lassen. Der zeigt allen, die Augen haben, wie man Machtpolitik
betreiben kann, indem man historischen Gestalten eine erbauliche
Geschichte andichtet.

Der gut erhaltene Bilderzyklus vereinigt die Konstantin- und Sil-
vesterlegende. Kaiser Konstantin ist vom Aussatz geschlagen. Die
Ärzte sind überzeugt, dass er Heilung nur finden kann, wenn er im
Blut unschuldiger Kinder badet. Konstantin indessen, er ist kein
zweiter Herodes, lässt sich vom Wehklagen der Mütter erweichen. So
viel Verzicht verlangt nach Belohnung, und die kommt wie fast immer in solchen Fällen von oben. Petrus und Paulus erscheinen dem
Kaiser im Traum und weisen ihm den Weg zur Heilung – und zum
Heil. Und der führt nun einmal nicht an der Kirche vorbei. Zwar
hatte Konstantin, obwohl er im Machtkampf mit seinem Rivalen
Maxentius mit Hilfe des Kreuzes als Sieger hervorgegangen war (*in
hoc signo vincis*), Papst Silvester, den obersten Vertreter und Verkün-
der des Kreuzes, aus Rom vertrieben, weil er ihn als Gegenspieler betrachtete. Dem Traumgesicht vertrauend, entsendet er jetzt seine
Boten zu ihm; der Papst eilt herbei, Konstantin erbittet die Taufe
und wird geheilt durch das Wasser des Lebens. Zum Dank schenkt
er Silvester nicht nur seinen rotgoldenen Baldachin, sondern auch
das Phrygium, die spitze Kopfbedeckung, welche dem höchsten irdischen Herrscher eignet. Auf dem Schlussbild triumphiert die Kirche;
der vormals verfolgte Papst, welcher sich früher vor den Nachstel-
lungen des Kaisers in der Einöde verbarg, zieht auf einem Schimmel
ein in die Ewige Stadt.

Wir wollen uns hier nicht aufhalten über die historischen Ungereimtheiten, welche diesem Bilderzyklus zu Grunde liegen; schließlich haben wir es ja mit einer Legende zu tun. Die schert sich keinen
Deut darum, dass der Kaiser sich erst im Jahre 337 auf dem Sterbebett taufen ließ, noch stößt sie sich daran, dass Papst Silvester I.
(314–335) damals bereits tot war. Wenn wir derlei Unstimmigkeiten
großzügig übergehen, bedeutet das jedoch keineswegs, dass wir die
Dinge auf sich beruhen lassen.

Tatsächlich ist es dem unbekannten Meister gelungen, unter dem
Vorwand, eine seelenfromme Geschichte zu illustrieren, eine politisch höchst explosive Botschaft zu verkünden. Was hinter oder besser in diesem ganzen Freskenzyklus steckt, begreifen wir erst, wenn

wir in den Annalen der Kirchengeschichte so lange zurückblättern, bis wir auf das Stichwort *Constitutum Constantini* oder ›Konstantinische Schenkung‹ stoßen. Es handelt sich dabei um ein im 8. oder 9. Jahrhundert am päpstlichen Hof angefertigtes Dokument, das erst im 15. Jahrhundert eindeutig als Fälschung erkannt wurde.

Diese Urkunde sollte beweisen, dass Konstantin zum Dank für die Heilung vom Aussatz die Herrschaft über das gesamte Weströmische Reich an Silvester I. abgetreten habe. Daraus leiteten die Päpste in der Folge das Recht ab, die Kaiserkrone zu verleihen. Im Gegenzug musste der jeweilige Kaiser anerkennen, dass er von Papstes Gnaden regierte (daher später die Bezeichnung ›Heiliges Römisches Reich Deutscher Nation‹). Außerdem hatte der Kaiser die Pflicht, seine und (vor allem) des Papstes Ansprüche, notfalls mit Gewalt, zu verteidigen. Diese Übereinkunft funktionierte allerdings nur so lange, als die päpstlichen und kaiserlichen Interessen nicht miteinander in Widerspruch gerieten. Die Herrscher Deutschlands, die in der Nachfolge Karls des Großen den Kaisertitel führten, hielten sich nämlich schon bald nicht mehr an die Abmachung, sondern versuchten immer wieder, dem Papst ihren Willen aufzuzwingen. Dabei kam es, vorab seit dem 11. Jahrhundert, nicht selten zu kriegerischen Auseinandersetzungen.

Die an die Kirche der *Quattro Coronati* angebaute Silvesterkapelle wurde 1246 geweiht und mit den erwähnten Fresken ausgeschmückt. Sechs Jahre zuvor, Anfang 1240, hatte sich der Konflikt zwischen Papst Gregor IX. und Kaiser Friedrich II. dramatisch zugespitzt. Wenn wir den Freskenzyklus vor diesem Hintergrund betrachten, erkennen wir schlagartig, dass hier weniger eine theologische Theorie (Kirche als Vermittlerin des Heils, Taufe als Wasser des Lebens …) als vielmehr ein politisches Programm ins Bild gesetzt ist. Während der Künstler die Wände mit der Silvester- und Konstantinlegende ausschmückt, hat er seine Zeitgenossen Gregor IX. und Friedrich II. vor Augen – und schielt dabei erst noch ständig auf die Konstantinische Schenkungsurkunde (an deren Echtheit er natürlich keinen Grund hatte zu zweifeln).

Angesichts dieses Sachverhalts begreifen wir nun, dass der Kaiser, welcher den Papst verfolgt, nicht zufällig vom Aussatz befallen wurde. Wer sich mit dem Papst überwirft, dessen Macht kränkelt. Wer das Fundament, nämlich Petrus und Paulus, verlässt, riskiert den Untergang – die weltliche Macht bleibt auf die Kirche angewie-

Santi Quattro Coronati. Holzschnitt von L. Bonetti.

sen. Konstantins Sendlinge, die den geflüchteten Papst einholen, erscheinen nicht als Boten, sondern als Bittsteller auf den Knien – die
kaiserliche Macht kriecht zu Kreuze. Während die Kirche (Silvester)
in der Verfolgung überlebt, ist ein Kaiser ohne die Kirche (Konstantin) dem Tod geweiht. Die Folgen, die sich aus diesen Prämissen
ergeben, sind evident. Wem gebührt der Thron, auf dem Konstantin

auf dem ersten Bild sitzt? Natürlich dem Papst, der ihn am Ende des Zyklus besetzt! Wer hat den absoluten Anspruch auf Macht? Der, welchem Konstantin seinerzeit das Phrygium übereignet hat – und die ihm auf dem Stuhl Petri nachfolgen! An wen tritt Konstantin den kaiserlichen Baldachin ab? An den Papst! Wer führt am Ende den Schimmel, auf dem der Papst einzieht in die Ewige Stadt? Konstantin! Was also ist der Kaiser? Der Steigbügelhalter und Pferdeknecht des Papstes!

Dieser Freskenzyklus soll den Kaiser das Fürchten lehren und die Fürsten in ihre Schranken weisen! Da staunen wir nicht nur über die Ausdruckskraft dieser Bilder, sondern auch über das Geschick der Gottesgelehrten, die es fertig brachten, eine scheinbar harmlose Legende mit einer solchen Menge politischen Sprengstoffs aufzuladen.

Nachdem wir den Schlüssel zur Silvesterkapelle zusammen mit einer angemessenen Spende an der Klosterpforte abgegeben haben, betreten wir die Kirche der Vier Gekrönten und setzen uns in eine Bank. Wenn wir Glück haben, versammeln sich die Nonnen gerade zum Stundengebet. Uns ist jetzt, als würden Stimmen aus einer anderen Welt unser Ohr erreichen. Notorische Skeptiker beginnen plötzlich an ihren Zweifeln zu zweifeln. Und sagen sich, dass, wenn man von allen kirchlichen Machtkämpfen und politischen Machenschaften einmal absieht, vielleicht doch etwas dran ist an der Legende. Dabei denken wir weder an den Schimmel, noch ans Phrygium, und schon gar nicht an den kaiserlichen Thron, den plötzlich ein Papst besteigt. Sondern an das Wasser des Lebens.

Stützpfeiler der Kirche

Zwei Fresken aus dem von der Giotto-Schule gemalten Franziskusleben hinterlassen fast bei allen Besuchern und Besucherinnen der Oberkirche beim *Sacro Convento* in Assisi einen besonders tiefen Eindruck. Das Erste zeigt den verwöhnten Kaufmannssohn kniend vor einem Kreuz in dem kleinen außerhalb des Städtchens gelegenen Kirchlein *San Damiano*. Ganz ins Gebet versunken vermeint er plötzlich eine Stimme zu vernehmen: »Francesco, stelle mein Haus wieder her!« Erst viel später hat Franziskus begriffen, dass sich diese Aufforderung nicht auf das vom Verfall bedrohte Gotteshaus, sondern auf die damalige Kirche überhaupt bezog. Das zweite Fresko, welches auf diesen Sachverhalt hinweist, setzt ins Bild um, was ein früher Biograf des Heiligen von Assisi zu vermelden weiß: »Kurz vor der Ankunft des seligen Franz hatte der Papst [Innozenz III.] ein Gesicht gehabt. Es war ihm gewesen, als sei die Kirche *San Giovanni in Laterano* [bei der er residierte] vom Einsturz bedroht; da kam ein Gottgeweihter, gering und verächtlich an Aussehen, und stützte die Kirche mit seiner Schulter. Davon betroffen und aufgeschreckt war er erwacht und erwog, was das Gesicht bedeute. Und wie nun bald hernach der selige Franz erschien und um Bestätigung seiner [Ordens-] Regel bat, kam dem Papst der Gedanke, dass dies gewiss der heilige Mann sei, der die Kirche Gottes halten und stützen werde.« Tatsächlich zeigt das entsprechende Fresko Franziskus, der mit seinen Schultern die Lataranbasilika stützt, während der Papst schläft. Kirchengeschichtskundige neigen allerdings zu der Annahme, dass der Arme aus Assisi die Kirche vor dem Einsturz bewahrte, nicht *während*, sondern *weil* der Papst schlief.

Franziskus selber indessen nahm ganz einfach das Evangelium beim Wort, und dieses Wort wollte er leben. Gewiss war er (und ist noch heute) eine Säule der Kirche. Er selber allerdings betrachtete sich nie als Stützpfeiler; erst seine Biografen (und im Anschluss an sie die Künstler) sahen ihn, übrigens völlig zu Recht, in dieser Rolle.

Einer Kirchenstütze ganz anderer Art begegnen wir an der linken Hinterwand der Katharinenkapelle im linken Seitenschiff der römischen Kirche *San Clemente*.

Die geschichtliche Existenz der heiligen Katharina von Alexandria ist höchst umstritten. Der Legende zufolge lebte sie im frühen

4. Jahrhundert. Der Freskenzyklus in *San Clemente* hält sich streng an die legendären Vorgaben. Weil die Heilige den römischen Kaiser Maxentius (306–312) wegen der von ihm verfügten Christenverfolgung tadelt, wird sie zum Tod verurteilt. Im Gefängnis empfängt sie den Besuch der Kaiserin, die sich anschließend taufen lässt und deswegen zum Martertod verurteilt wird. Das folgende Fresko zeigt das Streitgespräch zwischen Katharina und einigen vom Kaiser herbeibeorderten Philosophen, die sich in der Folge ebenfalls zum Christentum bekehren. Das letzte Bild stellt die Folterung und Enthauptung Katharinas dar. Der Zyklus entstand zwischen 1428 und 1432; gemalt hat ihn der berühmte Masolino da Panicale, welcher zu jenen florentinischen Künstlern des 15. Jahrhunderts zählt, welche sich von dem bis anhin gepflegten ›gotischen‹ Stil lossagten. In Auftrag gegeben hatte das Werk Kardinal Branda Castiglione, welcher dem römischen Adelsgeschlecht der Colonna verbunden war; über dem Eingang zur Kapelle ist sein Wappen noch halbwegs zu erkennen.

Was sich auf den ersten Blick (abgesehen einmal von der künstlerischen Ausdruckskraft) wie ein in frommer Absicht hingemaltes Heiligenleben ausnimmt, enthält bei näherem Hinsehen jede Menge kirchenpolitischen Sprengstoff. Aber dies wird erst ersichtlich, wenn man sich die damalige Situation vergegenwärtigt.

Wir befinden uns in der Zeit des großen Schismas. Dem rechtmäßigen Papst Gregor XII. steht der Gegenpapst Benedikt XIII. gegenüber. Um die Spaltung zu beenden, wird 1409 in Pisa ein Konzil einberufen, das beide Päpste kurzerhand absetzt und einen neuen, Alexander V., wählt – mit dem Ergebnis, dass jetzt drei Päpste auf den Thron Petri Anspruch erheben. Diesem unhaltbaren Zustand macht ein auf Veranlassung *von Kaiser Sigismud zu Konstanz einberufenes Konzil* ein Ende, welches 1417 Oddone *Colonna* zum Papst erhebt. Dieser, er nennt sich jetzt Martin V., vermag sich gegen seine Konkurrenten schließlich durchzusetzen. Zwecks Vermeidung zukünftiger unseliger Wirren erklärt die Versammlung von Konstanz, *dass das Konzil über dem Papst stehe* und verpflichtet diesen, regelmäßig Kirchenversammlungen einzuberufen.

Mit diesem Wissen im Hinterkopf erkennen wir schlagartig, welche Provokation der angeblich erbauliche Legendenzyklus tatsächlich beinhaltet. Der in der Diskussion zwischen der heiligen Katarina und den heidnischen Philosophen als Schiedsrichter fungierende Kaiser Maxentius trägt unverkennbar die Züge Kaiser Sigismunds, auf dessen Initiative hin das Konzil von Konstanz zu Stande kam. Dass der Kaiser hier in der Gestalt eines blutrünstigen Machthabers und Wüterichs erscheint (immerhin hatte Maxentius erst seine Frau, dann die Philosophen und schließlich auch Katharina umbringen lassen), mag Zufall sein. Keineswegs zufällig jedoch ist die betont herausragende Position, welche die heilige Katharina hier einnimmt. Die Geste ihrer Hände lässt erkennen, dass sie die Argumente ihrer Gesprächspartner soeben endgültig widerlegt hat. Sie, die als Vertreterin der Kirche die päpstliche Autorität versinnbildet, behält das letzte Wort, während Maxentius, der die Züge des Konzilskaisers Sigismud trägt, ebenso zurechtgewiesen wird wie die disputierenden Philosophen, welche, selbst für Kurzsichtige erkennbar, an die versammelten Konzilsteilnehmer erinnern, die den päpstlichen Schiedsspruch von der Zustimmung der Kirchenversammlung abhängig machen möchten. Nicht dem Konzil also, sondern dem Papst eignet das letzte Urteil in kirchlichen Belangen. Um auch Begriffsstutzigen auf die Gedankensprünge zu helfen, hat der Künstler diese These mit einem eigenen Fresko illustriert. Die Hinrichtung der heiligen Katharina findet in einer Halle unter einer Loggia statt. Die Halle selbst ist von zehn Pfeilern umgrenzt. Die Loggia wird von drei Pfeilern und einer Säule gestützt. Die Pfeiler sind schmucklos. Die Säule (auf Italienisch: *colonna*) hingegen ist mitten ins Bild gerückt und sticht schon allein wegen ihres kunstvollen korinthischen Kapitells ins Auge. Wer das Fresko zur Zeit seiner Entstehung betrachtete, musste die Botschaft auf Anhieb verstehen. Martin V. entstammte dem Geschlecht der Colonna; die Säule ist sein Wappenzeichen. Im Klartext: Nicht das Konzil, sondern der Colonnapapst bürgt für den Erhalt der Kirche.

Wappen Martins V. (Oddone Colonna). Holzschnitt aus der Konzilschronik des Ulrich Richental, Augsburg 1483.

Ganz anders verhält es sich beim Freskenzyklus von Assisi. Der Poverello als Säule der Kirche – diese Deutung entstand nicht aus machtpolitischen Interessen, sondern aus Bewunderung für einen, der sich selber ausdrücklich distanzierte von aller kirchlichen und päpstlichen Machtpolitik.

Abstecher in die vatikanische Pinakothek

MUSEEN BERGEN JEDE MENGE ÜBERRASCHUNGEN. Es zeugen davon unter anderem die Erinnerungen, die der Schweizer Alois Küchler, welcher Ende 1902 zu einem Wettschießen nach Rom fuhr, unter dem Pseudonym Polizeifeldweibel Bläsi und unter dem Titel *Eine Romreise* veröffentlichte. Die Zeit zwischen den Schießübungen nutzte der Verfasser für kulturelle Zwecke, wobei er unter anderem zusammen mit einem Schweizergardisten auch die Vatikanischen Museen besuchte.

Am Samstagvormittag ist freier Zutritt zu den Vatikanischen Sammlungen, das durfte ich mir doch nicht entgehen lassen. ›Mein‹ Gardist geleitete mich durch Treppen und Gänge nach der Sixtinischen Kapelle mit den weltberühmten Gemälden von Michel Angelo, nach den Loggien mit den Bildern von Raphael, in die Gemäldesammlung, in die Sammlung von Werken der Bildhauerkunst, überhaupt zu allen Sehenswürdigkeiten, die da zugänglich waren. Das kann man nun nicht in die Zeitung setzen, was es da allerlei Schönes zu sehen gibt. Aber wenn heute das Sprichwort sagt ›Kleider machen Leute‹, so kann man hier ganz deutlich sehen, dass das früher einfach nicht wahr gewesen ist.

Schweizergardist. Stich 18. Jh.

Museen bergen jede Menge Überraschungen. Aber nie bieten sie den absoluten Kunstgenuss. Bald verstimmt einen eine undisziplinierte Schulklasse, die den Erläuterungen der Lehrkraft entweder gelangweilt oder überhaupt nicht zuhört, bald fühlt man sich durch eine Gruppe behindert, deren Leiter sich aufführt, als hätte er als Kind mit Caravaggio im Sandkasten gespielt. Dann wieder ärgert man sich schwarz, wenn eine ganze Touristenhorde schmunzelt über das Bonmot ihres Cicerone, dessen Sprache man nicht versteht, oder es nervt einen das Aufsichtspersonal, das vornehmlich Kurzsichtige auffordert, doch bitte etwas mehr Abstand zu halten zum Objekt ihrer Begierde. Für derlei Unbill entschädigt (zumindest teilweise) die exzentrisch gekleidete Dame vorgerückten Alters (sie ist grundsätzlich in jeder Kunstsammlung anzutreffen), die in geradezu religiöser Verzückung mit ihrem aristokratisch anmutenden Lorgnon in der einen und mit dem Museumsführer in der anderen Hand durch die Hallen schwebt. Bei einem solchen Anblick werden wir uns so richtig bewusst, was Kunst zu bewirken vermag. Und fragen uns beschämt, weshalb der Genius immer nur die anderen küsst.

Aber haben wir uns denn nicht vorgenommen, uns heute ausnahmsweise einmal keinen Deut um die Artisten und Kunstjüngerinnen zu kümmern, keine Quervergleiche unter ihren Werken anzustellen und sämtliche neun Musen in Ruhe zu lassen? Unbekümmert um große Namen, frei von kultureller Bagage und ohne irgendwelche historische Ambitionen wollen wir eine Galerie besuchen; diesmal interessieren wir uns für Kuriosa und nicht für Kunstgeschichte, und für ein solches Unternehmen eignet sich hervorragend, das spürte offenbar schon der Schweizer Polizeifeldweibel Bläsi, die Pinakothek in den Vatikanischen Museen.

Gleich im ersten Saal werden wir mit den letzten Dingen konfrontiert. Es findet sich dort nämlich ein *Jüngstes Gericht*; es handelt sich dabei um das älteste Stück der Sammlung. Von den beiden Malern, welche dieses Werk im 12. Jahrhundert schufen, sind lediglich die Vornamen bekannt: Johannes und Nikolaus. Gestiftet wurde das Bild von zwei Benediktinerinnen, die unten links dargestellt sind und auf Grund der lateinischen Inschrift identifiziert werden können: *Domna Benedicta ancilla Dei et Constantia abbatissa* – die Dame und Dienerin Gottes Benedicta und die Äbtissin Constantia. Das in Tempera auf Holz ausgeführte Gemälde gliedert sich in horizontale Streifen. Oben thront Christus umgeben von Engeln und Cherubim; im nächsten Streifen erscheint Christus ein zweites Mal, diesmal im Kreis der Apostel und umgeben von den Leidenswerkzeugen, die auf die Erlösung verweisen. Im dritten Streifen frohlocken Paulus und der reuige Schächer, ferner Maria, die Unschuldigen Kinder und der Erzmärtyrer und Diakon Stephanus; ihnen folgen drei Darstellungen mit drei Werken der Barmherzigkeit. Im vierten Band sehen wir die Auferweckung der Toten. Etwas befremdlich wirkt die Art, wie die zwei Künstler diesen Vorgang schildern. Auf der einen Seite steigen all jene aus ihren Gräbern, die ordentlich bestattet wurden, wie sich das für aufrechte Christenmenschen gehört. Gehört hat man aber auch von anderen, welche von blutrünstigen Machthabern und anderen verstockten Heiden den Bestien zum Fraß vorgeworfen wurden. Die mühen sich auf der anderen Seite des Bildstreifens damit ab, ihre Schädel, Schulterblätter oder Beinknochen dem Rachen von Muränen, den Krallen einer Hyäne oder den Pranken eines Tigers zu entreißen ...

Im zweiten Saal stoßen wir auf ein Triptychon, das der unsterbliche Giotto mit seinen Schülern für den Kardinal Jacopo Caetani Stefaneschi malte. Der Stifter selber tritt zwei Mal in Erscheinung, jeweils auf der Mitteltafel der Vorder- und der Rückseite. Auf der Letzteren entdecken wir ein bemerkenswertes Detail, nämlich wie der Kardinal dem heiligen Petrus das Kunstwerk überreicht, vor dem wir gerade stehen. Das ›Bild im Bild‹ entspricht dem ›Original‹ bis in die letzten Einzelheiten. Dieses Meisterwerk entstand vermutlich ums Jahr 1315. Ableiten lässt sich dieses Datum aus dem Umstand, dass der auf der Rückseite dargestellte Papst Cölestin V. einen Heiligenschein trägt; die Heiligsprechung erfolgte bekanntlich 1313. Ungefähr gleichzeitig verbannte Dante in seiner *Divina Commedia* diesen Nachfolger des heiligen Petrus in die Hölle, weil er am 13. Dezember 1274 auf den Papstthron verzichtet und sich in ein Kloster zurückgezogen hatte (*Inferno*, 3. Gesang). Entgegen einer weit verbreiteten Ansicht kann ein Papst jederzeit von seinem Amt zurücktreten. Als Erster machte Papst Pontianus von dieser Möglichkeit Gebrauch, und zwar am 28. September 235. Der Tag seines Verzichts ist zugleich das erste nach Tag und Monat gesicherte Datum der Papstgeschichte. Am 1. Mai 1045 verkaufte Benedikt IX. sein Papstamt für eine hohe Geldsumme an seinen Taufpaten, der als Gregor VI. in die Geschichte einging. Am 4. Juli 1415, auf dem Konzil von Konstanz, als sich gleich drei Päpste (darunter zwei Gegenpäpste) um den Stuhl des heiligen Petrus stritten, dankte Gregor XII. ab und wurde dafür auf Lebenszeit zum Päpstlichen Legaten ernannt.

Unter derlei historischen Betrachtungen, die infolge der heutigen medizinischen Möglichkeiten, das Leben zu verlängern, an Aktualität gewinnen, finden wir uns unversehens im sechsten Saal wieder, wo ein Motiv unserem Blick auf sich zieht, das in der christlichen Kunst zu den verbreitetsten gehört, nämlich eine *Madonna mit Kind*, welche Carlo Crivelli für die Kirche San Francesco zu Force in den Marken malte; das Werk ist signiert und datiert: *Opus Caroli Crivelli Veneti. 1482.* Glücklicherweise geht aus der Signatur hervor, dass der Maler aus dem *Veneto* (Venetien) stammte, denn wer das Bild näher betrachtet, würde tausend Dukaten wetten, dass es von einem neapolitanischen Künstler geschaffen wurde. Das Jesuskind trägt nämlich eine Halskette mit einem kleinen roten Horn aus Koralle, ein Anblick, bei dem man seiner eigenen Brille nicht mehr traut. Was die Madonna ihrem Kind da umgehängt hat, ist eindeutig ein Talisman, ein Amulett also, mit dem abergläubische Mütter in der südlichen Stiefelhälfte ihre Kinder noch heute vor allerlei Schadenzauber, vorab aber vor dem *malocchio*, dem bösen Blick, zu schützen suchen.

Im nächsten Saal, welcher der umbrischen Schule gewidmet ist, begegnen wir unter anderen Künstlern einem gewissen Giovanni Santi (oder Sanzio), dem Vater des unübertroffenen Raffaello. Sein *Hieronymus auf dem Thron* gehört zu jenen wenigen ihm zugeschriebenen Werken, von denen die Mehrheit der Kunstkritiker überzeugt ist, dass sie tatsächlich von ihm stammen. Während wir uns auf einem Sessel ein bisschen ausruhen, kommt uns in diesem siebten Saal unversehens in den Sinn, dass die Sieben von alters her eine heilige Zahl ist, ein Zeichen der Vollständigkeit, auch ein Symbol der Fülle; aus welchem anderen Grunde denn hat Jesus ausgerechnet sieben Sakramente eingesetzt, weshalb sonst kennte der Buddhismus sieben verschiedene Himmel, was anderes veranlasste die Chinesen, die sieben Sterne des Großen Bären zu verehren, warum – die Fragen gewinnen immer mehr an Form und Gestalt – hatte Theben sieben Tore, Helios sieben Söhne, Niobe sieben Töchter, was hat es mit den sieben Weisen und mit den sieben Weltwundern auf sich, was bedeutet den Juden der siebenarmige Leuchter, wieso hat Salomo genau sieben Jahre gebraucht, um den Tempel zu bauen, könnte es sein, dass ein Zusammenhang besteht zwischen den sieben Köpfen des apokalyptischen Tiers und dem Buch mit den sieben Siegeln, und was bedeuten eigentlich die sieben Raben, die sieben Geißlein und die sieben Brüder bei den Brüdern Grimm? Und kannten die alten Babylonier etwa nicht die ›bösen Sieben‹, womit Dämonen gemeint sind; erlaubt dieser Umstand möglicherweise gar den Rückschluss, dass jeder Kunst und allen Künstlern etwas Dämonisches eignet? Wenn wir der Legende glauben wollen, Crivellis abergläubische *Madonna* wird bestimmt nichts dagegen haben, stoßen wir bereits in diesem siebten Saal auf erste Spuren von Santis Sohn Raffael (den der Vater, offenbar in realistischer Einschätzung der eigenen Grenzen, schon früh begabteren Meistern zur Ausbildung anvertraute). Raffaello wurde 1483 (die Quersumme dieser Jahreszahl beträgt 16 und die Quersumme der Quersumme, es darf nicht wahr sein, ist 7!) in Urbino geboren. Einer nicht mehr nachprüfbaren Überlieferung zufolge soll sich der Zwanzigjährige in Pinturicchios Werkstatt herumgetrieben und bei der in diesem verflixten siebten Saal zur Schau gestellten *Krönung Mariens* mit Hand angelegt haben. Ob wir den drolligen San Giovannino auf diesem Gemälde tatsächlich dem umbrischen Meister verdanken, wie der Leiter einer Reisegruppe aus dem Freistaat Bayern lautstark, aber gerade deshalb nicht ganz überzeugend behauptet, mögen wir nicht entscheiden; Expertinnen und Kunstkritiker bestreiten das zwar vehement, ob aus sachlichen Gründen oder weil sie nichts übrig haben für Poesie, bleibe dahingestellt. Wir unsererseits behalten uns das Recht vor, diese Möglichkeit nicht gänzlich auszuschließen.

Der folgende Saal ist ganz *ihm* gewidmet. Die dort aufgehängten zehn prachtvollen Gobelins wurden nach Entwürfen von Raffael in Brüssel gefertigt; die Kartons befinden sich heute im *Victoria and Albert Museum* in London. Ursprünglich schmückten die Teppiche die Wände der Sixtinischen Kapelle. Als die deutschen und spanischen Söldner Karls V. am 6. Mai 1527 um vier Uhr früh in die Stadt einfielen, wüteten sie auf derart bestialische Weise, dass die Erinnerung daran unter der Bevölkerung noch heute lebendig ist. Bei diesem *Sacco di Roma* bemächtigte sich die Soldateska auch der kostbaren Gobelins. Ein besonders abenteuerliches Schicksal hatten die beiden Teppiche *Die Bekehrung des Saulus* und *Paulus in Athen*. Diese wurden während des *Sacco* von Isabella d'Este erworben, von Piraten geraubt und nach Tunesien verkauft und schließlich nach Venedig verschifft. Von dort gelangten sie später nach Konstantinopel. Der französische Marschall und Konnetabel Anne I. Montmorency erwarb die inzwischen stark beschädigten Stücke und gab sie 1554 restauriert dem Papst zurück. Auffallenderweise ist einer der Gobelins, die *Erblindung des Elymas*, eines Magiers und Betrügers, den Paulus einen »Sohn des Teufels« nennt, im unteren Teil nicht gewoben, sondern mit Temperafarbe bemalt. Es handelt sich dabei um den Versuch, einen nicht mehr rückgängig zu machenden Schaden wenigstens halbwegs auszubessern. Ein Händler, der in den Besitz dieses Kunstwerks gekommen war, hatte versucht, die darin eingewirkten Goldfäden mit Feuer auszuschmelzen. Glücklicherweise ließ er sich davon überzeugen, dass der noch erhaltene Teil des Wandteppichs ihm unendlich viel mehr einbringe, als das dafür verwendete Gold.

Obwohl wir uns ausdrücklich vorgenommen haben, lediglich ein paar Kuriositäten nachzuspüren, wollen wir in diesem Saal noch eine kleine Weile vor dem von Raffael selber unvollendeten und doch vollendetsten seiner Gemälde verweilen; die Rede ist von der *Verklärung Christi*. Das Bild wurde 1517 von Kardinal Giulio de' Medici in Auftrag gegeben, der es der Kathedrale von Narbonne schenken wollte. Am unteren Teil allerdings haben Raffaels Schüler mitgearbeitet; der Meister verstarb 1520, bevor er selber den letzten Pinselstrich anbringen konnte.

Raffael, seit seiner Ankunft in Rom der erklärte Liebling der Stadt, hegte schon früh den Wunsch, im Pantheon beigesetzt zu werden. Noch heute finden sich immer frische Blumen auf seinem Grab unter dem Altarbogen der *Madonna del Sasso*. Raffael hatte diese Statue für sein Grab bei Lorenzetto in Auftrag gegeben. Als er im Alter von 37 Jahren starb, trauerte ganz Rom um den geliebten Künstler. Das Begräbnis fand am Karsamstag 1520 im Beisein von Papst Leo X. statt. Einem zeitgenössischen Zeugnis zufolge soll der Papst die Hand des Toten geküsst und mit seinen Tränen benetzt haben. Ausgeschlossen von den Trauerfeierlichkeiten blieb Raffaels langjährige Geliebte, *La Fornarina*, die ihm für eines seiner bekanntesten Bilder, für die *Donna velata* (Frau mit Schleier; Palazzo Pitti, Florenz) Modell gesessen hatte. Über diese ›kleine Bäckerstochter‹ ist weiter nichts bekannt. Weil aber die Liebe erfinderisch macht, verwundern wir uns nicht, dass die bezaubernde *Fornarina* im Lauf der Zeit nicht nur einen Namen, sondern auch eine Biografie erhielt. Angeblich hieß sie Margherita und war die Tochter eines Sieneser Bäckers, dessen Backstube in Trastevere nicht weit von der *Villa Farnesina* lag, die Raffael mit Fresken ausstattete; das im 15. Jahrhun-

La Fornarina, Stich nach dem berühmten Gemälde Raffaels, das sich in der Galleria Nazionale d'Arte Antica im Palazzo Barberini befindet.

dert errichtete Haus mit den römisch-antiken Säulen ist noch immer ein Ziel zahlreicher Touristen und Pilgerinnen. Ihre Beziehung zu Raffael brachte Margherita in den Ruf eines gefallenen Mädchens. Weitaus schmerzlicher muss es für sie gewesen sein, dass ihr Geliebter sie auf dem Sterbebett verstieß, in der Meinung, nur so Gottes Vergebung erlangen zu können. Vier Monate nach seinem Tod soll sich die Unglückliche in das Kloster *Santa Apollonia* in Trastevere zurückgezogen haben.

Raffael selber war noch keine zwei Jahrhunderte tot, als in Rom die seltsamsten Geschichten über sein Grab zirkulierten. 1690 legten ein paar Bauarbeiter bei Restaurierungsarbeiten im Pantheon in der Kapelle des heiligen Josef (der zweiten von links) die Ruhestätte eines Domherrn frei. Den Totenschädel deponierten sie in einem Holzkistchen in der Sakristei. Sogleich verbreitete sich Gerücht, dass es sich dabei um Raffaels Schädel handle. Daraufhin wurde dieser an die älteste Kunstakademie Roms, *San Luca*, überführt und fortan wie eine Reliquie verehrt. Goethe, der dem Knochen ebenfalls seine Verehrung bezeigte, war davon dermaßen beeindruckt, dass er einen Gipsabguss anfertigen ließ. Dabei fehlte es nie an kritischen Stimmen, welche darauf verwiesen, dass Raffaels Leichnam unter der Madonnenstatue von Lorenzetto beigesetzt worden sei. Um sämtliche Zweifel in dieser Sache auszuräumen, ließ Gregor XVI. 1833 den Boden unter dem Madonnenaltar öffnen. Zu Tage kam ein Holzsarg mit dem unversehrten Skelett des Toten, dessen Gebeine anschließend in einem antiken römischen Sarkophag an derselben Stelle wieder beigesetzt wurden. Das lateinische Epitaph auf der linken Seite der Nische stammt von Pietro Bembo, dem Sekretär Leos X., der zu den bedeutendsten Humanisten jener Zeit zählte: »Hier ruht jener Raffael, von dem die Natur, die große Mutter aller Dinge, übertroffen zu werden fürchtete, solange er lebte. Doch als er starb, fürchtete sie selbst zu sterben.« Die Inschrift auf der rechten Seite erinnert an Raffaels Verlobte Maria Bibbiena, die Nichte seines Mäzens, des Kardinals Dovizi di Bibbiena. Die Heirat mit ihr hatte der Künstler immer wieder hinausgeschoben, weil er sich von der *Fornarina* einfach nicht zu trennen vermochte.

Ein nicht weniger abenteuerliches Schicksal als Raffaels Gobelins hat Leonardo da Vincis Gemälde *Der heilige Hieronymus* hinter sich, das wir im neunten Saal bewundern können. Das Schicksal dieses Bildes ist aufs Engste verquickt mit der Person der Malerin Angelika Kauffmann. Die wird 1741 im schweizerischen Chur als Tochter eines Wandermalers geboren und (damit sind wir bereits mittendrin in einer anderen Geschichte; aber wir haben ja Zeit) kommt noch im Kindesalter mit ihrem Vater nach Italien, wird dort von einem Musiklehrer entdeckt, in Mailand und Bologna als Wunderkind und an den Höfen von Höfen von Parma, Modena und Florenz als Reinkarnation der heiligen Cäcilia gefeiert, zieht 1763 nach Rom, macht die Bekanntschaft Winckelmanns, legt die Notenblätter aus der Hand und greift zum Pinsel. Alle Persönlichkeiten jener Zeit, die etwas auf sich halten, wollen von ihr gemalt werden. 1766 zieht sie mit einer Gönnerin nach London, wo ihr ein vor ihr geschaffenes Porträt des beliebten Shakespeare-Darstellers David Garrick die Tür zur englischen Gesellschaft öffnet. Sie wird mit Aufträgen überhäuft, Joshua Reynolds, der gefragteste englische Maler möchte sie heiraten, sie aber zieht ihm einen vermeintlichen Grafen vor, der sich bald als Blender und Betrüger entpuppt, sie mit der Pistole in der Hand zur Herausgabe ihres Schmuckes und ihrer ganzen Barschaft zwingt und anschließend verschwindet. Worauf Angela verängstigt und gedemütigt in ihr geliebtes Rom zurückkehrt und in zweiter Ehe den erheblich älteren venezianischen Maler Antonio Zucchi heiratet, mit dem sie fortan ein glänzendes gesellschaftliches Leben führt. Als ihr Mann stirbt, lässt sie ihn in der Kirche *Sant'Andrea delle Fratte* beisetzen. Immer häufiger versammelt Angelika jetzt illustre Gäste aus dem Ausland um sich, darunter die Herzoginnen Amalie von Weimar und Luise von Anhalt-Dessau, Kaiser Joseph II. und den Kronprinzen Ludwig von Bayern. Goethe kommt gelegentlich bei ihr zu Tisch und liest ihr aus seiner *Iphigenie* vor, sie unterstützt ihn beim Zeichnen. Tiefer noch ist die Freundschaft, die Johann Gottfried Herder für die Künstlerin empfindet, von der er übrigens ganz bezaubert ist: »Bei aller demütigen Engelsklarheit und Unschuld ist sie vielleicht die kultivierteste Frau in Europa.« Als Angelika Kauffmann 1807 stirbt, wird sie ihrem Wunsch gemäß neben ihrem Mann beigesetzt. Wenn wir die Kirche *Sant'Andrea delle Fratte* durchs Seitenportal betreten, brauchen wir nur den rechten Türflügel vorsichtig zur Seite zu schieben und schon stoßen wir auf die zwei von der Malerin selber verfassten lateinischen Grabinschriften. In ihrer eigenen beteuert sie mit naiver Eitelkeit, diesen Ort gewählt zu haben, um ihrem Gatten nahe zu sein, obwohl ihr eigentlich die Ehre des Pantheons gebühre.

Und Leonardo da Vincis *Hieronymus?* Viele Gründe sprechen dafür, dass der Künstler das (unvollendet gebliebene) Gemälde um 1480 in Angriff nahm. Allerdings kennen wir weder den Auftraggeber noch die ursprüngliche Bestimmung des Bildes. Wir wissen bloß, dass es irgendwann in die Vatikanische Museen gelangte, das Wie allerdings bleibt nach wie vor dunkel. 1788 erwirbt Angelika Kaufmann das Meistwerk. Bis zu ihrem Tod bleibt es nachweislich in ihrem Besitz. Dann verliert sich seine Spur. Genau informiert sind wir hingegen über die Umstände der Wiederentdeckung, an der eine weitere bedeutende Persönlichkeit maßgeblich beteiligt ist, der Erzbischof von Lyon, Joseph Kardinal Fesch, ein Onkel Napoleons I., der die beiden letzten Jahrzehnte seines Lebens in Rom verbringt, wo er 1839 stirbt. In der Ewigen Stadt entwickelt der Kardinal sich immer mehr zu einem leidenschaftlichen Kunstsammler (wovon heute das Fesch-Museum in korsischen Ajaccio zeugt). 1820 fällt ihm eines Tages in einem Trödlerladen ein Schrank mit einer eigenartigen Tür auf. Er nähert sich dem Möbel und steht vor einem der größten Meisterwerke der Renaissance, vor Leonardos *Heiligem Hieronymus.* Allerdings hat man den bedauernswerten Wüstenvater geköpft, damit die Tafel als Tür passt. Der Kardinal kauft das Gemälde und sucht monatelang im selben Viertel nach dem fehlenden Rest. Schließlich spürt er den oberen Teil des Gemäldes in einer Schusterwerkstatt auf, wo er als Rückseite für die Werkbank dient. Papst Pius IX. (1846–87) erwirbt das inzwischen vervollständigte und restaurierte Bild aus dem Nachlass des Kardinals und führt es wieder in die Sammlung der Vatikanischen Museen zurück.

Der heilige Hieronymus lebte in Rom, in Gallien und in der syrischen Wüste und zog sich dann nach Bethlehem zurück. Die Legende besagt, dass er die Zuneigung eines Löwen gewann, weil er ihm einen Dorn aus der Pranke entfernt hatte. Leonardo zeigt einen bis auf die Knochen abgemagerten Wüstenheiligen, der eben im Begriff ist, sich mit einem Stein gegen die Brust zu schlagen. Sehenswert ist dieses Gemälde auch deshalb, weil hier zum ersten Mal in der Geschichte der abendländischen Malerei ein Löwe realistisch dargestellt ist.

Beim Anblick der *Krönung Mariens* (auch: *Madonna di Monteluce*) im zehnten Saal ist es weniger die himmlische Zeremonie als vielmehr das offene Grab, welches unsere Aufmerksamkeit erregt. 1505 hatten die Nonnen des Klosters von Monteluce in Perugia Raffael mit der Anfertigung dieses Bildes beauftragt. Dieser jedoch entwarf bloß ein paar Skizzen, von denen sich seine Schüler Giulio Romano (eigentlich: Giulio Pippi) und Francesco Penni genau zwanzig Jahre später (also erst nach dem Tod des Meisters) inspirieren ließen. Vermutlich ist die Krönung in der oberen Bildhälfte das Werk Francesco Pennis, während Giulio Romano die um das leere Grab versammelten Apostel im unteren Teil malte. Sechs von ihnen wenden ihren verzückten Blick nach oben, die übrigen Sechs betrachten das offene Grab der Muttergottes genau so verwundert wie wir. Denn dieses Grab, in welchem die Madonna bestattet war, ist jetzt, nach ihrer Aufnahme in den Himmel, ein einziger blühender Blumengarten. Wollten die Künstler damit ausdrücken, dass der Tod vielleicht doch nicht das letzte Wort behält?

Im elften Saal stoßen wir auf Girolamo Muzianos *Auferweckung des Lazarus*, ein riesiges Ölgemälde, dessen Größe (295 x 440 cm) dem außerordentlichen Ereignis entspricht, und das den Künstler auch deshalb berühmt machte, weil Michelangelo es über die Maßen lobte. Anfänglich war dieses Meisterwerk in *Santa Maria Maggiore* aufgestellt. Später wurde es in den Quirinalpalast überführt. Von dort gelangte es 1870 in den Vatikan. Während einige Zeugen des Wunders höchst verwundert und andere geradezu fassungslos dreinblicken, wird unser Blick gefangen von einer Dame, von der wir aus Konvenienzgründen annehmen wollen, dass es sich um die Frau des Lazarus handelt (obwohl das Neue Testament sich darüber ausschweigt, ob er verheiratet war). Offenbar scheint die fragliche Frauensperson von einer Frage umgetrieben, die sie so sehr beschäftigt, dass sie vor versammeltem Volk zwischen den Schenkeln des Lazarus handgreiflich wird; vermutlich will sie sich versichern, dass die Männlichkeit des Lazarus im Grab keinerlei Schaden gelitten hat. Dass sie sich diesbezüglich nicht zu sorgen braucht, verbürgt der Maler mit seiner Unterschrift: *Hiers. Mutianus fecit ac dedit.*

An der gegenüberliegenden Wand hängt eine *Verkündigung Mariä* von Federico Barocci (eigentlich Federico Fiori; 1528–1612). Erstaunlicherweise schwebt der Engel nicht vom Himmel herab, noch stellt der Künstler ihn auf eine Ebene mit Maria. Er geht vor der betenden Maria in die Knie und schaut zu ihr auf – ein Zeichen dafür, dass die Botschaften von ›oben‹ uns mitten in unserm Alltag einholen. Damit setzt der Künstler einen theologischen Gedanken ins Bild um, nämlich dass das ›Wesen‹ der Engel in ihrer Funktion besteht. Mit anderen Worten, der Engel selber hat keine Bedeutung; wichtig ist nicht, wer er ist, sondern wer ihn schickt und was er zu sagen hat und, dies vor allem, wie die von ihm Angesprochenen auf seine Botschaft reagieren. Sinnenfällig kommt dieser Sachverhalt dadurch zum Ausdruck, dass der Engel in seiner Linken jenes Attribut trägt, welches die antike Mythologie dem Götterboten Hermes zugedacht hatte, nämlich den Botenstab. Denn um einen solchen und nicht um eine Lilie handelt es sich; genauer gesagt, um einen Botenstab, der zur Lilie erblüht ist. Die Lilie selber ist zwar ein Symbol der Reinheit, der Unschuld und der Jungfräulichkeit. Dass man die Lilie wegen der Form ihres Stempels Jahrhunderte später als Sublimierung eines ursprünglich phallischen Symbols betrachten würde, konnte der Künstler nicht ahnen.

Im zwölften Saal erregt ein Gemälde vorzugsweise wegen der dargestellten Grausamkeiten unsere Aufmerksamkeit. Es zeigt das Martyrium des heiligen Erasmus. Wie die Signatur verrät, stammt das Werk von Nicolas Poussin: *Nicolaus Pusin fecit.* Dieses Werk im Format von 320 x 286 cm stellt in jeder Hinsicht einen Superlativ dar. Es handelt sich dabei nicht nur um den ersten ehrenvollen Großauftrag, den der Künstler erhielt und um das Gemälde mit den größten Ausmaßen, das er je gemalt hat, sondern gleichzeitig auch um das ›barockste‹ seiner Werke. Der heilige Erasmus liegt auf einem hölzernen Schragen. Die Gedärme werden ihm mittels einer Seilwinde aus dem Leib gezogen. Erasmus wirkte als Bischof in Antiochia, wo er der Legende zufolge zu Beginn des vierten Jahrhunderts unter Kaiser Diokletian gefoltert wurde. Anschließend zog er als Glaubensbote nach Illyrien, wo Diokletians Mitregent Maximianus ihn ebenfalls der Marter unterwarf. Wenig später verstarb Erasmus im Formia in Campanien. In den Küstengebieten der Mittelmeerländer wurde Erasmus schon bald als Patron der Seeleute verehrt. Auf frühesten Darstellungen begegnet er uns deshalb mit an Schiffswinden angewickelten Ankertauen. Dieses Erkennungszeichen erfuhr später in Binnenländern eine schon fast makabere Missdeutung; man meinte, in den Tauen die Gedärme zu erkennen, die dem Bedauernswerten mittels einer Winde aus dem aufgeschlitzten Leib gerissen wurden. Infolge dieses Missverständnis kam Erasmus unversehens zu einer zusätzlichen Aufgabe, insofern die Gläubigen sich fortan nicht nur bei Seenot, sondern auch bei Unterleibsleiden an ihn wandten.

Das *Martyrium des Erasmus* malte Poussin im Auftrag des Kardinals Francesco Barberini für die Peterskirche, wo es heute, wie Raffaels *Verklärung Christi*, durch eine Mosaikkopie ersetzt ist. In diesem Zusammenhang fällt uns etwas ein, was den wenigsten Romreisenden auffällt, nämlich dass die Petersbasilika vermutlich weltweit die einzige katholische Kirche ist, die praktisch weder Gemälde noch Fresken enthält. Statuen und Stuck, Bronzedenkmäler und Marmorplastiken, reich verzierte Gedenktafeln, sogar farbige Glasfenster – von solchen und anderen Kunstwerken strotzt der Petersdom geradezu. Und, natürlich, von Mosaiken. Letzteres hat seinen Grund darin, dass im 18. Jahrhundert fast alle Ölgemälde und Fresken wegen der in der Basilika herrschenden Feuchtigkeit aus der Basilika entfernt und durch Mosaiknachbildungen ersetzt wurden.

Abgesehen von gerade vier Ausnahmen gibt es dort seither keine Malereien mehr. Wer lange genug nach diesen vier Kunstwerken sucht, stößt in der Ecke links von der Apsis in der *Capella della Madonna della Colonna* auf die *Säulenmadonna*, ein Gemälde, das in der konstantinischen Basilika eine Säule zierte und aus der alten Peterskirche in den Neubau hinübergerettet wurde. Unter dem Altar sind die Gebeine gleich dreier Leo-Päpste bestattet, nämlich die Leos II., Leos III. und Leos IV. Letzterer legte um die Mitte des 9. Jahrhunderts die Befestigungen um den Vatikan an, um die Peterskirche vor den Sarazenen zu schützen, die damals vom Tiber her die Stadt bedrohten. (Gleich daneben, in der rechten Ecke befindet sich übrigens das Grab mit den Reliquien Papst Leos I. (des Großen), welcher im 5. Jahrhundert den Vormarsch des Hunnenkönigs Attilas auf Rom stoppte und als erster Papst in der Peterskirche begraben wurde. Aus dem 12. Jahrhundert und ebenfalls aus Alt-Sankt-Peter stammt das stark übermalte Fresko mit der *Madonna von der immer währenden Hilfe*, die in der Seitenkapelle vor dem rechten Querschiff inmitten großartiger Marmordekorationen mit mildem Blick auf all jene niederschaut, die sie innig verehren. Ein weiteres Gemälde befindet sich in der rechts davon gelegenen Sakramentskapelle, deren Tabernakel Gian Lorenzo Bernini dem von Donato Bramante entworfenen *Tempietto* auf *San Pietro in Montorio* nachgebildet hat (womit er den ersten Architekten der neuen Peterskirche ehren wollte). Dahinter befindet sich das dritte in der Peterskirche verbliebene Gemälde, nämlich eine *Heilige Dreifaltigkeit* von Pietro da Cortona, einem bedeutenden Maler und Architekten des 17. Jahrhunderts. Kaum Beachtung findet in der Regel das Fresko *Triumph des Kreuzes* von Giovanni Lanfranco, welches das Gewölbe in der *Capella della Pietà* ziert, wo das einzige signierte Werk Michelangelos alljährlich Hunderttausende in Staunen und Verzückung versetzt. Seinen Namenzug (*Michel Angelus Bonarotus Florent[inus] faciebat*; – von dem Florentiner Michelangelo geschaffen) meißelte der Künstler in das Band, das sich quer über der Brust der Madonna hinzieht.

Die Waffen Jesu

WER DIE KARLSBRÜCKE IN PRAG von der Altstadt her kommend in Richtung Hradschin überquert, stößt gleich zu Beginn am rechten Brückenkopf auf eine Skulpturengruppe, an der fast alle Fremden und Einheimischen achtlos vorübergehen. Die wenigen, die sich die Mühe nehmen, die Statuen genauer zu betrachten, erfahren aus ihrem Reiseführer, dass es sich dabei um den heiligen Bernhard von Clairvaux handelt, welcher der Muttergottes seine Huldigung darbringt. Über die linke Hälfte der Gruppe schweigt sich der Reiseführer aus, obwohl das Kunstwerk doch erst von dort her seinen Sinn erhält. Tatsächlich war der heilige Bernhard ja nicht nur ein glühender Marienverehrer, sondern auch ein wortgewaltiger Prediger, der in seinen *Sermones* immer wieder über das Leiden Christi meditierte. Und der die Zuhörerschaft gerade dadurch fesselte, dass er seinen Betrachtungen die ›Leidenswerkzeuge‹ zu Grunde legte, von denen in der biblischen Passionsgeschichte die Rede ist. Der berühmte Prediger war nämlich davon überzeugt, den Gläubigen anhand dieser Marterinstrumente die Leidensgeschichte Jesu besonders drastisch vor Augen führen zu können. Und eben diese *Arma Christi* (so der Fachausdruck; wörtlich: *Christi Waffen*), hat der Künstler auf der linken Hälfte der besagten Skulpturengruppe dargestellt. Dazu gehören in der Regel Kreuz, Dornenkrone, Lanze, Hammer, drei Nägel, Zange, Leiter, Geißelsäule, ein Stock mit einem Essigschwamm und das Schweißtuch der Veronika, gelegentlich auch noch die Würfel der Soldaten, eine Peitsche, ein Strick, eine Rute, eine Laterne, die Geldbörse des Judas, ein Hahn …

Bekanntlich sind die Skulpturengruppen auf der Prager Karlsbrücke den Engelfiguren nachempfunden, welche den *Ponte Sant' Angelo* in Rom flankieren. Den Eingang dieser für den Autoverkehr gesperrten Brücke bewachen seit der Mitte des 15. Jahrhunderts die Statuen der Apostel Petrus und Paulus. 1668 entwarf Bernini im Auftrag von Papst Klemens IX. für die unter Hadrian im Jahre 134 n. Chr. eingeweihte (damals nach dem Familiennamen des Kaisers *Pons Aelius* benannte) Brücke jene zehn Engelstatuen, die heute von den Touristen und Pilgerinnen aus aller Welt bewundert werden. Aber längst nicht alle, welche diese Figuren fotografieren, wissen, was sie auf ihren Bildern festhalten. Wer jedoch mit der neutestamentlichen Überlieferung einigermaßen vertraut ist, vermag in den von den Engeln vorgezeigten Gegenständen leicht die Passionswerkzeuge zu erkennen. Weniger bekannt ist die Tatsache, dass die Andacht zu den *Arma Christi* vom gläubigen Volk in gewissen Gegenden zeitweise mehr gepflegt wurde als das Rosenkranzgebet.

Davon zeugt noch heute das vorwiegend im Alpenraum gelegentlich anzutreffende Arma-Christi-Kreuz, das nicht nur an Wegrändern zum frommen Verweilen einlädt, sondern häufig auch Haus- und Scheunenwände ziert. Diese Darstellungen zeigen den Gekreuzigten, umgeben von den Gegenständen, die mit seinem Leiden und Sterben in Zusammenhang stehen. Im 17. und 18. Jahrhundert waren solche Kreuze vorab im bayrischen Raum und im schweizerischen Kanton Wallis sehr verbreitet. Für die häusliche Andacht gab es entsprechende in Stahl gestochene Abbildungen, aber auch farbig glänzende Chromolithographien und in Flaschen eingebaute plastische Arma-Christi-Kreuze, die häufig mit gedruckten Vesperbildern (*Pietà*) und Heiligendarstellungen kombiniert wurden.

Gelegentlich finden sich nicht nur in der hohen, sondern auch in der Volkskunst Kruzifixe, an deren Fuß ein Totenschädel abgebildet ist. Dies trifft auch für manche Arma-Christi-Kreuze zu. Volkstümlich wird diese Tatsache damit erklärt, dass Jesus auf Golgota, auf der ›Schädelstätte‹, den Kreuzestod erlitten hat. In Wirklichkeit jedoch gehört dieser Schädel Adam, auf dessen Grab einer alten Legende zufolge das Kreuz Jesu errichtet wurde. Wahr ist diese Legende insofern, als sie eine theologische Aussage des Paulus illustriert, der im ersten Korintherbrief schreibt: »Denn wie in Adam alle sterben, so werden in Christus [d.h. durch seinen Tod am Kreuz] alle lebendig gemacht werden« (Kapitel 15, Vers 22).

Die Arma-Christi-Verehrung hat ihre Wurzeln in der spätmittelalterlichen Mystik mit ihrer Förderung der individuellen Andacht und der meditativen Versenkung ins Leiden Christi. Seit dem 17. Jahrhundert wurde sie mehr und mehr von der damals aufkommenden Kreuzwegandacht abgelöst.

Heute sind die Arma-Christi-Darstellungen bloß noch vereinzelt und fast nur noch in sehr alten Haushalten oder im Heimatmuseum anzutreffen – Belege für eine Volksfrömmigkeit und Volkskunst, die museal geworden ist. An die Stelle derer, die einstmals vor diesen Kreuzen, Bildstöcken und anderen Arma-Christi-Bildern andächtig und verehrend verweilten, sind die Heimatforscher getreten, im

Idealfall die kulturgeschichtlich Interessierten oder eben, wie in Rom oder in Prag, die verständnislos gaffenden Touristen, die zwar wissen, wie man eine Kamera bedient, aber keine Ahnung haben, wie man das Kreuzzeichen macht.

Drei Frauen ohne Heiligenschein
oder Religion und Politik

OBWOHL IM VATIKAN auch ein paar Frauen und Nonnen beschäftigt sind, bezeichnenderweise vorwiegend auf subalternen Posten, ist dieser Kleinstaat im Grunde eine reine Männerrepublik. Ganz anders verhält es sich bezüglich der im Petersdom aufgestellten Kunstwerke. Dort finden sich nicht nur zahlreiche Standbilder und Mosaiken mit heiligen Büßern, Glaubenszeugen und Eremiten, sondern auch viele Darstellungen von -innen: Reuerinnen, Bekennerinnen, Märtyrerinnen ... Überdies sind die meisten Grabdenkmäler verstorbener Päpste mit allegorischen Frauengestalten geschmückt, welche (natürlich nur in grammatikalischer Hinsicht) ausschließlich weibliche Tugenden wie Klugheit, Gerechtigkeit, Demut oder Wahrheit, gelegentlich auch Glaube, Hoffnung und Liebe versinnbilden. Darüber hinaus birgt die Peterskirche drei überaus pompöse Grabmonumente von berühmten Frauen, deren Köpfe nach ihrem Ableben aber nie mit einem Heiligenschein verziert wurden. Dass die drei Damen, nämlich Mathilde von Canossa, Christine von Schweden und Maria Clementina Sobieski, adeligen Geblüts waren, ist kein Zufall, sondern zeigt bloß, wie eng Religion und Politik (beide ebenfalls weiblich!) bisweilen miteinander verbandelt sind und dass (*cherchez la femme!*) auch in diesen zwei, bislang eher den Männern vorbehaltenen Bereichen die Frauen schon immer ihre Hand im Spiel hatten.

Mathilde von Canossa wurde erst rund ein halbes Jahrtausend nach ihrem Tod im Petersdom mit einem Monument geehrt, und zwar aus politischen Gründen. Denn politisch hatte sich diese ebenso eigenwillige wie eigenständige Frau schon zu ihren Lebzeiten, also zur Zeit des Investiturstreites, betätigt. Bei der mit diesem Begriff bezeichneten Auseinandersetzung zwischen dem deutschen König und dem römischen Papst ging es um die Frage, welchem der beiden Potentaten es zustehe, die Bischöfe zu ernennen, welch Letztere damals gleichzeitig den Status von Fürsten und damit von Feudalherren bekleideten. Ihren Höhepunkt erreichte diese Konfrontation im späten 11. Jahrhundert unter König Heinrich IV. und dem früheren Mönch Hildebrand von Soana, der als Papst Gregor VII. von sich reden machte. Dieser veröffentlichte im Jahre 1075 einen

Erlass, in welchem er die Einsetzung von Bischöfen und Äbten durch Laien unter Androhung der Exkommunikation verbot. Als Gregor auch noch dekretierte, dass die Römische Kirche ihre Autorität unmittelbar von Gott ableite und es demzufolge allein dem Papst zukomme, die Könige ein- oder abzusetzen, wurde es Heinrich IV. doch ein bisschen zu bunt. Um Gregor in seine Schranken zu weisen, berief er im Januar 1076 eine Reichssynode nach Worms ein. Die dort anwesenden 26 Bischöfe erklärten ihrerseits den Papst für abgesetzt. Heinrich selber veröffentlichte ein leidenschaftliches Manifest an »Hildebrand, nicht Papst, sondern falscher Mönch«, worin er dem »verdammenswerten« Gregor befahl, von dem »angemaßten Apostolischen Stuhl herabzusteigen« (*descende, descende, per saecula damnande!*). Eine Synode, die sich aus vom König eingesetzten lombardischen Bischöfen zusammensetzte, stimmte der unerhörten Sentenz zu. Worauf der Papst Heinrich kurzerhand mit dem Kirchenbann belegte (was zur Folge hatte, dass die ihm unterstellten Fürsten von ihrem Treueid entbunden waren). Die gegnerischen Bischöfe wurden teils ihrer Ämter enthoben, teils ebenfalls exkommuniziert und auf diese Weise zur Unterwerfung gezwungen. Im Oktober 1076 beschlossen die Fürsten, dem König die Gefolgschaft aufzukündigen, falls er mehr als ein Jahr gebannt bliebe. Entscheiden in dieser Angelegenheit sollte ein für Februar 1077 vorgesehener Reichstag in Augsburg, zu dem der Papst selber als Schiedsrichter geladen war.

Auf Seiten Gregors stand in diesem unseligen Streit neben den in Unteritalien ansässigen Normannen auch die mächtige Markgräfin Mathilde von Canossa. Diese wurde 1046 als Tochter des Markgrafen Bonifaz von Tuszien und der Beatrix, einer Tochter Friedrichs II. von Oberlothringen geboren. Nach dessen gewaltsamem Hinscheiden heiratete die Mutter 1052 den Herzog Gottfried von Niederlothringen. Nachdem ihre Geschwister gestorben waren, folgte Mathilde ihrer Mutter in die Verbannung nach Deutschland. Am Sterbebett des Stiefvaters vermählte sie sich 1069 mit dessen Sohn, Gottfried dem Buckligen, um die tuszisch-lothringische Machtkonstellation zu sichern. 1071 floh Mathilde aus der unglücklichen Ehe nach Oberitalien, wo sie enge Beziehungen zum Reformpapsttum knüpfe. Mit Gregor VII. verband sie eine tiefe Freundschaft. Nach dem Tod der Mutter im Jahre 1076 wurde sie zur unentbehrlichen Stütze der römischen Kurie.

Grabmal der Mathilde von Canossa. St. Peter.

In seiner verzweifelten Lage sah Heinrich keinen anderen Ausweg, als sich dem Papst zu unterwerfen. Um die Lösung vom Bann zu erreichen, zog er mitten im Winter mit kleinem Gefolge über die Alpen. Der Papst, schon auf der Reise nach Norden begriffen, befand sich damals gerade in Canossa, auf der in den nördlichen Apenninen gelegenen Bergfeste der Markgräfin Mathilde. Dort erschien Heinrich laut einem zeitgenössischen Chronisten im Januar 1077 an drei aufeinander folgenden Tagen »unbeschuht und in härenem Bußgewande« vor dem Tor der Burg, Einlass heischend und um die

Lösung vom Kirchenbanne flehend. Am vierten Tag erst gewährte ihm der Papst die Lossprechung und reichte ihm zum Zeichen der Versöhnung das Abendmahl.

Diese Zeremonie ist im Petersdom im Bogen des zweiten Zwischenpfeilers im rechten Seitenschiff auf Mathildes Sarkophag festgehalten. Das Relief zeigt den König im Büßergewand zu Füßen des Papstes; rechts im Bild drängt Mathilde einen Kardinal zurück, um sich ungestört an dieser Szene ergötzen zu können. Über dem Sarkophag selber erhebt sich ihr Standbild, das ihre Rolle im Investiturstreit auf eine schon fast befremdliche Weise zum Ausdruck bringt. Mit der rechten Hand nämlich hebt die Markgräfin das Zepter, während sie in der Linken den Petrusschlüssel und die päpstliche Tiara hält – gerade so als wäre der Papst nicht von Gottes, sondern von Dero Gräflichen Gnaden in sein Amt eingesetzt worden. Dass die Versöhnung zwischen König und Papst nicht hielt, was die Zeremonie versprach, ist wiederum eine andere Geschichte.

Nach Gregors Tod im Jahre 1085, beteiligte sich die Markgräfin durch Gesandte an der Wahl des Nachfolgers. Um den Machtblock gegen Heinrich IV. zu verstärken, heiratete sie später im Alter von 43 Jahren auf Geheiß Papst Urbans II. den 17-jährigen Welf V. von Bayern, wodurch sie sich zum Gespött vieler Zeitgenossen machte.

Mathilde starb 1115 in Bodeno (zwischen Mantua und Modena) und wurde in ihrem Lieblingskloster, in der Abtei San Benedetto Po bei Mantua begraben, welche sie zu Lebzeiten reich beschenkt hatte. Wie aber kam sie zu ihrer Grabstätte im Petersdom?

Im Konflikt zwischen König Heinrich und Papst Gregor ging es bekanntlich weniger um Religion als um die schiere Macht. Nicht nur um den wahren Glauben, sondern auch um weltliche Herrschaft stritten die Parteien auch gut fünfhundert Jahre später, zur Zeit des Dreißigjährigen Krieges, als die Schweden die katholischen Stellungen im Reich immer mehr schwächten, was wiederum dazu führte, dass die Neugläubigen eine wachsende Bedrohung für das Papsttum darstellten. Dass der damals herrschende Papst Urban VIII. Mathilde von Canossa als kompromisslose Verteidigerin der römischen Interessen nicht nur verehrte, sondern ihr auch ein bleibendes Denkmal setzen wollte, ist daher nur zu verständlich (schon als Kardinal hatte er eine Ode zu ihrer Verherrlichung verfasst). 1633 ließ er die sterblichen Überreste der Gräfin von der Abtei San Benedetto Po nach Rom überführen und in der Engelsburg bergen. Am 10. März 1634 erfolgte die feierliche Übertragung nach Sankt Peter. Den Entwurf für das Grabmonument lieferte Gian Lorenzo Bernini, der jedoch nur den Idealkopf der Gräfin ausführte; alles Übrige überließ er seinem Bruder Luigi und seinen Schülern.

In unmittelbarer Nähe dieses Grabmonuments, im Durchgang des ersten Pfeilers im rechten Seitenschiff befindet sich das Denkmal für Christine von Schweden. Urban VIII. war gerade drei Jahre im Amt, als Christine 1626 als einziges Kind König Gustavs II. Adolf geboren wurde. Im Alter von sechs Jahren bestieg sie den Thron; ein Vormundschaftsrat leitete zunächst die Regierungsgeschäfte, bis die 18-Jährige die Herrschaft selbst übernahm. Der Dreißigjährige Krieg stürzte ihr Land in eine Wirtschaftskrise, die Christine nicht zu bewältigen vermochte. Deshalb verzichtete sie 1654 zu Gunsten ihres Cousins Karls X. Gustav auf den Thron. Gerade ein Jahr später schwor sie in Innsbruck feierlich dem protestantischen Glauben ab und bekannte sich zur katholischen Doktrin. Dann zog es sie nach Rom, wo sie am 19. April 1689 verstarb.

Hinter diesen Daten verbirgt sich ein Leben voller Extravaganzen und Skandale, welche man nach Möglichkeit zu vertuschen suchte; denn eine Protestantin, der die Liebe zur Wahrheit und die Treue zum Evangelium angeblich mehr bedeutete als eine Königskrone, musste den Päpsten wie eine Trophäe erscheinen.

Entsprechend feierlich ging es bei ihrer Ankunft in Rom zu. Im Hinblick auf diesen Anlass beauftragte Papst Alexander VII. Gian Lorenzo Bernini, die Innenseite der *Porta del Popolo* neu zu gestalten. An diese Renovierung erinnert eine noch heute sichtbare Inschrift: *Felici faustoque ingressu* – ihrem glücklichen und gesegneten Einzug geweiht. Welchen Ärger die schwedische Exkönigin den Päpsten noch bescheren sollte, konnte Alexander freilich nicht ahnen.

Einzug der Königin Christine von Schweden, Tochter Gustav Adolfs, die nach dem Verzicht auf die Krone zum Katholizismus konvertierte, durch die Porta del Popolo. Medaille Papst Alexanders VII., um 1655.

Das von Gian Lorenzo Bernini gestaltete Grabmonument Alexanders VII. in St. Peter.

Am 20. Dezember 1655 zieht Christine (offiziell inkognito, tatsächlich jedoch von einem Fackelzug begleitet) durch die *Porta Pertusa* in Rom ein. Am folgenden Morgen liegt sie dem Papst zu Füßen. Alexander VII. nimmt sie freundlich auf, setzt ihr ein Jahrgeld aus und quartiert sie zunächst im *Palazzo Farnese* ein. Am 26. Dezember dann erfolgt der formelle und feierliche Einzug durch die neu hergerichtete *Porta del Popolo*. Der Werbeeffekt ist kalkuliert. Gut einstudiert ist auch die Szenerie. Alexander VII. schickt der verlorenen Tochter, welche in den Schoß der Kirche zurückgefunden hat, eine vergoldete Kutsche entgegen. Christine jedoch zieht es zur Verwunderung der riesigen Zuschauermenge vor, im Herrensitz auf einem Schimmel in die Ewige Stadt einzureiten.

Spätestens jetzt hätte der Papst erkennen müssen, dass er eine etwas exzentrische Dame in sein Propagandaprogramm einbezogen hat. Wegen ihres unsteten Charakters bringt sie ihren Gönner schon bald von einer Verlegenheit in die andere. Peinlich sind ihre lockeren Sitten. Peinlicher ist, dass sie daraus kein Hehl macht. Am peinlichsten jedoch ist ihr anstößiges Verhalten – beispielsweise wenn sie absichtlich verspätet im Theater von *Tor di Nona* erscheint und von einem erbosten Publikum ausgepfiffen wird. Christine steckt dann einfach zwei Finger in den Mund und antwortete mit einem grellen Pfiff. In Rom verbreitet sich immer mehr die Ansicht, die fremdländische Adelige sei *pazza da legare*, so verrückt, dass man ihr eigentlich Fesseln anlegen müsste.

Das alles wäre noch halbwegs zu verkraften gewesen. Aber die Neubekehrte ist eben nicht nur kapriziös; sie wird auch kriminell, nachdem ihr bis dahin kaltes Herz sich erwärmt hat. Dieses gehört seit dem Spätfrühling 1657 ihrem Großstallmeister, dem Grafen Gian Rinaldo Monaldesco. Christine befindet sich zu dieser Zeit in Fontainebleau. Dort laufen Verhandlungen mit dem allmächtigen Kardinal Mazarin, der für den noch unmündigen König Ludwig XIV. die Regierungsgeschäfte führt. Die abgedankte schwedische Königin Christine soll, weil die Bevölkerung des unter spanischer Herrschaft stehenden Königreichs Neapel sich Frankreich anschließen will, dort als Königin eingesetzt werden. Weil daraus nichts wird, lässt Christine ihren Liebhaber Gian Rinaldo Monaldesco auf grausamste Weise hinrichten.

Bezüglich der Hintergründe, die zu dieser furchtbaren Tat führten, existieren zwei unterschiedliche Versionen. Nach der offiziellen, von Christine selber verbreiteten Darstellung hat ihr Galan ihre Neapel-Pläne an die Spanier verraten und dann einen anderen mittels eines gefälschten Briefes dieses Verrats bezichtigt. Der Jesuitenpater Le Bel, den Christine zur Exekution des ohne Prozess verurteilten Monaldesco hinzugebeten hat und bei dem dieser seine Beichte ablegt, weist die Königin angesichts des um Gnade Bettelnden vergeblich darauf hin, dass es ihr ohne ein rechtmäßiges Urteil nicht zustehe, den Grafen hinzurichten, und dazu noch auf französischem Boden. Doch Christine lässt sich nicht beirren; sie besteht darauf, dass ihr die volle Gerichtsbarkeit über ihren Hof zukommt, wo immer sie sich befindet.

Die zweite Version hört sich beinahe schon banal an. Ihr Günstling soll Christine nicht an die Spanier, sondern an eine Italienerin verraten haben. In Briefen an die Nebenbuhlerin machte er sich angeblich lustig über den »wunderlichen Körper« der Exmonarchin. Die erfährt davon und lässt ihn unter dem Vorwand, er habe ihre Neapel-Pläne den Spaniern zugespielt, buchstäblich abstechen. Zum Schluss wird ihm auch noch die Kehle durchschnitten. Die grausame Exekution findet im königlichen Schloss selber statt, in der *Galerie des Cerfs*. Nach Monaldescos Tod soll die Exmonarchin Besuchern das blutüberströmte Parkett gezeigt haben. Die Sache wird öffentlich; man vergleicht die abgedankte Königin mit der legendären Semiramis, die ihre jeweiligen Günstlinge nach dem Beischlaf umbringen ließ.

Begreiflich daher, dass Christine nach ihrer Rückkehr nach Rom als Belastung empfunden wird. Dem Rat, sich in ein Kloster zurückzuziehen, mag die adelige Dame nicht folgen. Nach mehreren Auslandsreisen lässt sie sich 1668 endgültig in Rom nieder, wo sie berühmte Künstler und bekannte Wissenschaftler um sich schart. Im Februar 1689 erkrankt sie an einer Wundrose und verstirbt schon am 19. April, getröstet und gestärkt mit dem päpstlichen Segen, in dem von ihr erworbenen *Palazzo Riario* in Trastevere.

Das Grabdenkmal in der Petersbasilika hat Carlo Fontana entworfen; vollendet wurde es erst 1702. Ein Profilporträt der Verstorbenen überragt den Sarkophag, dessen Reliefdarstellung zeigt, wie sie dem falschen Glauben abschwört. Die wenigsten Betrachter ahnen, dass der Schrein leer ist. Nach ihrem Tod nämlich wurde Christine von Schweden mit großem Pomp in den Vatikanischen Grotten beigesetzt.

*Grabmonument
der Maria Clementine
Sobieski. St. Peter.*

Das dritte in der Peterskirche errichtete Grabdenkmal für eine Frau ohne Aureole erinnert an Maria Clementina Sobieski, eine fromme Enkelin des polnischen Königs Johann III. Sobieski, der 1676 einen Waffenstillstand mit den Osmanen schloss, sie aber weiterhin als Polens gefährlichste Feinde betrachtete. Dieses Misstrauen veranlasste ihn 1683 zu einem Pakt mit Kaiser Leopold I. von Österreich. Als die türkische Armee noch im selben Jahr Wien belagerte, besiegte Johann III. als Oberbefehlshaber der alliierten Armee am 12. September in der Abwehrschlacht am Kahlenberg die

Osmanen. Johann III. war der letzte große König Polens; nach seinem Tod geriet das Land immer mehr unter russischen Einfluss. Die Verbindung zwischen diesem Königsgeschlecht und jenem des Hauses Stuart kam in Rom zu Stande, wo der englische Thronprätendent Jakob Francis Edward Stuart (1688–1766) im Exil lebte und dort 1719 Maria Clementina Sobieski heiratete, mit der er zwei Söhne hatte. Auf dem Weg zum Traualtar allerdings hatte die polnische Prinzessin ein paar ernsthafte Hindernisse zu überwinden. Während ihrer Reise von Polen nach Rom nämlich ließ der österreichische Kaiser, ein Gegner und Feind des Hauses Stuart, die gerade sechzehnjährige Adelige in Innsbruck arretieren. Unter abenteuerlichsten Umständen gelang es Maria Clementina zu fliehen und sich nach einer fünf Tage dauernden Verfolgungsjagd über den Brenner und die Alpen im Kirchenstaat in Sicherheit zu bringen. Die polnische Prinzessin verstarb bereits 1735, im Alter von gerade 33 Jahren. Ihr Grabmonument im linken Seitenschiff beim Eingang zur Peterskuppel ist nicht nur ein Zeugnis für den damals in Rom aufkommenden Rokokostil, sondern auch eine Erinnerung an die letzten Nachfahren der königlichen Familie der Stuarts, die wegen ihrer Treue zur katholischen Kirche vom Thron entfernt worden waren – und indirekt wiederum ein Hinweis darauf, wie schwer die Grenzen zwischen Religion und Politik zu definieren sind.

Jakob Francis Edward verstarb 1766, ebenfalls in Rom. An ihn und die beiden Söhne Charles Eduard und Heinrich Benedikt (dieser letzte Stuart der direkten männlichen Linie war Kardinal und Erzpriester der Basilika und nannte sich nach dem Tod seines Bruders Heinrich IX.) erinnert gleich gegenüber dem Grabmal der Mutter jene berühmte klassizistische Grabstele mit den beiden Genien von Antonio Canova, welche Stendhal während seines Romaufenthalts 1827 über die Maßen beeindruckte. Dieser begab sich viele Male nach Sankt Peter, nur um dieses Kunstwerk zu bewundern. Dass ausgerechnet Georg IV. von England dieses Denkmal für seine politischen Gegner errichten ließ, zeugt von seiner Ritterlichkeit, was Stendhal so kommentierte: »Um seinem Ruf als vollkommenem Gentleman seines Königreiches zu genügen, ehrte König George die Asche dieser Prinzen, die er aufs Schafott geschickt hätte, wären sie ihm lebend in die Hände gefallen.«

Künstlerneid

Opernbegeisterte, insbesondere Puccini-Fans, suchen *Sant'
Andrea della Valle* nicht nur um ihrer Schönheit willen auf, sondern
auch weil hier der erste Akt der *Tosca* spielt. In dieser Kirche nämlich
trifft der eben aus dem Gefängnis geflohene Cesare Angelotti, der
frühere Konsul der kurzlebigen Römischen Republik, den Maler
Mario Cavaradossi, der damit beschäftigt ist, ein Bildnis der Heiligen Maria Magdalena zu vollenden.

Die Protagonisten der *Tosca*, Cavaradossi, seine Geliebte Tosca
und der Polizeipräsident Scarpia, *könnten* gelebt haben. Bei der Königin von Neapel und Cesare Angelotti hingegen handelt es sich um
historische Personen. Historisch sind auch die drei Schauplätze der
Oper: die Kirche *Sant'Andrea della Valle*, der *Palazzo Farnese*, und
der *Castel Sant'Angelo*. Als Ganzes aber ist *Tosca* kein historisches
Werk, sondern der Fantasie entsprungen.

Keineswegs fiktiv, sondern vom Leben geschrieben ist eine andere
Geschichte, von der ein Akt ebenfalls in *Sant'Andrea della Valle* spielt
und in der die Ausschmückung der Kirche ebenfalls eine wichtige
Rolle spielt.

Die Fresken im oberen Bereich des Presbyteriums und der Apsis
schuf Domenichino (eigentlich Domenico Zampieri; 1581–1641).
Über dem mittleren Fenster sehen wir die Berufung des heiligen
Andreas, dem die Kirche geweiht ist; links die Geißelung und rechts
seinen Tod am X-förmigen Kreuz (das auch als Andreaskreuz bezeichnet wird). Das Kuppelgemälde *Die Glorie des Paradieses* hingegen gehört zu den Meisterwerken Giovanni Lanfrancos (1582–1647).
Die vier ausdrucksvollen Evangelistengestalten wiederum hat Domenichino gemalt.

Zwischen den beiden Malern herrschte eine unerbittliche Riva-
lität. Domenichino und Lanfranco gehörten zu den zukunftsweisen-
den Künstlern des Frühbarock. Ihr Handwerk hatten beide bei dem
damals berühmten Annibale Carraci (1560–1609) erlernt. Dass dieser
Domenichino vor seinen übrigen Schülern bevorzugte, machte besonders Lanfranco zu schaffen.

Die Chance seines Lebens erhielt Domenichino, als die Mönche
von *Sant'Andrea della Valle* ihn damit beauftragten, die Kuppel und
einen Teil der Apsis ihrer Kirche auszumalen. Domenichino sagte

zu. Aber er nahm sich Zeit. Auch geistig suchte er sich in die Lage seiner Gestalten hineinzuversetzen. Monate verstrichen, bis er endlich zum Pinsel griff. Die Mönche wurden ungeduldig. Lanfranco, dem dies zu Ohren kam, nutzte die Gelegenheit und überredete die Gottesmänner, wenigstens die Bemalung der Kuppel seiner Werkstatt zu übertragen.

Als Domenichino mit dieser Tatsache konfrontiert wurde, verfiel er in eine tiefe Depression, die sich noch verstärkte, als die Öffentlichkeit zurückhaltend auf seine Evangelistenbilder reagierte.

Lanfranco widmete sich inzwischen der Ausstattung der Kuppel. Als er eines Tages das Gerüst bestieg, bemerkte er, dass dieses angesägt war. Der Maler konnte sich gerade noch retten, bevor es zusammenkrachte. Der Verdacht fiel auf Domenichino, aber man konnte ihm nichts nachweisen. So bleibt wohl für immer ungeklärt, ob dieser Künstler bloß ein überempfindlicher, zur Grübelei neigender Mensch oder eine höchst zwielichtige Gestalt war. Oder ob er gar beide Züge in sich vereinigte.

Dass Künstler auch nur Menschen und damit häufig Rivalen sind, belegt eine andere Geschichte, welche Fremdenführerinnen und Reisebegleiter ihrem anekdotenhungrigen Publikum stets erzählen, wenn sie dieses über die *Piazza Navona* führen. Dort nämlich versäumen sie es nie, auf die gegenseitige Abneigung hinzuweisen, welche die Beziehung zwischen dem genialen Baumeister Francesco Borromini (1599–1667) und dem nicht weniger begnadeten Bildhauer und Architekten Gian Lorenzo Bernini (1598–1680) bestimmte. Dabei verweisen sie auf die vier von Bernini geschaffenen Flussfiguren (Nil, Ganges, Donau und Rio de la Plata) der *Fontana dei Fiumi*, des mittleren Brunnens, welche gleichzeitig an die vier im 17. Jahrhundert bekannten Erdteile erinnern. Während der Rio de la Plata seine Hand abwehrend erhebt, verhüllt der Nil fassungslos das Haupt. Mit dieser Gestik bringen die beiden allegorischen Figuren angeblich ihre Verachtung für die von Borromini entworfene Fassade der gegenüberliegenden Kirche *Sant'Agnese* zum Ausdruck. Es handelt sich dabei um eine noch heute in fast allen Rombüchern kolportierte Fabel, der zufolge Bernini mit seinen beiden Figuren das Werk seines Gegenspielers zu diskreditieren versuchte. Wohl charakterisiert diese Geschichte aufs Treffendste das Verhältnis zwischen den beiden Künstlern. Aber? Aber sie entbehrt jeder historischen Grundlage. Tatsächlich war die *Fontana dei Fiumi*

Ansicht der Piazza Navona. Stich von Giovanni Battista Piranesi.

schon 1651 vollendet. Erst 1653 jedoch löste Borromini die beiden Architekten Girolamo und Carlo Rainaldi ab, welche mit dem Bau von *Sant'Agnese* gerade ein Jahr zuvor begonnen hatten.

Wer aus welchen Gründen auch immer die Kirche nicht besichtigen möchte, sollte sich wenigstens die Zeit nehmen, die Inschrift an der Mauer rechts von der Treppe zu entziffern:

PER ORDINE DI NOSTRO SIGNORE DE 16 AGOSTO 1838
L'IMMUNITÀ ECCELSIASTICA IN QUESTA CHIESA
SI RESTRINGE ALLA SOLA PORTA
RESTANDO ESCLUSI LI GRADINI DELLA MEDESIMA
Auf Grund der vom Papst am 16. August 1838 getroffenen Anordnung
gilt das Kirchenasyl
erst im Innenraum der Kirche
und nicht etwa schon auf der Treppe

Bekanntlich galten Tempel und andere heilige Orte bereits in der Antike als offiziell anerkannte Zufluchtsstätten, in denen die Übeltäter sich vor dem Zugriff der Verfolger sicher fühlen durften. Später hat man diese Tradition auf christliche Kirchen und Klöster übertragen. Was *Sant'Agnese* betrifft, wurde die Anordnung von 1838 nie widerrufen. Heutzutage halten sich Kriminelle in dieser Kirche nur auf, wenn die Besuchermassen überhand nehmen. Dabei haben sie nicht das Kirchenasyl im Auge, sondern jene, die vor lauter Bewunderung vergessen, auf ihre Geldbörse zu achten.

Die Entdeckung der Laokoon-Gruppe

ALLES BEGANN DAMIT, dass ein gewisser Felice de Fredis am 14. Januar 1506 seinen Weinberg in Ordnung bringen wollte. Der befand sich auf dem heutigen *Monte Oppio*, an jener Stelle, wo vormals die *Domus aurea*, das sagenhafte ›Goldene Haus‹ des Kaisers Nero gestanden hatte, ein gewaltiger Komplex, der mehrere Paläste, Gästehäuser, Theater und Verwaltungszentren umfasste. Aber davon hatte man zu Zeiten de Fredis' keine Ahnung mehr. Und deshalb konnte de Fredis auch nicht wissen, dass er seine Rebstöcke ausgerechnet über den ehemaligen Privatgemächern Kaiser Neros (dem östlichen Teil der heutigen Ruinen) gepflanzt hatte. Stutzig wurde er erst, als er während der Arbeit mit der Spitzhacke unter sich plötzlich ein paar hohle Töne zu vernehmen meinte.

De Fredis ging der Sache auf den Grund. Er begann zu graben und schon nach kurzer Zeit hatte er einen Zugang freigelegt, welcher zu einem unterirdischen Gewölbe führte. Im Halbdunkel erkannte er drei in Marmor gehauene Gestalten, welche mit zwei Schlangen kämpften.

Der Zufall wollte es, dass Michelangelo gerade in der Nähe spazieren ging und so als einer der Ersten das eben erst entdeckte Kunstwerk zu Gesicht bekam. Dass es ihm bekannt schien, hing mit seiner Kenntnis der antiken Literatur zusammen. Kein Zweifel, er stand vor der sagenhaften Laokoon-Gruppe, die Plinius der Ältere, ein römischer Historiker des ersten Jahrhunderts n.Chr., noch mit eigenen Augen gesehen und detailliert beschrieben hatte. Zwar fehlten Teile vom rechten Arm Laokoons, ebenso die rechte Hand und das rechte Bein des einen und der rechte Arm des anderen seiner Söhne.

Die dargestellte Szene bezieht sich auf eine Episode in Homers *Ilias*. Laokoon, ein trojanischer Priester, rät seinen Landsleuten davon ab, das hölzerne Pferd, ein Geschenk der Griechen, in die Stadt zu überführen. Aufgebracht wegen dieser Warnungen schickt die Göttin Athene zwei Schlangen, welche Laokoon und seine beiden Söhne erdrosseln.

Heute ist dieses Kunstwerk weltweit berühmt. Es wurde im zweiten oder ersten Jahrhundert v.Chr. in Rom von drei ansonsten unbekannten griechischen Künstlern geschaffen; Plinius überliefert die

Die Laokoongruppe. Marmorstatue von Agesandros, Polydoros und Athenodoros von Rhodos. Kupferstich, Paris, um 1790.

Namen Agesandros, Polydoros und Athenodoros. Überdies behauptet er, dass die Gruppe aus einem einzigen Marmorblock gehauen sei – in Wirklichkeit ist es aus sechs Blöcken zusammengefügt.

Genau vier Wochen nach der Auffindung ließ Julius II. die Skulptur in den Vatikan überführen, in dessen Museen sie heute zu besichtigen ist. Oder wieder zu besichtigen ist. Denn schon Sixtus V.

(1585–90) mochte dieses Werk nicht leiden und dachte allen Ernstes daran, es aus dem Vatikan zu entfernen. Dazu kam es aber erst im Jahre 1797, als die Franzosen das Kunstwerk nach Paris verschleppten. 1815 wurde es in die Vatikanischen Museen zurückgeschafft.

Und Felice de Fredis? Er erhielt als Belohnung sechshundert Goldgulden und auf Lebenszeit die Einnahmen des Wegzolls von der *Porta San Giovanni* – und nach seinem Tode eine Begräbnisstätte in *Santa Maria in Aracoeli*. Die Gedenkinschrift wäre eigentlich überflüssig gewesen, wenn der oder die Verfasser den von ihnen entworfenen Text ernst genommen hätten; dieser besagt, dass der Name des Auffinders der Laokoongruppe im Gedächtnis der Menschheit für alle Zeiten fortleben werde.

Römische Lebens-Art

17. Dezember 1809. Einladung vom Prinzen von Gotha, Gang zu
ihm, Fahrt mit ihm nach St. Peter, Messe dort in der Sakristei
der Canonici. Bekanntschaft mit der liebenswürdigen Fürstin
Dietrichstein und dem trefflichen Maler Camuccini. Gang ins Caffè
Nuovo. Frühstücken auf dem Corso. Essen beim Prinzen mit seiner
gewöhnlichen Gesellschaft. Gang ins Caffè Nuovo; mit Ambrosy zu
einer hübschen Neapoletanischen Ballerina, Majorani, Strada
Condotta, rechts die 3. Tür von dem bei Franz belegten Caffè
Greco. Ein Kastrat, ein Neapolitaner und die Cara Mamma sind
mit von der Partie. Es wird erst Lotterie gespielt, dann Vingt et un,
wo ich 3 Scudi verliere. Gang zur Secina, prima Scala della vita in
der Nummer 25, einem schönen großen Mädchen, die häufig
Zuspruch hatte, – Gang nach Hause.
Zacharias Werner, Tagebücher 1809

Die Zunft der Hofschneider

Je näher man dem Vatikan kommt, desto farbenfroher erscheint Rom, und zwar nicht wegen der Touristenscharen und Pilgergruppen, die hier aus aller Welt zusammenströmen; deren Look unterscheidet sich in keiner Weise von dem anderer Städtebummler, die in anderen Metropolen der Welt ihre Kameras zücken. Vielmehr ist es die Elite der Kirche, welche das Stadtbild hier um eine ganze Palette von Farben bereichert. Zu jeder Tageszeit nämlich huschen teils verschreckte Klosterfrauen, teils aufgeweckte Nönnlein über den Petersplatz, gehüllt in vornehmes Schwarz, in dezentes Beige, gelegentlich gar in leuchtendes Himmelblau; das triste Mausgrau bekommt man nur noch selten zu Gesicht. Zu ihnen gesellen sich schwarz gewandete Franziskanerminoriten, die in Sankt Peter als Beichtväter fungieren; Franziskanerobservanten in braunen Kutten, welche sich von den Letzteren abgespalten haben und den Kaufmannssohn aus Assisi dennoch und gegen alle historische Evidenz ausschließlich für sich reklamieren; ferner Dominikaner im schneeweißen Habit, der im Sonnenlicht so unschuldig glänzt, als hätte ihr Orden mit der Inquisition nie das Geringste zu tun gehabt; schließlich und immer wieder Jesuiten in dunkelblauen Nadelstreifen, wobei sie ihre sorgfältig auf Hemd und Jackett abgestimmte Krawatte mit dem römischen Priesterkragen vertauscht haben, wie sich das hier, im Angesicht des Papstes, gehört.

So richtig bunt aber wird es erst, nachdem irgendeine päpstliche Kommission im Vatikan ihre Sitzung beendet hat; dann spucken Torbogen und Portale die Bischöfe mit ihren violetten Käppchen grüppchenweise aus, und wenn wir Glück haben sehen wir gar zwei oder drei ältliche Purpurträger leicht vornüber gebeugt und gemessenen Schrittes über den Platz schreiten, gerade so, als läge das Schicksal der Kirche einzig und allein auf ihren Schultern.

Unwillkürlich erinnert dieses Bild an Federico Fellinis Film *Roma*, in welchem der berühmte Regisseur nicht nur hohe Würdenträger der Orden, sondern auch die Exzellenzen und Eminenzen der Kirche wie Models über den Laufsteg schickt, wo sie die neuesten Kreationen klerikaler Mode präsentieren, eine Szene dies, deren realer Hintergrund vom tatsächlichen Anblick wenn nicht übertroffen, so doch bestätigt wird.

Dass die Mönchskutten und Nonnenhabite nicht von Topmode-
machern und Stardesignerinnen gefertigt, sondern in den Kloster-
schneidereien genäht wurden, versteht sich von selbst. Wo aber werden, werden viele sich fragen, die vielen feinen Stoffe für den
höheren Klerus, für Prälaten, Bischöfe, Kardinäle und den Papst zu-
geschnitten, deren eleganter Faltenwurf selbst gottlosen Kirchen-
feinden eine gewisse Bewunderung abnötigt? Wer Genaueres wissen
möchte, begibt sich am besten in die Gegend zwischen der *Piazza
Argentina* und dem Pantheon. Denn dort lassen jene Maß nehmen,
die es im Reich Gottes zu etwas gebracht haben. Tatsächlich befinden sich im *Centro storico* ein paar Etablissements, deren Inhaber
dafür sorgen, dass die Diener Jesu und die Bräute Christi, auch wenn
sie nicht von dieser Welt sind, ihren obersten Arbeitgeber in dieser
Welt doch würdig repräsentieren. Dass es sich bei dem Paramenten-
und Devotionalienhändler *Euroclero* an der *Via Paolo VI* um einen
Newcomer handelt, sagt schon der Firmenname, der eher an eine
Bankfiliale erinnert. *De Ritis* in der *Via dei Cestari* 48 plustert sich
zwar mit seinem aristokratischen *De*, ist aber, weil erst seit rund acht
Jahrzehnten etabliert, noch lange nicht die vornehmste Adresse.
Barbiconi in der *Via di Santa Caterina da Siena* 58 gibt sich eine Spur
vornehmer; nicht ohne Stolz weist der diplomierte Schneidermeister
darauf hin, dass seine Firma schon seit 1815 Schnittmuster für Kle-
rikerkleidung entwirft – und dass auch der Name des Vorsitzenden
der deutschen Bischofskonferenz, Kardinal Karl Lehmann, in seiner
Klientenkartei gespeichert ist. Platzhirsch auf diesem Sektor aber ist
zweifellos *Annibale Gammarelli* in der *Via di Santa Chiara* 34. Sein
Haus besteht seit 1798 und wurde seither kontinuierlich vom Vater
auf den Sohn vererbt; es handelt sich, obwohl es an einer unscheinbaren Straße liegt, die diesen Namen schon fast nicht mehr verdient,
nicht nur um die älteste, sondern auch um die vornehmste Nieder-
lassung der Kirchenschneiderzunft. Gammarelli ist nicht irgendeine
Firma, sondern ein Begriff und damit die erste Adresse für klerikale
Roben – nicht zuletzt deshalb, weil diese *Sartoria per ecclesiastici*
schon seit sechs Generationen Exklusivlieferantin für pontifikale
Gewänder ist und damit zweifellos den Titel einer Päpstlichen Hof-
schneiderei verdient. Durchschnittlich drei Mal im Jahr fährt Gammarelli mit seinem Gefolge beim Papst vor und nimmt Maß. Steht
ein Konklave an, ist er dafür verantwortlich, dass drei weiße Papst-
soutanen in drei verschiedenen Größen bereitliegen. Trotzdem kam

es schon zu Pannen. Bevor Johannes XXIII. unmittelbar nach seiner Wahl den ersten Segen von der Loggia der Petersbasilika herab erteilte, musste die Rücknaht der Soutane geöffnet werden, damit sich der überaus beliebte, aber eben auch sehr beleibte Angelo Roncalli in den Stoff zwängen konnte.

Im Vergleich zu einer Papstmontur, die lediglich aus einem weißen Scheitelkäppchen, weißen Strümpfen und einer weißen Soutane besteht, erfordert die Ausrüstung einer Eminenz erheblich größeren Aufwand. Allein das Nähen des von Papst Paul II. im Jahre 1464 eingeführten Kardinalsrocks mit der roten Seidenbordüre und den nach wie vor in Handarbeit gesäumten Knopflöchern kostet die Schneidergesellen mindestens 15 Arbeitsstunden und den Purpurträger über 600 Euro. Dazu kommen ein Chorhemd aus Spitzen, ein seidener Schulterumhang (*Mozzetta*), ein rundes Käppchen aus roter Moiré-Seide (*Pileolus*, auch *Soli Deo* genannt, weil es im Gottesdienst vom Sanctus bis nach der Kommunionausteilung, also nur vor der konsekrierten Hostie, abgenommen wird), ferner ein Zingulum (eine Art kunstvoll um den Bauch geschlagene Schärpe), ein Birett und, ganz wichtig weil eine Frage des Stils, die seidenen Socken. Bis auf das Chorhemd sind diese prestigeträchtigen Gewänder allesamt in flammendem Purpurrot gehalten, welches einer alten Überlieferung zufolge die Treue zum Papst bis hin zur Bereitschaft zum Blutvergießen symbolisiert.

Allem Anschein nach sind die Kinder des Lichts nicht weniger eitel als die Kinder der Welt. Diese Schwäche jedoch ist schon deshalb verzeihlich, weil ihr in diesem Fall etwas eignet, worauf die Kirche seit jeher großen Wert legt: Tradition. Schon im Jahre 428 nämlich sah sich der heilige Papst Cölestin I. genötigt, gegen »modische Torheiten« einzuschreiten, die damals unter den Klerikern der Diözesen Vienne und Narbonne grassierten:

Wir haben nämlich erfahren, dass einige Priester des Herrn mehr auf abgeschmackte Staffagen bedacht sind, als auf die innere Glaubenshaltung. Umhüllt mit einem langen Talar und die Lenden umgürtet versteifen sie sich darauf, der Schrift dem Buchstaben statt dem Geiste nach zu folgen. Wenn es wirklich auf die wortwörtliche Beobachtung ankommt, warum streifen sie dann nicht gleich mit brennenden Kerzen und einem Stab in den Händen durch die Gegend? Ich kann einfach nicht verstehen, woher dieses neuartige Gehabe des Talartragens in den gallischen Kirchen kommt und warum das während so

vieler Jahre und unter so vielen Bischöfen Übliche nun verändert wird.
Letztendlich sollen wir uns doch von der Masse und von anderen Men-
schen durch Glaubenswissen, nicht durch Kleidung unterscheiden,
durch ein christliches Leben und nicht durch Äußerlichkeiten, durch
die innere Haltung und nicht durch die Fixierung auf allerlei Firlefanz.

Natürlich bedienen Gammarelli und seine zünftigen Kollegen
nicht nur Päpste und Kardinäle. Auch römische Prälaten und Kano-
niker niederen Ranges, ja sogar strebsame Eleven der *Pontificia Acca-*
demia Ecclesiastica, die sich für eine diplomatische Karriere im
Dienst des Heiligen Stuhls vorbereiten, lassen sich dort einkleiden,
um standesgemäß auftreten können. Die steifen weißen Stehkragen
beispielsweise kann man maßgefertigt beziehen; wer den Kopf
hoch tragen will, bestellt eine etwas sattere Halskrause, die das Kinn
nach oben spannt und es ermöglicht, auch auf jene Zeitgenossen
herabzublicken, die einen um Haupteslänge überragen. Selbst Or-
densfrauen finden bei den besagten Adressen ein saisongerechtes
Angebot an modischen Accessoires. Gegenwärtig sind die spaßigen
Handtäschchen mit Schlaufe stark im Kommen, als Ersatz für die
abgenutzten schwarzen Ledermappen, die schon immer etwas spie-
ßig wirkten. Der eine oder andere Kirchenmann mit einer Rolex am
Handgelenk mag sich heimlich darüber ärgern, dass mondäne
Trends sogar vor Frauenklöstern nicht Halt machen. Einen Anranzer
riskieren die munteren Nonnen, die ihr Image etwas aufpolieren
möchten, allenfalls von einer grantigen Mitschwester.

Obwohl die feinen Schneiderwerkstätten fast ausschließlich von
Leuten mit höheren Weihen leben, beliefern sie auch ganz gewöhnli-
che Laien. Ein Schweizer Journalist, der jüngst bei De Ritis für die
Basler Fasnacht einen ›Kardinal‹ orderte, wurde zu seiner vollen
Zufriedenheit bedient. Nicht einmal seinen Taufschein brauchte er
vorzuweisen.

Die Sonnenuhr des Augustus

Im Sommer 1987 stießen Arbeiter unter der Kirche *San Lorenzo in Lucina* und unter den angrenzenden Straßen und Plätzen im Zug einiger Restaurierungs- und Festigungsarbeiten auf eine Reihe riesiger Travertinplatten. Die herbeigerufenen Mitarbeiter des Deutschen Archäologischen Instituts waren sich sofort darüber im Klaren, dass es sich bei dem Fund um die von Kaiser Augustus auf dem Marsfeld errichtete Sonnenuhr handeln müsse, welche Plinius der Ältere (um 23–79) in seiner berühmten *Historia naturalis* (dem einzigen von ihm erhaltenen Werk) erwähnt.

In der Gegend der heutigen *Piazza Montecitorio* (wo sich das Parlamentsgebäude erhebt) bis zum *Largo Argentina* befand sich damals das Marsfeld, welches seinen Namen vom Kriegsgott Mars herleitete. Dieser einzige größere ebene Platz innerhalb der Siebenhügelstadt diente den römischen Soldaten zur Zeit der Republik als Exerzierplatz. Als Cäsar an die Macht gelangte, begann er mit der Überbauung dieses Terrains. Später ließ Augustus in dieser Gegend sein Grabmal, die *Ara pacis*, den gewaltigen Friedensaltar, und eine Sonnenuhr errichten.

Dieses *solarium* oder *horologium Augusti* war ungefähr so groß wie ein Fußballfeld. Als Zeiger diente ein ägyptischer Obelisk aus Heliopolis aus dem 6. vorchristlichen Jahrhundert; der Kaiser hatte ihn nach der Unterwerfung Ägyptens nach Rom bringen lassen. Die Spitze des Obelisken zierte eine Kugel, deren Schatten auf Bronze- und Kupfermarken fiel, welche in die Travertinverkleidung des Bodens eingelassen waren. Ablesen konnte man nicht nur die Uhrzeit, sondern auch die Monate und, mittels der Breite der Schatten, auch die Länge der Tage und Nächte während der verschiedenen Jahreszeiten, ja sogar die Winde, welche in der jeweiligen Jahreszeit vorherrschend waren. Aber damit hat sich's noch nicht. Auf symbolische (und gleichzeitig überaus raffinierte) Weise wusste sich Augustus selber mit diesem Werk in Verbindung und sein Andenken den Betrachtenden in Erinnerung zu bringen. An seinem Geburtstag nämlich, der auf den 23. September fiel, wandert der Schatten von Morgen bis Abend etwa 150 Meter weit die schnurgerade Äquinoktienlinie entlang genau zur Mitte der (damals dort aufgestellten) *Ara pacis*. Die Botschaft ist klar: Es führt eine direkte Linie von der Geburt dieses Mannes zur *pax.* Und genau an der Wendelinie des Capricorn, der Empfängnislinie des Kaisers, fängt die Sonne wieder an zu steigen; im Klartext: mit Augustus, der das Reich befriedete, beginnt das goldene Zeitalter.

So wenig wie der Friede, das goldene Zeitalter und der damit verbundene Wohlstand hatte die Sonnenuhr Bestand. So weiß schon Plinius der Ältere zu berichten, dass diese »in der Tat merkwürdige und dem Genie des Mathematikers zur Ehre gereichende Erfindung« schon bald nicht mehr so richtig funktionierte: »Die Beobachtungen am Obelisken stimmen aber nun schon seit fast dreißig Jahren nicht mehr mit der Natur überein, entweder, weil im Lauf der Sonne und in der Beschaffenheit des Himmels eine Änderung eingetreten, oder weil die ganze Erde aus ihrem Mittelpunkt gerückt ist – was, wie ich finde, auch an anderen Orten wahrgenommen wird –, oder weil der Stundenzeiger infolge von Erdbeben von seinem Standort etwas verrückt ist, oder gar weil durch Überschwemmungen des Tibers der Grund sich verändert hat, wiewohl das Fundament so tief in die Erde gelegt sein soll, als der Obelisk hoch ist.« Letzteres dürfte zutreffen; im Lauf der Jahre scheint sich der Boden tatsächlich etwas gesenkt zu haben, was Kaiser Domitian gegen Ende des ersten Jahrhunderts veranlasste, die Travertinplatten zu wenden und sie auf der Rückseite mit neuen Markierungen zu versehen.

Wie lange die Uhr noch ging, wissen wir nicht. Fest steht lediglich, dass der Obelisk zur Zeit Karl des Großen noch aufrecht stand. Wann er stürzte und teilweise mit Schutt überlagert wurde, ließ sich bislang nicht feststellen. Im 16. Jahrhundert jedenfalls müssen noch Spuren von ihm sichtbar gewesen sein. Aber der Erhaltungszustand war so schlecht, dass sogar Domenico Fontana (welcher unter Sixtus V. den berühmten Obelisken vom Zirkus des Nero auf den Petersplatz geschafft und dort in einer spektakulären Aktion aufgerichtet hatte) Pläne für eine Wiederaufstellung fallen ließ. 1792 nahm Pius VI. sich der Sache an. Seither erhebt sich die Sonnennadel auf der *Piazza Montecitorio* vor dem italienischen Parlament.

An den ursprünglichen Standort auf der Rückseite des Parlamentsgebäudes erinnert heute eine lateinische Inschrift an der *Piazza del Parlamento*, über dem Torbogen vom Haus Nummer 3; der Text spricht von einem »elegant mit Hieroglyphen verzierten Obelisken, der von Kaiser Augustus nach der Eroberung Ägyptens nach Rom gebracht und auf dem Campus Martius aufgestellt wurde, um den Schattenfall der Sonne und die Länge der Tage und Nächte auf einer gepflasterten, mit Kupferstäben markierten Esplanade anzugeben.«

Um einen Blick auf einen Teil der freigelegten Sonnenuhr zu werfen, braucht es sehr viel Glück und etwas Geld. An der nahe gelegenen *Via Campo Marzio*, beim Haus Nummer 48, führt rechts im Hof hinter einem Eisengitter eine Treppe zur Ausgrabungsstätte hinunter. Falls der Zugang offen ist (was selten vorkommt), und kein Aufseher von der *Sovraintendenza per i beni culturali* sich in der Nähe befindet (was wahrscheinlich ist), lässt Sie ein Arbeiter gegen ein Trinkgeld gerne für ein paar Minuten in den Stollen und in die unterirdischen Gewölbe steigen. Sollte Sie das Trinkgeld reuen oder

Der Barockpalast von Montecitorio, im Auftrag von Papst Innozenz X. 1653 von Gian Lorenzo Bernini begonnen, ist seit 1871 Sitz der Abgeordnetenkammer Italiens.

der Zugang verschlossen oder ein *Custode* von der *Sovraintendenza* in der Nähe sich aufhalten, müssen Sie sich mit einem Blick auf die Fassade des Hauses Nummer 47 zufrieden geben. Dort sehen sie eine kleine Marmorplatte mit einer Skizze der berühmten Sonnenuhr.

Den Obelisken auf der *Piazza Montecitorio* sollten Sie in Ruhe betrachten. Im *Palazzo Montecitorio* übrigens residierte bis zum Jahre 1871 der päpstliche Gerichtshof. Davor – und damit rund um den Obelisken – versammelte sich im 19. Jahrhundert Samstag für Samstag halb Rom, um die Lottogewinnzahlen in Erfahrung zu bringen. Wie es dabei zuging, erzählt der württembergische Diplomat und Schriftsteller Christoph Friedrich Karl von Kölle (1781–1848) in seinen Erinnerungen *Rom im Jahre 1833*:

Der Balkon des Palastes von Monte Citorio wird festlich ge-schmückt, mit einer aufgespannten Leinwand gegen die Sonne ge-schützt; vor dem Obelisken zieht eine Wache auf. Nun erscheinen die Beamten, ein Prälat in violettem Gewande, die Notare usw. Die 90 Nummern werden verlesen und einzeln in ein silbernes Gefäß gewor-fen. Hierauf erscheint ein Waisenknabe im Chorrocke, die Trompeter des Kapitols blasen einen Tusch, dann schlägt der Junge ein Kreuz, zeigt seinen zugeknöpften Ärmel und holt die Nummer aus dem Gefäße, welches vorher während des Trompetenschalles tüchtig umgerüttelt wurde; so geht es fort, bis die fünfte Nummer heraus ist. Die Stimme des Rufenden ist so stentorisch, dass wegen ihr allein es sich der Mühe lohnen würde, hinzugehen. Aber das Interessanteste ist der Anblick des Volks bei dieser Gelegenheit. Gespannte Erwartung auf allen Gesich-tern, eiliges unsinniges Fortrennen der wenigen, welche gewonnen ha-ben, und die getäuschte Hoffnung der Übrigen.

Dem Obelisken schenkte natürlich niemand Beachtung. Und heute weiß kaum jemand, dass es in ganz Rom nur einen einzigen Ort gibt, von dem aus man drei Obelisken gleichzeitig sehen kann, da nämlich, wo sich die *Via Venti Settembre* mit der *Via Quattro Fontane* kreuzt. Von dort aus erblickt man den Obelisken von *Santa Maria Maggiore* (Apsisseite) und dessen Zwilling auf dem Quirinal (die beide stammen aus dem Mausoleum des Augustus), sowie die Sonnennadel vor der Kirche *Trinità dei Monti* (die nicht ägyptischer Herkunft, sondern eine römische Imitation aus der Kaiserzeit ist).

Wenn die Stunde schlägt

PÜNKTLICHKEIT WIRD IN ROM VON NIEMANDEM ERWARTET; folglich ist Unpünktlichkeit noch lange kein Grund, sich zu beschweren. Während es im Norden eine Ehrensache ist, Termine zur vereinbarten Zeit wahrzunehmen, sind die Südländer schon stolz darauf, eine Uhr zu besitzen, die halbwegs richtig geht. Ihre Begeisterung für technische Errungenschaften ist eben genauso grenzenlos wie ihre Flexibilität in Sachen Verabredungen.

Darum wusste offenbar schon der Dominikanerpater und Tüftler Giovan Battista Embriaco, der für seine Erfindungen auf dem Gebiet der Uhrenherstellung höchstes Lob erntete, was aber auf die Lebensphilosophie der Römerinnen und Römer weiter keinen Einfluss hatte. Dem Vernehmen nach geriet er über seinen Experimenten und Grübeleien gelegentlich selber in Verzug, wenn es galt, Termine einzuhalten.

Wie bereits gesagt, gehörte der 1829 geborene Giovan Battista Embriaco dem Dominikanerorden an. Er stammte aus San Remo, wurde 1853 vom Bischof von Perugia, Vincenzo Gioacchino Pecci, dem nachmaligen Papst Leo XIII., zum Priester geweiht und von seinen Oberen schon bald nach Rom, ins Kloster *Santa Maria sopra Minerva* geschickt, wo er den Theologiestudenten des Ordens die Spitzfindigkeiten der Moraltheologie beibringen sollte. Dieser Tätigkeit scheint er eher nebenher nachgekommen zu sein. Denn sein eigentliches Interesse galt nach wie vor der Technik, genauer jenem Bereich dieser Sparte, auf dem damals die Schweizer eine Art Monopolstellung behaupteten. Mit einem Wort, der fromme Pater interessierte sich eher für die Zeit als für die Ewigkeit und konstruierte Uhren. Dabei spezialisierte er sich auf *idrocronometri*, welche, die Bezeichnung sagt es, mit Wasserkraft betrieben werden. Für seine Erfindungen auf diesem Gebiet steckte er jede Menge Ehren- und Goldmedaillen ein.

So zum Beispiel für das Hydrochronometer, das er für einen der drei Innenhöfe im *Palazzo delle Finanze*, dem heutigen Finanzministerium an der *Via Venti Settembre* schuf, und das inzwischen verschollen ist. Einen ähnlichen Zeitmesser kreierte der findige Mönch 1867 für die Weltausstellung in Paris, wo das technische Kunst- und Wunderwerk von den Besuchern und Besucherinnen allgemein bewundert wurde. Diese Wasseruhr, welche die Viertelstunden und Stunden mit unterschiedlichen Glockenschlägen anzeigt, wurde 1872 auf dem *Pincio*, am *Viale dell'Orologio*, aufgestellt. Wenn Ihnen der Weg dahin zu weit ist, begeben Sie sich in die mitten im *Centro storico* gelegene *Via del Gesù*. Dort stoßen Sie im Innenhof des *Palazzo Berardo* (Hausnummer 62) auf einen ähnlichen *idrocronometro* der ebenfalls von dem genialen Padre Embriaco konstruiert wurde. Wenn Sie Glück haben, hören gerade Sie den Stundenschlag dieses mechanischen Kunstwerkes, das Franco, der *portinaio* des Palazzo, vor ein paar Jahren wieder zum Funktionieren brachte. Er wird Ihnen übrigens den Mechanismus gern erklären, wenn Sie ihn darauf ansprechen. Dass Francos Frau Mimma, eine ebenso zierliche wie herzliche und gleichzeitig über die Maßen bescheidene Kalabresin, die beste *pasta* zubereitet, die ich in Italien je gegessen habe, sei hier nur nebenher verraten.

Wenn Sie nun Ihren Weg zum Pantheon fortsetzen, kommen Sie an der Kirche *Santa Maria sopra Minverva* vorbei. In dem dazugehörigen Dominikanerkloster hatte Padre Embriaco während mehrerer Amtsperioden die Stellung eines Priors inne; in diesem Konvent ist er auch verstorben. Sein letztes Stündlein schlug am 6. März 1903. Während der Seelenmesse wurden Vertonungen von Palestrina aufgeführt. Auf seinem Sarg konnten die Trauergäste zahlreiche Orden, Ehrenmedaillen und andere Auszeichnungen bewundern.

Künstlertreff beim Griechen

DAS ERSTE UNS ERHALTENE SCHRIFTLICHE ZEUGNIS betreffend das berühmte *Caffè Greco* an der *Via Condotti* stammt aus dem Jahre 1760. Eigentümer war der Urkunde zufolge ein gewisser Nicola di Maddalena, der aus Griechenland stammte und das Lokal damals schon seit geraumer Zeit führte. Jedenfalls berichtet der in Venedig geborene Abenteurer und Schriftsteller Giacomo Girolamo Casanova in seinen *Memoiren*, dass er 1743 in Rom im Dienst des Kardinals Troiano Acquaviva stand und zu jener Zeit nicht nur mit dessen Nichte, sondern auch in einem Kaffeehaus an der *Strada Condotta* verkehrte:

Ich ging die Strada Condotta hinunter, als ich hörte, wie aus dem Kaffeehaus jemand mir nachrief. Es war mein Freund, der Abate Gama. »Setzt euch doch ein Weilchen zu mir«, forderte er mich auf. Ich höre wie am Nebentisch ein junger Geistlicher über den Papst spottet, allerdings ohne Bitterkeit. Alle lachen. Ein anderer, gefragt, warum er dem Kardinal B. den Dienst aufgekündigt habe, antwortet, dies sei geschehen, weil Seine Eminenz sich nicht verpflichtet gefühlt habe, ihn für die besonderen Dienste zu entlohnen, die er, nur in sein Nachtgewand gekleidet, von ihm verlangt habe. Allgemeines Gelächter. Ein anderer gesellt sich hinzu und verspricht dem Abate Gama, er könne ihm, wenn er einen angenehmen Abend auf dem Pincio verbringen wolle, zwei kleine Römerinnen herbeischaffen, die mit nur einem Viertelgoldstück zufrieden seien. Währenddessen betritt ein sehr hübscher Herr das Café. Wie ich seine Hüften betrachte, muss ich an ein Mädchen in Männerkleidung denken; ich bringe dies Gama gegenüber zum Ausdruck, und dieser erklärt mir, der junge Mann sei der berühmte Kastrat Beppiino Ricciarelli [damals ein weltbekannter Sopranist, der in allen Hauptstädten Europas auftrat]. Der Abate ruft ihn an unseren Tisch und erzählt ihm lachend, ich hätte ihn für ein Mädchen gehalten. Er blickt mir ins Gesicht und sagt, wenn ich eine Nacht mit ihm verbringen würde, wolle er mir zeigen, ob ich richtig geurteilt habe oder nicht.

So richtig à la mode war das *Caffè Greco* (wie das Lokal seines griechischstämmigen Eigentümers wegen genannt wurde) aber erst in den 80er-Jahren des 18. Jahrhunderts, als Johann Wilhelm Tischbein, Karl Philipp Moritz und Johann Wolfgang Goethe dort verkehrten.

Tatsächlich mauserte sich das *Caffè* schon bald zu einem internationalen Treffpunkt. Neuankömmlinge, die in Rom noch keine feste Unterkunft hatten, ließen ihre Post an die Anschrift des (inzwischen längst italienisierten) Griechen schicken, und wer Informationen über irgendwelche Angelegenheiten des römischen Alltagslebens einholen wollte, war im *Caffè Greco* an der richtigen Adresse. Hier trafen sich Literaten und Dichter (Hans Christian Andersen, Henrik Ibsen, Lord Byron, René de Chateaubriand, Giacomo Leopardi, Nikolaj Gogol, Mark Twain, Henry James …), Maler und Bildhauer (Friedrich Overbeck, Antonio Canova, Jean A. Ingres, Berthel Thorvaldsen …) oder Musikschaffende (Franz Liszt, George Bizet, Charles Gounod, Richard Wagner …). Von allen Geistesgrößen, die hier ihren Mokka schlürften, war der miesepetrige Arthur Schopenhauer am wenigsten gern gesehen, nachdem er einem Bildhauer übers Maul gefahren war, der die zwölf Apostel als Charakterköpfe gerühmt hatte: »Gehen Sie mir doch mit Ihren zwölf Philistern aus Jerusalem!«

Die Episode erinnert daran, dass im *Caffè Greco* auch die Nazarener verkehrten (Johann Friedrich Overbeck, Julius Schnorr von Carolsfeld …), jene halb romantischen und halb mönchischen Malkünstler, deren sentimentale Bilder heute etwas weniger Begeisterung auslösen als im 19. Jahrhundert.

Obwohl das *Caffè Greco* der beliebteste Versammlungsort der in Rom ansässigen Fremden war, gerieten längst nicht alle von ihnen über diese Lokalität ins Schwärmen, wie das Urteil des Komponisten Hector Berlioz beweist:

Es ist dies wohl die abscheulichste Spelunke, die man finden kann. Sie ist schmutzig, dunkel und feucht, und nichts kann den Vorzug rechtfertigen, den die in Rom lebenden Künstler jeder Nationalität ihr geben. Allein ihre Lage in der unmittelbaren Nähe der Piazza di Spagna bringt ihr eine beträchtliche Anzahl von Gästen. Man schlägt dort die Zeit tot, indem man scheußliche Zigarren raucht, einen kaum besseren Kaffee trinkt, den man dort nicht wie überall sonst auf Marmortischen serviert, sondern auf kleinen hölzernen Tischchen, so breit wie der Deckel eines Hutes, so schwarz und klebrig wie die Wände dieses liebreizenden Ortes. Das Café Greco wird indessen so sehr von fremden Künstlern besucht, dass die meisten ihre Briefe dorthin adressieren lassen und dass die frisch Angekommenen nichts Besseres tun können, als dorthin zu gehen, um Landsleute zu treffen.

Ähnlich äußerte sich kurz vor der Mitte des 19. Jahrhunderts Berlioz' Zeitgenosse Felix Mendelssohn-Bartholdy; er scheint dabei vor allem die Nazarener im Blick zu haben:

Es sind furchtbare Leute, wenn man sie in ihrem Café Greco sitzen sieht. Ich gehe auch fast nie hin, weil es mich so sehr vor ihnen und ihrem Lieblingsort graut. Das ist ein kleines finsteres Zimmer, etwa acht Schritt breit und auf der einen Seite der Stube darf man Tabak rauchen, auf der anderen nicht. Da sitzen sie denn auf den Bänken umher, mit den breiten Hüten auf, große Schlächterhunde neben sich, Hals, Backen das ganze Gesicht mit Haaren zugedeckt, machen einen entsetzlichen Qualm, sagen einander Grobheiten; die Hunde sorgen für Verbreitung von Ungeziefer; eine Halsbinde, ein Frack wären Neuerungen; – was der Bart vom Gesicht frei lässt, das versteckt die Brille, und so trinken sie Kaffee und sprechen von Tizian und Pordenone, als säßen sie neben ihnen und trügen auch Bärte und Sturmhüte! Dazu machen sie so kranke Madonnen, schwächliche Heilige, Milchbärte von Helden, dass man mitunter Lust bekommt dreinzuschlagen.

Inzwischen hat das *Caffè Greco* viel von seinem ursprünglichen Charme verloren. Die Autografen und Bilder berühmter Persönlichkeiten an den Wänden (Werke von Antonio Mancini, Franz Ludwig Catel, Angelika Kauffmann und vielen anderen) werden von den Gästen kaum beachtet. Sie kehren hier ein und schlürfen ihren Kaffee, weil ein Besuch beim ›Griechen‹ genauso zum Pflichtpensum einer Romreise gehört wie die Besichtigung der Pyramiden in Ägypten.

Wahrscheinlich weiß nicht einmal der (italienische) Besitzer des Lokals, dass hier vor Zeiten gelegentlich auch ein gewisser Vincenzo Gioacchino Pecci verkehrte, der später unter dem Künstlernamen Leo XIII. bekannt wurde.

Campo de' Fiori

CAMPO MARZIO UND CAMPO DE' FIORI – schon die Namen deuten
darauf hin, dass die Gegensätze größer nicht sein könnten. Beide
Male nämlich handelt es sich um *vetusti toponimi*, um uralte Orts-
bezeichnungen, die Aufschluss geben über das ehemalige Aussehen
und Sozialgefüge der betreffenden Bezirke. Selbst humanistisch
nicht sehr Gebildete verfallen ganz von selbst darauf, dass unter der
heutigen *Via in Campo Marzio* einst ein Teil des antiken Marsfeldes
lag. Ihren Namen verdankte diese Gegend einem Tempel, den das
römische Volk dort nach der Vertreibung des blutrünstigen Königs
Tarquinius Superbus dem Kriegsgott errichtet hatte. Wie aber
verhält es sich mit dem *Campo de' Fiori*, einem der schönsten und
geschichtsträchtigsten Plätze Roms? Befand sich an dieser Stelle
einst der Blumenmarkt? Handelte es sich ursprünglich um eine eine
Park- oder Gartenanlage? Hatte sich hier vor Zeiten ein stadtbe-
kannter Florist etabliert? Mitnichten! Des Rätsels Lösung finden wir,
wenn wir eine alte Stadtchronik zur Hand oder, noch einfacher,
wenn wir die Sprache beim Wort nehmen. *Campo de' Fiori* bedeutet
›Blumenwiese‹. Und eine solche befand sich hier, zum Fluss hinab-
fallend und übersät von Margeriten, Mohnblumen und Vergiss-
meinnicht, bis dann um die Mitte des 15. Jahrhunderts die Bauten
zum Tiber hin errichtet und der freiliegende Platz vor den neuen
Palazzi gepflastert wurde.

Neben der *Piazza Navona* und der *Piazza di Spagna* ist der
Campo de' Fiori der dritte Platzhalter unter den römischen Plätzen.
An der Südostecke des *Campo de' Fiori* preist ein Epigramm aus
dem »Jahr des Heils 1483« Sixtus (alias Xystus) IV. überschwänglich
als den Sanierer des Marsfelds: »Marsland, das du eben noch faulig
warst und dreckig von stinkendem Unrat und voll von unschönem
Schmutz, jetzt legst du unter dem Princeps Xystus diese hässliche
Gestalt ab. Alles ist höchst ansehnlich an diesem strahlenden Ort.
Würdiger Lohn und Preis wird dem Heil bringenden Xystus ge-
schuldet. Tief steht Rom in der Schuld seines erhabenen Führers.«

Dass dieser in Stein gehauene Lobspruch nicht in der Gegend des
früheren Marsfeldes selber, sondern ausgerechnet auf dem etwa
gleichzeitig erschlossenen *Campo de' Fiori* angebracht wurde, deutet
darauf hin, dass die frühere Blumenwiese sich schnell zu einem be-

Der Galgen auf dem Campo de' Fiori. Stich von Giuseppe Vasi.

liebten Treffpunkt gemausert hatte. Bedeutend war der Ort schon deshalb, weil hier die feierlichen Papstprozessionen vom Lateran zum Vatikan vorbeiführten. In den Straßen rund um den Platz hatten sich vorwiegend Künstler und Handwerker niedergelassen, die Kundschaft blieb nicht aus, und so hatte fast jedes Gebäude rund um den *Campo* im Erdgeschoss bald ein eigenes Wirtshaus. Außer-

184

dem befand sich dort die älteste (und exklusivste) Herberge, der noch heute existierende *Albergo del Sole*, dem Ferdinand Gregorovius in seiner berühmten Geschichte der Stadt Rom einen eigenen Abschnitt widmet:

Dieses heute älteste Hotel Roms, welches vier und wohl mehr Jahrhunderte hindurch Reisende aller Länder beherbergt hat, wurde aus dem Material des Pompejustheaters erbaut: ein großes finsteres Gebäude mit gewölbtem tiefem Eingang, welcher kastellartig verrammelt werden konnte. Es ist nur zufällig, dass dieses Gasthaus nebst der ›Campana‹ [Gasthaus zur Glocke] zuerst im Jahre 1489 erwähnt wird; denn am 6. Mai desselben kehrten der Herzog Otto von Braunschweig mit neunundzwanzig Pferden in der ›Campana‹, am 13. September der Botschafter Frankreichs, Guillelmus de Pithanea, in der ›Sonne‹ ein. Beide Gasthäuser waren damals die vornehmsten Roms, doch sicherlich von sehr primitiver Natur. Die Herren, welche dort abstiegen, konnten jeden Tag gewärtig sein, aus ihren Fenstern eine Hinrichtung mit anzusehen, oder sie sahen in ihrer Nähe Gehenkte an den Galgen schweben, denn der Campo diente zur Richtstätte Roms.

Tatsächlich war der Platz bis 1798 von einem Galgen beherrscht, an dem Übertäter an den Armen aufgehängt worden. Diese ›Strickfolter‹ wurde über Übeltäter zur Strafe für mindere Vergehen verhängt. Daran erinnert noch heute die *Via della Corda*, die an der Stelle in den Platz mündet, wo früher der Galgen stand.

Was die Herren Adeligen und Gesandten von den beiden Gasthäusern aus sonst noch so zu sehen bekamen, geht aus einem Bericht des Stadtchronisten Stefano Infessura hervor, der in seinem *Diario di Roma* unter dem 12. Dezember 1444 Folgendes vermerkt:

Heute wurde Angelotto degli Poschi, Kardinal von Santo Marco, ermordet, und zwar von einem seiner Kammerdiener, der ihn ausraubte. Aus diesem Grunde wurde der besagte Kammerdiener sofort gefangen genommen. Man schleifte ihn vom Kapitol bis zum Haus des Kardinals; dort wurde er gefesselt auf einen Karren gelegt, bis zum Richtplatz auf dem Campo de' Fiori geführt und dabei mit glühenden Zangen gezwickt. Auf dem Richtplatz wurden ihm die Hände abgehauen, und dann wurde er aufgehängt und dann geviertelt, und die vier Teile wurden angeheftet in vier Stadtvierteln, an vier Plätzen von Rom, ein Teil am Ponte Molle, einer auf dem Campo de' Fiori, einer am Monte Mario und der letzte an der Porta San Giovanni. Die Hände wurden angenagelt an der Mauer der Porta San Pietro.

Nicht bloß Verbrecher, auch Ketzer, Häretiker und Apostaten wurden auf diesem Platz hingerichtet. Dem berühmtesten von ihnen, dem Dominikaner Giordano Bruno, haben die Römer später mitten auf dem *Campo* ein Denkmal errichtet. Auf einem steinernen Sockel erhebt sich der ehemals Verfemte in seiner Mönchskutte, welche er doch schon in jungen Jahren abgelegt hatte und unter keinen Umständen mehr tragen wollte. Am Piedestal selber erinnern Medaillons an andere berühmte Opfer des religiösen Fanatismus; dargestellt sind unter anderen der Spanier Miguel Servet (1553 verbrannt) der Engländer John Wyclif (gestorben 1384), der Tscheche Jan Hus (1414 verbrannt), der Franzose Petrus Ramus (1572 während des Massakers in der Bartholomäusnacht ermordet). Ebenfalls am Sockel des Denkmals findet sich die Gedenkinschrift für Giordano Bruno: *A Bruno il secolo da lui divinato, qui dove il rogo arse* (Bruno gewidmet, von dem Jahrhundert, das er vorausgeahnt, hier, wo der Scheiterhaufen brannte). Der bedeutende Philosoph und Dichter der italienischen Renaissance wurde am 17. Februar 1600 wegen seiner angeblich pantheistischen Ansichten bei lebendigem Leib verbrannt. Bruno glaubte an die Unendlichkeit des Universums, an die ordnende Kraft einer ›Weltseele‹ und an die Existenz eines einzigen, unendlichen Prinzips, das sich in jedem Teil der Schöpfung widerspiegele. Berühmt geworden sind seine letzten Worte an die Richter: *Temete più voi nel pronunziare questa sentenza che io nell'ascoltrala* (Ihr fürchtet euch mehr vor der Verkündigung dieses Urteils als ich davor, es zu hören).

Zahlreiche Ehrengäste aus vielen Ländern Europas, Abgeordnete von Parteien und die Honoratioren der Stadt Rom füllten die Ehrentribüne, als das Denkmal am 9. Juni 1889, einem Pfingstsonntag, unter großer Anteilnahme der Bevölkerung enthüllt wurde. Während die patriotische Einheitsbewegung Italiens (Stichwort: *Risorgimento*) das Ereignis als Sieg über die klerikale Bevormundung feierte, suchte Papst Leo XIII., der sich durch diese Denkmalenthüllung am meisten angegriffen fühlte, am andern Tiberufer ebenfalls Zuflucht bei einer Statue; er verbrachte den Tag von den Morgen- bis in die späten Abendstunden schweigend, fastend und betend vor der berühmten schon seit Jahrhunderten von den Gläubigen verehrten Petrusstatue im Petersdom.

Heute, die Zeiten haben sich gründlich geändert, verwandelt sich der *Campo de' Fiori* allmorgendlich vor Sonnenaufgang in einen bunt belebten Marktplatz, auf dem Obst und Gemüse, Backwerk, Fleisch, Geflügel und Fisch angeboten werden. Eine wahre Augenweide bilden die prall gefüllten Körbe mit geputzten Broccoli, Spinat und vorbereiteten Salatmischungen. In der Nähe des Brunnens befinden sich die Blumenstände. Am Rand des Platzes werden unter der Hand Artikel angeboten, welche auf einem Blumen- und Lebensmittelmarkt etwas artfremd wirken: kaputte Uhren, falsche Antiquitäten, abgetragene Anzüge oder ›artistische Fotografien‹, womit abgeschmackte Pornobildchen gemeint sind.

Weder die Marktschreier noch die Hausfrauen verlieren in dem hier herrschenden pandämonischen Gefeilsche und Getriebe (»Du glaubst zu schieben und du wirst geschoben ...«) jemals die Fassung; die Händler und Händlerinnen wissen nicht nur, was die Kundschaft wünscht, sie wissen auch, dass diese weiß, was *sie* wollen – nämlich einen möglichst großen Umsatz zu möglichst hohen Preisen. Romreisende, die diesen Markt besuchen, sollten deshalb nicht nur zugreifen, sondern zuerst einmal zuhören und zusehen. Irgendwann bemerken sie dann plötzlich, dass es auf dem *Campo de' Fiori* keine Standlfrauen gibt, sondern nur Primadonnen. Denn der *Campo* ist nun einmal kein gewöhnlicher Markt, sondern eine Bühne. Hier ist jede Marktfrau eine Diva und jede Kundin eine Schauspielerin. Und die paar Aufsicht führenden Polizisten kommen sich vor wie Regisseure eines Welttheaters. Selbst die Bettler am Rand des Platzes sind sich bewusst, dass sie keine bloße Nebenrolle spielen; auf dem *Campo*

Das Monument für Giordano Bruno auf dem Campo de' Fiori. Ein Werk von Ettore Ferrari, 1889.

de' Fiori gibt es nun einmal keine Statisten, sondern ausschließlich Protagonisten.

Den kapuzenbedeckten Mönch in der Mitte des Platzes bewegt das alles nicht. Längst mischt er sich nicht mehr ein in die unseligen Händel, in denen unter dem Vorwand der Wahrheitssuche alte Rechnungen beglichen und neue Machtansprüche durchgesetzt werden. Sein Blick ist auf das Buch gerichtet, das er in der Hand hält. Spät in der Nacht wird der Platz wieder ihm allein gehören.

Alfredos Fettuccine und das Wasser des Lebens

FAST ALLE, die es zum ersten Mal nach Rom verschlägt, möchten, wenn möglich schon am selben Abend, von den sagenhaften *fettuccine* kosten, mit denen der legendäre Alfredo die Gäste vor Zeiten in seiner winzigen Trattoria in der *Via della Scrofa* verwöhnte. Das Rezept hatte er von seiner Großmutter übernommen und schon nach kurzer Zeit wusste die halbe Stadt, dass Alfredo die besten Nudeln von ganz Rom zubereitete. Die hauchdünnen mit halbflüssigem Käse und zerlassener Butter vermischten Teigbänder hatten es tatsächlich in sich; für Alfredo brachen goldene Zeiten an. Denn bald schon beehrten ihn Fürsten und Kardinäle aus aller Welt mit ihrer Gegenwart. So verwandelte sich sein ehemals bescheidenes Lokal schnell in ein geistliches Zentrum. Dann kamen die Amerikaner und machten aus der Gaststätte einen profanen Wallfahrtsort. Alfredo ließ sich zusammen mit den Großen dieser Welt fotografieren; fortan zierten immer mehr dieser modernen Votivtafeln die Wände seines Lokals. Schließlich gab er eine Speisekarte in Auftrag, die ihn mit einer Krone aus Nudeln darstellte: Alfredo als *Re delle fettuccine*. Tausende von Romreisenden, welche Millionen von Lire zurückließen, überschwemmten seine Osteria.

Irgendwann wurde es dem armen Alfredo zu viel. Er konnte seine eigenen *fettuccine* nicht mehr sehen, nicht mehr riechen, nicht mehr essen. Er hatte eben nicht nur die Kasse, sondern auch die Nase voll. Also beschloss er, Gabeln und Löffel und Messer, die Stühle und Tische, ja selbst die Bilder an den Wänden und natürlich auch seinen guten Namen und sein berühmtes Rezept zu verkaufen, und zwar an seine beiden Oberkellner, die das Geheimnis ohnehin schon kannten. Die zwei fühlten sich natürlich weniger als Nachlassverwalter, denn als Prinzregenten.

Alfredo setzte sich derweil zur Ruhe, ging häufig spazieren, und immer häufiger zog es ihn dabei zu seiner alten Trattoria. Er wollte eben seine Krone wieder tragen, wer will ihm das verübeln? Die Prinzregenten!

Es kam, wie es kommen musste, nämlich zum Streit; man schied im Zorn. Zwar war Alfredo seinen Titel los, doch kein Gesetz verbot es ihm, sich einen neuen zuzulegen. An der *Piazza Augusto Imperatore*, unter den Arkaden des *Augusteo*, eröffnete er ein Lokal. Ein

Schild wies daraufhin, dass hier *Il Vero Alfredo* seine Nudeln kochte, nicht mehr als *Re*, sondern als *Imperatore delle fettuccine*. Die Gäste kamen in Scharen wie früher, die Preise stiegen (und steigen weiter, seit der Euro die vertraute Lira abgelöst hat) und inzwischen erinnert eine Neonleuchtschrift selbst die Nachtblinden daran, wer hier den Kochlöffel rührt und den Käse schmelzt: *L'originale Alfredo*. Die Trattoria nennt sich jetzt Ristorante, und damit die Japaner und Amerikaner ganz sicher gehen, wirbt ein Aushängeschild in großen Lettern: *THE REAL KING OF FETTUCCINE.*

Romreisende, die statt Alfredos Nudeln zu kosten, ein Lokal aufsuchen möchten, in dem es nicht *nur* gewinnorientiert, sondern auch zivilisiert zugeht, rufen bei *Aux eaux-vives* an und lassen sich dort einen Tisch reservieren.

Dieses Ristorante, das in Wirklichkeit, der französische Name sagt es, ein Restaurant ist, liegt an der *Via Monterone* bei der *Piazza Sant'Eustacchio*. Gegründet wurde das *Eaux-vives* für französische Missionare, die bei ihren Romaufenthalten auf ihre heimatliche Küche nicht verzichten mochten. Heute verkehren dort jede Menge Prälaten und Bischöfe; auch Kardinäle trifft man gelegentlich, mittags wie abends. Selbst der gewöhnliche Klerus ist immer gut vertreten. Auch Wahlrömer (fremdsprachige Mitarbeiterinnen von Radio Vaticana, Theologieprofessoren, Zeitungskorrespondentinnen …) verabreden sich hier gerne zum Essen, wenn sie Besuch aus ihrer Heimat erwarten. Der Slogan, mit dem das Lokal wirbt, kommt schon fast einem Glaubensbekenntnis gleich; angeblich hat man sich zum Ziel gesetzt »den Geist der heiligen Theresia vom Kinde Jesu mit der Weltanschauung des Cordon bleu zu vereinigen«. Das erinnert an einen Ausspruch der anderen heiligen Theresia, die in Avila als Mystikerin berühmt wurde. Die soll einst einer Dame, welche sich darüber entsetzte, dass sie lustvoll ein Rebhuhn verzehrte, den Weg zur wahren Spiritualität gewiesen haben: »Wenn Gebet, dann Gebet, wenn Rebhuhn, dann Rebhuhn.«

Ähnliches scheinen auch die Köchinnen und Kellnerinnen im *Eaux-vives* zu empfinden. Es handelt sich nämlich allesamt um Nonnen des Karmeliterinnenordens, die wohl im Kloster, aber nicht in Klausur nach den evangelischen Räten leben wollen. Die Gäste, die hier verkehren haben Verständnis, dass irgendwann während des Essens durch den Lautsprecher ein *Salve Regina* ertönt. Gelegentlich führen die Nonnen auch exotische Tänze auf. Als sich vor ein paar

Jahren ein erstaunter Besucher bei der Schwester Oberin nach dem Besitzer des Lokales erkundigte, soll diese geantwortet haben: Besitzerin ist nach wie vor *la sainte Vierge*, die Mutter Gottes.

Der Name des Restaurants geht auf jene Szene im Johannesevangelium zurück, in der Jesus der Samariterin am Jakobsbrunnen offenbart, dass er »das lebendige Wasser« sei. Im gleichen Johannesevangelium ist davon die Rede, dass Jesus anlässlich einer fidelen Dorfhochzeit in Kana einmal Wasser in Rebensaft verwandelte. Selbstverständlich hat das *Eaux-vives* auch einen hervorragenden Weinkeller.

Küche im Konklave

WENN SICH DIE KARDINÄLE nach dem Tod eines Papstes ins Konklave zurückziehen, genügt ihnen nicht der Beistand des Heiligen Geistes, um einen neuen Nachfolger des heiligen Petrus zu wählen; sie bedürfen auch der leiblichen Nahrung. Obwohl (oder vielleicht eher weil) bei diesen Versammlungen für Seele und Leib hinreichend gesorgt war, kam es immer wieder vor, dass die Purpurträger Mühe hatten, sich auf einen Kandidaten zu einigen. Eine traurige Berühmtheit erlangte das Konklave von Viterbo, das bisher längste in der Geschichte, welches am 1. September 1271 einer dreijährigen Sedisvakanz ein Ende setzte – und zwar unter massivem Druck der Öffentlichkeit. Weil die siebzehn im Bischofspalast versammelten Kardinäle die Wahl immer weiter hinauszögerten, beschlossen die Behörden der Stadt, den Zugang zum Konklave zuzumauern und den untereinander zerstrittenen Wählern nur noch Wasser und Brot durch ein Fenster zu reichen. Als selbst diese Maßnahme nichts fruchtete, deckten einige Bürger kurzerhand das Dach ab, so dass die Kardinäle zeitweise buchstäblich im Regen saßen. Angesichts dieses Ausnahmezustandes einigten sich die Wähler schließlich auf den Archidiakon von Lüttich Tedaldo Visconti, der allerdings weder Priester noch Kardinal war und sich in Erfüllung eines Kreuzzuggelübdes gerade in Palästina befand. Der neue Papst, nunmehr Gregor X., kam erst im Februar 1272 in Viterbo an, am 13. März empfing er in Rom die Priesterweihe und am 27. fand die feierliche Papstkrönung statt.

Was die Verpflegung der Kardinäle während der Konklaven betrifft, besitzen wir meist nur spärliche Nachrichten. Gut informiert hingegen sind wir über das Zeremoniell der Speisekontrollen, die bei den Papstwahlen im 16. Jahrhundert üblich waren, um Leib und Leben der Wähler zu schützen. Diese Nachrichten verdanken wir dem Drei-Sterne-Koch Bartolomeo Scappi.

Der hinterließ ein Kochbuch dessen nichts sagender Titel *Opera* (»Werk«) in eklatantem Widerspruch zu seinem gewichtigen Inhalt steht, handelt es sich doch um ein fundiertes Standard- und Nachschlagewerk, das bis ins 17. Jahrhundert hinein immer neu aufgelegt wurde.

Scappis Werk gliedert sich in sechs Teile. Zunächst belehrt er seine Kollegen über die Eigenschaften, die einem guten Koch abverlangt werden. Danach referiert er über Fleisch und Geflügel, anschließend über die Zubereitung von Fischgerichten, Eierspeisen und Suppen. In den folgenden drei Kapiteln befasst er sich mit einer saisongerechten Küche, mit Desserts und der Schonkost für kränkelnde Naturen.

Über den Verfasser selber wissen wir nur wenig, nämlich dass er, vermutlich nach 1500, in Venetien geboren wurde; dass er 1534 im Dienst des Kardinals Lorenzo Campeggio stand (der in jenem Jahr verstarb); dass er in dessen Auftrag zu Ehren Kaiser Karls V. einmal ein spektakuläres Galadiner ausrichtete; dass er ab 1550 hintereinander fünf Päpste bekochte, und zwar solcherart, dass er sich schließlich mit dem Titel eines »Päpstlichen Geheimkochs« schmücken durfte ... und dass er um 1570 das Zeitliche segnete. Scappi kreierte Rezepte und reformierte die Kochkunst durch neue Arten der Zubereitung. Er erfand nicht nur das Schmoren und Dünsten der Speisen, sondern auch das Marinieren und Pochieren. Vor allem der gaumenlustige Weinkenner Paul III. (1534–1549) zeigte sich von der Kunst dieses Küchenartisten begeistert. Pius V. hingegen, der letzte von ihm verköstigte Papst, war den Tafelfreuden nicht besonders zugetan. Der drohte dem Maestro am 22. Februar 1567 gar mit Exkommunikation, für den Fall, dass er es wagen sollte, die pontifikale Fastensuppe, die bei einem Essen anlässlich des ersten Jahrestages seiner Inthronisation aufgetragen wurde, heimlich mit etwas Fleisch- oder Hühnerbrühe anzureichern ...

Als Päpstlicher Geheimkoch – heute würden wir sagen Leibkoch – war Scappi auch für die Verköstigung der Kardinäle während mehrerer Konklaven verantwortlich. In seinem kulinarischen Bestseller dokumentiert er unter anderem die Hürden, welche die Köche während des Konklaves von 1550 nach dem Tod Pauls III. zu überwinden hatten, bevor die Speisen vom Herd auf die Teller der Wähler gelangten. Zum einen wurden sämtliche Gerichte schon während der Zubereitung einer strengen Prüfung unterzogen, um zu verhindern, dass schriftliche Botschaften in den Versammlungsraum gelangten (weswegen Pasteten von vornherein verboten waren); zum anderen galt es zu verhüten, dass die Kardinäle einem Giftanschlag zum Opfer fielen.

Die Vorsichtsmaßnahmen gegen kriminelle Ränkespiele begannen naturgemäß in der Küche. Die Schüsseln wurden zugedeckt und

von den Dienern in den Speisesaal gebracht. Dort hob der Vor-
schneider den Deckel, entnahm eine Probe und gab sie den Dienern
zu kosten. Danach erfolgte ein chemischer Test. Dafür verwendete
man Zähne von Narwalen, das Horn des Steinbocks oder Elfenbein-
stücke, von denen man annahm, dass sie sich im Kontakt mit gifti-
gen Ingredienzien verfärben würden. Gelegentlich benutzte man
auch Korallen, Edelsteine oder Mineralien wie Serpentin und Ala-
baster, manchmal gar die Zähne fossiler Haifische. Gang für Gang
wurde auf diese aufwändige Art und Weise geprüft, wobei Kostprobe
und Gifttest lediglich das Schlussglied eines komplexen Sicherheits-
systems bildeten. Dieses beinhaltete Zutrittsverbote für Fremde zu
Küche, Weinkeller und Vorratskammer, die tägliche Inspektion von
Möbeln, Wäsche und Geschirr sowie eine akribische Überwachung
der Angestellten. Der Hofmeister prüfte überdies das bei Tisch verwendete Essgeschirr, Salz, Silbergefäße, Wasserschalen, Tischtücher
und Servietten.

Manchmal traf man bei den Konklaven noch weit strengere Si-
cherheitsvorkehrungen. Zeitweise hatte jeder Kardinal einen Diener,
der für seinen Herrn die Mahlzeit in der Küche abholte. Nach einer
ersten Kostprobe wurden die Speisen mehreren weiteren Prüfungen
unterworfen. Die letzte Kontrolle wurde von sieben Bischöfen
durchgeführt. Diese Vorkoster warteten im Vorzimmer des verschlossenen Saals, in welchem das Konklave stattfand; von hier aus
wurden die Gerichte über eine rotierende Durchreiche in den Ta-
gungssaal befördert.

Im Übrigen wurde diese *credenza* (wie man die Prozedur damals
nannte) nicht bloß aus Angst vor vergifteten Speisen gepflegt und
um zu verhindern, dass Nachrichten von außen die Wähler beeinflussen könnten. Gleichzeitig nämlich war das Ritual des Vorkostens
auch Ausdruck der sozialen Stellung und des gesellschaftlichen Ansehens einer Person. Unter anderem geht das aus einem Bericht des
florentinischen Bildhauers und Goldschmieds Benvenuto Cellini
hervor, der 1539 in Rom wegen eines gewalttätigen Verhaltens vorübergehend eingekerkert war: »Herr Antonio schickte mir mein Essen
durch jenen Apothekerknecht Giovanni, der früher in Prato wohnte
und jetzt hier Soldat ist. Ich sagte ihm, ich wolle von dem, was er mir
bringe, nichts mehr essen, wenn er es mir nicht vorkoste. Er antwortete mir, einen Vorkoster habe wohl der Papst. Darauf versetzte
ich: Da vornehme Leute dem Papst vorkosten müssen, so sei auch er,

ein Soldat, Apothekerknecht und Bauer von Prato verpflichtet, einem Florentiner meinesgleichen vorzukosten. Hierauf schimpfte er und ich schimpfte wieder.«

Während wir von Scappi bloß erfahren, was sich bei den Papstwahlen zwischen Küche und Esstisch zutrug, sind wir hinsichtlich eines Konklaves, das Jahrhunderte später stattfand, genauestens darüber informiert, was die versammelten Purpurträger auf ihre Teller bekamen. Diese Nachrichten verdanken wir den Tagebuchaufzeichnungen des Domenico Svampa, seines Zeichens Kardinal und Erzbischof von Bo-

Vorkoster beim Konklave. Stich aus den »Opera« von Bartolomeo Scappi, des Geheimkochs Pius' V., Venedig 1605.

logna, die später auf allerlei Umwegen an die Öffentlichkeit gelangten. Im Hochsommer 1903 hatten sich nach dem Tod Leos XIII. 62 Kardinäle zur Papstwahl zusammengefunden. Untergebracht waren sie in der *Sala Regia*, in der Sixtinischen Kapelle und in vier weiteren vatikanischen Gemächern. Das besagte Tagebuch nun enthält nicht nur kirchenpolitische Äußerungen, sondern auch sehr persönliche Eindrücke. So bemerkt der Schreiber schon am ersten Tag des Konklaves, dass ihn heftige Zahnschmerzen plagten, weswegen seine »linke Gesichtshälfte, vor allem um das Auge« aufs heftigste anschwoll, ein Übel, das den Bedauernswerten veranlasste, nicht zum gemeinsamen Abendessen zu erscheinen, sondern in seiner Zelle zu bleiben, wo man ihm »außer einem mit etwas Butter angereicherten Süpplein gebratenen Fisch und Bohnensalat« servierte. Anderntags, nach der Messe, machte sich ein weiteres Malheur bemerkbar, unter dem diesmal sämtliche Kardinäle zu leiden hatten: »Weder Brot noch Milch wurden rechtzeitig zum Frühstück geliefert. Statt Milch gab es Eier, während das Brot durch Kekse ersetzt wurde.«

Nach diesem kärglichen Frühstück schritten die Kardinäle zum ersten Wahlgang; ein Ergebnis kam nicht zu Stande.

Das anschließende Mittagessen war offenbar genießbar. Jedenfalls notiert Svampa die einzelnen Gänge, ohne sich darüber zu beklagen: »Suppe mit Nudeleinlage, Gesottenes mit Bohnen, gebratene Leber und Reis, gebratene Hähnchen mit russischem Salat; außerdem Käse und Obst.« In der Folge gerät Svampas Tagebuch immer mehr zum Gastro-Memorial. Peinlich genau verzeichnet er, was zum Abendessen (nach einem zweiten, ebenfalls ergebnislosen Wahlgang) auf den Tisch kam, nämlich »Minestra mit Nudeleinlage, Kalbsbraten mit Zucchinisalat, Käse und Obst«.

Bei den nächsten vier Wahlgängen am 2. und 3. August vermochten sich die Eminenzen noch immer nicht auf einen Kandidaten zu einigen. Immerhin ließen die im sechsten Wahlgang abgegebenen Stimmen die Stimmung steigen; alles deutete darauf hin, dass am folgenden Morgen, am 4. August, der Erzbischof von Venedig, Kardinal Giuseppe Sarto, das erforderliche Mehr schaffen würde. Kardinal Svampa zufolge setzten sich die Kardinäle frohgemut zu Tisch, um das Abendessen einzunehmen. Als Hauptspeise wurden Pilze gereicht. Hatten sich die Kardinäle bisher bei den Abstimmungen mutig geschlagen, so schlugen sie jetzt wacker bei dem Pilzgericht zu.

Die Nacht vom 3. auf den 4. August blieb wohl allen Beteiligten unvergesslich. Svampa kommentiert das Drama eher lakonisch: »Fast alle Konklavisten wurden von furchtbaren Magenkrämpfen und einer so fürchterlichen Diarrhöe heimgesucht, dass man gezwungen war, in der Apotheke 50 Packungen mit Heilmitteln zu ordern. Der Arzt ist überzeugt, dass die Pilze diese Plage verursacht haben.« Lediglich drei Wähler blieben von den Attacken verschont, nämlich Kardinal Mariano Rampolla, der seinen persönlichen Koch mitgebracht hatte, der Erzbischof von Wien, der sein Essen aus der Kantine der Schweizergarde bezog, und der Primas von Ungarn, der sich seine Diät von einer Ordensschwester zubereiten ließ. Was die Pilzvergiftung betraf, hatte sich der Medikus in seiner Diagnose vertan, wie sich schon bald herausstellte. Schuld an der Infektion war vielmehr ein kupferner Kochtopf mit einem Defekt im Überzug.

Der neu Gewählte nannte sich Pius X. Gleich zu Beginn seines Pontifikats erließ er eine Bestimmung, welche *per omnia saecula saeculorum* verbot, in einer Konklaven-Küche Kupferbehälter zu verwenden.

Giolitti oder Kein Ende der Eiszeit

WORIN UNTERSCHEIDEN SICH ROMPILGER von gewöhnlichen Globetrottern? Letztere zieht es zuerst zum Kolosseum, während die Ersteren sogleich der Peterskirche zustreben. Spätestens am Abend ihrer Ankunft aber stoßen beide Gruppen beim Parlamentsgebäude aufeinander; dort machen alle einen Schwenker in Richtung *Via degli Uffici del Vicario* und stehen bei Giolitti Schlange. Denn bei Giolitti gibt es das beste Eis in Rom. Darin sind sich die frommen Wallfahrer und die gewöhnlichen Touristen bei allen weltanschaulichen Differenzen ausnahmsweise einmal einig.

Die Italiener werden es nicht gerne hören – aber der *gelato* ist nun einmal nicht ihre Erfindung. Schon im dritten vorchristlichen Jahrtausend kannte man in China eine Art Speiseeis, das aus Schnee, Milch und Früchten hergestellt wurde. An einer ähnlichen Leckerei delektierten sich die alten Griechen, die den Schnee vom Olymp mit Honig, Fruchtsäften und Wein vermischten. Eine Variante dieser erfrischenden Gaumenfreude schätzten auch die Genussspechte und Naschkatzen im antiken Rom. Kaiser Nero ließ durch Stafettenläufer Schnee aus den Albaner Bergen in seinen Palast bringen, um sich daraus unter Zugabe von Früchten und Honig eine Eisspeise herstellen zu lassen. Schmolz der Schnee, bevor er in der Hauptstadt eintraf, riskierten die Läufer ihr Leben. Mit dem Untergang des Römerreiches geriet die Kunst der Eisherstellung in Vergessenheit.

Die uralten Rezepturen gelangten erst im 13. Jahrhundert wieder nach Italien, als Marco Polo von seiner Asien-Expedition zurückkehrte. Die diesbezüglichen Kenntnisse verbreiteten sich über Venedig über halb Europa. Allerdings blieb das süße Vergnügen vorerst ausschließlich wohlhabenden und höfischen Kreisen vorbehalten und auf die kalte Jahreszeit beschränkt.

Das änderte sich im 16. Jahrhundert, als ein sizilianischer Zuckerbäcker die kühlende Wirkung der Salpetersäure entdeckte. Fortan herrschte an den Fürstenhöfen das ganze Jahr über Eiszeit. Die breitete sich von Italien nach Gallien aus, als die Florentinerin Katharina von Medici 1533 den Herzog von Orléans und späteren König Heinrich II. heiratete. Bei dieser Gelegenheit nämlich schleppte sie zusammen mit ihrer Mitgift auch ihren Gelatiere, den Eismacher, nach Paris. Als Nachtisch zum Hochzeitsessen kosteten die Gäste Gefrorenes aus Himbeeren, Orangen und Zitronen. In der Folge hüteten die französischen Könige die verschiedenen Eisrezepte wie ein Staatsgeheimnis. Bei Verrat drohte die Todesstrafe. Später, 1673, brachten geschäftstüchtige Berater König Ludwig XIV. auf die Idee, die höfischen Rezepte zu verkaufen und eine Speiseeissteuer zu erheben. Fortan verdiente der Staat mit, wenn die Franzosen ihre *glace* schleckten.

In Italien hatte der eigentliche Siegeszug des Speiseeises schon 1660 begonnen, als dort die Eismaschine erfunden wurde. In Deutschland war der Begriff ›Eis‹ (aber noch nicht die Sache selber) erst 1799 in vieler Munde; damals eröffnete Vicomte Lanclot, der während der Wirren der Französischen Revolution geflohen war, in Hamburg den Alsterpavillon, wo sich die hanseatischen Kaufleute an der kühlen Spezialität laben konnten.

Als Erste verfielen die Amerikaner auf den Gedanken, das Eis industriell herzustellen. Um 1850 eröffnete der Milchhändler Jacob Fussel in Pennsylvania die erste kleine Eisfabrik, und zwar in der Absicht, nicht verkaufte Sahnebestände zu verwerten. Dreizehn Jahre später ließ sich der Amerikaner Henry Bust patentieren, was auch heute aus keiner Kühltruhe wegzudenken ist: das Eis am Stiel. Noch attraktiver allerdings scheint das Waffelhörnchen zu sein, eine Erfindung, die dem Italiener Italo Marchioni zugeschrieben wird. Er soll in seiner neuen Heimat Amerika anlässlich des Nationalfeiertages am 4. Juli 1890 aus Waffeln Hörnchen geformt haben. Seine Landsleute errichteten ihm dafür ein Denkmal im italienischen Longarone.

Während die Amerikaner als Erfinder der industriellen Eisfabrikation ihr Geschäft machten, qualifizierten sich die Italiener als Pioniere der Eisdielen. Die Geschichte dieser südländischen Hitzköpfe und ihrer kalten Erzeugnisse begann um die Mitte des 19. Jahrhunderts in dem in den Dolomiten gelegenen Cadoretal. Bei den dortigen ersten *gelatieri* handelte es sich ursprünglich um Arbeitslose, die bis anhin mit dem Verkauf von gekochten Birnen und Maronen eine klägliche Existenz fristeten. Angeblich lernten sie das Eismacherhandwerk von einem Sizilianer. Versehen mit ihren neuen Kenntnissen emigrierten die Wagemutigsten unter ihnen nach Österreich und Ungarn. 1865 fuhr der erste Eiswagen durch Wien. Den traditionsversessenen Österreichern jedoch war das ambulante Gewerbe ein Dorn im Auge, so dass die *gelatieri* sich gezwungen sahen, Ladenlokale anzumieten. Damit war die Eisdiele erfunden.

Seither haben schon viele versucht, dem Geheimnis der italienischen Eismacher auf die Spur zu kommen. Dabei erscheint das Rezept so einfach: Milch, Sahne, Eier und Zucker mit Vanille, Früchten, Kakao oder Kaffee vermischen und gefrieren lassen – was ist denn da Besonderes dran? Das Besondere ist, dass wir's nicht wissen – und dass ein *vero gelatiere* sich eher die Zunge abbeißt, als uns das gewisse Etwas, also das Geheimnis jener unnachahmlich leichten, kühlen Sämigkeit zu verraten, welches seinem seit Generationen überlieferten Rezept zu Grunde liegt.

Romreisende, welche ihr Eis nicht bei Giolitti lecken, haben eine gestörte Beziehung zur Ewigen Stadt. Denn Giolitti gehört nun einmal zur *urbs* wie das Kolosseum und der Petersdom. Giolitti ist eben nicht einfach ein Familienbetrieb oder ein Firmenname. Giolitti ist ganz einfach Giolitti. Anders kann man's nicht sagen.

Das zeigt sich schon darin, dass Giolitti achtundvierzig (in Zahlen: 48) verschiedene Eissorten anbietet. Das ergibt, selbst wenn man bloß zwei Kugeln bestellt, 1'128 Kombinationsmöglichkeiten. Wer sich für drei Kugeln entschließt, hat eine Auswahl unter 17'296 Kombinationen. Und sollte jemand bei den 48 Angeboten gar alle denkbaren Kombinationen mit vier verschiedenen Sorten einmal durchprobieren wollen, müsste er oder sie bei Giolitti 194'580 (in Worten: hundertvierundneunzigtausendfünfhundertachtzig) Mal Eis bestellen. Da würde es sich dann schon lohnen, sich hinzusetzen, auch wenn das Schlecken am Tischchen ein bisschen mehr kostet. Wer sich den Aufpreis für den Stuhl sparen möchte, schaut bei Giolitti vorbei, wenn gerade ein wichtiges Fußballspiel stattfindet, holt sich das Eis an der Theke und setzt sich trotzdem gemütlich hin. Denn während die *squadra di Roma* oder die *squadra del Lazio* um einen Pokal oder gar – ein absoluter Höhepunkt – beide Römer Mannschaften gegeneinander spielen, brüllt ganz Rom vor dem Fernseher und die Stadt gehört einzig und allein den Fremden. Und sämtliche Kellner bei Giolitti starren gebannt auf die Mattscheibe im Laden und keiner von ihnen wird sich einen Deut scheren um die Leute, die an den Tischchen im oder vor dem Lokal zum Stehtarif ihr Eis lutschen.

»Non olet« oder Menschliches Grundbedürfnis

Cicero war ein gerissener Jurist und gewandter Politiker; bekannt ist er heute vor allem als mitreißender Redner, was irgendeinmal dazu führte, dass sein Name zu *Cicerone* verballhornt und gleichzeitig zum Synonym für einen nicht notwendigerweise sprachgewandten, in jedem Fall aber redseligen Fremdenführer wurde. Ähnlich verhält es sich mit der guten Perpetua, der Haushälterin des ängstlichen Don Abbondio in Manzonis *I promessi sposi*. Der Roman wurde populär und Perpetua zum Begriff; wenn heute jemand an der Tür des Pfarrhauses klingelt, öffnet ihm meist die *perpetua*, wie die Wirtschafterin des *Signor curato* fast überall in Italien genannt wird. Dass eine Person nicht bloß zum Inbegriff eines Berufsstandes, sondern auch zum Synonym einer bestimmten Sache werden kann, zeigt der Ausdruck *vespasiano*, womit jener kleine Thronsaal gemeint ist, den selbst Könige zu Fuß aufsuchen. Seine Bezeichnung verdankt der besagte Ort dem Kaiser Titus Flavius Vespasianus, der im Jahr 9 nach Chr. geboren wurde. Ab 66 war er Oberbefehlshaber im Ersten Jüdisch-Römischen Krieg. Nach seiner Ausrufung zum Kaiser im Jahr 69 kehrte nach Rom zurück, wo er die öffentlichen Finanzen wieder in Ordnung brachte. Bei dieser Aufgabe bewies er insofern Geschick, als er auf den Gedanken verfiel, eine Sondersteuer für die Benützung jener Lokalitäten zu erheben, auf die Menschen naturgemäß angewiesen sind, wenn sie sich nicht gerade im Hungerstreik befinden.

Solche öffentliche Örtchen waren im antiken Rom notwendig, weil die Mietshäuser (Fachausdruck: *insulae*) im Gegensatz zu den Privathäusern über keinen Wasseranschluss verfügten. Für das ›kleine Geschäft‹ genügten die großen Bottiche unter den Treppenverschlägen, die von Gerbern dort aufgestellt und von Zeit zu Zeit geleert wurden. Vorzugsweise von Männern frequentiert waren auch die tönernen Gefäße und die Amphoren mit den abgeschlagenen Hälsen in den römischen Seitenstraßen. Der dort angesammelte Urin wurde zum Gerben benötigt. Weil Vespasian partout nicht einsah, dass die Walker und Gerber den für ihr Handwerk benötigten Rohstoff kostenlos beziehen sollten, belegte er sie mit einer ›Pinkelsteuer‹. Als sein Sohn Titus ihn deswegen tadelte, hielt Vespasian ihm eine Münze von der ersten Erhebung unter die Nase und fragte ihn, ob er einen üblen Geruch verspüre. Titus verneinte, worauf der Vater ihm bloß sagte: *pecunia non olet*, siehst du, Geld stinkt nicht.

Zur Erledigung des ›großen Geschäfts‹ waren im ganzen Stadtgebiet allgemein zugängliche Bedürfnisanstalten eingerichtet. Im 4. Jahrhundert zählte man deren 144 (zum Vergleich: 1975 gab es gerade 105). Diese *latrinae* oder *foricae publicae* bestanden in der Regel aus marmornen Sitzbänken mit Löchern, die an drei Wänden entlang hufeisenförmig angeordnet waren. Unter den Bänken verlief eine Rinne, durch welche kontinuierlich frisches Wasser floss, welches die Fäkalien wegspülte. Ein bis zwei Dutzend Sitze direkt nebeneinander waren keine Seltenheit. Ein Teil einer solche Anlage kam bei Ausgrabungen an der *Piazza Argentina* zum Vorschein. Die einzig erhaltene von den ursprünglichen drei Sitzreihen ist von der parallel zum *Teatro Argentina* verlaufenden Stützmauer aus sichtbar; lediglich die marmornen Klobrillen fehlen.

Da in diesen öffentlichen Latrinen keinerlei Trennwände existierten, ergab es sich von selbst, dass man dort nicht nur den Körper, sondern auch sein Herz erleichterte. Außerdem wissen wir auf Grund historischer Zeugnisse, dass die Bewohner Roms die öffentlichen Toiletten nicht nur »der Not gehorchend und dem eignen Triebe« aufsuchten, sondern auch um sich über die Tagesneuigkeiten zu unterhalten – und dass während des ›großen Geschäfts‹ auch mancherlei andere, weit größere Geschäfte zu Stande kamen.

Noch im 19. Jahrhundert scheint man in Rom die hygienischen Verrichtungen keineswegs mit der Intimsphäre in Verbindung gebracht zu haben. Dies jedenfalls geht aus einem Brief hervor, den der Schriftsteller und Philosoph Friedrich Theodor Vischer 1839 verfasste:

Die Natürlichkeit verleugnet sich auch hier nicht. Körperliche Bedürfnisse werden höchst unverhohlen behandelt. Dort geht ein fein gekleideter Mann mit einer Dame, er gibt ihr seinen Stock oder Schirm zu halten, geht etwas Weniges auf die Seite und sie wartet. Ein junger Deutscher wurde in seinem Logis von den Töchtern seiner Hausfrau, zwei sehr schönen Mädchen, bedient. Diese sahen in seiner Gegenwart jeden Morgen nach dem Nachtstuhl (denn bessere Anstalten sind sehr selten und dann nicht weniger als eine commodité). Das genierte den schamhaften Jüngling so, dass er ihn gar nicht benutzte, sondern jeden Morgen bei Freunden eine Gastrolle gab, bis ihn die Mädchen fragten, ob er krank sei. »Warum?« »Perché non cacate mai.« Ich selbst habe meinen Nachtstuhl auf dem Korridor, die Tochter der Wirtin ging einmal vorbei, ich saß auf Kohlen und konnte doch nicht aufstehen, sie sagte, ohne zu lachen oder überhaupt nur etwas Ungewöhnliches darin zu finden: »Fate pure.«

Fate pure, lasst Euch bloß nicht stören bei Eurem Geschäft! Entsprechend dieser Maxime scheint man sich damals trotz päpstlicher Verbote und amtlicher Vorkehrungen auch in der Öffentlichkeit verhalten zu haben, wie ein Sonett Giuseppe Gioachino Bellis, eines Zeitgenossen Vischers, erahnen lässt; es trägt den Titel *La pisciata pericolosa* (Gefährliche Pinkelei):

Gestern Abend, ich war grad beim Pantheon,
musst' ich mal pinkeln und stand an der Wand,
da sah ich, dass hinter mir einer stand …
Ein Schweizer, im Dienst, schöne Situation!
Bloß weg mit dem Pint! war die Reaktion,
Und vor lauter Schreck bin ich weggerannt,
ihn, Hut und Hosenlatz in der Hand,
denn der Kerl rief: Bleib stehn, wart' ich krieg dich schon!
Und ich hör' den Teutonen dicht hinter mir,
wie er keucht: Zum Taifel, Freund, bleib doch stehen!
Dann noch was auf Türkisch, was ich nicht kapier',
bis er sagt, und das war gut zu verstehen:
Du Dummkopf, komm doch ein bisschen mit mir,
wir wollen ein Gläschen Wein trinken gehen!

In der Tat hatte Leo XII. im Hinblick auf das Heilige Jahr 1825 bestimmt, dass vor den wichtigsten Kirchen Roms ein Schweizergardist Wache halten und im Gotteshaus für Ordnung sorgen musste. Zu den Aufgaben dieser Kustoden gehörte es, Hunde aus den Kirchen zu verjagen und darauf zu achten, dass niemand dort sein Bedürfnis verrichtete, eine damals weit verbreitete Gewohnheit, welcher man in der Folge mittels einer elementaren technischen Vorrichtung zu wehren versuchte. Noch heute finden sich neben manchen Seiteneingängen römischer Gotteshäuser abgerundete Gitter, die es einem verunmöglichen, für einen Augenblick in die dämmerige Ecke neben dem vorstehenden Kirchenportal zu flüchten, um sich dort Erleichterung zu verschaffen.

Ungestraft wäre das heute nicht einmal mehr an der einer Litfaßsäule ähnelnden Ruine mitten auf dem *Piazzale Numa Pompilio* möglich. Entgegen der Vermutung mancher Romreisender standen in den drei Nischen niemals irgendwelche Statuen. Vielmehr handelt es sich um die Überreste einer antiken Pinkelsäule.

Mit der von ihm eingeführten Sondersteuer hat Kaiser Vespasian nicht nur zur Sanierung der Staatsfinanzen beigetragen, sondern darüber hinaus auch den italienischen und den französischen Sprachschatz bereichert. Wenn die Italiener nach einem *vespasiano* und die Franzosen nach dem *vespasienne* fragen, tönt das einfach viel vornehmer, als wenn die Deutschen etwas von einer Pinkelpause murmeln.

Rund um den Vatikan

Ich betrat noch San Teodoro, eine kleine Rundkirche aus sehr alter Zeit. Sie war ganz von Weihrauch erfüllt, viele Kerzen flackerten an dem linken Altar, aber keinen Priester, keine Gläubigen fand ich vor. Sie waren eben gegangen. Das ist die Situation in Rom: noch wölkt der Weihrauch, noch dauern die Zeremonien, aber der Glaube ist eben gegangen.
Reinhold Schneider, Tagebuch 1930–1935

Alle Jubeljahre wieder

Heiligabend 1575. Papst Gregor XIII. und sein geistliches Gefolge haben sich, umgeben von einer riesigen Menge von frommen Römern, andächtigen Pilgern und erregten Schaulustigen vor der Heiligen Pforte des Petersdoms versammelt. Der Papst ergreift die versilberte Hammerpicke und holt zum Schlag gegen die Blendwand aus Ziegeln aus, um das Tor zu öffnen. Der Handgriff des Hammers bricht entzwei und reißt ihm die Finger auf. Dessen ungeachtet hämmert der Pontifex wacker weiter, bis ein Loch im Mauerwerk entsteht. Anschließend treten die beidseitig der Pforte postierten Arbeiter in Aktion. Krachend fällt die Ziegelwand zusammen.

In diesem Augenblick bricht die Hölle los. Gierig stürzt sich die Menge auf die Trümmer; selbst die Wachsoldaten sind nicht mehr zu halten. Alle hoffen sie, mindestens eine der goldenen oder silbernen Gedenkmünzen zu ergattern, die vor fünfundzwanzig Jahren aus Anlass des letzten Jubiläums geprägt und in die Blendwand eingemauert wurden. Der päpstliche Zeremonienmeister Francesco Mucanzio wird noch am selben Abend in sein Tagebuch schreiben, wie er die Massen beruhigen wollte – und dass seine Stimme in dem fürchterlichen Aufruhr ungehört verhallte.

Dem Zeremoniell zufolge soll der Papst die Basilika als Erster durch die eben geöffnete Pforte betreten. Aber angesichts der 300'000 Menschen, die sich eingefunden haben, ist kein Durchkommen. Also verrichtet er vorerst einige Gebete, doch der Sängerchor ist in Anbetracht des gewaltigen Lärms nicht in der Lage zu respondieren.

Als Gregor endlich in die Kirche einziehen kann, erschallt das *Te Deum*, während die Kanoniere auf der nahen Engelsburg Salutschüsse abfeuern. Erst nach der turbulenten Feier erfährt der Pontifex, dass bei dem Gedränge an der Heiligen Pforte sechs Menschen zu Tode getrampelt wurden.

Ein ähnliches Gerangel entstand siebeneinhalb Jahrzehnte später, 1650, als es der Schweizergarde nur unter größten Anstrengungen gelang, die in Sankt Peter vorandrängenden Massen zurückzuhalten. Noch schlimmer ging es in *Santa Maria Maggiore* zu, wo Kardinal Francesco Maidalchini zur gleichen Zeit die Heilige Pforte öffnete. Dort kam es zu Handgreiflichkeiten zwischen den Chorherren der

Leo XII. eröffnet das Heilige Jahr 1825. Zeitgenössischer Stich.

Basilika und den versammelten Gläubigen, weil die einen wie die anderen auf die Medaillen und Münzen aus waren, welche man bei den Schlussfeierlichkeiten des vorigen Heiligen Jahres eingemauert hatte.

Beim folgenden Jubiläum, 1675, verlief die Eröffnungszeremonie weniger stürmisch. Den Feierlichkeiten voraus ging tagelanges Glockengeläute. So hatte es der damals bereits 84-jährige Klemens X. angeordnet, der trotz seiner geschwächten Gesundheit darauf bestand, die zugemauerte Pforte selber mit einem Hammer zu öffnen, während ein Chor Motetten sang und ein unter Kanonendonner gezündetes Feuerwerk den Himmel über der Ewigen Stadt erhellte.

Die Idee des Heiligen Jahres geht – allerdings bloß indirekt – auf Papst Bonifaz VIII. zurück. Kurz vor Weihnachten des Jahres 1299 machte in Rom eine Nachricht die Runde, die sowohl unter den Einheimischen, wie auch unter den Pilgerleuten einen großen Widerhall auslöste, von der aber niemand zu sagen wusste, wer sie zuerst verbreitet hatte. Auf Straßen und Plätzen, ja sogar in den Kneipen sprachen alle nur noch von einem, nämlich dass man durch einen Besuch der Petersbasilika einen außerordentlichen Ablass gewinnen könne, der nicht nur die Vergebung der Sünden, sondern auch den Nachlass der dafür fälligen Strafen einschloss.

Alle, denen diese Nachricht zu Ohren kam, nahmen sie begierig auf, und in den Tagen nach Weihnachten strömten ständig größere Volksmassen nach Sankt Peter, vor allem als sich auch noch das Gerücht verbreitete, der 1. Januar des Jahres 1300 sei der letzte Termin, an dem man in den Genuss eines Sündennachlasses komme, ohne größere Bußübungen ableisten zu müssen.

Papst Bonifaz VIII. war so ziemlich der Letzte, den die Kunde von dieser allgemeinen Vergebung erreichte. Völlig unerwartet sah er sich mit der Tatsache konfrontiert, dass das Volk sich sozusagen selber von seinen Verfehlungen lossprach und jedermann glücklich von Sankt Peter nach Hause eilte, in dem frohen Bewusstsein, nicht nur Absolution von den Sünden, sondern auch Amnestie von den damit verbundenen zeitlichen Strafen erlangt zu haben.

Wer oder was diesen überraschenden Ansturm auf Sankt Peter ausgelöst hat, wird wohl für immer im Dunkel der Geschichte verborgen bleiben. Tatsache ist, dass der Papst unter Zugzwang geriet. Er erkannte, dass nicht nur das moralische Verhalten der Gläubigen, sondern auch die kirchliche Disziplin früher oder später darunter leiden musste, wenn der Ablass weiterhin zum Nulltarif zu haben war. Also sann Bonifaz auf Mittel und Wege, um die vom Volk praktizierte Selbstabsolution unter Kontrolle zu bringen. Zu diesem Zweck rief er am 22. Februar 1300, am Fest der *Cathedra Petri* (Petri Stuhlfeier), ein Jubiläumsjahr aus, während dessen alle Romwallfahrer in den Genuss eines Ablasses gelangen sollten. Einen ähnlichen Ablass hatte schon Papst Alexander II. im Jahre 1063 den Kämpfern gegen die Mauren in Spanien gewährt. Urban II., der Initiator der Kreuzzüge, folgte diesem Beispiel, als er 1095 auf der berühmten Synode von Clermont den Heilig-Land-Kämpfern den Nachlass aller zeitlichen Sündenstrafen in Aussicht stellte.

Die Ausrufung eines Jubeljahres durch Bonifaz VIII. und der damit verbundene Ablass erwiesen sich als eine äußerst geschickte Maßnahme. Damit erweckte der Papst den Anschein, das sonderbare Verhalten der Gläubigen zu approbieren. In Wirklichkeit jedoch gelang es ihm so, den Pilgerstrom gezielt nach Rom zu lenken und gleichzeitig die vom Volk praktizierte zweifelhafte Absolutionspraxis zu reglementieren. Voraussetzung für die »nicht nur volle und reichliche, sondern sogar vollste Vergebung der Sünden« – so der Papst in seiner Ankündigungsbulle – sei die Reue und die sich daran anschließende Beichte. Darüber hinaus verfügte Bonifaz, dass die Römer und Römerinnen, die auch von allen Sündenstrafen befreit werden wollten, einen Monat lang mindestens jeden zweiten Tag die Peterskirche und die Basilika *San Paolo fuori le Mura* aufsuchen mussten. Die auswärtigen Pilger und Wallfahrerinnen hingegen konnten diesen ›vollkommenen Ablass‹ unter der gleichen Bedingung schon innerhalb von zwei Wochen gewinnen, weil sie sonst ihre Rückreise allzu lange hätten hinausschieben müssen.

Die Ankündigung des Papstes löste ein unerwartetes Echo aus. Gewaltige Scharen von Wallfahrern überschwemmten die Hauptstadt der Christenheit. Der um 1310 verstorbene Chronist Guglielmo Ventura weiß zu berichten, dass in *San Paolo fuori le Mura* das ganze Jubeljahr über »Tag und Nacht« zwei Kleriker mit einem Rechen Unmengen von Spendengeldern zu Haufen zusammenschoben: *duo clerici die ac nocte stabant ad altarem Sancti Pauli, tenentes in eorum manibus rastellos, rastrellantes pecuniam infinitam.* Kardinal Giacomo Stefaneschi († 1343) präzisiert später, dass es sich bei diesen Almosen fast ausschließlich um *minutis monetis*, um kümmerliche Groschenstücke, handelte.

Das erste Heilige Jahr kam also nicht auf Veranlassung der Kirchenleitung, sondern unter dem Druck der Gläubigen zu Stande. Dabei hatte das fromme Volksempfinden mit seinem Verlangen nach einem allgemeinen Sündenerlass und bedingungsloser Vergebung, wenn auch unbewusst und auf theologisch zweifelhafte Weise, bloß einen Gedanken aufgegriffen, der sich schon in der Hebräischen Bibel findet.

Wie im 25. Kapitel des Buches Levitikus nachzulesen ist, beging das Volk Israel alle fünfzig Jahre ein *Jobeljahr* (wörtlich: ›Jahr des Widderhorns‹ oder ›des Erlasses‹), das dann im Christentum in der volkstümlichen Ausdrucksweise – sachlich gesehen keineswegs zu Unrecht – zu einem Jubeljahr wurde. Das jüdische Jobeljahr brachte die Verpflichtung mit sich, die Erde brachliegen und ruhen zu lassen, alle hebräischen Sklaven freizugeben und die gepfändeten Güter und Grundstücke ihren ursprünglichen Besitzern zurückzuerstatten. Diese Maßnahme sollte einerseits daran erinnern, dass Jahwe der alleinige Herr seines Volkes und der eigentliche Eigentümer des Landes war. Anderseits diente sie der Konsolidierung einer Gesell-

San Giovanni in Laterano. Klemens XII. gab Alessandro Galilei den Auftrag zur Errichtung der Fassade der Lateranbasilika – »Mutter und Haupt aller Kirchen der Stadt und des Erdkreises«. Klassizistischer Stil gewann Einfluss im barocken Rom. Stich 18. Jh.

schaftsordnung, die auf der Familie und dem Familienerbe gründete. Allerdings besitzen wir keinerlei Zeugnisse dafür, dass diese Gesetzesbestimmungen jemals eingehalten wurden (was vermutlich zu einer wirtschaftlichen Katastrophe geführt hätte).

Als Bonifaz VIII. im Februar 1300 das erste Heilige Jahr in der Geschichte der Kirche proklamierte, stand noch die alte Peterskirche. Dort gab es damals noch keine ›Heilige Pforte‹; die Päpste residierten ja im Lateranpalast. Und noch heute ist, entgegen einer weit verbreiteten Ansicht, nicht etwa der Petersdom, sondern die Lateranbasilika der Rangordnung nach die erste Kirche der Christenheit. Von daher wird auch verständlich, warum sich das früheste bekannte Zeugnis bezüglich einer Heiligen Pforte auf *San Giovanni in Laterano* bezieht. Es handelt sich um ein Dokument vom 28. März 1400, aus dem hervorgeht, dass in diesem Jubeljahr die Heilige Pforte der Lateranbasilika wieder geöffnet wurde – was den Rückschluss erlaubt, dass man sie nach den Heiligen Jahren 1350 oder 1390 (letzteres ausgerufen von Urban VI., um die Römer günstig zu stimmen) zugemauert hatte. Im Hinblick auf das Jubiläum von 1500 verfügte Alexander VI., dass man außer in Sankt Peter und in der Lateranbasilika auch in *Santa Maria Maggiore* und in Sankt Paul vor den Mauern eine Heilige Pforte öffne, zur Erinnerung an Jesus, der dem Neuen Testament zufolge die Tür zum Heil darstelle (»Ich bin die Tür; wer durch mich hineingeht, wird gerettet werden«; Johannesevangelium, Kapitel 10, Vers 9). 1625 riet Urban VIII. wegen der in der Umgegend von Rom herrschenden Pest von einem Besuch der Basilika *San Paolo fuori le Mura* ab und weihte stattdessen in *Santa Maria in Trastevere* eine Heilige Pforte. Dieses Tor wurde im Jubiläumsjahr 1825 erneut geöffnet, nachdem die Paulskirche am 15. Juli 1823 einer Feuersbrunst zum Opfer gefallen war.

Geschiebe und Gewühl gab es während mancher Jubeljahre allerdings nicht nur vor den Heiligen Pforten der römischen Basiliken. Ein weit chaotischeres Treiben herrschte zeitweise auf den Tiberbrücken. Einen der neuralgischsten Punkte bildete der *Ponte Sant'Angelo*, welchen die von Norden und Süden in die Stadt strömenden Pilgermassen auf ihrem Weg zur Engelsburg und zum Vatikan passieren mussten. Eine schmale Straße schleuste die Ankommenden auf den Flussübergang zu, auf dem Krämer, Marktschreier und Garköche ihre Produkte anpriesen. 1450, als die Ewige Stadt von Pilgerscharen geradezu überschwemmt wurde, gab es dem Bericht eines

Augenzeugen zufolge auf dieser Brücke zeitweise kaum mehr ein Durchkommen: »Es herrschte dort solch ein Gewühl, dass oft Wachen mit Stöcken einen Weg bahnen mussten, um ernste Unfälle zu verhindern.« Dennoch kam es am frühen Abend des 19. September zu einer furchtbaren Katastrophe, als besonders viele Pilger und Wallfahrerinnen nach Sankt Peter zogen, um von Nikolaus V. den Segen zu empfangen. Angesichts dieser Menschenmassen scheuten die Pferde und Maultiere auf der Brücke. Manche der Vorwärtsdrängenden gerieten unter die Hufe, die Nachrückenden, welche davon nichts mitbekamen, schoben sich weiter nach vorn, so dass immer mehr Menschen niedergetrampelt wurden oder in den Tiber stürzten. Die Zahl der Opfer betrug 172. Worauf der Papst die Buden und Hütten auf der Brücke umgehend beseitigen ließ.

Auch in späteren Zeiten kam es gelegentlich zu allerlei Gerangel, was jedoch nicht auf die fehlende Infrastruktur, sondern auf die Überheblichkeit einzelner Pilgergruppen zurückzuführen war. So weiß der Chronist zu berichten, dass im Jubiläumsjahr 1600 die Gonfalonezunft der Dreifaltigkeitsbruderschaft den Vortritt an der Engelsbrücke streitig machte. In diesem Augenblick traf dort auch eine Bruderschaft aus Neapel ein und wollte die Brücke passieren, worauf sich die Mitglieder der beiden zuerst eingetroffenen Vereinigungen flugs miteinander verbündeten. Daraufhin warf der Führer der Neapolitaner das Prozessionskreuz von sich und zog das Schwert. Wie der Konflikt ausging, ist nicht überliefert.

Wie aus vielen Geschichtsquellen hervorgeht, stellte eine Heilig-Jahr-Wallfahrt in früheren Zeiten eine ernsthafte Gefahr für Leib und Leben dar. Weil Banditen die Reisewege nach Rom unsicher machten, sahen sich die Päpste immer wieder einmal genötigt, ein Exempel zu statuieren. So ließ Innozenz XII. im Jahr 1698 im Hinblick auf das bevorstehende Jubiläum auf der *Piazza del Popolo* in Rom vier Wegelagerer aus Spoleto aufhängen und vierteilen, um mögliche Nachahmungstäter abzuschrecken.

Nachdem die Pilgerleute an den Gräbern der Apostel heil eingetroffen waren, hatten sie oft noch eine ganze Menge Abenteuer zu bestehen. Schon 1350 boten die Herbergen längs des Weges nicht genügend Platz für die schätzungsweise rund zwei Millionen Wallfahrenden (Westeuropa zählte damals ungefähr 53 Millionen Einwohner). Umso leichter konnte man in Rom eine Unterkunft finden. Aber, berichtet ein Chronist, wenn Betten für vier versprochen waren, mussten sich die Gäste am Abend die Liegestatt mindestens mit einer weiteren Vierergruppe teilen. Gleichzeitig registriert ein gewisser Bucio di Ranallo aus den Abruzzen, dass die Lebensmittelpreise mit dem Ansturm der Fremden abrupt in die Höhe schnellten, »wobei die römischen Metzger überdies raffiniert und betrügerisch schlechtes mit gutem Fleisch mischen und verkaufen«. Just ein Jahrhundert später beklagt der römische Patrizier Paolo del Mastro ähnliche unhaltbare Zustände, mit denen die Wallfahrer und Pilgerinnen konfrontiert waren: »Sie flehen, man möge sie um der Liebe Gottes willen aufnehmen, aber es ist unmöglich. Sie müssen unter freiem Himmel übernachten. Viele kommen vor Kälte um; sie bieten einen schrecklichen Anblick. Und doch drängen solche Mengen herbei, dass die Stadt regelrecht verhungert.«

Um solchen Übeln zu steuern, wurde 1378 das Pilgerhospiz *Santa Maria dell'Anima* gegründet, das deutschen und holländischen Romfahrern eine Unterkunft bot. Nach und nach entstanden andere nationale Herbergen. Am meisten Raum bot das Dreifaltigkeitshospiz, welches Philipp Neri, ein Naturtalent von einem Heiligen und Gaukler, noch zu seiner Laienzeit errichten ließ und das seit 1575 unzähligen Pilgerleuten Aufenthalt gewährte. Ein Gastwirt, Rocco Marsini, erinnert sich, wie er damals mit sechzig anderen Landsleuten aus Viterbo von einigen Mitgliedern der Bruderschaft des Philipp Neri an der Milvischen Brücke empfangen und unter Gesängen zum Hospiz beim *Ponte Sisto* geleitet wurde. Dort wuschen vierzig Männer in roten Gewändern den Ankömmlingen die Füße und offerierten ihnen ein reichliches Mahl und frisch bezogene Betten. Weil sich aber bei frommen Anlässen auch allerlei Gesindel unter die Gottesfürchtigen zu mischen pflegte, beherbergten der fröhliche Filippo und seine frommen Genossen nur Leute, welche ein bischöfliches Empfehlungsschreiben vorweisen konnten. Wer ein solches besaß, war während des Romaufenthaltes mancher Sorgen enthoben, zumal Adel und Prälaten mitunter geradezu miteinander wetteiferten, wenn es darum ging, die nötigen Geldmittel für die von Philipp Neri ins Leben gerufene Institution zu beschaffen.

Dass so mancher fromme Brauch zu allerlei Missbräuchen Anlass gibt, zeigt auch und gerade die Geschichte der Heiligen Jahre. Überliefert ist, dass einige Chorherren anlässlich des Jubiläums von 1350 die Spenden der Gläubigen in die eigene Tasche steckten und tätlich gegen ihre Vorgesetzten vorgingen, als diese sie zur Rechenschaft zogen. Die Rede ist auch von Beichtvätern, welche eingesperrt wurden, weil sie den Bußwilligen die Absolution nur gegen harte Währung gewähren wollten. Gravierende Fehler unterliefen gelegentlich sogar der obersten Kirchenleitung. Während der Premiere von 1300 verweigerte Bonifaz VIII. den Angehörigen des Geschlechts der Colonna demonstrativ den Jubiläumsablass und vertat so die einmalige Chance, sich mit seinen politischen Gegnern zu versöhnen. Ein ähnliches Los traf 1775 die Jesuiten, deren Orden kurz zuvor verboten worden war und dessen Mitglieder Pius VI. von der Gewinnung des Ablasses ausschloss (der frühere Generalobere verbrachte gar einen Teil des Jubeljahres in den vatikanischen Verliesen). Von andern Päpsten hingegen wissen wir, dass sich während des Heiligen Jahres selber gewichtige Bußwerke auferlegten. Der schwächliche Klemens VIII. besuchte 60 Mal die römischen Hauptkirchen, gelegentlich sogar barfuß. 70 Mal rutschte er auf den Knien die Heilige Treppe hoch. Dass er mit Rücksicht auf das Jubiläum den Karneval verbot, haben ihm die Römer allerdings übel genommen. Auch Leo XII., der den Pilgerscharen am Karfreitag 1825 im Dreifaltigkeitshospiz die Füße wusch und ihnen die Mahlzeiten servierte, fand wenig Verständnis, als er im Hinblick auf das große Ereignis nicht nur die Prostituierten aus der Stadt verbannte, sondern auch Theateraufführungen, Bälle und Empfänge, ja sogar das Puppentheater und kleine Gesellschaften verbot und stattdessen den Kalender mit Prozessionen, Volksmissionen und anderen geistlichen Übungen füllte. Dem piemontesischen Adeligen Massimo D'Azeglio zufolge klagten die Angestellten im Kirchenstaat, sie müssten jetzt wählen zwischen dem Gesang des *Miserere* und dem Verlust des Arbeitsplatzes.

In unserem Jahrhundert, da die Grenzen zwischen Pilgerfahrt und Vergnügungsreise fließend sind, werden die Kuriosa seltener. 1950 berichteten die italienischen Zeitungen, dass ein katalanischer Industrieller die Strecke zwischen Barcelona und Rom in 37 Tagen schaffte, und zwar zu Fuß. Ein anderer Wallfahrer, der sich im Juli in Helsinki zum Aufbruch entschloss, traf im November in Rom ein. Angeblich hat man damals ausdrücklich darauf hingewiesen, dass ein Besuch bei Padre Pio, der schon zu Lebzeiten den Geruch der Heiligkeit verströmte, nicht zum Pflichtpensum gehöre.

Das bisher letzte Jubiläum wurde von Papst Johannes Paul II. im November 1998 für das Jahr 2000 ausgerufen. In der Folge bemühten sich die Bischöfe und kirchliche Organisationen weltweit, die Gläubigen zu motivieren und zu mobilisieren. Doch das Echo hielt sich, zumindest anfänglich, in Grenzen. Umso heftiger entbrannte gleich zu Beginn die Diskussion um den im päpstlichen Schreiben angekündigten Jubiläumsablass, ein Thema, das wegen der zu Luthers Zeiten praktizierten Missbräuche auf viele noch immer wie ein rotes Tuch wirkte. Manche Kirchenoberen sahen sich veranlasst, ihren Gläubigen theologischen Nachhilfeunterricht zu erteilen. Und ihnen zu erklären, dass der Ablass im Grunde nichts anderes sei, als eine intensive Form des Bitt- oder Fürbittgebets, welchem nach dem Jakobusbrief (vgl. Kapitel 6, Vers 16) eine vergebende Kraft zukomme.

Hielten sich die Auseinandersetzungen im geistlichen Bereich in Grenzen, so nahmen sie auf der weltlichen Ebene, naturgemäß vor allem in Rom, teilweise geradezu groteske Formen an. Das Gastgewerbe vertraute darauf, dass die erwarteten Pilgermassen in der Ewigen Stadt nicht bloß ihren spirituellen Hunger stillten – aber an den Kosten für die nötige Infrastruktur wollte sich niemand beteiligen. Damit hatten die römischen Gazetten über Wochen hin ein Thema, das in den Leserbriefspalten bis zur Glaubensfrage hochstilisiert wurde. Da hauptsächlich Handel und Gewerbe von den Touristen und Pilgerinnen profitierten, so die einen, müsse die Stadt die Voraussetzungen für eine angemessene Versorgung schaffen. Wenn der Papst ein Heiliges Jahr proklamiere, so die anderen, dann sei es an ihm, dafür zu sorgen, dass genügend Parkplätze und Bedürfnisanstalten zur Verfügung stünden. Letztere hat der Vatikan bei allen großen Basiliken eingerichtet. Was die Ersteren betrifft, kam es zwischen Stadtverwaltung und Kirchenstaat immer wieder zu ernsthaften Spannungen, die erst gelöst wurden, als die Busfahrer die Autobahn zum Flughafen blockierten. In der Folge gerieten sich die Archäologen und die Straßenplaner in die Haare, als bei Bauarbeiten für ein unterirdisches Parkhaus unter dem *Gianicolo*, ganz in der Nähe des Vatikans, Reste eines römischen Hauses zum Vorschein kamen. Das Projekt wurde trotz massivster Proteste durchgezogen und, was angesichts der römischen Verhältnisse durchaus erwähnenswert ist, beinahe termingerecht vollendet.

Der erwartete Pilgerstrom freilich blieb zunächst aus. Als Erste fielen dann die Polen und Polinnen scharenweise in die Stadt ein. Die aber übernachteten entweder in den Vororten oder in Klöstern, von denen viele wegen chronischen Nachwuchsmangels der Ordensgemeinschaften zu Herbergen umfunktioniert worden waren. Dort griffen sich die Gäste jeden Morgen ihren Picknicksack. In der Hauptstadt blieben die Hotelbetten leer, in den Trattorien brauchte niemand auf die Pasta zu warten, die Preise fielen, die Andenkenhändler blieben auf ihren Souvenirs sitzen. Das Jubeljahr drohte zum Jubiläumsflop zu werden – jedenfalls in finanzieller Hinsicht.

Das änderte sich in der zweiten Jahreshälfte. Als die ausländischen Zeitungen meldeten, dass das erwartete Chaos ausgeblieben sei, fassten sich die Gläubigen ein Herz und die Touristen Mut. Weder die einen noch die anderen hatten es zu bereuen. Denn die Ewige Stadt hatte sich herausgeputzt wie nie zuvor. Prächtige Paläste, alte Ruinen und barocke Kirchen strahlten in neuem Glanz. Die ehemals total versmogte Peterskirche glänzte in der Sonne. Die Basilika *San Giovanni in Laterano* (›Haupt und Mutter aller Kirchen‹) präsentierte sich in nie da gewesener Pracht. Das Forum leuchtete nachts im Scheinwerferlicht. Und wer immer das Kirchlein *Santa Maria della Vittoria* betrat, konnte jetzt endlich *sehen*, wie Berninis heilige Theresa vor Verzückung erbebt. Selbst die Einheimischen wähnen sich seither in einer fremden Stadt, so gepflegt und sauber ist Rom geworden.

Dabei hat die Stadtverwaltung bei all diesen Verschönerungsarbeiten keinen Augenblick an den bevorstehenden Millenniumswechsel gedacht. Einzig und allein vom *Grande giubileo* war da immer die Rede. Für dieses große Jubiläum wurde ganz Rom in eine Kolossalbühne verwandelt.

Während sich die lokalen Politiker im Hinblick auf diesen Anlass mit der Säuberung der Stadt befassten, fühlte sich der oberste Brückenbauer für die Reinigung der Seelen verantwortlich. Außer den vom liturgischen Kalender vorgesehenen Veranstaltungen waren zahlreiche außerordentliche Heilig-Jahr-Feiern eingeplant. Das Programm, das der Papst trotz seines Alters und ohne Rücksicht auf seine schlechte Gesundheit bewältigte, wird selbst jenen Respekt abnötigen, welche manche während seines Pontifikats erfolgte Weichenstellungen kritisch beurteilen. Alle Berufsgruppen und Bevölkerungsschichten hatte er nach Rom geladen: Kinder und Senioren, Familien, Ordensleute, Kranke zusammen mit dem Pflegepersonal, den Klerus, die Journalisten, Universitätslehrer und Senioren, aber auch Schauspieler und Stilisten, die Sportler sowieso, die Arbeiter, die Wissenschaftler ... – weiß Freud, warum die ›-innen‹ auf dem offiziellen Veranstaltungskalender durchwegs fehlten.

Zusätzlich zu diesen Sonderanlässen ergriffen kirchliche Kreise Initiativen, in der Absicht, das Erlassjahr nicht nur auf die Sünden, sondern auch auf die Schulden der Entwicklungsländer auszudehnen, ein Vorschlag, der in den Medien kein großes Echo fand.

Für Schlagzeilen hingegen sorgte das Schuldbekenntnis der Kirche, das der Papst im Beisein der Kardinäle am 8. März ablegte. Es hätte dies vielleicht sogar der eigentliche Höhepunkt des Heiligen Jahres werden können, wenn – aber rufen wir zuerst die Vorgeschichte in Erinnerung.

Johannes Paul II. wollte dieses Schuldbekenntnis. Er wünschte, dass sich die Kirche öffentlich zu den Fehlhaltungen bekenne, die sie sich im Lauf der Geschichte hat zu Schulden kommen lassen: Verletzungen der Menschenrechte, Judenverfolgungen, Zwangsmissionierung, Inquisition, Diskriminierung der Frau …

Bekanntlich war die Sache schon von Anfang an umstritten. Ein Großteil der vatikanischen Monsignori und Eminenzen, aber auch manche Bischöfe befürchteten, das Ansehen der Kirche könne unter einem solchen Schritt leiden. Da der Papst sich von seinem Vorhaben nicht abbringen ließ, versuchte man den Schaden zu begrenzen. Und so kamen unter dem Einfluss der Kurie eher halbherzige, adverbial abgeschwächte Vergebungsbitten zu Stande: »Manchmal«, »gelegentlich«, »bisweilen« haben sich »auch« die Gläubigen falsch verhalten. Ein, zwei Beispiele? »Gott, lass die Christen der Leiden gedenken, die dem Volk Israel in der Geschichte auferlegt wurden. Lass sie ihre Sünden anerkennen, die nicht wenige von ihnen gegen das Volk des Bundes und der Verheißungen begangen haben.« Dass die *Kirchenleitung* da massiv mitbeteiligt war, wird verschwiegen. Oder: »Lasst uns beten für die Frauen, die allzu oft erniedrigt und ausgegrenzt werden.« Ausgegrenzt von wem? Hier tritt die Fürbitte an Stelle des Bekenntnisses. Bezeichnenderweise ist denn auch im offiziellen Kalender des Heiligen Jahres beschwichtigend von einer bloßen ›Vergebungsbitte‹ und nicht von einem eigentlichen ›Schuldeingeständnis‹ die Rede.

Als Johannes Paul II. das Heilige Jahr ankündigte, hatte er vor allem die spirituelle Erneuerung der Kirche im Blick. Dass er die Ewige Stadt in ein himmlisches Jerusalem und die Christenheit in eine Gemeinde von Heiligen verwandeln würde, hat wohl niemand erwartet. Wer aber erlebt hat, mit welcher Inbrunst die Pilgergruppen sich durch die Heilige Pforte von Sankt Peter drängten und mit welch innerer Anteilnahme und Begeisterung sie den liturgischen Feiern folgten, wird nicht bezweifeln, dass die meisten Wallfahrenden innerlich bereichert in ihre Heimat zurückkehrten.

Allerdings ist die Kirche nicht bloß eine geistliche Gemeinschaft; sie ist auch institutionell verankert. Und eben dieser institutionelle Aspekt, der ebenfalls dringend der Überprüfung bedarf, blieb in diesem Heiligen Jahr gänzlich ausgeblendet.

Am 6. Januar 2001 hat der Papst die Heilige Pforte zur Petersbasilika geschlossen. In der Ankündigungsbulle hatte er das Jubeljahr mit einer Hochzeitsfeier verglichen. Nach einem solchen Fest schließt der Hausherr, kaum dass sich die letzten Gäste verabschiedet haben, die Tür. Dann sollte er die Fenster öffnen. Damit frische Luft hereinkommt.

Auf den Spuren der Petruslegende

EIGENTLICH HIESS ER JA SIMON. Dass er unter dem Namen Petrus in die Weltgeschichte einging, verdankt sich der Tatsache, dass er Jesus begegnete. Trotz seines Bekanntheitsgrades wissen wir im Grunde wenig von ihm. Anfänglich lebte er in dem am Nordufer des Sees Gennesart gelegenen Kafarnaum, wo er eine Fischerei betrieb. Von einer Frau und von Kindern ist in den Evangelien nicht die Rede, wohl aber von seiner Schwiegermutter. Irgendwann schloss er sich dem Wanderprediger aus Nazaret an, den er, als es dann wirklich ernst wurde mit der Nachfolge, gleich drei Mal hintereinander verleugnete. Die Nachricht von dessen Auferweckung hielt er, ganz wie die anderen Apostel, zunächst für dummes Geschwätz. Den Evangelien zufolge scheint er ziemlich impulsiv und wankelmütig, aber doch ein grundehrlicher Kerl gewesen zu sein. Darüber hinaus besaß er anscheinend gewisse Führungsqualitäten. Das geht schon daraus hervor, dass sein Name in den neutestamentlichen Apostellisten durchwegs an erster Stelle erscheint. Die heutigen Schriftgelehrten sind sich ziemlich einig, dass Jesus selber es war, der ihm den Beinamen Petrus (hebräisch: *Kepha* = ›Felsenmann‹) verpasste. Dass er im Neuen Testament so häufig erwähnt wird, lässt auf eine herausragende Stellung schließen, die er in der jungen sich ausbreitenden Christenheit innehatte.

Zu einer Biografie aber reicht es beim besten Willen nicht. Fest steht, dass Petrus, nachdem er (wie auch die übrigen Apostel) seine anfänglichen Zweifel überwunden und schließlich von Jesu Auferweckung überzeugt war, sich in Jerusalem für den neuen Glauben stark machte und dabei mit den religiösen und staatlichen Autoritäten in Konflikt geriet, worauf König Herodes Agrippa ihn aus dem Verkehr zog. Wie er aus der Kerkerhaft freikam schildert die *Apostelgeschichte*:

Als Herodes ihn vorführen lassen wollte, schlief Petrus in jener Nacht, zwischen zwei Soldaten, mit zwei Ketten gefesselt. Und Wachposten vor dem Tor bewachten das Gefängnis. Und da! Ein Engel des Herrn trat heran und Licht erstrahlte im Raum. Er stieß Petrus in die Seite, weckte ihn und sagte: Steh auf – schnell! Und die Ketten fielen ihm von den Händen. Sprach der Engel zu ihm: Gürte dich und schnüre deine Sandalen! Er tat so und der sagte zu ihm: Gewande dich mit dem Obergewand und folge mir! Und hinaus ging er, folgte und wusste nicht, dass Wahrheit war, was durch den Engel geschah, sondern er wähnte, ein Gesicht zu erblicken. Sie gingen durch die erste und die zweite Wache hindurch und gingen zum eisernen Tor, das in die Stadt führt. Das öffnete sich ihnen von selbst; und sie gingen hinaus, gingen eine Gasse weit – und sogleich trat der Engel von ihm weg (Apostelgeschichte, Kapitel 12, Verse 6-10).

Vermutlich ist der rettende Engel nicht aus dem Jenseits gekommen. Kurz zuvor nämlich hatte Herodes Agrippa I. mehrere Anhänger des neuen Glaubens misshandeln und Jakobus, den Leiter der Jerusalemer Urgemeinde mit dem Schwert hinrichten lassen. Es ist nicht ausgeschlossen, dass im Umkreis des Herodes die Meinung herrschte, dass der König damit etwas zu weit gegangen sei. Und dass es wohl angebracht wäre, innerjüdische Angelegenheiten zu regeln, ohne die römische Besatzungsmacht allzu sehr zu strapazieren, die allein für die Todesstrafe zuständig war.

Petrus jedenfalls beschließt nach seiner Befreiung, die Stadt schleunigst zu verlassen. Vorher schaut er noch kurz bei seinen Glaubensbrüdern vorbei, verabschiedet sich von ihnen und geht, so die *Apostelgeschichte*, »an einen anderen Ort« (Kapitel 12, Vers 17) – wohin wird nicht gesagt. In Jerusalem tritt er erst ums Jahr 49 anlässlich des ›Apostelkonzils‹ wieder in Erscheinung.

Dass er, wie manche mutmaßen, von Jerusalem direkt nach Rom geflohen und dort im Jahre 42 eingetroffen ist, scheint unwahrscheinlich. Diese Annahme beruht auf einer historisch fragwürdigen Notiz des theologischen Wendehalses Eusebius von Cäsarea (um 265–339), der zufolge Petrus während 25 Jahren *Epískopos* (wörtlich *Aufseher*, später in der Bedeutung von *Bischof*) von Rom war.

Einer alten Überlieferung zufolge wurde Petrus im Zirkus des Kaisers Nero gekreuzigt, den dieser links von der heutigen Peterskirche hatte errichten lassen. Entlang der Nordmauer dieser Rennbahn zog sich damals eine Gräberstraße mit einem Friedhof hin, auf dem aller Wahrscheinlichkeit nach auch Petrus beigesetzt wurde.

Über der Begräbnisstätte ließ Kaiser Konstantin im Jahre 326 eine Ädikola und eine Basilika errichten. Als Archäologen zwischen 1939 und 1949 die Nekropolis unter dem Petersdom erforschten, stießen sie unter anderem auf ein Graffito aus dem 3. Jahrhundert, dessen Inschrift lautet: »Petrus betet für die heiligen Christen, die neben seinem Leichnam begraben sind.« Diese Inschrift beweist immerhin, dass die Überlieferung, die das Grab des Apostels unter der Peterskirche lokalisiert, bis in die ersten Jahrhunderte zurückreicht. Außerdem fand man im Verlauf der Grabungen die Reste jener Ädikola, die Kaiser Konstantin zu Ehren des Apostels in Auftrag gegeben hatte. Außer zwei Säulenresten entdeckte man an der Wand rechts von der Grabnische eine griechische Inschrift: *PETR(OS) ENI* – Hier drinnen (ist) Petrus (begraben); *eni* ist die Abkürzung für *énesti* (ist hier drinnen). Offensichtlich war man damit auf die Stelle gestoßen, die ein römischer Presbyter namens Gajus im 2. Jahrhundert als »glorreiches Grab« des Apostels bezeichnet hatte.

Heute haben Wallfahrerinnen und Pilger über die Vatikanischen Grotten Zugang zum Petrusgrab. In der alten, von Konstantin errichteten Basilika gab es lediglich eine sehr schmale Öffnung, die von oben her ins Grabinnere führte. Gewisse später an dieser Stätte praktizierte Frömmigkeitsformen muten uns eher befremdlich an. So berichtet ein Chronist von dem im 6. Jahrhundert verbreiteten Brauch, metallbeschwerte Stofffetzen mittels Fäden durch die Öffnung hinabzulassen. Es war damals der Glaube verbreitet, dass diese Textilien durch die Berührung mit den Gebeinen des Petrus besondere Heilkräfte entwickeln würden. Überdies herrschte die Überzeugung, dass eine Bitte erhört würde, wenn ein eingeführter Stofflappen nach der Berührung schwerer wog als zuvor.

In der zweiten Hälfte des 15. Jahrhunderts begannen die Grundmauern der konstantinischen Basilika nachzugeben. Aber erst 1506 beauftragte Julius II. seinen künstlerischen Berater Bramante, die Peterskirche abzureißen und an ihrer Stelle einen Neubau zu errichten. Weil sich der Papst dem damaligen Geschmack entsprechend einen prunkvollen Dom wünschte, ließ Bramante nicht nur die alte Basilika, sondern auch viele der in ihr enthaltenen Kunstschätze kurzerhand vernichten, was ihm den wenig schmeichelhaften Beinamen *Maestro ruinante* (›Mister Kaputt‹) einbrachte. Nach dem Tod Julius' II. (1513) und Bramantes (1514) gab es ein langes Hin und Her; Experten gerieten sich in die Haare, Architekten fuhren einander in die Parade, Päpste und Künstler kamen sich in die Quere. Raffael, Baldassarre Peruzzi, Antonio da Sangallo der Jüngere, Michelangelo, Carlo Maderno, Gian Lorenzo Bernini und viele andere berühmte Persönlichkeiten traten als Berater, Planer und Bauherren auf (und zuweilen wieder ab), bevor die neue Petersbasilika im Jahre 1626 endlich eingeweiht werden konnte.

Schon beim Betreten der Peterskirche machen manche Touristen-
betreuerinnen und Fremdenführer ihre Gruppen auf einen Stuhl in
Goldbronze unter dem ovalen Fenster der Apsis aufmerksam. Über
Jahrhunderte hin glaubte man, dass dieser seltsame Schrein, ein
Werk Gian Lorenzo Berninis, die Reste der *Cathedra Petri*, des Bi-
schofsstuhls des heiligen Petrus, enthalte. In Wirklichkeit jedoch
birgt die barocke Verhüllung einen für den Frankenkönig Karl den
Kahlen aus Holz gefertigten Königsthron, den dieser Papst Johannes
VIII. zum Geschenk machte, zum Dank, dass er ihn 875 zum Kaiser
gekrönt hatte.

Die katholische Kirche begeht das Fest der *Cathedra Petri* schon
seit dem 4. Jahrhundert alljährlich am 22. Februar, um die Gläubigen
daran zu erinnern, dass »die Grundlage und die Einheit der Lehre
auf dem Apostel Petrus beruht«. Der erwähnte Gedenktag wurde
also schon begangen, lange bevor der in Sankt Peter verehrte Thronsessel überhaut existierte! Dies wiederum deutet darauf hin, dass das
Fest ursprünglich eine völlig andere Bedeutung hatte. Worin diese
bestand, zeigt sich, wenn wir uns darauf besinnen, dass der Begriff
cathedra nicht nur den bischöflichen Thronsitz in einer Kathedrale
meint, sondern den Sessel, der zur Erinnerung an einen Verstorbenen beim alljährlichen Totengedächtnismahl aufgestellt wurde. Tatsächlich bestand das Fest der *Cathedra Petri* anfänglich in einer To-
tenmahlfeier, die jeweils am 22. Februar stattfand. Da solche Feiern
häufig zu Auswüchsen führten und gelegentlich in wahre Orgien
ausarteten, wurden sie seitens der Kirche im späten 4. Jahrhundert
verboten. Dies wiederum bewirkte, dass das besagte Fest umfunktioniert wurde; fortan sollte es an die ›Stuhlbesteigung‹ Petri (d.h. an
die Inbesitznahme der Diözese Rom) erinnern.

Im Gegensatz zur *Historia*, die nicht einmal zu berichten weiß,
wo Petrus sich nach seiner Ankunft in Rom niederließ, vermag die
Legenda sogar zu sagen, wo er die Messe feierte, nämlich in der an
der *Via Urbana* gelegenen Kirche *Santa Pudenziana*, in der sich links
vom Hauptaltar eine dem Apostel geweihte Seitenkapelle befindet.
Dort werden in einem Marmorschrein einige Holzreste verwahrt,
die angeblich vom Altar des Petrus herrühren. Die *Via Urbana* leitet
ihren Namen übrigens von Papst Urban VIII. (1623–1644) her, der
die Straße ausbaute, die in antiker Zeit *Vicus Patricius* hieß und
durch eines der exklusivsten Wohnviertel des alten Rom führte.

Wenn wir die steile Treppe von der Straße hinab- und in die Kir-

Die »Cathedra Petri« von Gian Lorenzo Bernini in St. Peter.

che hineingehen, befinden wir uns nicht nur in einem der ältesten christlichen Gotteshäuser von Rom, sondern gleichzeitig wiederum mitten in einer anderen Legende. Die Kirche selber wurde am Ende des 4. Jahrhunderts unter Einbeziehung der Überreste eines öffentlichen Bades erbaut, das auf den Mauern eines Wohnhauses aus dem 1. Jahrhundert errichtet worden war. Dieses Wohnhaus gehörte einem römischen Senator namens Pudens, der sich (und hier überlässt die Historie der Legende das Wort) zum Christentum bekehrt hatte und Petrus Unterschlupf gewährte, als sich die Förderer und Anhängerinnen der neuen Religion unter Kaiser Nero immer größeren Bedrängnissen ausgesetzt sahen. Besagter Senator soll zwei Töchter gehabt haben, Pudenziana und Praxedis, die nach dem Tod des Apostels verfolgte Christen unterstützten.

Das eigentliche Schmuckstück im Innern der Kirche ist ein Apsismosaik von seltener Schönheit, das ebenfalls aus dem 4. Jahrhundert stammt. Es zeigt einen thronenden Christus im Kreis der Apostel. Diese Darstellung fügt sich lückenlos in die alt-römische Tradition; Christus selber gleicht einem Konsul oder Kaiser, um den sich die Apostel wie Senatoren versammeln. Über ihnen erstrahlt die Stadt Jerusalem, während am Himmel die vier Evangelistensymbole aufleuchten. Diese Letzteren haben ihren Ursprung in einer Vision, die sich in der *Geheimen Offenbarung* findet; der Seher erschaut dort einen Thron: »Und in der Mitte, rings um den Thron, waren vier Lebewesen voller Augen, vorn und hinten. Das erste Lebewesen glich einem Löwen, das zweite einem Stier, das dritte sah aus wie ein Mensch, das vierte glich einem fliegenden Adler« (Kapitel 4, Verse 6-7; vgl. Ezechiel Kapitel 1, Verse 5-14). Die vier Lebewesen haben die Funktion von Thronwächtern. Die Vielzahl ihrer Augen bedeuten umfassendes Wissen. Der Löwe symbolisiert den Edelmut, der Stier die Stärke, der Mensch die Weisheit und der Adler die Schnelligkeit. Später bezog der heilige Hieronymus (um 347–419/20) die vier Tiergestalten auf die Anfänge der vier Evangelien. Der Löwe verweist jetzt auf Johannes den Täufer, den »Rufer in der Wüste« im Markusevangelium, der Stier (oder das Rind) auf das Opfer des Priesters Zacharias bei Lukas, der Mensch auf den Stammbaum Jesu zu Beginn des Matthäusevangeliums, der Adler schließlich auf den gedanklichen Höhenflug des Johannes-Prologs. Die Evangelistensymbole in *Santa Pudenziana* gehören zu den ersten Darstellungen dieser Art.

Santa Pudenziana. Stich von Giuseppe Vasi.

Eine heilige Pudenziana allerdings, und damit finden wir wiederum zurück zur Legende, hat nie gelebt. Wie kommt es dann aber, dass sie als Patronin einer römischen Kirche in Erscheinung tritt? Eine Antwort darauf gibt uns die Schrift auf dem Buch, das die Christusgestalt des Apsismosaiks in Händen hält: *DOMINUS CONSERVATOR ECCLESIAE PUDENTIANAE* – der Herr, Bewahrer der pudentianischen Kirche, oder – deutlicher – »der Kirche des Pudens«. Ursprünglich handelte es sich nämlich um eine so genannte *ecclesia domestica*, um eine ›Hauskirche‹. (Als Hauskirchen bezeichnete man in den dersten drei Jahrhunderten Wohnhäuser, die begüterte Christinnen und vermögende Christen der Gemeinde für Gottesdienstversammlungen zur Verfügung stellten.) Schon bald jedoch erfuhr das lateinische *pudentianae* eine andere, grammatikalisch zwar mögliche, historisch aber unzutreffende Interpretation, nämlich »Kirche der Pudentiana«. Damit war eine neue Heilige geboren, von der man, ein starker Glaube wirkt sich gelegentlich auch auf die Fantasie aus, annahm, dass sie eine Tochter des Senators Pudens gewesen sein müsse. Diese irrtümliche Deutung schien gestützt durch die Tatsache, dass man in den Priscilla-Katakomben auf die Grabstätte einer gewissen *Potentiana* stieß, die in der Folge kurzerhand mit der imaginären *Pudenziana* identifiziert wurde.

Nur wenige Gehminuten von *Santa Pudenziana* entfernt liegt die im 5. Jahrhundert errichtete Kirche *Santa Prassede*. Die kurze Distanz sowie die Tatsache, dass über diese heilige Praxedis praktisch nichts bekannt ist, mag die Legende veranlasst haben, sie der Pudenziana als Schwester zuzugesellen. Zu dieser Familienzusammenführung beigetragen hat aber nicht zuletzt das bereits erwähnte Apsismosaik in *Santa Pudenziana*, von dem bereits die Rede war und auf dem auch die beiden Apostel Petrus und Paulus dargestellt sind. Über den beiden erheben sich zwei Frauengestalten, die im Begriff sind, die beiden Apostelfürsten mit einem Lorbeerkranz zu krönen. Dass es sich dabei um Pudenziana und ihre Schwester Praxedis handelte, stand während Jahrhunderten außer Frage. Vergleiche mit anderen Darstellungen jedoch (beispielsweise mit einem Mosaik an der rückwärtigen Wand der Kirche *Santa Sabina* auf dem Aventin) legen eine ganz andere Deutung nahe, die mittlerweile allgemeine Zustimmung findet. Die beiden Frauenfiguren symbolisieren die zwei Hauptströmungen innerhalb des Urchristentums, nämlich die *Ecclesia ex circumcisione* (die Kirche aus dem Judentum; wörtlich: Kirche aus der Beschneidung) und die *Ecclesia ex gentibus* (die Kirche aus den bekehrten Heidenvölkern). Die beiden *Ecclesiae* bekränzen demnach die Hauptrepräsentanten dieser zwei Richtungen, nämlich den ›Heiden- oder Völkerapostel‹ Paulus, und Petrus, der für die zum Christentum bekehrten Juden steht. Auffallenderweise nimmt hier Paulus den Ehrenplatz zur Rechten Christi ein, und nicht etwa Petrus, der doch an dieser Stelle Gottesdienste abgehalten haben soll.

Über die Missionstätigkeit des Petrus in Rom ist genauso wenig überliefert wie über die Art, in der er sein Kirchenregiment ausübte. Im Grunde wissen wir nicht einmal, was ihn letztlich in die Reichshauptstadt führte.

Wie so oft, wenn die geschichtlichen Quellen versiegen, setzt auch hier der Redefluss der Legende ein. Letztlich, weiß diese zu berichten, kam Petrus nach Rom, weil er hinter einem Namensvetter her war, einem gewissen Simon, der sich zwar zum Christentum bekehrt hatte, aber trotzdem nicht ablassen mochte von seinen falschen Zauberkünsten. Als der nämlich sah, dass die Apostel den Getauften mittels Handauflegung »den Geist verliehen«, bot er ihnen von seinem schnödem Mammon an, damit sie ihm das Geheimnis ihrer Macht verrieten. Der *Apostelgeschichte* zufolge soll Petrus diesem Simon (der als Erfinder der Simonie gilt) erstmals in Samaria begegnet sein und ihn von seinem unheiligen Ansinnen abgebracht haben (vgl. Kapitel 8, Verse 9-25). Aber andere wissen es natürlich (wieder einmal) besser; wir zitieren im Folgenden aus der um 1260 entstandenen *Legenda aurea* (»Goldene Legende«) des Dominikaners und späteren Erzbischofs von Genua Jacobus de Voragine, der sich seinerseits auf ältere Schriften stützte. Das Werk sollte vor allem der Erbauung dienen, kam aber gleichzeitig der im Mittelalter allgemein verbreiteten Sucht nach Wundern und der Lust auf Abenteuer, vor allem aber dem urmenschlichen Bedürfnis nach Unterhaltung entgegen. Was die Begegnung zwischen Simon Petrus und dem Magier Simon betrifft, differiert die Erzählung des Jacobus de Voragine um einiges von jener der *Apostelgeschichte*:

Zu den Zeiten war ein Zauberer in Jerusalem, Simon mit Namen; der nannte sich die oberste Wahrheit und verhieß, er wolle alle, die an ihn glaubten, unsterblich machen, und sei ihm kein Dinge unmöglich. Da hub Petrus an wider ihn zu sprechen, und machte allen seinen Trug und Zauberei offenbar. Als Simon sah, dass er Petro nicht mochte widerstehen, da warf er seine Zauberbücher alle ins Feuer, damit man nicht erfahre, dass er ein Zauberer sei; und machte sich auf gen Rom, dass man ihn da für einen Gott sollte halten. Als das Petrus vernahm, folgte er ihm nach Rom, daselbst saß er fünfundzwanzig Jahre.

Über eine Zeit rief Simon das Volk von Rom zusammen und sprach, die Galiläer [Petrus und Paulus] hätten ihn also gekränkt, dass er die Stadt nun wolle verlassen, die er bis jetzt habe beschirmt; also wolle er einen Tag setzen, da er gen Himmel fahre, denn auf Erden wohnen möge er nicht mehr. Am festgesetzten Tage aber stieg er auf das Capitolium und schwang sich hinab, mit Lorbeer bekränzt, und hub an zu fliegen. Da sprach Paulus zu Petro: Ich will beten, du aber sollst gebieten. Da rief Petrus: Ich beschwöre euch, ihr Engel des Satans, die ihr ihn in der Luft traget, bei unserem Herrn Jesu Christo: haltet ihn nicht mehr, sondern lasset ihn fallen. Alsbald ließen sie ihn los und er fiel herab, dass sein Haupt zerschmetterte und er seinen Geist aufgab.

Wenn die *Historia* argumentiert, beruft sie sich in der Regel auf Quellen. Wenn die *Legenda* fabuliert, verweist sie mit Vorliebe auf ein Corpus Delicti, welchen Begriff wir in diesem Fall besser mit ›Beweisstück‹ denn mit ›Tatwerkzeug‹ übersetzen. Ein solches findet sich in der an der *Via dei Fori Imperiali* gelegenen Kirche *Santa Maria Nuova*, die seit dem 15. Jahrhundert auch nach der dort begrabenen überaus populären römischen Heiligen *Santa Francesca Romana* benannt ist. Wenn wir rechts im Chor die Krypta zum Grab der Heiligen hintersteigen, sehen wir in die Wand eingemauert die *silices apostolici*, die Steine des Apostels, auf denen Petrus niederkniete, während er den Magier Simon aus den Lüften herunterholte. Die beiden Steinquadern, die der Apostel mit seinen Knien berührte, weisen zwei Vertiefungen auf. Und die präsentieren sich dermaßen überdimensional, als wolle die Legende auch den verstocktesten Zweifler und die verhärtetste Skeptikerin vom Wahrheitsgehalt ihrer Geschichte überzeugen.

Im Übrigen kann man Legenden auch durch die theologische Brille lesen. Und entdeckt da mitunter Dinge, die einen dann doch ein bisschen nachdenklich stimmen. So gerät man schon kurz ins Stocken, wenn man den folgenden Satz, den man bei einer ersten Lektüre kaum beachtet, ein wenig meditiert: »Da sprach Paulus zu Petro: Ich will beten, du aber sollst gebieten.« Kommt Petrus in den Evangelien und in der *Apostelgeschichte* etwa nicht eine Vorrangstellung zu? Und hebt die Legende damit nicht etwas hervor, woran auch das Fest der *Cathedra Petri* (wie wir es heute verstehen) erinnert? »Du aber sollst gebieten!« Auf äußerst subtile Weise wird hier die alte Doktrin vom petrinischen Lehr- und Leitungsamt in Erinnerung gerufen.

Bevor wir die Kirche verlassen, werfen wir noch einen Blick auf das Madonnenbild über dem Hochaltar. Es stammt möglicherweise aus dem 9. Jahrhundert und dürfte eines der ältesten erhaltenen Tafelbilder Roms sein. Aber auch hier mischt sich die Legende ein; ihr zufolge gehört diese Darstellung zu den dem Evangelisten Lukas zugeschriebenen Marienbildern, deren berühmtestes sich in der Basilika *Santa Maria Maggiore* befindet. Auch dieser Vorstellung liegt eine tiefere Erkenntnis zu Grunde. Bekanntlich hat Lukas von allen vier Evangelisten das detaillierteste Madonnenbild ›gezeichnet‹.

Jacobus de Voragine seinerseits weiß weiter zu berichten, dass Simon der Zauberer bei dem gottlosen Finsterling Nero mehr als nur

Santa Francesca Romana. Stich von G. B. Falda.

einen Stein im Brett hatte; begreiflich daher, dass der Kaiser jene zur Verantwortung zieht, welche den Untergang seines Kumpans verschuldet haben.

Da das Nero vernahm, ward er gar betrübt, dass er einen solchen Mann verloren hatte und sprach zu den Aposteln: Ihr habt mir mein Herz traurig gemacht, darum sollt ihr eines bösen Todes sterben. Also

gab sie der Kaiser in die Hände des Paulinus, eines gar edlen Mannes,
der tat sie in das Gefängnis des Mamertinus, unter die Hut der Ritter
Processus und Martinianus. Die Ritter bekehrte Petrus zum Glauben,
darum schlossen sie den Kerker auf und ließen Petrus hinausgehen. Die
Christen aber baten Petrum, dass er aus der Stadt entweiche. Er wollte
es nicht tun, aber endlich gab er ihren Bitten nach und machte sich auf
den Weg.

Der Mamertinische Kerker befindet sich am Ende des *Forum Ro-*
manum am Fuß des Kapitols. Ursprünglich war dieses Gefängnis das
Einzige im alten Rom. Die strenge Fassade am Eingang nach der
Treppe gehörte der Inschrift zufolge zu einem von den Konsuln Ru-
finus und Nerva veranlassten Neubau; die darüber stehende Kirche
San Giuseppe dei Falegnami wurde im 17. Jahrhundert von der Bruderschaft der Zimmerleute (*falegnami*) gestiftet. Der Kerker selber
umfasst zwei Räume; in den unteren konnte man ursprünglich nur
durch ein Loch gelangen – und ihn ohne fremde Hilfe nicht mehr
verlassen. Heute führt eine Treppe in dieses lichtlose Gewölbe hinab.
Beim Abstieg entdecken wir in der Mauer einen Stein mit einer Ver-
tiefung. Die verdankt sich angeblich dem Umstand, dass hier ein
Wächter den Kopf des heiligen Petrus gegen die Wand schlug. Das
untere Gewölbe hat wohl schon Jahrhunderte vor Christus als Gefängnis gedient. Die Bezeichnung *tullianum* (›Brunnenhaus‹) legt
die Vermutung nahe, dass es sich ursprünglich um eine Zisterne
handelte. Die Legende allerdings hat dafür eine andere, erbauliche
Erklärung; ihr zufolge entsprang dem Kerkerboden auf wundersame
Weise eine Quelle, weil gerade kein Wasser vorhanden war, als die
Wächter des Petrus sich bekehrten und nach der Taufe verlangten.
Sogar die Säule wird noch gezeigt, an die Petrus und Paulus gefesselt
waren. In Wirklichkeit jedoch haben die beiden Apostel wohl keine
einzige Nacht in dieser finsteren Gruft verbracht. Erste diesbezügliche Überlieferungen tauchen erst im 14. Jahrhundert auf. Hingegen
wissen wir auf Grund ernst zu nehmender historischer Zeugnisse,
dass viele berühmte Feinde Roms an diesem grausigen Ort umgebracht wurden, unter anderen der numidische König Jugurtha (er
starb 104 v. Chr. den Hungertod); die Mitverschwörer Catilinas,
welche die Römische Republik in eine Diktatur umwandeln wollten
(63 v. Chr.); der Gallierfürst Vercingetorix, der versucht hatte, den
Vormarsch Cäsars aufzuhalten (46 v. Chr.); der heldenhafte Simon
Bar-Giora, der Jerusalem gegen den Ansturm der römischen Streit-

macht verteidigt hatte (71 n. Chr.). Die beiden Letzteren wurden hingerichtet, während die Sieger auf dem nahe gelegenen Kapitol ihren Triumph feierten.

Zu einem Kerker gehören Ketten und so verwundert es denn nicht, dass irgendwann auch die Fesseln des heiligen Petrus in Rom auftauchten. Seit wann die Gläubigen diese Reliquie in *San Pietro in Vincoli* verehren, ist nicht bekannt. Ein erstes diesbezügliches Zeugnis verdanken wir einem vermutlich aus Ligurien stammenden Dichter namens Arator, dem der Papst im April 544 erlaubte, in der besagten Kirche sein 2326 Hexameter umfassendes Versepos *De actibus apostolorum* (Die Apostelgeschichte) vorzutragen. In den letzten Versen des ersten Buches werden die ominösen Ketten erstmals kurz erwähnt:

> *Diese Ketten, o heiliges Rom, sind Stärke dem Glauben;*
> *Dich an sie bindend geben sie Halt deinem Heil und Bestand.*

Bereits hier ist von *den* Ketten des Petrus die Rede. Tatsächlich handelt es sich um deren zwei, eine 28-gliedrige und um eine mit fünf Gliedern. Die eine soll aus dem Kerker von Jerusalem stammen (eine zweite Jerusalemer Kette wurde in der Peterskirche nahe der *Hagia Sophia* in Konstantinopel verehrt), die andere hingegen aus dem Mamertinischen Kerker. Nur unfromme oder prosaische Grüblergestalten werden bezweifeln, was man sich in Rom seit Jahrhunderten erzählt, nämlich dass sich die beiden Fesseln auf wundersame Weise ganz von selbst zu einer einzigen vereinigten, als sie miteinander in Berührung kamen. Diesem Kettenwunder hat der Genueser Maler Giovanni Battista Parodi (1674–1730) das Deckenfresko der Kirche gewidmet. Die Ketten selbst werden in der *Confessio* in einem Schrein aus dem 19. Jahrhundert gehütet, der Szenen aus dem Leben des heiligen Petrus zeigt. Und dazu gehört auch die Flucht des Apostels aus Rom, von der Jacobus de Voragine berichtet.

Indem wir dem heiligen Petrus von ferne folgen, jemand muss ihn ja beobachten, um die Geschichte nachher erzählen zu können, gelangen wir zu der in der Nähe des *Piazzale Numa Pompilio* gelegenen Kirche *Santi Nereo e Achilleo*. Über die beiden Märtyrer Nereus und Achilleus weiß man, wie über so viele Heilige der ersten Jahrhunderte, nichts Genaues. Aber wir halten hier ja nicht ihretwegen eine kurze Rast, sondern weil an Stelle der heutigen Kirche vormals eine andere, kleinere stand, und die hieß *In Fasciola*. Die Gelehrten rätseln noch immer daran herum, ob *fasciola* (wörtlich: ›Binde‹) der Name der Stifterin war, oder ob es sich um eine topografische Bezeichnung dunklen Ursprungs handelt. Die Volksfantasie, die sich um derlei Gelehrtheiten nicht zu kümmern pflegt, hält ihre eigene Erklärung bereit; hier soll der Apostel auf seiner Flucht aus Rom seine *fasciola*, den Verband, verloren haben, mit dem er sich oder mit dem andere ihm den von der Kerkerkette wund gescheuerten Fußknöchel umwickelt hatten.

Wir indessen folgen dem Verfolgten, immer etwas Abstand haltend, auf seinem Weg, der eindeutig in Richtung Brundisium führt – ob er sich dort nach Palästina einschiffen will? Jerusalem ist ja wenn nicht mehr das Zentrum so doch immerhin die Wiege des neuen Glaubens. Sollte Petrus wirklich beabsichtigen, in seine Heimat zurückzukehren, müsste er jetzt die *Via Appia* anpeilen. Dort, kaum drei Meilen vor den Stadtmauern, werden wir, wenn wir dem Flüchtigen (oder der Überlieferung) auf den Fersen bleiben, Zeugen einer derart unglaublichen Begebenheit, dass es uns schlicht die Sprache verschlägt; so muss denn statt unsereiner schon wieder die Legende Zeugnis ablegen:

Die Christen baten Petrum, dass er aus der Stadt entweiche. Er wollte es nicht tun, aber endlich gab er ihren Bitten nach und machte sich auf den Weg. Also kam er an das Stadttor, an die Stelle, die nun heißt Sancta Maria ad Passus. Da sah Petrus Christum gegen ihn kommen und sprach: Domine quo vadis – Herr, wohin gehst du? Sprach der Herr: Ich gehe nach Rom, dass ich zum anderen Male gekreuziget werde. Und Petrus sprach: Herr, sollst du wieder gekreuzigt werden? Antwortete der Herr: Ja, ich. Da sprach Petrus: So will ich umkehren, dass ich mit dir werde gekreuzigt. Als er das gesagt hatte, stieg Christus vor seinen Augen gen Himmel empor. Petrus aber weinte sehr und verstund, dass der Herr von seiner Marter hatte gesprochen; und kehrte um und sagte die Geschichte seinen Brüdern. Darnach ward er von Neros Knechten ergriffen.

An der Stelle, wo der Überlieferung zufolge diese Erscheinung stattfand, wurde im 9. Jahrhundert das Quo-vadis-Kirchlein errichtet, welches allerdings erst seit dem 17. Jahrhundert so bezeichnet wird; vorher hieß es *Santa Maria delle Palme*, gelegentlich auch *Santa Maria ad Passus* (so schon in der *Legenda aurea* des Jacobus de Voragine). In den Boden des Kirchleins eingelassen ist eine Marmorplatte mit den Fußabdrücken Jesu, welche dieser am Ort der Begegnung mit dem Apostel zurückgelassen haben soll. Die wenigsten Pilger und Wallfahrerinnen ahnen, dass sie hier bloß vor einer Kopie niederknien. Das Original befindet sich im Schiff der knapp zwei Kilometer entfernten Kirche *San Sebastiano ad Catacumbas*. Die meisten Gelehrten sind der Ansicht, dass es sich dabei um eine heidnische Votivtafel handelt.

Wie wir bereits sahen, wurde Petrus aller Wahrscheinlichkeit nach im Zirkus des Nero gekreuzigt, der sich südlich der heutigen Peterskirche hinzog. Die Legende allerdings versteigt sich zu der Behauptung, dass der Apostel das Martyrium auf dem *Gianicolo* erlitten habe, an der Stelle, wo sich heute die Kirche *San Pietro in Montorio* mit dem *tempietto*, dem einzigartigen Rundtempel von Bramante, erhebt. Die Bezeichnung *in Montorio* verdankt sich dem goldbraunen Erdreich des *Gianicolo*. Dass der ›goldene Berg‹ (*monte d'oro*) zur Bildung dieser goldenen Legende beigetragen hat, ist nicht sehr wahrscheinlich. Unzweifelhaft hingegen ist, dass auch Leichtgläubige, zumindest was den Ort der Hinrichtung des Apostels betrifft, der in dieser Frage etwas unsicheren *Historia* immer noch mehr Glauben schenken als der blumigen *Legenda*.

Die ›Jahre des Petrus‹

Zu Beginn des Jahres 1064 hat der damalige Papst Alexander II., der noch nicht einmal drei Jahre im Amt ist, eine nachdenkliche Stunde. Er erinnert sich an seine letzten sechs oder sieben Vorgänger, und dabei kommt er zu einer ebenso seltsamen wie beunruhigenden Erkenntnis: Sie alle haben nach ihrer Wahl zum Nachfolger Petri gerade noch ein oder zwei Jahre gelebt; einen nur, den 1054 verstorbenen Leo IX., hielt es etwas länger, nämlich ganze sechs Jahre, auf dem Papstthron. Alarmiert von diesem Sachverhalt ruft Alexander nach seinem Sekretär und diktiert ihm einen Brief an den hochgelehrten und weit herum berühmten Benediktinertheologen und Kardinal Petrus Damiani, des Inhalts, der gebildete Gottesmann möge den befremdlichen Umstand in Ruhe bedenken und ihm, dem Papst, gelegentlich, wenn möglich aber doch in Bälde, mitteilen, was es mit diesem vorzeitigen Hinsterben seiner Amtsvorgänger für eine Bewandtnis habe.

Die Frage scheint dem nicht nur mit mancherlei diplomatischen Missionen betrauten, sondern auch mit akademischen Abhandlungen beschäftigten Petrus Damiani so bewegend, dass er, kaum dass er den Papstbrief überflogen hat, in tiefes Grübeln verfällt. Ja, warum verhält es sich so? Handelt es sich um bloßen Zufall? Oder steckt dahinter ein göttlicher Plan? Wenn ja, was ließe sich allenfalls daraus folgern?

Vorerst entscheidet sich Petrus Damiani für das Nächstliegende. Er greift sich in seiner Bibliothek den *Liber Pontificalis,* eine offiziöse Sammlung von Biografien der Päpste. Dann vergleicht er deren Lebensdaten miteinander. Dabei stößt er seinerseits auf einen ungewöhnlichen Sachverhalt. Kein Papst hat je ›die Jahre des Petrus‹ erreicht! Einer alten Überlieferung zufolge (die der historischen Überprüfung allerdings nicht standhält) soll Petrus nämlich ums Jahr 42 nach Rom gekommen und die dortige Christengemeinde bis zu seinem Martertod um 67, also fünfundzwanzig Jahre lang, begleitet und geleitet haben.

Angesichts seiner Entdeckung, dass noch kein Papst über 25 Jahre auf dem Thron saß, reagiert der hochgelehrte Gottesmann mit Betroffenheit. Die Schlussfolgerung indessen, die der gewiefte Theologe nach langem Nachdenken daraus zieht, mutet ziemlich prosaisch an: Könige und Fürsten, sogar Bischöfe leben in der Regel länger als die Päpste, nachdem sie in ihre Würde eingesetzt wurden. David war vier Jahrzehnte lang König, und der Kaiser Augustus herrschte während 46 Jahren über das Römische Reich. Also? Also ist die Kürze der päpstlichen Amtszeit ein Wesensmerkmal der Nachfolger des heiligen Petrus. Punkt. Oder eher Gedankenstrich; denn Petrus Damiani weiß genau, dass Alexander II. sich nicht mit Fakten abspeisen lässt, sondern von einem Gelehrten seines Kalibers eine Sinngebung erwartet. Und die muss, wie unter Theologen üblich, nicht nur historischen Einwänden standhalten, sondern auch heilsgeschichtliche Implikationen beinhalten, ein Gebiet dies, auf welchem der tiefsinnige Denker sich bestens auskennt. Nachdem Damiani sich die Sache überlegt und seine Gedanken geordnet hat, greift er zu Pergament und Gänsekiel und verfasst eine Schrift mit dem Titel *De brevitate vitae Romanorum pontificum, et divina providentia* (Die Kürze des Lebens der Römischen Pontifices und die göttliche Vorsehung). Das Werk gipfelt in der Erkenntnis, dass es dem Papst, dem »Ersten aller Menschen«, nun einmal bestimmt ist, schon wenige Jahre nach seiner Erwählung zu sterben. Auf diese Weise will Gott die übrigen Sterblichen dazu bewegen, an ihren Tod zu denken: »Wenn der Baum des Menschengeschlechts sieht, dass seine Spitze so leicht fällt, so werden alle seine Zweige von dem mächtigen Wind der Furcht geschüttelt werden.« Denn jedes Mal, wenn ein Papst stirbt »fürchten sich alle bis hinein in die innersten Eingeweide angesichts des bevorstehenden Endes des eigenen Lebens«. In heutiger Sprache ausgedrückt: Wenn Gott dem Papst nur wenige Jahre gewährt, verfolgt er damit eine pädagogische Absicht. Er ruft das Oberhaupt der Kirche jeweils schon nach einer kurzen Amtszeit zu sich, um die ganze Christenheit an die Vergänglichkeit des Ruhmes und an die Flüchtigkeit alles Zeitlichen zu erinnern!

Diese Deutung überzeugte schon wegen der Autorität des Auslegers. Gleichzeitig führte sie im Mittelalter zu einer ganzen Reihe von Ritualen, welche den Papst daran erinnern sollten, ob der hohen Würde seines Amtes die Tatsache seiner Hinfälligkeit und Sterblichkeit nicht zu vergessen. Zunächst einmal beeinflusste Damianis Entdeckung den Inthronisationsritus. Unmittelbar nach der Krönung nahte sich dem Papst ein Priester, in der einen Hand eine brennende Kerze, in der anderen ein Rohr, an dessen Spitze ein Büschel Werg befestigt war. Vor den Augen des Gewählten entzündete der Priester

Bronzestatue des Petrus in St. Peter. Ein Werk von Arnolfo di Cambio (1245–1310).

mit der Kerze das Werg und sprach, während es in Flammen aufging, die Worte: *Sic transit gloria mundi* – so vergeht die Herrlichkeit der Welt. Und ein anderer fügte mahnend hinzu: *Sancte Pater, non habebis annos Petri* – Heiliger Vater, die Regierungsjahre des Petrus wirst du nie erreichen.

Schon bald entwickelten sich aus dieser Zeremonie zwei weitere Bräuche, die den Papst an seine Sterblichkeit erinnern sollten, nämlich der Aschenritus und das Verbrennen eines Wergbüschels auch an Weihnachten und an Ostern. Von Asche und verbranntem Werg als Sinnbildern der Vergänglichkeit ist schon in der erwähnten Schrift des Petrus Damiani die Rede, was den Rückschluss erlaubt, dass die päpstlichen Zeremonienmeister sich bei der Schaffung der neuen Gebräuche von ihm inspirieren ließen.

Er war Urban II., der im Jahre 1091 den noch heute zu Beginn der österlichen Fastenzeit üblichen Aschenritus einführte. Doch erst spätere Zeugnisse sprechen davon, dass auch der Papst selber bei dieser Gelegenheit die geweihte Asche empfing. Wurde ihm diese anfänglich von einem Kardinalbischof aufs Haupt gestreut, so übertrug Bonifaz IX. im Jahre 1395 diese Aufgabe dem Messzelebranten, ganz gleich, welchen Rang dieser innehatte. Damit wird der Sinn der Zeremonie, nämlich die Selbstdemütigung des Papstes, erst so recht sichtbar.

Eine ähnliche an die Adresse des Papstes gerichtete Demutsmahnung beinhaltete auch das seit dem 12. Jahrhundert bekannte Verbrennen des Wergbündels, ein Ritus, den der Papst persönlich an Weihnachten und Ostern vollzog. Nach Lothar von Segni, dem späteren Innozenz III., erinnert das Feuer an das Jüngste Gericht. Darüber hinaus aber zündet der Papst das Bündel an, »damit er, der in Pracht einherschreitet, nicht an weltlichem Ruhm sich erfreue, denn alles Fleisch ist wie Gras, das trocknet, und all sein Ruhm wird enden wie Blumen, die welken«. Ausgerechnet nach dem Tod Innozenz' III. sollte sich diese Ankündigung auf makaberste Weise bewahrheiten; kurz vor seinem Begräbnis bemächtigte sich eine aufgebrachte Volksmasse der kostbaren Gewänder, in die seine Leiche gehüllt war.

Ein weiteres heute befremdlich anmutendes Selbstdemütigungsritual ist für die Zeit des ausgehenden 12. Jahrhundert erstmals dokumentiert. Bevor der Papst bei der Amtseinsetzung vom Marmorthron in der Apsis der Lateranbasilika (denn diese und nicht der Petersdom ist »die Mutter und das Haupt aller Kirchen«!) und anschließend von den beiden Amtssesseln im Lateranpalast Besitz ergriff, ließ er sich in der Vorhalle der Basilika, auf der *sedes stercorata* oder *stercoraria*, also auf einem ›Kotstuhl‹ nieder. Diese seltsame und wohl auch etwas drastische Bezeichnung geht auf eine Stelle im ersten Samuelbuch zurück: »Den Schwachen hebt Gott empor aus dem Staub und erhöht den Armen, der im Schmutz liegt [in der lateinischen Übersetzung: *de stercore elevat pauperem*]; er gibt ihm einen Sitz bei den Edlen, einen Ehrenplatz weist er ihm zu« (1. Buch Samuel, Kapitel 2, Vers 8). Zweifellos handelt es sich hier um einen überaus ausdrucksstarken Demutsritus, dem der Papst sich zu unterwerfen hatte; der Begriff *stercus*, der dem Thron den Namen gab, bedeutet Kot, Schmutz, Auswurf, Exkremente. Der symbolische Sinn dieser Zeremonie ist offenkundig; sie sollte den Papst zur Selbstverleugnung mahnen. Angelangt auf dem Gipfel von Ruhm, Macht und Ehre, wurde ihm gleichzeitig seine menschliche Schwäche und Hinfälligkeit vor Augen geführt. Erst nachdem sich der Erwählte in Selbstverleugnung geübt hat, ist er würdig, den Thron der Throne zu besteigen. Heute ist dieser ›Kotstuhl‹ im Kreuzgang der Lateranbasilika aufgestellt; die meisten Romreisenden gehen achtlos daran vorbei.

Als Petrus Damiani seine Gedanken über die Kürze des Lebens der römischen Päpste zu Pergament brachte, konnte er natürlich nicht ahnen, dass seine Schrift indirekt zur Schaffung einer ganzen Reihe von liturgischen Gebräuchen beitragen würde, welche über mehrere Jahrhunderte hin praktiziert wurden.

Noch länger aber sollte es dauern, bis die Geschichte seine Theorie widerlegte, nach welcher Gott angeblich nicht zulässt, dass ein Papst den ehemaligen galiläischen Fischer an Amtsjahren überbietet. Pius IX. (1846–1878) überschritt als Erster die ›Jahre des Petrus‹, ein Tatbestand, der als derart bemerkenswert galt, dass man anlässlich seines fünfundzwanzigjährigen Krönungsjubiläums im Jahre 1871 in mehreren römischen Kirchen und Basiliken (*Santa Maria in Via Lata, San Teodoro, San Giovanni in Laterano, Santa Maria Maggiore, San Pietro in Vaticano*) diesbezügliche Gedenktafeln anbrachte. Die Inschrift im Petersdom (*Pio IX Pont. Max. quod Petri annos in Romano pontificatu unus aequavit. Clerus Vaticanus*; zu Deutsch: Dem ›Brückenbauer‹ Pius IX., dessen Pontifikat als Einziger den Jahren des Petrus gleichkam, gewidmet vom Vatikanischen Klerus) befindet sich zu Häupten jener berühmten Bronzestatue des heiligen Petrus, deren rechter Fuß von den Küssen und Berührungen der Pilgerinnen und Touristen ganz abgewetzt ist. Vor Pius IX. konnte einzig ein Gegenpapst, Benedikt XIII., auf eine noch längere, fast drei Jahrzehnte dauernde Amtsperiode (1394–1423) zurückblicken, woraus man damals schloss, dass er schon allein aus diesem Grund nicht der rechtmäßige Nachfolger des Apostelfürsten gewesen sein könne.

Auf Pius IX. folgte Leo XIII. Als er am 20. Juli 1903 verstarb, hatte auch er die ›Jahre des Petrus‹ überschritten, und zwar auf den Tag genau um fünf Monate. Diesmal sah man von Gedenktafeln ab. Offenbar hatte man inzwischen erkannt, dass es selbst einem Gelehrten vom Format eines Petrus Damiani nicht gelungen war, den göttlichen Weisheitsplan zu durchschauen. Mit andern Worten, es hatte sich inzwischen die Überzeugung durchgesetzt, dass seine Theorie keineswegs auf der Entdeckung irgendeines geheimen göttlichen Ratschlusses, sondern auf abstrusen theologischen Spekulationen beruhte, die inzwischen von der Geschichte – oder von der Entwicklung der medizinischen Wissenschaft? – widerlegt waren.

Im Nachhinein betrachtet hätte sich Damianis Auftraggeber, Papst Alexander II., angesichts der so knapp bemessenen Amtszeiten seiner unmittelbaren Vorgänger über die Dauer seines eigenen Pontifikats keine ernsthaften Gedanken zu machen brauchen. Er verstarb am 21. April 1073, nach einer für damalige Verhältnisse überdurchschnittlich langen Regierungszeit von elf Jahren, sechs Monaten und zwanzig Tagen.

Die Leichensynode

IM RÖMISCHEN KAISERREICH wurde die *damnatio memoriae* plan-
mäßig gepflegt. Später, als die Kinder des Lichts dem angeblich zap-
pendusteren Heidentum endgültig den Garaus gemacht und die
Kirche die Macht im Staat übernommen hatte, gehörte die Rache an
den Toten keineswegs der Vergangenheit an. Im Gegensatz zu den
alten Römern, die bei solchen Gelegenheiten kalt berechnend und
pragmatisch vorgingen, entwickelten ihre christlichen Nachfahren
diesbezüglich einen ausgeprägten Sinn für das Schauerliche und
Makabere. Das abstoßendste und freventlichste Beispiel dafür bildet
die berühmte Leichensynode, welche Papst Stefan VI. im Jahre 897
in Rom inszenierte. Diese hatte jedoch, wie häufig bei scheinbar religiösen Auseinandersetzungen, überhaupt nichts mit dem Glauben,
desto mehr aber mit Herrschaftsansprüchen und mit Politik zu tun.

Gegen Ende des 9. Jahrhunderts stritten der Markgraf Berengar
von Friaul und Herzog Guido II. von Spoleto in wüsten Kämpfen
um die Herrschaft in Italien. Guido vermochte sich durchzusetzen.
Vom Größenwahn gepackt, zwang er Papst Stefan V. im Jahre 891,
ihn zum Kaiser zu krönen. Das führte zu neuen Unruhen, weil
Markgraf Berengar weiterhin nach der Krone strebte. Damals fragten sich viele, ob es überhaupt rechtens sei, dass der Papst italienischen Kleinfürsten die Kaiserwürde verlieh. Blieb dieser Rang denn
nicht ausschließlich den Nachkommen Karls des Großen vorbehalten, den Leo III. an Weihnachten 800 zum Kaiser gekrönt hatte?

Papst Stefan V. jedenfalls stirbt schon im September des Krö-
nungsjahres. Zum Nachfolger gewählt wird Formosus, der 75-jährige
Kardinalbischof von Porto. Der aber sympathisiert mit Berengar –
und ist im Übrigen der Ansicht, dass die Kaiserkrone eher auf den
Kopf des deutschen Königs Arnulf passe. Nach Guidos Tod eilt dessen Sohn Lambert nach Rom, begleitet natürlich von seinen Truppen, um vom Papst die Krone zu fordern. Formosus fügt sich dem
Druck, was wäre ihm schon anderes übrig geblieben, ruft dann aber,
kaum dass der Neugekrönte Rom verlassen hat, den deutschen König Arnulf zu Hilfe, um gegen die »schlechten Christen« von Spoleto
vorzugehen und den arroganten Lambert abzusetzen. Arnulf mar-
schiert gen Rom, Lambert flieht; es ist dies das erste Mal in der
abendländischen Geschichte, dass ein deutsches Heer Rom belagert,

weil sein Führer, ein deutscher König, sich die Kaiserkrone holen will, ein Vorgang, der sich in der Folge noch einige Male wiederholen wird. Formosus, von den Römern des Verrats bezichtigt und unter Hausarrest gestellt, wird von den deutschen Truppen befreit; zum Dank krönt er Arnulf im April 896 zum Kaiser.

Den neuen Herrscher hält es gerade drei Wochen in Rom, dann schnappt er sich zwei Adelige als Geiseln und bricht nach Spoleto auf, um Lambert zu bekriegen. Doch statt sich auf dem Schlachtfeld zu bewähren, übt sich der zu Ausschweifungen neigende Arnulf lieber in Bettschlachten, holt sich eine venerische Krankheit und zieht nach Regensburg weiter, wo er 899 stirbt.

Formosus indessen ist durch die Förderung des Deutschen bei den Römern schwer in Misskredit geraten; schon einen Monat nach der Krönung, im Mai 896, lassen seine Kräfte nach; eine kurze Krankheit führt zum schnellen Tod. Sein Nachfolger Bonifaz VI. regiert gerade zwei Wochen; dann stirbt er unversehens. Ob er umgebracht wurde, ist umstritten.

Der nächste Papst, Stefan VI., Sohn eines römischen Presbyters (der Zölibat wurde damals recht lose gehandhabt) und bis anhin Bischof von Anagni, ist eine Kreatur der Spoletaner. Solange Arnulf in Italien weilt, anerkennt ihn Stefan als Herrscher. Kaum jedoch hat der »nordische Barbar« Italien verlassen, schlägt der Papst sich auf die Seite des Schattenkaisers Lambert. Um diesem seine Anhänglichkeit zu beweisen, möglicherweise aber auch aus persönlicher Rachsucht gegenüber seinem Vorgänger Formosus, inszeniert Stefan in der Folge ein grauenhaftes Schauspiel. Er beruft eine Synode ein, und kaum dass die Kardinäle, Bischöfe und andere geistliche und weltliche Würdenträger sich eingefunden haben, lässt er die Leiche des Formosus aus der Gruft reißen. Dann wird der bereits in Verwesung übergegangene Körper mit päpstlichen Gewändern bekleidet und im Lateranpalast auf einem Thron festgebunden; der Prozess kann beginnen.

Erster und wichtigster Anklagepunkt bei diesem frevelhaften Totengericht: Formosus wurde gegen das geltende Recht zum Papst gewählt. Wie bereits erwähnt, war dieser, bevor er den Stuhl Petri bestieg, Erzbischof von Porto. Nun erinnerte man sich plötzlich wieder an weit zurückliegende und längst überholte Entscheidungen früherer Kirchenversammlungen, welche verboten, einen Bischofssitz mit einem andern zu vertauschen. Ebendies aber habe sich Formosus zu

Schulden kommen lassen, indem er aus Ehrgeiz von Porto nach Rom wechselte – ergo sei seine Wahl null und nichtig. »Weshalb«, so der lebende zu dem schon verwesenden Papst, »hast du aus Ehrsucht den apostolischen Stuhl usurpiert, da du doch Bischof von Porto warst?« Wohl hat man dem Toten einen Anwalt zugestanden, der für ihn spricht. Aber der übt sich wohlweislich in Zurückhaltung, weil er befürchten muss, dass man sonst auch mit ihm kurzen Prozess machen wird … In der Folge erklärt die vor der Papstleiche tagende Synode sämtliche von Formosus vollzogenen Weihen und Amtshandlungen – und damit auch Arnulfs Krönung – für ungültig. Anschließend unterschreiben die Versammelten ein Absetzungsdekret, während der Henker der Leiche die drei Segensfinger der rechten Hand abhackt. Schließlich wird der Verurteilte vom Thron gerissen, durch die Straßen Roms geschleift und in den Tiber geworfen.

Stefan selber bringt die Leichensynode (wie diese ruchlose Versammlung schon bald genannt wird) kein Glück. Da er alle systematisch verfolgt, welche Formosus in ihre Ämter eingesetzt hat, wächst die Zahl seiner Gegner ständig. Diese verehren den Vorgänger bereits wie einen Märtyrer und bald geht die Rede, dass Rom seinen Wohltäter geschändet habe. Die deutschfreundliche Partei gewinnt zunehmend mehr Sympathisanten und wagt den Aufstand; Stefan wird gefangen gesetzt und im Kerker erdrosselt.

Die geschändete Leiche des Formosus hingegen wird später von Fischern aus dem Tiber gezogen und in Alt-Sankt-Peter ehrenvoll beigesetzt. Das Grabmal fiel, wie das so vieler anderer Päpste, im 16. Jahrhundert dem Neubau der Peterskirche zum Opfer. Abgesehen von einem Porträt im Kranz der Papst-Rundbilder, der das Mittelschiff der Basilika *San Paolo fuori le Mura* ziert, erinnert in Rom kein Monument und keine Inschrift an Formosus. Aber die an ihm begangene Untat ist so scheußlich, dass es keines sprechenden Steins bedarf, um die Erinnerung an ihn wach zu halten.

Schwefelgestank statt Weihrauchduft

Noch immer erzählt man sich in Rom, dass beim Tod eines Papstes in der Lateranbasilika beim Grab Silvesters II. ein Klappern von Gebeinen zu vernehmen sei. Das mag damit zusammenhängen, dass Silvester schon vor seiner Papstwahl im Jahre 999 im Ruf stand, mit dubiosen Dingen zu experimentieren und mit zweifelhaften Mächten zu paktieren.

Seine mechanische Uhr und eine Dampforgel machten ihn den Römern unheimlich. Als er schließlich auch noch die arabischen Ziffern einführte, zweifelten viele seiner Zeitgenossen nicht mehr daran, dass die Kirche von einem Zauberer und Hexenmeister regiert werde.

In Wirklichkeit jedoch war der Franzose Gerbert d'Aurillac – dies sein eigentlicher Name – ein hochgelehrter Mönch, der sich nicht nur in der Mathematik, sondern auch in den Naturwissenschaften bestens auskannte und sich schon vor seiner Wahl zum Papst große Verdienste um die Erneuerung der Wissenschaften erworben hatte. Er galt als bedeutender Astronom, der vor allem durch die Veröffentlichung einer Abhandlung über das Astrolabium bekannt geworden war, ein Instrument, dessen sich die Sternkundigen damals zur Beobachtung der Gestirne und zur Berechnung der Planetenbahnen bedienten. Außerdem hatte der gelehrte Mönch auch eine Ringkugel konstruiert, anhand welcher sich die Bewegung der Sterne rekonstruieren ließ. Dass derlei Aktivitäten eines Klerikers bei seinen weniger gebildeten Zeitgenossen auf ein gewisses Misstrauen stießen, können wir heute leicht nachvollziehen.

Da Silvester schon zu Lebzeiten einen dubiosen Ruf genoss, erstaunt es weiter nicht, dass schon bald nach seinem Tod im Jahre 1003 allerlei sonderbare Geschichten über ihn kursierten.

Beispielsweise erinnerte man sich immer wieder an jene seltsame Prophezeiung (die in Wirklichkeit erst nach Silvesters Ableben in die Welt gesetzt wurde!), welche besagte, dass der suspekte Mönch von R zu R gehen werde. Tatsächlich wurde Gerbert von Aurillac erst Erzbischof von Reims, dann von Ravenna und schließlich Papst mit Sitz in Rom. Wie aber war es bloß möglich, dass der kleine Hirtenjunge aus der Auvergne die kirchliche Karriereleiter so hoch erklimmen konnte? Dafür hatten manche seiner Zeitgenossen eine einfache und einleuchtende Erklärung: So etwas schafft man nur mit Hilfe magischer Künste; kein Zweifel daher, dass der Papst ein Hexenmeister war.

Überdies machte da noch ein seltsames Gerücht die Runde (das ebenfalls erst nach seinem Tod erfunden wurde): Der Teufel oder eine Fee – nach anderen eine Frau von unerhörter Schönheit oder eine magische Statue – hätten Gerbert vorausgesagt, er werde in Jerusalem sterben, worauf dieser sich geschworen habe, seinen Fuß niemals in diese Stadt zu setzen.

Eines Tages, während er in einer römischen Kirche die Messe las, fühlte sich Silvester plötzlich elend. Historisch ist der Vorfall nicht verbürgt. Aber es ist nicht auszuschließen, dass gerade dieses oder ein ähnliches Vorkommnis zur späteren Legendenbildung beitrug. Der besagte Schwächeanfall nämlich soll Silvester in der Kirche *Santa Croce in Gerusalemme* ereilt haben. Das Jerusalem, von dem in der angeblichen Prophezeiung die Rede war, bezog sich also nicht auf die Stadt, sondern auf eine der römischen Hauptkirchen! Der Papst erkannte seine Unbesonnenheit. Er wusste, dass sein Ende gekommen war. Also befahl er, den Leichnam nach seinem Tod auf einen von Pferden gezogenen Wagen zu legen. Anschließend sollte man ihn dort begraben, wo die Pferde freiwillig stehen blieben. Natürlich hielten sie vor der Lateranbasilika an.

Schon allein das umfassende Wissen dieses Papstes, mehr aber noch die Tatsache, dass er sich dieses zu einem guten Teil bei den Arabern und Juden von Cordoba angeeignet hatte, galt als verdächtig. Leute, die zuvor noch nie etwas von Astrolabien, Kuben und Parallelogrammen gehört hatten, mussten in jenen unaufgeklärten Zeiten fast notwendigerweise auf den Gedanken verfallen, dass diese Dinge und die damit verbundenen mysteriösen Praktiken zur Beschwörung von Geistern oder womöglich noch zu weit Schlimmerem dienten. Solche Unwissenheit wiederum nährte den Verdacht, dass es im Palast dieses Papstes eher nach Schwefel stank als nach Weihrauch duftete.

Wäre Silvester II. zwei oder drei Jahrhunderte später Papst geworden, hätten diese Verdächtigungen wahrscheinlich eine Palastrevolte und die Hinrichtung zur Folge gehabt. Denn da erst verfiel die Christenheit einem wahren Hexenwahn, der Tausenden das Leben kostete. Bis zum 11. Jahrhundert hingegen verfolgte die Kirche nicht die Hexen, sondern bekämpfte vehement den Hexenglauben, der, wie gerade der krumm gewundene Legendenkranz um Silvester zeigt, damals noch immer wild wucherte in den Herzen der Menschen.

Ausgerechnet der volkstümliche – auch in gebildeten Kreisen verbreitete – Hexenglaube hatte schon Jahrhunderte vorher dazu geführt, dass man auch andere Päpste magischer Künste bezichtigte. Honorius I. (680–681) beispielsweise sagte man (ebenfalls zu Unrecht) nach, dass er in Rom den ersten großen Hexenmeister-Kongress organisiert habe. Auch Papst Leo III. (795–816) wurde fälschlicherweise der Zauberei verdächtigt; ihm schrieb man ein *Handbuch für Hexenmeister* zu, das jedoch erst nach seinem Tod von einem noch heute unbekannten Verfasser veröffentlicht wurde.

Was Silvester II. betrifft, waren es nicht etwa die legendären Pferde, die seinen Begräbnisort bestimmten. Bekanntlich residierten die Päpste damals nicht im Vatikan, sondern im Lateranpalast. Von daher versteht es sich von selbst, dass viele von ihnen in oder bei der Lateranbasilika beigesetzt wurden. Silvesters Grab befindet sich am zweiten Pfeiler im rechten Seitenschiff dieser Kirche. Als es im Jahre 1648 geöffnet wurde, zerfiel der Leichnam im Kontakt mit der Luft in wenigen Augenblicken zu Staub; zurück blieben ein silbernes Kreuz und ein Siegelring.

Jede Geschichte hat eine Moral. Aus der unsrigen jedoch können wir gleich drei Dinge lernen, nämlich dass es dem guten Ruf auch von Päpsten nicht in jedem Fall förderlich ist, wenn sie ihrer Zeit ein bisschen voraus sind; ferner, dass gläubige Menschen sehr schnell dem Aberglauben verfallen, wenn man ihr intellektuelles Fassungsvermögen über die Maßen strapaziert; schließlich, dass Prophetien und Prognosen sich vorzugsweise dann als unfehlbar erweisen, wenn man sie *post festum* in die Welt setzt.

Nach acht Tagen: Wasser, Brot und Wein

Nachdem Papst Cölestin III. 1198 nach einem siebenjährigen Pontifikat gestorben war, versammelten sich die Kardinäle im Septizodium. (Dieser unter Kaiser Septimius Severus im Jahre 203 n. Chr. auf dem Palatin errichtete Prachtbau wurde später zu einem Gefängnis und einer Klosteranlage umgebaut.) Die damalige Kardinalversammlung ist insofern denkwürdig, als sie das erste Konklave in der Geschichte der Kirche darstellt.

Bei dem Begriff *Septizodium* handelt es sich um ein Wortspiel mit dem Namen des Kaisers und den damals bekannten sieben Planeten, die das Bauwerk schmückten. Viele Renaissance-Künstler fertigten Zeichnungen davon an; Ende des 16. Jahrhunderts wurde es unter Sixtus V. zerstört, weil dieser Material für seine riesigen Bauvorhaben brauchte.

Wie kam es überhaupt dazu, dass der Bischof von Rom zum Oberhaupt der Christenheit avancierte? Dem Zeugnis der Apostelgeschichte zufolge war Jerusalem ursprünglich die Wiege und der Hauptsitz der Kirche. Dass sich wenig später ausgerechnet Rom zur Hochburg des neuen Glaubens entwickelte, hat vornehmlich zwei Gründe. Bekanntlich stieß die neue Lehre in Palästina auf Widerstand, was in der Folge zu einer regen Missionstätigkeit in anderen Gebieten des römischen Weltreiches führte. Im Zug dieser Entwicklung – und dies ist der zweite Grund – gelangte Petrus, der unter den Aposteln offensichtlich eine Vorrangstellung einnahm, nach Rom, wo er, vermutlich zwischen 64 und 67 n. Chr., den Martertod erlitt. Rom war der Mittelpunkt des Imperiums. Deshalb versteht es sich eigentlich von selbst, dass dem dortigen Gemeindeleiter von Anfang an eine herausragende Stellung zukam.

Wie in den frühen Christengemeinden allgemein üblich, wurde auch der Oberhirte von Rom vom Stadtklerus und vom Volk in dieses Amt berufen. Bei den Gewählten, die nicht schon Bischöfe sein durften, handelte es sich in der Regel um Männer, die sich in der Metropole besonders profiliert hatten. Unter diesen befanden sich natürlich nicht nur Römer, sondern auch in der Hauptstadt ansässige Afrikaner, Griechen oder Syrer. Die Bischofweihe wurde von den Nachbarbischöfen vorgenommen, die übrigens auch an der Wahl beteiligt waren.

Seit dem 4. Jahrhundert kam es häufig vor, dass römische Kaiser oder germanische Herrscher die Wahl des Papstes (wie man den Nachfolger des Petrus seit der zweiten Hälfte des 4. Jahrhunderts nannte) zu beeinflussen suchten. Vom 5. Jahrhundert an verdrängte die Stadtaristokratie das einfache Volk und zeitweilig auch die Nachbarbischöfe aus dem Wahlgremium. Weil die Papstwahl immer wieder zu erbitterten Kämpfen unter den einflussreichen Familien führte, wagte es Stefan IV. im Jahre 769, den Laien das Wahlrecht abzusprechen. Fortan blieb es den Kirchenmännern vorbehalten, die *Cathedra Petri* neu zu besetzen. Im Jahre 1059 arbeitete Nikolaus II. ein Statut aus, das ausschließlich den Kardinälen das Recht zugestand, den Papst zu wählen.

Nichtsdestotrotz setzten die römischen Adelsgeschlechter alles daran, um ihren Einfluss auch weiterhin geltend zu machen, etwa indem sie ihre Unterstützung der Kandidaten von politischen Gegenleistungen abhängig machten, die nach der Papstwahl einzulösen waren. Erst Pius IV. (1559–1565) verbot unter Androhung der Exkommunikation derartige Absprachen.

Dennoch geschah es immer wieder, dass die Kardinäle Mühe hatten, sich auf einen Kandidaten zu einigen. Eine traurige Berühmtheit erlangte das Konklave von Viterbo, welches 1271 einer dreijährigen Sedisvakanz ein Ende setzte – und auch dies nur unter massivstem Druck der Öffentlichkeit.

Den Chronisten zufolge nämlich beschlossen die Behörden jener Stadt, die siebzehn zum Konklave versammelten Kardinäle im Papstpalast zu Viterbo einzusperren, weil sie die Wahl immer weiter hinauszögerten. Kurzerhand vermauerten sie den Zugang und reichten den untereinander zerstrittenen Wählern nur noch Wasser und Brot.

Gregor X., der aus dieser denkwürdigen Wahl hervorging, zog aus den Vorkommnissen die Lehre. In einer Bulle, die am 7. Juli 1274 gegen den Widerstand der Kardinäle aber mit Unterstützung der Bischöfe auf dem Konzil von Lyon angenommen wurde, verfügte er, dass die Kardinäle sich zehn Tage nach dem Tod eines Papstes an dessen Sterbeort zu versammeln hatten, und zwar in einem verschlossenen Raum ohne Zwischenwände oder Vorhänge. Kein Außenstehender durfte mit den Kardinälen sprechen oder sie heimlich treffen. Bei Wahlverzögerungen sollte nach fünf Tagen der Speiseplan geschmälert werden; nach acht Tagen gab es nur noch

Wasser, Brot und Wein. Diese Diät wurde auch auf die Diäten angewendet; während der ganzen Dauer des Konklaves erhielten die Versammelten keinerlei Bezüge.

Vom 16. Jahrhundert an fanden die Konklaven fast durchwegs in Rom statt, in der Regel im Kloster *Santa Maria sopra Minerva*, in der Sixtinischen Kapelle oder im Quirinalpalast, im welchem die Päpste zeitweise ihren Wohnsitz hatten.

Modifikationen des Wahlmodus hat es in den letzten Jahrhunderten immer wieder gegeben. Nach den 1975 von Papst Paul VI. erlassenen Bestimmungen verlieren die Kardinäle im Alter von achtzig Jahren das Wahlrecht. Die übrigen Purpurträger sind gehalten, sich spätestens zwanzig Tage nach dem Tod eines Papstes ins Konklave zurückzuziehen und die Wahl vorzunehmen. Nach wie vor gilt die Vorschrift, »Tag und Nacht bis zum Ausgang der Wahl ohne Verbindung mit Personen oder Dingen von außen zu bleiben«. Im Klartext: Nicht nur Besuche, sondern auch Zeitungen, Telefon, Radio und Fernsehen sind verboten; wer gegen die Vorschriften verstößt, soll exkommuniziert werden.

1990 verfügte Johannes Paul II., dass die Konklaven künftighin in dem im Westteil des Vatikans gelegenen Hospiz *Santa Marta* stattfinden sollen. Zu diesem Zweck wurde das Gebäude 1993 einer vollständigen Restaurierung unterzogen und entsprechend der vorgesehenen Höchstzahl von Wählern mit 120 kleinen Appartements ausgestattet. Wie aber sollen die Purpurträger dort völlig von der Außenwelt abgeschottet werden? Lässt sich vermeiden, dass sie mit den Bediensteten gelegentlich ein paar Worte wechseln? Wie können sie unbemerkt vom Hospiz zur Sixtinischen Kapelle gelangen, wo die Abstimmungen stattfinden? Laut Vorschrift dürfen sie auf diesem Weg »von niemandem erreicht werden«. Der direkte und diskreteste Weg würde über die Sakristei und die Petersbasilika führen, aber für gebrechliche oder gehbehinderte Kardinäle wären die vielen Schwellen und Treppen wohl nicht leicht zu überwinden … Fragen über Fragen, die schon deshalb schwer zu beantworten sind, weil im Unterschied zu einer Theatervorführung für ein Konklave keine Hauptprobe vorgesehen ist.

Papstgebeine in der Holzkiste

DER KATALANE KALIXTUS III. (1455–1458), mit bürgerlichem – oder besser mit adeligem – Namen Alonso de Borja, regierte nur gut drei Jahre. Als Papst sah er seine Hauptaufgabe in der Abwehr der Türkengefahr. Er war hoch geschätzt wegen seiner Rechtskenntnisse, seiner diplomatischen Erfahrung und seines untadeligen Lebenswandels. Stark verdunkelt wird dieses Bild allerdings durch den von ihm in großem Stil praktizierten Nepotismus, wodurch er den Kirchenstaat weithin den Borjas auslieferte. Der wohl bekannteste und gleichzeitig berüchtigtste Abkömmling dieses Geschlechts ist Rodrigo de Borja, ein Neffe Kalixtus', den der Onkel noch im Jahre seiner Wahl, 1455, zum Kardinal und wiederum nur ein Jahr später zum Vizekanzler der Kirche ernannte. Der ebenso sitten- wie skrupellose Rodrigo, der seinen spanischen Familiennamen italienisierte und sich fortan Borgia nannte, war damals gerade 25 Jahre alt und betätigte sich während fünf Pontifikaten vorwiegend als Sammler von Pfründen, Macht und Geschäftskenntnissen, was ihm ermöglichte, 1492 mittels simonistischer Praktiken Thron und Amt eines Papstes zu kaufen. Unter dem Namen Alexander VI. ging er in die Annalen der Kirchengeschichte ein. Dass das Renaissancepapsttum unter ihm seinen moralischen Tiefststand erreichte, ist ziemlich unumstritten.

Kalixtus III. starb 1458 und wurde in einer Rotunde im linken Seitenschiff der alten Peterskirche beigesetzt. Als sein Neffe Alexander VI. am 18. August 1503 von einem jähen Tod dahingerafft wurde, begrub man ihn in der Nähe seines Onkels. Weil Sixtus V. 1586 beschloss, den vatikanischen Obelisken vom ehemaligen Zirkus des Nero (der links von der Basilika lag) auf dem Petersplatz aufzustellen, musste die Rotunde aus Transportgründen niedergerissen werden. Die Gebeine der beiden Päpste wurden exhumiert und fanden im rechten Seitenschiff von Alt-Sankt-Peter eine neue Ruhestätte. Knapp zwei Jahrzehnte später, im Jahre 1605, ärgerte sich ein begüterter Domherr namens Juan Baptista Vives aus Valencia, dass noch immer kein Grabmonument an die beiden Toten erinnerte. Deshalb veranlasste er, dass die Gebeine erneut gehoben und im Seitenschiff des heiligen Andreas beigesetzt wurden. Dort wollte er ihnen ein standesgemäßes Denkmal errichten. In der Zwischenzeit jedoch waren von dem 1506 begonnenen Neubau von Sankt Peter bereits die

Apsis, der Querbau und die Kuppel vollendet. Als man sich 1607 entschloss, auch das brüchig gewordene Langhaus durch einen Neubau zu ersetzen, sah sich der spanische Domherr genötigt, für die Überreste seiner päpstlichen Landsleute ein neues Domizil zu suchen.

Irgendwann kam er auf den Gedanken, ihnen aus eigenen Mitteln ein würdiges Denkmal zu stiften, und zwar in der spanischen Nationalkirche *Santa Maria di Monserrato*. Nachdem Papst Paul V. den Vorschlag gebilligt hatte, ließ Juan Baptista Vives am 30. Januar 1610 die Überreste Kalixtus' III. und Alexanders VI. ins Kloster *Santa Maria di Monserrato* überführen. Einstweilen wurden die Gebeine in einer Kiste aufbewahrt. Später verbreitete sich das Gerücht, sie seien »hinter dem Hauptaltar« beigesetzt worden. Sobald das Grabmonument fertig sein würde, sollten sie in der Kirche einen würdigeren Platz erhalten.

Wie es sich in Wirklichkeit verhielt, berichtet der Preuße Kurd von Schlözer in einem Brief vom 9. September 1864.

Als ich in dem Kloster Santa Maria di Monserrato vor einigen Wochen einen Kirchendiener nach dem Grab des Papstes Alexander VI. fragte, bekam ich von ihm zur Antwort, dass dieser gar nicht dort begraben sei. Ich hielt damals jenen Kirchendiener für einen Ignoranten, der nicht einmal zwischen den paar Pfeilern seiner Kirche Bescheid wisse. Bald aber wurde ich eines Besseren belehrt. Es kamen mir Berichte zu, dass die Borgias wirklich nicht in der Kirche lägen, überhaupt gar nicht bestattet seien. Einer meiner spanischen Kollegen, der Marquis Arcicollar, der selbst mit den Borgias verwandt ist, bestätigte mir dies und fügte geheimnisvoll hinzu, dass die Armen noch immer in der Holzkiste lägen, in welcher Vives sie anno 1610 nach Monserrato habe bringen lassen. Unglaublich! Davon musste ich mich selbst überzeugen.

Heute Früh begab ich mich dorthin. Don Ramon de Pujols, der Domherr von Monserrato zeigte mir zunächst das zur Kirche gehörige Hospital. Dann betrachteten wir unter den Arkaden, die den Hofplatz umgeben verschiedene Grabmonumente. Endlich traten wir in die Vorhalle. Don Ramon schloss eine kleine unscheinbare Tür auf. Wir blickten in einen dunklen niedrigen Raum. An den Wänden zogen sich auf Regalen Holzkästchen mit Etiketten hin; sie enthielten Gebeine von Märtyrern.

In der Mitte dieser Kammer stand auf dem Fußboden eine bestaubte viereckige Bleikiste. Don Ramon hob den Deckel ganz unbefangen mit

Grabmal Kalixt' III. und Alexanders VI. in Santa Maria di Monserrato.

den Worten auf: »Voilà les ossements des deux Borgia.« In dieser Kiste stand ein Kasten von dunkelbraunem Holz – eine vergrößerte Hamburger Zigarrenkiste – etwa 2,5 Fuß lang, 1 Fuß hoch, 2,5 Fuß breit. Um ihn war eine schmale leinene Banderole gelegt, mit zwei roten Siegeln, die so alt waren, dass man den Stempel nicht mehr erkannte. Darüber stand auf weißer Papieretikette in altertümlicher Schrift:

Los guesos de dos Papas
estàn en esta caseta,
y son Calisto y Alexandro VI.,
eran Españoles

Das Spiel des Zufalls hat häufig einen ironischen Beigeschmack, hier aber hat es sich zu einem fast dämonischen Sarkasmus gestaltet. Alexander Borgia, einst der Schrecken Italiens, der neun Jahre hindurch [tatsächlich waren es fast auf den Tag genau elf!] so stolz die päpstliche Tiara auf seinem Haupt trug – jetzt ein kümmerlicher Haufen Staub und Knochen, zusammengepackt mit denen des braven Oheims in einem elenden Holzkasten, und das Ganze schon seit Jahrhunderten der Vergessenheit preisgegeben …

Das Grabmal kam dann doch noch zu Stande. In der Kirche *Santa Maria di Monserrato* präsentiert sich uns heute in der ersten Kapelle auf der rechten Seite ein seltsam geformter Marmorkasten. Es handelt sich um einen Sarkophag mit den Bildnissen der beiden Päpste und ihren Namen:

ALEXANDER VI P. M.   CALLIXTUS III P. M.

Eingemeißelt ist auch der Name des Künstlers und das Jahr, in welchem er sein Werk vollendete: *F[ilippo] Moratilla – Roma 1881*. Die Gebeine allerdings wurden erst 1889 beigesetzt. Dass die sterblichen Reste der beiden ungleichen Verwandten im selben Sarkophag ruhen, hat einen äußerst banalen Grund. Anlässlich der Überführung von Sankt Peter nach *Santa Maria di Monserrato* gerieten die Knochen durcheinander; welche wem gehören wird sich wohl erst bei der Totenerweckung am Ende der Zeiten herausstellen.

Missglückte Reform

DER NIEDERLÄNDISCHE ZIMMERMANNSSOHN HADRIAN FLORENSZ war der letzte nicht italienische Papst vor Johannes Paul II. Als er am 9. Januar 1522 nach einem zwei Wochen dauernden Konklave zum Nachfolger Petri gewählt wurde, befand er sich gerade in Kastilien, wo er damit beschäftigt war, in einem Aufstand zwischen den streitenden Regierungsparteien zu vermitteln. Gut drei Wochen später, am 2. Februar, erreichte ihn die Nachricht, dass die in Rom versammelten Kardinäle ihn zum Oberhaupt der Christenheit und damit auch zum Herrscher über den Kirchenstaat bestellt hatten. Sein erster Kommentar: »Ich habe dieses Amt weder angestrebt noch für mich gewünscht. Vermutlich reichen meine Kräfte dafür nicht aus. Wenn ich nicht fürchtete, Gott und die Kirche zu beleidigen, würde ich auf die Tiara verzichten.«

Weil sich die 39 Wähler auf keinen Kandidaten hatten einigen können, war schließlich einer von ihnen auf den Gedanken gekommen, den Erzieher und späteren Ratgeber Kaiser Karls V. für das hohe Amt vorzuschlagen. Der 1459 in Utrecht geborene Hadrian hatte in Löwen studiert, wo er später selber unterrichtete. Seine Schriften über die Sakramente und einige moraltheologische Fragen erlebten mehrere Auflagen. 1516 wurde der inzwischen berühmte Professor zum Bischof von Tortosa ernannt; ein Jahr später machte ihn sein Vorgänger Leo X. zum Kardinal. Dass er auch in dieser Stellung einen fast mönchischen Lebensstil pflegte, nahmen seine Wähler in dem damals völlig verweltlichten Rom zur Kenntnis, allerdings ohne sich über die möglichen Folgen Gedanken zu machen.

Nicht so die Römer. Die zeigten sich ob dieser Wahl entsetzt. Sollte jetzt plötzlich ein Asket in ihrer leichtlebigen Stadt das Sagen haben? Die Hofdichter und Humanisten fürchteten um ihre Einkünfte, die Kurtisanen und Schmarotzer sorgten sich um ihre Privilegien, die Prälaten bangten um ihre Pfründen. Schon am Tag nach der Wahl giftete Pasquino wie kaum zuvor. Wer immer in Rom mit Gänsekiel und Tinte umzugehen wusste, beklebte die berühmte nach einem losmäuligen Schneider oder Bartscherer benannte Statue mit Spottgedichten und Schmähreden, die sich allesamt gegen den neuen Papst und gegen dessen Wähler richteten. Diese Letzteren wagten sich erst nach ein paar Tagen wieder aus ihren Palästen, als sich der Volkszorn etwas gelegt hatte. Was unter anderem dazu führte, dass Hadrian nur mit erheblicher Verspätung benachrichtigt werden konnte.

Der Neugewählte gelangte auf dem Schiffsweg über Barcelona, Marseille, Genua und Civitavecchia nach Rom. Als er im Vatikan mit wenig Gepäck und einer Haushälterin eintraf (die sogleich mit dem Spitznamen ›geweihte Waschfrau‹ bedacht wurde), verbot er, ihm einen Triumphbogen zu errichten, weil dieser Brauch heidnischen Ursprungs sei. Die Römer schlossen daraus, dass der Papst geizig sei. In Wirklichkeit zwang ihn die Verschwendungssucht Leos X. zu drastischen Sparmaßnahmen; diesem sagte man nach, dass er das Vermögen dreier Päpste verschleudert habe, nämlich das seines Vorgängers Julius' II., sein eigenes, und das seines Nachfolgers. Überliefert ist, dass Hadrian höchstpersönlich allabendlich seinem Koch einen Dukaten in die Hand drückte mit der Bemerkung: »Für den Einkauf von morgen.« Einem zeitgenössischen Chronisten verdanken wir die Nachricht, dass Hadrian sich vorwiegend von *baccalà*, dem billigen Stockfisch ernährte, *ridente toto foro piscario* – worüber sich sämtliche Händlerinnen auf dem römischen Fischmarkt amüsierten. Da Hadrian der Landessprache nicht mächtig war, musste er sich mit seinem ungeschliffenen Latein verständigen, was die frivolen Römer mit beißendem Spott quittierten. Dass er für die Kirche alles und für die Kultur gar nichts übrig hatte, nahm man ihm ebenfalls übel. Zu mancherlei Gespött Anlass gab seine spitze Bemerkung, als er die Laokoon-Gruppe zum ersten Mal sah: *Sunt idola antiquorum* (Im Grunde handelt es sich doch bloß nur um heidnische Götzenbilder).

Vollends jedoch verdarb es der sittenstrenge Nordländer mit der einheimischen Bevölkerung, als er es wagte, ein paar Feiertage und die damit verbundenen Festivitäten abzuschaffen.

Für sein Pontifikat hatte sich Hadrian zwei Ziele gesetzt, nämlich die Kirche von Grund auf zu reformieren und die Türkengefahr zu bannen. Beide Initiativen blieben erfolglos.

So gelang es Hadrian nicht, die untereinander zerstrittenen und auf ihre Eigeninteressen bedachten christlichen Fürsten zur Abwehr der vordringenden Türken zu sammeln. Schon im Dezember 1522 fiel Rhodos, seit zwei Jahrhunderten Hauptsitz des Johanniterordens, in die Hände des Sultans Solimans II.

Mit der dringend notwendigen Kirchenreform setzte der sittenstrenge Hadrian an der römischen Kurie selbst an. Um die Jagd nach Pfründen zu unterbinden, verbot er den Klerikern, mehr als ein Amt auszuüben, wobei er zu sagen pflegte: »Wir brauchen mehr Priester für Kirchen, nicht mehr Kirchen für Priester.«

Wegen des Widerstands der verweltlichten Kurienmitglieder zeitigte auch das Hauptanliegen Hadrians, nämlich die Bekämpfung der Reformation in Deutschland mittels der Durchsetzung des 1521 erlassenen Wormser Edikts, keinen Erfolg. Dieses hatte über Martin Luther und seine Anhänger die Reichsacht verhängt. Das Edikt wurde jedoch bloß in einzelnen Ländern, vor allem im kaiserlichen Gebiet, verkündet und auch dort nur halbherzig umgesetzt.

Um die Ausbreitung der Reformation zu verhindern, entsandte Hadrian einen Legaten auf den auf September 1522 in Nürnberg einberufenen Reichstag. In seinem Begleitschreiben gestand der Papst freimütig ein, dass das Versagen der Kirche entscheidend zur Verbreitung der Reformation beigetragen hatte. Hadrian wörtlich:

Wir sind der Ansicht, dass die gegenwärtige Krise der Kirche in der Sünde der Menschen, insbesondere im Versagen der Priester und Prälaten, ihren Ursprung hat. Nur zu gut wissen wir, dass auch seitens des Heiligen Stuhls seit Jahren verabscheuungswürdige Dinge geschehen. So verwundert es denn nicht, dass die Krankheit sich vom Haupt auf die Glieder ausgebreitet hat. Wir alle, kirchliche Würdenträger und einfache Kleriker, sind vom rechten Weg abgekommen. Deshalb sind Wir daran, die Kurie zu erneuern, denn von der Stelle aus, von welcher die Krankheit ihren Anfang nahm, soll auch die Heilung erfolgen. Dies zu verwirklichen ist Uns ein Anliegen, weil Wir Uns bewusst sind, dass die gesamte Christenheit eine Reform der Kirche für dringend notwendig erachtet.

Diese Sätze waren ins Wasser geschrieben. Die deutschen Fürsten weigerten sich, das Wormser Edikt zu vollstrecken, mit der Begründung, dass dies zu einem Bürgerkrieg führen würde. Und die deutschen Prälaten, die am Reichstag vertreten waren, zeigten keinerlei Interesse, auf ihre Privilegien zu verzichten und ihren lockeren Lebensstil zu ändern. Martin Luther schließlich, der das vor Hadrians Wahl sittenlose Treiben am Päpstlichen Hof aus eigener Anschauung kannte, zweifelte am Reformwillen dieses aufrechten Mannes und setzte seine Angriffe auf das Papsttum in gröbster Form fort; hässliche Pamphlete wie *Das Mönchskalb* und *Der Papstesel* zeugen davon.

Hadrian verstarb schon am 14. September 1523. Die neunzehn Monate seines Pontifikats waren gezeichnet von Fehlschlägen und Misserfolg. Die Kurienbeamten begegneten dem fremdländischen Papst ausgesprochen abweisend, weil sie um ihre Pfründen und Privilegien fürchteten. Der Respekt, den er den Römern durch sein tugendhaftes Leben abnötigte, wandelte sich schnell in Ablehnung und Spott, weil sich der ehemalige Stubengelehrte in der besseren Gesellschaft nicht zu bewegen verstand und keinerlei Feingefühl entwickelte für die damals hoch geschätzte humanistische Literatur und die schönen Künste – und weil er für die eben nicht nur ausgelassene, sondern im Grunde auch offene und fröhliche Lebensart der Römer nicht das geringste Gespür hatte.

Sicher ist, dass Hadrian ein untadeliges Leben führte und schwer darunter litt, dass er seine Vorstellungen über die geplante Reform bloß innerhalb der päpstlichen Kurie und auch dort nur ansatzweise zu verwirklichen vermochte. Unbestritten ist aber auch, dass ihm das Verdienst zukommt, die Grundsätze für eine Erneuerung der

Grabmal Hadrians VI., Santa Maria dell' Anima. Marmorfigur von Michelangelo da Siena, 1533.

Kirche vorgezeichnet zu haben, die ein Vierteljahrhundert später auf dem Konzil von Trient aufgegriffen und in die Praxis umgesetzt wurden. Heute sind viele Historiker der Ansicht, dass die Reformation möglicherweise doch noch unterlaufen worden wäre, wenn dieser Papst länger regiert hätte.

Über seinen Tod ist viel spekuliert worden. Spötter insinuierten, dass der Biergenuss ihm allzu sehr zusetzte. Manche mutmaßen, dass er einem Giftanschlag zum Opfer fiel. Andere wiederum glauben, dass er an Erschöpfung starb.

Nicht nur die Kurie, sondern auch die vom Papst aus dem Vatikan verbannten Künstler atmeten nach dessen Tod auf. Einige von ihnen befestigten aus diesem Anlass über dem Haus des päpstlichen Leibarztes eine Girlande mit der makaberen Huldigung: »Dem Befreier des Landes.«

Seine letzte Ruhestätte fand Hadrian in der Kirche *Santa Maria dell'Anima*, die zu Beginn des 16. Jahrhunderts bei einem Hospiz errichtet wurde, das seit 1378 deutschen und holländischen Romfahrern als Unterkunft diente. Die Bezeichnung *dell'anima*, Maria von der Seele, geht auf eine Darstellung auf dem Hauptportal zurück, welche die Gottesmutter mit zwei erlösten Seelen zeigt. Das Grabmal, das Klemens VII. für seinen Vorgänger errichten ließ, ist mit allegorischen Gestalten in antikem Stil verziert, den Hadrian zeitlebens verabscheute.

Vatikanisches Arbeitsrecht 1786

BEKANNTLICH IST ES GANZ IM SINN der kirchlichen Soziallehre, dass die arbeitende Bevölkerung sich zu Gewerkschaften zusammenschließt und auf offenkundige Ungerechtigkeiten mit Streiks reagiert. Im Vatikanstaat selber sind Arbeitskämpfe generell verboten, und die dort geduldete Gewerkschaft ist eine solche nur in Anführungszeichen. Weil sie sich nicht als *Sindacato* bezeichnen darf, nennt sie sich eben *Associazione dei dipendenti del Vaticano*, Vereinigung der Vatikanangestellten.

Schon zu Zeiten, als der Papst noch über halb Italien regierte, mussten diese Vatikanangestellten im Gegensatz zu den übrigen Kirchenstaatsbeamten ein paar besondere Verpflichtungen eingehen, wenn sie ihren Arbeitsplatz behalten wollten. Davon zeugt unter anderem ein *Regolamento Vaticano dell'anno 1786* für Kanzleiangestellte, den wir hier in deutscher Übersetzung wiedergeben.

Vatikanisches Reglement aus dem Jahre 1786

1. *Den Kanzleiangestellten obliegt es, jeden Morgen die Fußböden zu scheuern sowie die Möbel und die Regale abzustauben.*

2. *Täglich haben sie die Petroleumlampen nachzufüllen, deren Deckel zu säubern und die Dochte zu schneiden. Einmal in der Woche sind die Fenster zu putzen.*

3. *Jeder Angestellte hat täglich einen Kessel voll Wasser und einen Eimer mit Kohle mitzubringen, zur Abdeckung der diesbezüglichen Bedürfnisse.*

4. *Die Federkiele sind mit Sorgfalt zu behandeln; zuspitzen darf sie jeder, wie er es gewohnt ist.*

5. *Der Kanzleidienst beginnt um sieben Uhr morgens und endet um acht Uhr abends, ausgenommen am Sonntag, wenn die Kontore geschlossen bleiben. Es wird erwartet, dass sämtliche Angestellten sich am Sonntag der Sache der Kirche und dem Dienst Gottes widmen.*

6. *Die Angestellten haben wöchentlich einmal Anrecht auf einen freien Abend, damit sie sich erholen können. Falls sie regelmäßig den Gottesdienst besuchen, erhalten sie zwei Abende frei.*

7. *Nach dem 13-stündigen Arbeitstag sind die Kanzleiangestellten gehalten, die restliche Zeit mit Bibellektüre oder mit dem Lesen anderer erbaulicher Schriften zu verbringen.*

8. Jeder Angestellte ist verpflichtet, einen angemessenen Betrag seines Gehalts als Altersvorsorge zurückzulegen, damit er der Gesellschaft später nicht zur Last fällt.

9. Ein Angestellter, der spanische Zigarren raucht, starke alkoholische Getränke in irgendeiner Form konsumiert, Billardsäle oder andere öffentliche Vergnügungsstätten besucht oder sich beim Barbier rasieren lässt, gibt Anlass zu Zweifeln an seiner Integrität und Ehrbarkeit.

10. Ein Angestellter, der während 5 Jahren seine Arbeit korrekt getan und zu keinerlei Klagen Anlass gegeben hat, erhält eine Gehaltserhöhung von 5 Centesimi pro Tag, vorausgesetzt, die Gewinnspanne der Firma ist hoch genug.

Die Heiligenmacher

WENN DIE ZAHLEN FÜR DIE BÖRSENKURSE STÜNDEN, würden die Makler schreien vor Freude. Aber hier geht es nicht um finanziellen Gewinn, sondern um geistliche Verdienste.

Im ersten Jahr seines Pontifikats hat Papst Johannes Paul II. 3 Männer und 1 Frau selig gesprochen. Heiligsprechungen gab es zwischen dem Oktober 1978 und Dezember 1979 keine. 1980: 6 Selige, 0 Heilige. 1981: 21 Selige, 0 Heilige. 1982: 15 Selige, 4 Heilige. Und von da an ging's immer schneller immer steiler bergauf. Im Lauf von einem Vierteljahrhundert hat der auch sonst rekordgewohnte Pontifex rund 1300 (in Worten: tausenddreihundert) Selige und gut 470 Heilige proklamiert, viele davon im Multipack. So erhob er 11. März 2001 auf dem Petersplatz in Rom während einer Messe vor über 20'000 aus Spanien angereisten Gläubigen gleich 233 Opfer des spanischen Bürgerkriegs (1936–1939) zur Ehre der Altäre. Diese Märtyrer, überwiegend Priester, Mönche und Nonnen, wurden nach Angaben des Vatikans von Anarcho-Kommunisten um ihres Glaubens willen getötet. Noch nie zuvor hat ein Papst eine solche Anzahl von Verstorbenen auf einmal in den Stand der Seligen versetzt. Tatsächlich hat Johannes Paul II. während seines Pontifikats mehr Heilige und Selige kreiert als alle seine Vorgänger zusammen seit dem Konzil von Trient (1445–1563) bis heute.

Nicht nur notorische Papstkritiker, sondern auch viele einfache Gläubige stoßen sich daran, dass so manche Selig- oder Heiligsprechung aus höchst durchsichtigen kirchenpolitischen Motiven erfolgt. So hegen die meisten Experten und Beobachterinnen der römischen Szene den begründeten Verdacht, dass Johannes Paul II. den 1975 verstorbenen Gründer des *Opus Dei*, Josemaria Escrivá de Balaguer, schon 1992, nach gängigen Maßstäben in Weltrekordzeit, vor allem deshalb in die Schar der Seligen aufnahm, um dessen Marschrichtung den etwas weniger traditionalistisch eingestellten Gläubigen demonstrativ vor Augen zu führen. Im Jahr 2002 ist der umstrittene Spanier, wiederum in Rekordzeit, gar noch mit einem Heiligenschein verziert worden.

Ursprünglich wurden Menschen, vorab Blutzeugen und Märtyrerinnen, welche das Evangelium ernst und die sich aus dieser Haltung ergebenden Konsequenten in Kauf nahmen, nicht von einem Papst heilig gesprochen, sondern vom Volk spontan als Heilige verehrt. Um die Mitte des 4. Jahrhunderts begann man mancherorts damit, die sterblichen Überreste dieser Vorbilder der Glaubenstreue zu exhumieren und sie im Kirchenraum, wenn immer möglich in der Nähe des Altars, beizusetzen (woraus sich die Redewendung herleitet ›jemanden zur Ehre der Altäre erheben‹). Dieser in der Regel vom Bischof vorgenommene Ritus, bestehend aus *elevatio* (Erhebung der Gebeine aus dem Grab, also Exhumierung), *translatio* (Übertragung in die Kirche) und *depositio* (Bestattung in der Nähe des Altars), war ein quasioffizieller Akt und kam faktisch einer Heiligsprechung gleich.

Im 10. Jahrhundert zeigten sich manche Bischöfe daran interessiert, den Kult gegenüber einzelnen in ihren Diözesen als Heiligen Verehrten zwecks Steigerung ihres Ansehens von Rom bestätigen zu lassen. Das führte dazu, dass fortan der Papst mittels eines *juristischen Verfahrens* untersuchen ließ, ob ein Anwärter oder eine Aspirantin dieser Ehre würdig sei. Der erste dieser ›Heiligsprechungsprozesse‹ fand im Jahre 993 unter Johannes XV. statt und galt Bischof Ulrich von Augsburg († 973). Das seit dem Mittelalter geltende Kanonisationsverfahren blieb unter Berücksichtigung einiger später vorgenommener Änderungen bis in die jüngste Vergangenheit hinein gültig.

Eine diesbezüglich einschneidende Reform erfolgte am 25. Januar 1983, durch Papst Johannes Paul II. Bemerkenswert an den neuen Verfügungen ist vor allem, dass die Untersuchung in ihrem ersten Stadium wiederum vorwiegend von den Bischöfen durchgeführt wird.

Der Unterschied zwischen einer Heiligsprechung und einer Seligsprechung ist nicht wesentlicher, sondern lediglich gradueller Natur. Während man der Seligen *im Bereich eines Bistums oder einer Nation oder auch innerhalb eines bestimmten Ordens* gedenkt, betrifft das liturgische Gedächtnis der Heiligen *die gesamte Kirche*.

In der Regel verhält es sich so, dass ein Bischof auf Verlangen der Gläubigen hin die Initiative ergreift und die nötigen Unterlagen (Lebenszeugnisse, Korrespondenz, Tagebücher usw.) an die *Congregatio pro Causis Sanctorum* (›Ministerium der Heiligenmacher‹) in Rom weiterleitet. Die dort beschäftigten Mitarbeiter erstellen aus diesem Material eine so genannte *Positio*, einen ausführlichen Schriftsatz, in welchem der Lebenswandel und das Tugendleben des oder der potenziellen Heiligen dargestellt werden. Diese *Positio* wird von der Kongregation an die jeweils acht Konsultoren weitergeleitet, die an einem Selig- oder Heiligsprechungsverfahren beteiligt sind und die nun unabhängig voneinander ihre Gutachten erstellen. Dann versammeln sich die Konsultoren unter dem Vorsitz des *Promotor fidei*, des Glaubensanwaltes, um ihre Gutachten miteinander zu vergleichen. Der *Promotor fidei* seinerseits unterbreitet das Ergebnis dem ›Kongress‹, einer Gruppe der dem ›Ministerium der Heiligenmacher‹ zugeordneten Kardinäle und Bischöfe. Die für eine Selig- oder Heiligsprechung erforderlichen Gebetserhörungen (praktisch handelt es sich um Wunderheilungen) werden von fünf medizinischen Sachverständigen beurteilt. Auf Grund der vorliegenden Zeugnisse und unter Berücksichtigung der von der Ärzteschaft erstellten Expertisen entscheidet der Kongress, ob ein Diener oder eine Dienerin Gottes zur Ehre der Altäre erhoben werden soll. Das letzte Urteil darüber bleibt dem Papst vorbehalten.

Was ›kostet‹ eine Selige oder ein Heiliger? Die Frage ist begründet, aber kaum zu beantworten, weil weder die bischöflichen Ordinariate noch die religiösen Orden und schon gar nicht die römischen Instanzen bereit sind, die jeweiligen Zahlen offen zu legen. Aber mindestens 750'000-1'000'000 Euro müssen schon zusammenkommen, wenn ein Selig- oder ein Heiligsprechungsverfahren durchgezogen werden soll. Ein kleines Vermögen kostet allein die Propaganda, damit der Kandidat oder die Kandidatin einen gewissen Bekanntheitsgrad erreicht, der in der Regel unerlässlich ist zur Einleitung eines Prozesses. Beträchtliche Summen verschlingen die Nachforschungen über die Lebensführung der oder des zukünftigen Seligen, vor allem wenn sein oder ihr Wirkungskreis sich über mehrere Kontinente erstreckte. Und selbstverständlich arbeiten weder die bischöflichen noch die römischen Instanzen um Gottes Lohn. Der Druck der *Positio*, deren Verfasser und Gutachter, sowie die Konsultoren müssen bezahlt werden. Mit großen Kosten verbunden ist schließlich die Zeremonie der Selig- oder Heiligsprechung selber; die Herrichtung des Petersplatzes oder der Basilika (sofern die Feierlichkeit in Rom stattfindet), der Blumenschmuck, der Sängerchor, das Orchester, die Sicherheitsmaßnahmen – all das und so vieles andere geht ins Geld. Überdies gehört es zum guten Ton, den Papst anlässlich einer derartigen Feierlichkeit mit einer satten Zuwendung »für karitative Zwecke« zu bedenken.

Dem Vernehmen nach (aus Diskretionsgründen muss ich um Verständnis dafür bitten, dass ich die Namen meiner Gewährsleute *in pectore* behalte) entstehen überdies allerlei Unkosten, die in den Buchhaltungen der Diözesen oder Orden unter *Varia* versteckt werden. Das hängt damit zusammen, dass die Leute, welche die Viten der Heiligen erforschen und den Prozess vorantreiben, selber bei weitem nicht immer den Geruch der Heiligkeit verströmen. Manchmal sind eben gewisse Aufmerksamkeiten notwendig, um ein stockendes Verfahren wieder anzukurbeln. Auf diese Weise lässt sich bewerkstelligen, dass die Unterlagen auf dem Stapel plötzlich wie von selbst ein Stück weit hinaufrutschen. Solche kleinen Wunder werden nicht einmal im Vatikan der Fürsprache der zukünftigen Seligen oder Heiligen zugeschrieben. Aber man spricht auch nicht gleich von Bestechung, weil dem Begriff etwas Anstößiges anhaftet. In seltenen Fällen kann es sogar vorkommen, dass mit einer Verzögerung des Verfahrens gedroht wird, falls die Interessierten sich weigern, einen zusätzlichen Obolus zu entrichten. Man sagt das natürlich nicht so direkt, sondern gibt es in diplomatisch verschlüsselter Sprache zu verstehen. Im Grunde handelt es sich dabei um eine neue Variante des alten Ablasshandels.

Papstsegen auf Pergament

Bei besondern Gelegenheiten wie etwa an Weihnachten oder Ostern erteilt der Papst von der Loggia des Petersdoms aus den Segen *urbi et orbi*, welcher, die Bezeichnung sagt es, der Stadt Rom und dem ganzen Erdkreis gilt. Gläubige, welche befürchten, die dadurch freigesetzte spirituelle Energie werde auf dem Petersplatz vom Winde verweht, erwerben sich vorsichtshalber bei den umliegenden Devotionalienhändlern und Souvenirverkäuferinnen eine *particolare benedizione apostolica*. Es handelt sich dabei um eine pergamentene mit dem Konterfei des Pontifex geschmückte Urkunde, auf der dieser seinen »besondern apostolischen Segen« für die unterschiedlichsten Anlässe verspricht, beispielsweise für Eheschließungen und goldene Hochzeiten, für Priesterweihen, Geburtstage, Erstkommunionen und für so viele andere geistliche Events, die das Leben erst lebenswert machen. Besonderer Beliebtheit erfreuen sich jene Segensurkunden, die im Päpstlichen Almosenamt selber angeboten werden, übrigens zu verhältnismäßig recht günstigen Preisen (8 bis 30 Euro). Ein Besuch in dem kleinen Gebäude im Innern des Vatikans, gleich hinter dem *Osservatore Romano*, lohnt sich selbst für Freidenker, sofern sie für Zierschriften etwas übrig haben. Die Devotionalienläden hingegen lassen die *pergamene* gewöhnlich in Heimarbeit anfertigen. Die Arbeit der Kalligraphinnen und Schönschreiber kann sich durchaus sehen lassen. Das gilt auch für die Preise. Die liegen, je nach Laden und Art der Ausführung zwischen 24 und 100 Euro. Allerdings ist es den Händlern strengstens verboten, die Kaufsumme im Schaufenster anzugeben. Wer es dennoch tut, fliegt aus dem Vertrag – und aus ist es für immer mit dem Segensgeschäft. Um Missverständnissen vorzubeugen betont man im Vatikan nämlich ausdrücklich, nicht der Segen werde verkauft; bezahlt werde bloß das Material und die Herstellung der Urkunde. Wem die Sache noch immer nicht ganz geheuer ist, vergisst die letzten Bedenken bei dem Gedanken, dass ein solches Mitbringsel ›vom Papst persönlich‹ später bei Bekannten geradezu unglaubliche Emotionen freizusetzen vermag, angefangen von giftgelbem Neid bis hin zu kristalliner Bewunderung.

Wer eine Urkunde bestellt (und berappt), kann diese allerdings nicht gleich mitnehmen. Denn zuerst müssen die Pergamente ja in den Vatikan gebracht werden. Dort versieht sie ein Beamter für eine Gebühr von 2,50 Euro mit einem Echtheits-Prägestempel und mit der (ebenfalls gestempelten) Unterschrift des *Eleemosinarius apostolicus*, des Päpstlichen Almosenverwalters. Dabei versteht es sich wohl von selbst, dass der Papst, wir leben ja im Zeitalter der Globalisierung, die Urkundenstapel jeweils mit einer Globalbenediktion absegnet.

Jüngst verfiel ein polnischer Geschäftsmann aus Washington, der die Gunst eines der engsten Mitarbeiter des Papstes genießt, auf den Gedanken, die Dokumente zu stark überhöhten Preisen im Internet anzubieten. Auf diesen Vorstoß haben die zuständigen Vatikanstellen allerdings schnell reagiert. Der päpstlichen Segensfluss wurde kurzerhand an dem Mann vorbeigeleitet, was zur Folge hatte, dass seine geistlichen Wechsel fortan nicht mehr gedeckt waren. Außerdem hat er auf Druck des Vatikans seine anrüchige Homepage aus dem Netz nehmen müssen.

Auch sonst zeigt man sich wachsam. Während auf der Urkunde für ein goldenes Hochzeitpaar oder für die verdiente Leiterin eines Kirchenchors neben der Segensformel lediglich Vorname und Name angeführt sind, muss für Hochzeitsparre überdies das präzise Datum der Heirat sowie die Kirche, in der sie sich das Jawort geben wollen, eingetragen sein. Sonst gibt es kein Echtheitszertifikat, und das hat schon seinen Grund. Wenn diese Angaben fehlten, könnte der Segen auch für Paare geordert werden, die nur standesamtlich heiraten oder eine Schwulen- oder Lesbenehe eingehen möchten. Da aber macht der Papst nicht mehr mit.

Audienzen

ENDE MAI 1902 fand in Rom ein Wettschießen statt, zu dem auch die Schweizer eingeladen waren. Einem von ihnen, ein gewisser ›Polizeifeldweibel Bläsi‹ (eigentlich Alois Küchler, ein damals bekannter Lokalpolitiker und Redakteur beim *Obwaldner Volksfreund* und Mitarbeiter des *Bauernblättli*), hat das denkwürdige Ereignis in einer kleinen Schrift mit dem Titel *Eine Romreise* festgehalten. Natürlich haben die Eidgenossen bei dieser Gelegenheit auch die Stadt Rom besichtigt und dabei manches Neue erfahren, beispielsweise, dass es sich bei gewissen Ruinen auf dem *Forum Romanum* nicht um eine antike Kegelbahn, sondern die Überreste eines »Klosters« der Vestalinnen handelte (wie Bläsi sich ausdrückt). Nicht weniger wichtig als der Wettbewerb mit den Schusswaffen aber war den biederen Schweizern die Papstaudienz, ein Ereignis, das Bläsi nicht ohne unfreiwilligen Humor so kommentiert:

Die Audienz war auf halb 12 Uhr festgesetzt. Gegen 11 Uhr begaben wir uns in den Vatikan. Bevor wir die Stiege zum Hauptportal betreten konnten, wurden wir vorerst von einem königlich-italienischen Polizeiposten kontrolliert. Im oberen Stockwerk gelangten wir zuerst in einen Vorsaal, wo wir der päpstlichen Polizei unsere Billets vorzuweisen hatten. Diese Polizisten sind vollständig als Reiter ausgerüstet – Pferde besitzen sie indessen nicht mehr. Mir befahlen diese Herren Kollegen, das Schweizerschützen-Abzeichen aus dem Knopfloch zu entfernen. Sie haben wahrscheinlich das schweizerische und das italienische Wappenkreuz nicht voneinander unterscheiden können. In diesem Vorsaale drängte sich eine bunte Menge von Männern, Weibern und Kindern. Feierlich war weder das Aussehen noch das Benehmen der Gesellschaft. Aber der Papst ist ja der Vater der gesamten katholischen Christenheit, und die weist eben gar verschiedene Mitglieder auf.

Um 11 Uhr 40 Minuten ging plötzlich eine Bewegung durch die Pilgerschar, das bisherige zwanglose Geplauder verstummte auf kurze Zeit und im Vorsaale stimmte eine Knabenmusik einen Marsch an.

Unter dem Vorantritt von Gardisten wurde vorne eine Sänfte in den Saal getragen. Ihr entsteigt der Papst, ganz in weiß gekleidet, und während derselbe, geführt von zwei Geistlichen, die Stufen zum Thronsessel emporsteigt, erbraust tausendstimmig der Ruf: ›Evviva il Papa Re‹, ›Evviva il Santo Padre!‹

Leo XIII. sieht viel päpstlicher aus als manche seiner Vorgänger; wenn ich die Bilder früherer Päpste, z. B. an den Grabdenkmälern der Peterskirche, betrachte, so sagte ich mir wohl, diesem oder jenem Herrn wäre auch die Uniform eines Armeekorps-Kommandanten gut gesessen. Leo XIII. präsentiert sich schon in seiner Erscheinung als ein Kirchenfürst, der vom Weltlichen nur das absolut Notwendige an sich hat.

In 40 Minuten war die Audienz beendigt. Leo XIII. ließ sich wieder zur Sänfte hinführen und wurde unter erneuten Evviva's aus dem Saal getragen. In wenigen Minuten befand sich die Pilgerschar wieder unten auf dem Petersplatz.

Dass Bläsi in seiner Begeisterung einen »tausendstimmigen Evviva-Ruf« zu vernehmen meinte, wollen wir ihm gerne glauben, obwohl nur gerade knapp hundert Personen bei dem Empfang anwesend waren. Die Audienzen fanden nämlich damals noch nicht in der Peterskirche, sondern im Apostolischen Palast statt. Noch in den Vierzigerjahren empfing Pius XI. die handverlesenen Grüpplein der Gläubigen in den Räumlichkeiten seiner vatikanischen Residenz. Sein Nachfolger Pius XII. sah sich gezwungen, die Audienzen (falls sie nicht in seinem Sommersitz Castelgandolfo stattfanden) in die geräumigere, über dem Atrium der Peterskirche gelegene Benediktionsaula zu verlegen. Aber auch diese erwies sich bald zu klein, so dass man die Anwesenden auch auf die angrenzenden Säle verteilen musste. Johannes XXIII. schließlich verlegte die Empfänge in den Petersdom, der zwar hinreichend Platz bot, aber für solche Veranstaltungen schlecht geeignet war. Besonders störend wurde das Fehlen eines großen Saales während des Zweiten Vatikanischen Konzils empfunden, das bekanntlich in der Peterskirche tagte, wo man für die Vollversammlungen der über 2000 Bischöfe nicht nur eine Kaffeebar, sondern auch Tribünen und Toiletten einrichten musste.

Angesichts der Unmöglichkeit, die wachsende Zahl von Gläubigen zu ›bewältigen‹, die anlässlich ihrer Romfahrt auch den Papst sehen wollten, drängte Paul VI. 1963, gleich nach Beginn seines Pontifikats, auf eine Lösung und beauftragte den italienischen Stararchitekten Pierluigi Nervi (von dem unter anderem auch das für die Olympischen Spiele 1960 errichtete *Stadio Flaminio* stammt) mit der Ausarbeitung von Plänen für eine Audienzhalle. Nach sieben Jahren war der Bau vollendet. Das Ergebnis auf dem Gelände links von der Peterskirche kann sich sehen lassen. Die neue *Sala delle Udienze*, offiziell *Aula Paolo VI*, hat die Form einer Muschel. Allein die lichtdurchflutete *Aula maior* umfasst 6300 Sitzplätze. Wenn man einen Teil der Stühle entfernt, entstehen weitere 4000 Stehplätze.

Wenn der Papst nicht gerade auf Reisen oder krank ist, hält er mittwochs Generalaudienz, im Winter vormittags in der *Aula Paolo VI*, im Sommer am Spätnachmittag auf dem Petersplatz. Da er sich in der heißen Jahreszeit gewöhnlich in dem etwas kühleren Castelgandolfo aufhält, wird er jeweils im Hubschrauber zum Vatikan geflogen (der einen eigenen Landeplatz besitzt). Seit der Fertigstellung der *Aula Paolo VI* gerät jede öffentliche Papstaudienz zu einer Massenveranstaltung, mit der nicht nur die Universalität der Kirche, sondern auch die Verbundenheit aller Katholiken mit dem Papst demonstriert werden soll. Dass sich unter den jubelnden Gläubigen auch welche befinden, die das Dogma von der päpstlichen Unfehlbarkeit anzweifeln, ist, schon rein statistisch gesehen, mehr als wahrscheinlich.

Eindrücklich sind solche Generalaudienzen allemal. Selbst die, die sich mit mentaler Reserviertheit auf den Weg machen, zeigen sich schon nach wenigen Minuten von dem Schauspiel hingerissen – nicht etwa, weil sie hier Gemeinschaft erleben, sondern weil Massenveranstaltungen nun einmal ihre eigene Dynamik entwickeln.

Dass es gelegentlich trotzdem möglich ist, einen kühlen Kopf zu behalten und die innere Distanz zum äußeren Ereignis zu wahren,

Castelgandolfo, Landresidenz Urbans VIII. (1623–1644). Von Schweizer Gardisten begleitet beobachtet der Papst am Ufer des Albanersees den Fischfang. Stich nach einem Gemälde von Joachim Sandrart.

beweisen die Aufzeichnungen des Juristen und Psychologen God-fried Bomans, der 1954 an einer Audienz Pius' XII. teilnahm, welche dieser einer Gruppe von Rechtswissenschaftlern in Castelgandolfo gewährte.

Die Audienz enttäuschte mich in manchem ebenso, wie sie mich in anderem befriedigte. Der Eingang zum Saal und seine Ausstattung missfielen mir. Und ich muss es mir vom Herzen schreiben: die Regie beim Empfang auf Castel Gandolfo war schlecht. Die unmittelbare Umgebung des Kastells ist ein Labyrinth von schmutzigen Gassen, die nicht einmal das Verdienst haben, malerisch zu sein, die Treppe zum Empfangsraum ein kahl gewundener Tunnel, der Saal selbst geradezu ein Horror. Ich glaube, das ist der einzige Saal in ganz Italien, in dem der Marmor – imitiert ist! Und das in einem Land, in dem selbst die Fenstersimse bei der Zimmerwirtin aus Marmor sind. Ob der Vatikan seinerzeit einem Anfall von Geiz erlag oder vielleicht glaubte, die Aussicht aus den Fenstern biete genügenden Ersatz, weiß ich nicht. Im Saal standen mit rotem Stoff bezogene Bänke ohne Lehnen, die gerade für die vierhundert Juristen ausreichten, so dass der Raum gedrängt voll war. Als Hintergrund für den päpstlichen Sessel war ein rotes Tuch minderer Qualität aufgehängt. Der Sitz des Papstes bestand aus einem hohen, stufenförmig aufgebauten, rot verkleideten Bretterstapel, auf dem ein kümmerliches Stühlchen von vergoldetem Holz thronte. Die Schweizer dagegen waren prächtig.

Wir warteten und warteten. Eine Viertelstunde, eine halbe Stunde, drei viertel Stunden. Schlechte Regie. Eine Audienz hat pünktlich zu beginnen. L'acuratesse, c'est la politesse des rois. Auf einmal erklang ein Glöckchen. Die Schweizer erstarrten.

Da sprangen die Flügeltüren auf, und er trat ein. Ganz leicht, beinah tanzend, die dünnen elfenbeinernen Hände beschwörend erhoben, um den Applaus zu mäßigen. Rasch schritt er die Stufen empor, blieb einen Augenblick vor seinem Stühlchen stehen, um sich betrachten zu lassen und auch aus Achtung vor uns, die wir ebenfalls standen, und ließ sich plötzlich nieder, damit andeutend: wir beginnen.

Dann hob er die Hand und begann zu sprechen. Zu beiden Seiten seines Stuhles standen zwei Monsignori, ganz in Violett gekleidet. Selten habe ich den Eindruck ›Mönchlein am Rande‹ so treffend verkörpert gesehen. Überdies waren sie kräftig gebaut und langweilten sich sichtlich. Zu loben war jedoch die Art, in der sie das Gähnen und die sich daraus ergebende Bewegung der Hand zum Mund in eine Art kle-

rikaler Geste umzusetzen wussten. Einer von ihnen fing plötzlich mit der hohlen Hand eine Fliege und steckte sie still lächelnd in die Tasche seiner Soutane; wahrscheinlich meinte er, dass es außerhalb des für diesen Augenblick Schicklichen liege, sie totzuschlagen, während das Fangen, sofern man es nur diskret ausführte, noch für zulässig erachtet werden könne. Die Unterscheidung solch kleiner Feinheiten darf nicht unterschätzt werden und führt früher oder später zum Violett des vatikanischen Prälaten. Man steht dann rechts oder links. Doch niemals in der Mitte.

Die Papstansprachen bei Generalaudienzen, werden regelmäßig im *Osservatore Romano* veröffentlicht. Gleich auf der ersten Seite ist dort unter der Rubrik *Nostre informazioni* nachzulesen, wer in den Genuss einer Privataudienz gekommen ist – die Leiter der römischen Kongregationen (welche in etwa unseren Ministerien entsprechen), Staatsoberhäupter, Politiker und Politikerinnen, gelegentlich gar ein berühmter Fußballer oder eine Popsängerin, und natürlich regelmäßig die Bischöfe, die sich gerade zum Rapport in Rom aufhalten … Wirklich wichtig sind allerdings nur jene Persönlichkeiten, deren Namen in der Vatikanzeitung *nicht* veröffentlicht sind, obwohl sie vom Papst empfangen wurden.

Kleines Lexikon für Vatikanfans

Apostolischer Stuhl → Heiliger Stuhl

Briefmarken Seit der Gründung des Vatikanstaates im Jahre 1929 werden dort Briefmarken und Münzen geprägt. Vor der Einigung Italiens war der Kirchenstaat die erste Nation auf der italienischen Halbinsel, welche Briefmarken einführte, und zwar im Jahr 1852. Porträts von den jeweils regierenden Päpsten finden sich auf vielen Vatikanmarken. Als vor einigen Jahren eine Marke herauskam, auf der Papst Johannes Paul II. nach Art einer Schutzmantelmadonna seinen Umhang über Christenheit (oder über die gesamte Menschheit?) breitete, hat das zu Protesten geführt, worauf der Vatikan das Wertzeichen aus dem Verkehr zog.

Erotik Am 30. Juni 2001 meldete die Schweizerische Depeschenagentur, dass in Paris ein erotisches Werk aus der Feder des Humanisten Aeneas Silvius Piccolomini (1405-1464) und späteren Papstes Pius II. für die Rekordsumme von 15,5 Millionen Francs versteigert wurde. Wie das Aktionshaus Drouot mitteilte, wurde die 46 Seiten starke Handschrift von einem Sammler erworben. Piccolomini hatte die Liebesgeschichte von *Euryalus und Lukrezia* 1444 in Form eines Briefromans aufgeschrieben. Als er 14 Jahre später zum Papst gewählt wurde, hat er sich von dieser lasziven Schrift ausdrücklich distanziert.

Gegenpapst Als Gegenpapst gilt, wer sich auf unrechtmäßige Weise (z. B. von nicht autorisierten Gruppen) zum Papst wählen lässt. Frühere Bezeichnungen haben oft einen ausgesprochen polemische Beigeschmack, so z. B. *usurpator Sedis Apostolicae* (Usurpator des Apostolischen Stuhls), *apostaticus* (Abtrünniger), *antichristus* (Antichrist), *adulterinus Papa* (Fremdgänger-Papst). Seit Anfang des 14. Jahrhunderts setzt sich der Begriff *Antipapa* (Gegenpapst) durch. Die Reihe der Gegenpäpste beginnt Anfang des 3. Jahrhunderts mit Hippolytos von Rom (dem einzigen Gegenpapst, welcher gleichzeitig als Heiliger verehrt wird), und endet Mitte des 15. Jahrhunderts mit Felix V. Es ist schwierig, die Zahl der Gegenpäpste genau anzugeben, einerseits, weil die Quellen stark parteiisch gefärbt sind, anderseits, weil manche Papstwahlen dermaßen turbulent verliefen, dass nicht immer mit letzter Eindeutigkeit feststeht, welcher denn nun der rechtmäßige Papst war. Die Zahl der Gegenpäpste schwankt je nach dem Standpunkt der Geschichtsforschenden zwischen 30 und 35. Ein Unikum in der Kirchengeschichte stellt die Karriere Benedikts IX. dar, der den Sprung vom Papst zum Gegenpapst schaffte. Noch vor dem Empfang der Priesterweihe wurde der 17- oder 18-Jährige 1032 zum Papst gewählt. Im September 1044 vertrieben ihn aufständische Römer aus der Stadt und wählten einen Gegenpapst, Silvester III. Im März 1045 gewann Benedikt IX. wiederum die Oberhand. Aber bereits am 1. Mai desselben Jahres verhökerte er sein Amt für eine erkleckliche Geldsumme an seinen Taufpaten Johannes Gratianus, der den Namen Gregor VI. wählte. Im Dezember 1046 wurde der zurückgetretene Benedikt von einer römischen Synode auch formell abgesetzt. Auf Gregor VI. folgte noch im selben Jahr Klemens II., der schon 1047 verstarb. Prompt meldete nun Benedikt IX. wiederum seinen Anspruch auf den Papstthron an und wurde so zum Gegenpapst. Auf dem Stuhl Petri konnte er sich allerdings nicht lange halten; bereits am 8. Juli wurde er erneut aus Rom verjagt.

Gift → das Kapitel *Küche im Konklave* in diesem Buch. Zeitweise fürchtete man sich im Vatikan vor Gift wie der Teufel vorm Weihwasser. Dass diese Angst selbst am Altar nicht wich, belegt ein Abschnitt aus den römischen Tagebuchaufzeichnungen von Michel de Montaigne: »Am Weihnachtstag (1580) hörten wir den Papst in Sanct Peter die Messe lesen. Der Papst teilte einigen die Kommunion aus; mit ihm hielten diesen Teil des Gottesdienstes die Kardinäle Farnese, Medici, Caraffa und Gonzaga. Am Kelch ist eine besondere Vorrichtung, um den Wein zu trinken, die besser vor Gift schützen soll.« (Es handelte sich dabei um eine so genannte *fistola*, die aus drei goldenen Röhrchen bestand.)

Heilige Päpste Viele unter den rechtmäßigen Nachfolgern des Heiligen Petrus erwiesen sich als recht mäßige Nachfolger Jesu. Immerhin aber verehrt die Kirche von den 263 Vorgängern Papst Johannes' Pauls II. 77 als Heilige und (seit der Seligsprechung Pius' IX. und Johannes' XXIII. im Jahre 2000) zehn als Selige. Als heilig gelten die ersten 35 Päpste, angefangen von Petrus bis Julius I. († 352). Unterbrochen wird die Serie erst von dem etwas wankelmütigen Liberius

(† 366). Auf ihn folgen wiederum zahlreiche Päpste, die – angeblich – fast ausnahmslos im Geruch der Heiligkeit verstarben. Nach dem Tod des heiligen Bonifaz IV. im Jahre 615 kommt es nur noch gelegentlich vor, dass ein Papst als Heiliger verehrt wird. Im 9. und 10. Jahrhundert (Stichwort: *saeculum obscurum*) sind die Päpste alles andere als vorbildlich. Zur Zeit der Renaissance schließlich muss die Christenheit schon froh sein, dass die Inhaber des Stuhles Petri das Evangelium wenigstens im Rahmen der liturgischen Feiern halbwegs ernst nehmen. Erst Pius V. († 1572), ein strenger Asket und eifriger Kirchenreformer, bringt es 1672, genau hundert Jahre nach seinem Tod, zu einem Seligen-, und weitere vierzig Jahre später zu einem Heiligenschein. Als bisher Letzter in der Reihe der heiligen Päpste erscheint Pius X. († 1914; kanonisiert 1954), der es angesichts der gegen Ende des vergangenen Jahrhunderts einsetzenden Modernismuskrise gut meinte und gerade deshalb so manches falsch machte. Von den Päpsten der letzten 900 Jahre wurde außer Pius V. und Pius X. gerade noch einer in das Verzeichnis der Heiligen aufgenommen, nämlich der ehemalige Einsiedler Cölestin V. Unter unglücklichen Umständen gewählt, gab dieser sich sehr schnell über sein Unvermögen Rechenschaft und verzichtete am 13. Dezember 1294, nach einem fünfmonatigen Pontifikat, auf sein Amt.

Heiliger Stuhl Italienisch: *Santa Sede*; auch *Apostolischer Stuhl* genannt. Legaldefinierte Bezeichnung für den Papst und / oder die in seinem Namen tätigen Stellen der römischen → Kurie. Im amtlichen Verkehr mit der UNO findet stets die Bezeichnung *Apostolischer Stuhl* (und nicht der Begriff *Vatikanstaat*) Verwendung.

Informationspolitik Immer wieder beschweren sich Reporter und Journalistinnen nach Pressekonferenzen, die in der *Sala stampa del Vaticano* stattfinden, über die unzureichende Informationspolitik des vatikanischen Pressesprechers – zu Recht, denn tatsächlich hält der → Heilige Stuhl entgegen allen Beteuerungen mehr von Diskretion als von Transparenz. Auf symbolische Weise kommt das im letzten Werk zum Ausdruck, das der über 80-jährige Bernini 1678 für die Peterskirche schuf. Es handelt sich dabei um das Grabmal für Alexander VII., das sich im linken vorderen Seitenschiff befindet. Der Papst kniet dort zwischen den allegorischen Frauengestalten der Gerechtigkeit, der Weisheit, der Caritas und der Wahrheit. Letztere (auf der rechten Seite des Denkmals) war ursprünglich völlig nackt. Später hat man sie in ein helles Bronzegewand gehüllt. Heute bringt die nackte Wahrheit niemanden mehr auf unkeusche Gedanken. Erst verschleiert wirkt sie irgendwie unmoralisch. Unverschleiert tut sie gelegentlich weh – manchmal denen, die sie eingestehen, dann wiederum jenen, die sie zu hören bekommen. Bei genauem Hinsehen erkennen wir, dass die Wahrheit mit der großen Zehe des linken Fußes in einen Dorn tritt – womit Bernini auf sehr subtile Art an ein lateinisches Sprichwort erinnert: *Veritas odium parit* – Wahrheit erzeugt Hass ...

Johannes-Päpste Die Zählweise der Päpste mit dem Namen des Apostels Johannes (zuletzt Papst Johannes XXIII.) ist einigermaßen verwirrend. Einen Papst Johannes XX. wird man in dieser Reihe vergeblich suchen – er wurde einfach ausgelassen, und zwar auf Grund eines historischen Missverständnisses. In einer Papstliste des 12. Jahrhunderts nämlich hatte man vor Johannes XIV. (Dezember 983– 20. August 984) irrtümlich einen weiteren Johannes eingeschoben. Nach Aufklärung des Irrtums gab man zwar den vielen Johannes-Päpsten des 10. und 11. Jahrhunderts die ihnen zukommende Ordnungszahl, behielt aber für Johannes XXI. (1276–1277) die von diesem selbst gewählte (falsche) Zählung bei. Völlig unstimmig ist die Zählung zusätzlich durch den Umstand, dass in der Zahlenreihe auch der → Gegenpapst Johannes XVI. (April / Mai 997–Mai 998) figuriert (obwohl doch Gegenpäpste in der offiziellen Papstliste sonst nicht gezählt werden!).

Kurie, römische Die Gesamtheit der im Namen des Papstes für die Leitung der katholischen Kirche tätigen obersten Verwaltungsbehörden und Gerichte im Vatikan.

An der Spitze der römischen Kurie steht das *Staatssekretariat* (›Kanzleramt‹). Als ›Ministerpräsident‹ fungiert der Kardinalstaatssekretär. Ihm zur Seite stehen ein Substitut ›Kanzleramts- und Innenminister‹ sowie der ›Außenminister‹. *Neun Kongregationen* (›Ministerien‹) sind für die Verwaltung zuständig. Deren wichtigste ist die Kongregation für die Glaubenslehre (früher: *Sant'Ufficio della Santissima Inquisizione*; die wörtliche Übersetzung *Heiliges Büro der Allerheiligsten Inquisition* verursacht manchen noch heute eine Gänsehaut). Die übrigen acht Ministerien umfassen die Bereiche Orientalische Kirche, Gottesdienst und Sakramente, Heiligsprechungen, Bischöfe, Evangelisierung der Völker, Klerus, Ordensleute, Erziehung. *Drei Gerichtshöfe* sind für rechtliche Aspekte zuständig, nämlich die Apostolische Pönitenziarie (Ablasswesen), der Oberste Gerichtshof der Signatur (Berufungsgericht) und die Römische Rota (Ehegericht). Eine Art Ministerien sind auch die elf *Päpstlichen Räte* (Laien, Einheit der Christen, Familie, Gerechtigkeit und Frieden, Zentrale der Hilfswerke, Flüchtlinge, Krankenseelsorge, Kirchenrecht, Dialog mit anderen Religionen, Kultur, Medien). Daneben existieren *25 zentrale Ämter* (u. a. Güterverwaltung, Bibliothek, Pressestelle, Geheimarchiv, Zeitung *Osservatore Romano*, Radio Vatikan, Bischofssynode …). Nicht zu vergessen ist schließlich die Vatikanbank mit dem frommen Namen *Istituto per le opere religiose* (*IOR*; Institut für die Werke der Religion), welche durch die Finanzskandale, in die sie verwickelt war, den Vatikan in Misskredit und viele Kurienprälaten zum Schwitzen gebracht hat.

Malocchio ›Böser Blick‹ heißt der in vielen Kulturen grassierende Aberglaube, dem zufolge eine Person mit ihrem bloßen Blick anderen Schaden zufügen kann. Vielfach wird die Fähigkeit zum Bösen Blick zauberkundigen Personen, aber auch bestimmten Berufsgruppen (beispielsweise Hebammen, Henkern, Alchimisten) zugeschrieben. Dass gelegentlich sogar Päpste unter diese gefährliche Kategorie von Menschen fallen, insinuiert der preußische Legationssekretär Kurd von Schlözer in einem Brief vom 11. April 1864: »Nach einer Viertelstunde wurde auch ich zum Papst [Pius IX.] befohlen. Sein blaues Auge ist klar; die Italiener behaupten im Geheimen, dass er den so genannten *malocchio* habe. *Malocchio* ist nun aber nicht etwa ein scharfer, stechender Blick, es liegt vielmehr in dem Auge des damit Behafteten etwas Sanftes, Einschmeichelndes; und das freilich habe ich in dem Auge des guten *Pio Nono* auch entdeckt.«

Namenswechsel Dass ein neugewählter Papst auch einen neuen Namen annahm, geschah ursprünglich, weil der anfängliche heidnische Name nicht mehr tragbar schien (Mercurius = Johannes II.), politisch vorbelastet war (Octavianus = Johannes XII.) oder vulgär klang (*Os porci*, also ›Schweinemund‹ = Sergius IV.). Seit der Mitte des 11. Jahrhunderts wurde die Namensänderung allgemein üblich, um zu unterstreichen, dass die Päpste durch die Erhebung auf den

Stuhl Petri ›neue Menschen‹ würden. Zeitweise war man der Ansicht, dass es kein Glück bringe, wenn ein neu gewählter Papst seinen Namen behalte. Tatsächlich hatten einige Nachfolger des heiligen Petrus, welche ihren ursprünglichen Namen beibehielten, wenig Glück, so Hadrian VI. (Hadrian Florensz, 1522–1523, der schon anderthalb Jahre nach seiner Wahl starb), oder Marcellus II. (Marcellus Cervini, dessen Pontifikat im Jahre 1555 gerade drei Wochen dauerte). Auf Julius II., der seinen Namen ebenfalls beibehielt, trifft dies allerdings nicht zu; er herrschte immerhin von 1503–1513. Als Giulio Medici 1523 zum Papst gewählt wurde, wollte er seinen Taufnamen beibehalten. Erst als man ihm zu verstehen gab, dass sich damit die Dauer seines Lebens möglicherweise verkürze, nannte er sich Klemens VII. Bis Johannes II. (533–535) behielten alle Päpste ihre früheren Namen – außer dem heiligen Petrus (eigentlich Simon von Betsaida), welcher von Jesus *Kephas* (Felsenmann) genannt wurde.

Nepotismus Nepotismus ist ein euphemistischer Ausdruck für ›Vetternwirtschaft‹. Den (offiziell) kinderlosen Päpsten und Prälaten diente diese Institution im Mittelalter und während der Renaissance häufig zur Errichtung von Pseudodynastien.

Osservatore Romano Zeitung die im Vatikan in italienischer Sprache täglich, in anderen Sprachen wöchentlich erscheint. Vor einer Reihe von Jahren hat Kardinal Domenico Tardini dem französischen Botschafter, der sich wegen eines Artikels im *Osservatore Romano* bei ihm beschwerte, geantwortet: »Herr Botschafter, ich glaubte immer, sie seien ein Mann von Welt. Wenn Sie mir aber sagen, dass Sie den *Osservatore* lesen, muss ich wohl meine Ansicht ändern.«

Papa → PP

Papamobil Ob die Umstellung vom Esel (der Jesus nach Jerusalem trug) aufs Papamobil (das unter Johannes Paul II. eingeführt wurde) ein Anzeichen von Fortschritt oder von Dekadenz darstellt, ist unter Fachleuten nach wie vor umstritten.

Peterspfennig Eine am Festtag von Peter und Paul (29. Juni) von den Diözesanbischöfen veranstaltete Kollekte zur Unterstützung päpstlicher Initiativen und Einrichtungen. Ende Juni 1864 wohnte der preußische Legationssekretär Kurd von Schlözer im Vatikan der Überreichungs-Zeremonie bei: »So liefert die Stadt Albano sechs Pfund Wachs aus Dankbarkeit für die im Jahre 1711 erfolgte Aufhebung eines veralteten Erbschaftsgesetzes. Die Franziskaner von Assisi erscheinen demütig mit einem Pfund Wachs, weil ihre Kirche zur Basilika erhoben ist. Die Kamaldolenser müssen schon seit Julius II. (1503–1513) jährlich eine Unze Gold zahlen, um ihre alten Privilegien aufrecht zu erhalten. Die Gemeinde Camerino schickt sechs Pfund Zucker, weil die apostolische Kammer ihr einmal ein Lokal zu einer öffentlichen Bibliothek überlassen hat. Mit diesen Lieferungen kann der Heilige Vater nun freilich keine großen Sprünge machen.«

Pontifex Maximus Wörtlich: oberster Brückenbauer; ursprünglich ein Titel des heidnischen Oberpriesters im Alten Rom. Seit Leo I. (440–461) Ehrentitel der Päpste. Paul III. nahm diese Würdebezeichnung ernst und ließ 1549 den *Pons Aemilius*, die älteste steinerne Brücke Roms (erbaut um 181–179 v. Chr.) restaurieren. Die Arbeiten wurden unter anderem mit den Steuern der Kurtisanen finanziert. Heute ist von dieser Brücke gerade noch ein Pfeiler übrig.

PP Abkürzung für: *Pulp & Paper* (Brei und Papier); *Peak to Peak* (Spannungswert von positiver zur negativen Spitze gemessen); *Parcel Post* (Paketpost); *Personal Property* (persönliches Eigentum); *Partial Payment* (Teilzahlung); *Page Printer* (Seitendrucker; z.B. Laserdrucker); *Partido Popular* (Volkspartei in spanischen Sprachräumen); *Partito Popolare* (Italienische Volkspartei); *Physical Plane* (physikalische Ebene) *pianissimo* (in der Musik: sehr leise); *Polypropylen* (Kunststoff); *perge perge* (und so weiter) – und von *Papa* (vom griechischen παππα = Vater), ein Titel, mit dem seit der 2. Hälfte des 4. Jahrhunderts der Bischof von Rom bezeichnet wird.

Schweizergarde Nachdem sich die Schweizer Söldner im 15. Jahrhundert europaweit einen Ruf als Schläger und Schlächter erworben hatten, verfiel Julius II. 1505 auf den Gedanken, die Helvetier in seine Dienste zu nehmen. Am 22. Januar 1506 traf der erste Trupp zum Schutz des Papstes und seines Palastes in Rom ein. Ihre schwerste (und verlustreichste) Probe bestanden die Gardisten am 6. Mai 1527 anlässlich des *Sacco di Roma*, als die Söldnertruppen Kaiser Karls V. in das damals nur schwach geschützte Rom einfielen und die Stadt plünderten. 147 Schweizer fielen, als sie Klemens VII. den Fluchtweg in die Engelsburg frei hielten; die restlichen 42 konnten sich zusammen mit dem Papst in Sicherheit bringen.

Heute erscheinen die *Svizzeri* vielen als eine Art päpstliche Operettenkohorte mit vorwiegend dekorativer Funktion. Aber der Eindruck täuscht. Es handelt sich bei dieser weltweit kleinsten Armee um eine militärisch ausgebildete Truppe, die auch während der Reisen des Papstes für dessen Sicherheit verantwortlich ist – natürlich nicht in Helm, Harnisch und Galauniform. Was die Letztere betrifft wurde diese nicht, wie unerleuchtete Stadtführer und Reiseleiterinnen noch immer kolportieren, von Michelangelo oder Raffael entworfen. Die Farben der Galamontur, nämlich Rot, Gelb und Blau, gehen auf das Hauswappen der Medicipäpste zurück.

An sich verbietet die helvetische Bundesverfassung den Schweizern schon längst, als Söldner in den Dienst fremder Staatsmächte zu treten. Nur dem Papst gegenüber macht sie eine Ausnahme.

SCV Abkürzung für *Stato della Città del Vaticano* (Vatikanstadt). 1982 wurde der gesamte SCV in die Liste des Weltkulturerbes aufgenommen. Mürrische Miesepeter und notorische Nörglerinnen deuten die drei Buchstaben allerdings anders: *Se Cristo vedesse …* (Wenn Christus das sähe …). Hyperkritisch Eingestellte lesen die Abkürzung gar noch von rückwärts: *VCS: … vi caccerebbe subito* (… würde er euch zum Teufel jagen).

Tiara Früher eine kronenartige (außerliturgische) Kopfbedeckung des Papstes. Ihren Ursprung hat sie in der Zipfelmütze der phrygischen Könige. Die drei Kronreife symbolisieren die drei Ämter (Prophet, Priester und König [oder Hirt]). 1963 legte Paul VI. die Tiara nach der Krönung ab, zum Zeichen, dass die Kirche auf allen äußeren Prunk verzichten solle. Seither gehört sie der Vergangenheit an. Zur klerikalen Mode im Allgemeinen → das Kapitel *Die Zunft der Hofschneider* in diesem Buch.

Unfehlbarkeit Der deutsche Italienkenner Ferdinand Gregorovius (dem zu Ehren in Rom sogar eine Straße benannt ist) notiert 1870 in seinem *Tagebuch*, Papst Pius IX. habe jüngst »seine Unfehlbarkeit ausprobieren wollen«. Auf einem Spaziergang sei er einem Gelähmten begegnet und habe ihm zugerufen: »Erhebe dich und wandle!«

Der arme Teufel versuchte es – und brach zusammen. »Dies hat den Vicegott sehr verstimmt«, kommentiert Gregorovius den peinlichen Vorfall.

Vatikan In der *Alltagssprache*: Sitz des Papstes. *Völkerrechtlich gesehen* ist der Vatikan auf Grund der zwischen Italien und dem → Heiligen Stuhl am 11. 2. 1929 abgeschlossenen Verträge ein eigenständiger Staat. *Hier einige Daten*: Fläche: 0,44 Quadratkilometer; 455 Einwohner; 1640 Beschäftigte; Währung: Euro (mit eigener Prägung); jährliche Einnahmen: ca. 185 Mio Euro; jährliche Ausgaben ca. 180 Mio Euro; Internetadresse: www.vatican.va. Im Staatsgrundgesetz vom 7. 6. 1929 sind die absolute Wahlmonarchie und die absolute Souveränität des Papstes und damit seine Unabhängigkeit verankert.

Vatikanhymne Weil die Kirche daran festhält, dass die Gläubigen hier auf Erden im Pilgerstand und somit zeitlebens auf dem Weg zur ewigen Heimat sind, ist es nur folgerichtig, dass der Vatikan keine Vaterlandshymne, wohl aber eine Nationalhymne (zu Unrecht auch ›Papsthymne‹ genannt) kennt. Es handelt sich um einen von dem Franzosen Charles Gounod für den Jahrestag der Krönung Pius' IX. komponierten Marsch, der anlässlich eines großen Konzerts am 11. April 1869 auf dem Petersplatz erstmals gespielt wurde und rauschenden Beifall fand. Im Dezember 1949, am Vorabend des Heiligen Jahres 1950 ordnete Pius XII. an, die frühere, von Vittorino Hallmayr komponierte Hymne durch Gounods Marsch zu ersetzen. Der Text dazu wurde allerdings erst in den früheren Neunzigerjahren geschrieben: »O Roma felix, o Roma nobilis, Sedes es Petri, qui Romae effudit sanguinem ...« (O glückliches Rom, du hehre Stadt, Sitz des Petrus, der hier sein Blut vergossen hat).

Zwischen Frömmigkeit und Folklore

Man sollte glauben, dass das Volk einer Stadt, die seit so vielen Jahrhunderten der Mittelpunkt der katholischen Religion ist, das von Priestern regiert und erzogen wird, und eine Armee von Mönchen auf seine Kosten füttert, entweder das religiöseste, frömmste und sittlichste, oder das abergläubischste, bigotteste, fanatischste unter allen Völkern sein müsse. Aber keines von beiden! Man findet hier weder so viel Religiosität, noch einen so bigotten fanatischen Pöbel, als sich von dem wohltätigen Gebrauch und Missbrauch der Religion erwarten lässt. Religiöser Aberglaube herrscht freilich hier über alle Klassen und Stände mit souveräner Gewalt.

Karl Ludwig Fernow, Sitten- und Kulturgemälde von Rom, 1802

Katholisch – mit Maßen

I<small>M</small> A<small>LLGEMEINEN</small> <small>GILT</small> <small>DER</small> S<small>ATZ</small>, *dass der Katholik, der aus der Fremde nach Rom kommt, hier irrewird am Katholizismus. Ein West-fale, Bayer, Österreicher, Belgier, der es mit seiner katholischen Kirche ernst meint, wird gewöhnlich schon nach kurzem Aufenthalt in Rom traurig und nachdenklich gestimmt durch das hiesige Kirchenwesen. Der leichte Lebenswandel des Klerus, die oft zwecklose Existenz von Klöstern, das Nichtstun der Mehrzahl der Mönche, die manchmal pro-fanen Äußerlichkeiten des Kultus, das alles bringt wirklich fromme Ka-tholiken zu dem Ausruf, dass Rom die letzte Stadt wäre, welche zum Übertritt zum Katholizismus begeistern könne. Eine ganz ähnliche Auffassung haben auch die hiesigen katholischen Diplomaten; aber sie wagen nicht, dies offen auszusprechen, aus Furcht, für ungläubig zu gelten. Denn da die hiesige vornehme Gesellschaft, in deren Gewässern die Diplomaten doch am liebsten herumplätschern, fast nur aus den strengsten Papalinos besteht, hält der fremde Gesandte, Legationssekre-tär und Attaché es für Pflicht, sich als wütenden Calottin [Pfaffen-freund] aufzuspielen. Solche Leute sprechen dann natürlich vom Papst nur als ›Saint Père‹, von Viktor Emanuel als ›cette canaille‹; Franz II. ist ein edler Märtyrer; der Name Cavour darf nicht genannt werden; wer an die Möglichkeit eines einigen Italien glaubt, wird für einen Dummkopf erklärt.*

So der preußische Legationssekretär Kurd von Schlözer in einem Brief im Jahre 1864. Religion in Rom – das ist in der Tat ein komple-xes Phänomen. Unbestreitbar hat die römische Religiosität einen besonderen Charakter und dieser wiederum besitzt eine lange Tra-dition.

Zwar sind die weitaus meisten Römer und Römerinnen katho-lisch. Aber die wenigsten von ihnen sind in der Lage, auch nur ein einziges kirchliches Dogma zu nennen. Was ja irgendwie verständ-lich ist, denn im Grunde ist Religiosität weniger eine Sache des Wissens als vielmehr der Einstellung. Und die manifestiert sich im Zentrum der Christenheit zunächst einmal darin, dass man der Madonna eine Kerze verspricht, bevor man den Lottozettel ausfüllt.

Die zwiespältige Beziehung der römischen Bevölkerung zur Reli-gion im Allgemeinen und zum Katholizismus im Besonderen hat geschichtliche Ursachen; sie hängt mit dem gespannten Verhältnis zum Papsttum zusammen. Die Römer haben nie vergessen, dass vielen Päpsten im Mittelalter und zur Zeit der Renaissance der Ausbau ihrer Hausmacht mehr am Herzen lag als das Wohl ihrer Stadt – und dass die meisten von ihnen noch um die Mitte des 19. Jahrhunderts nicht nur den technischen und wissenschaftlichen Fortschritt, sondern auch und vor allem das Recht auf Gewissensfreiheit, Gedankenfreiheit und Redefreiheit als gottlose Ketzerei betrachteten und entsprechend ahndeten. Begreiflich daher, dass die Römerinnen – und mehr noch die Römer – eine kirchenkritische Religiosität pflegen, die sich von den Heiligen mehr erwartet als von den Nachfolgern der ehemaligen Herrscher über den Kirchenstaat.

Den Statistiken und den Äußerungen des (fast durchwegs überalterten) Klerus zufolge lässt der sonntägliche Gottesdienstbesuch sehr zu wünschen übrig. Als jedoch vor einigen Jahren die Nachricht durch die Presse ging, im nahen Civitavecchia habe eine gipserne Marienstatue blutige Tränen geweint, wurde das Städtchen über Nacht und dann gleich über Monate hin zum bevorzugten sonntäglichen Ausflugsziel der wundersüchtigen Stadtbevölkerung. Obwohl Chemiker herausfanden, dass die Tränen der Muttergottes männlichen Ursprungs waren, tat das der neuen Wallfahrt keinerlei Abbruch; vielmehr sprach man jetzt von einem ganz besonderen Wunder – *niente è impossbile alla Madonna*.

Zwiespältig – im Grunde aber eher unproblematisch – ist auch die Beziehung der Römer zu der von der Kirche geforderten Moral, was wiederum damit zusammenhängen mag, dass insbesondere die Renaissancepäpste augenfällig vordemonstrierten, dass man allzu hohen Ansprüchen nicht allzu viel Gewicht beimessen sollte, konkret etwa: dass die Gottesliebe keineswegs im Widerspruch steht zur kirchlich nicht legitimierten Liebeslust – was schon einem Michel de Montaigne während seines Romaufenthaltes im Jahr 1580 auffiel:

Irgendjemand lag mit einer Kurtisane im Bett und versagte sich nichts von allem, was in dies Handwerk fällt, als es vierundzwanzig Uhr schlug und das Ave zu läuten begann: mit einem Satz war sie aus dem Bett und kniete auf dem Boden, um ihr Gebet nicht zu versäumen. Als sie wieder einmal mit einem anderen bei der gleichen Beschäftigung war, pochte ihre brave Mutter – denn bekanntlich haben die jungen Damen alte Vetteln, aus denen sie Mütter und Tanten machen – an die Tür und riss ihr zornig und wütend vom Hals ein Band, an dem eine kleine Muttergottes hing; sie sollte nicht von dem Schmutz

ihrer Sünde befleckt werden, und die Junge verspürte in der Tat die äu-
ßerste Zerknirschung, dass sie das Bild nicht wie sonst ausgezogen
hatte.

Ein solches Zeugnis spricht keineswegs für eine unmoralische
Haltung, sondern dokumentiert lediglich eine *andere* Moral und
gleichzeitig eine tiefe Gläubigkeit: Wer den Heiligen gebührend Re-
verenz erweist, kann sich auf dem kurvenreichen Weg zum Paradies
unmöglich für immer verlaufen.

Amore sacro und *amore profano* – gelegentlich rücken die beiden
so nah zusammen, dass sie sich miteinander vereinen; es zeigt dies
ein Sonett von Giuseppe Gioachino Belli, in welchem der ernste
Spötter die zu seiner Zeit in manchen Kirchen öffentlich praktizierte
Bußübung der Geißelung aufs Korn nimmt. Eine dieser Selbstmar-
terstätten befindet sich an der *Via del Caravita*, welche *Sant'Ignazio*
mit dem *Corso* verbindet. Das Oratorium wurde im 16. Jahrhundert
von einem Jesuitenpater namens Caravita gegründet. Noch bis 1870
fanden dort jeden Freitag Abendandachten mit anschließender
Selbstgeißelung statt. Eine detaillierte Beschreibung einer solchen
Versammlung verdanken wir Lord Broughton, der im 19. Jahrhundert Italien bereiste:

Der frommen Auspeitschung geht eine kurze Ermahnung voraus.
Dann ertönt ein Glockengeläut, worauf geflochtene Peitschen an die
Anwesenden verteilt werden. Beim einem zweiten Glockengeläut wer-
den die Kerzen gelöscht. Vom Altar her erschallt nun eine Stimme, wel-
che die Gläubigen ermahnt, nicht gebeichteter oder nicht bereuter oder
ungesühnter Verbrechen zu gedenken. Während die Gläubigen ihre Ge-
wänder ablegen, wird die Stimme des Predigers bei jedem Wort lauter:
»Zeigt, dass ihr bereut, zeigt es, zeigt es mit der Peitsche!« Im Dunkeln
beginnt die Geißelung, von überall her ertönt das Zischen und Klat-
schen der Peitschen und dazwischen der Ruf »Heilige Maria, bitte für
uns!« Das Ganze dauert rund eine Viertelstunde.

Nun wissen wir aber aus anderen Quellen, dass manche scheinbar reumütige Sünder die Sache nicht allzu ernst nahmen, sondern
ihre Geißeln auf Bänke und Säulen niedersausen ließen und dabei
unmenschliche Schreie ausstießen. Gelegentlich kam es vor, dass
einige im Dunkeln mit ihrer Peitsche absichtlich andere Anwesende
malträtierten, was naturgemäß zu Handgreiflichkeiten Anlass gab,
die nicht selten in veritable Prügeleien ausarteten. Verwundert es da,
dass die Römer noch heute davon überzeugt sind, dass wahre Reli-

giosität auch etwas mit *spettacolo* zu tun hat und somit eines gewissen Unterhaltungswertes unmöglich entbehren darf? Was nun Bellis Sonett betrifft, handelt dieses von zwei Liebenden, welche sich auf der *Via del Corso* begegnen und von einem ungestümen, aber keineswegs unerklärlichen Verlangen überfallen werden. »O Gita, wäre es nicht herrlich…?« »Doch – bloß wo?« Liebe macht keineswegs blind, sie macht vielmehr erfinderisch; die beiden drängen zum *Oratorio*, wo die Andacht gerade beginnt, schleichen sich, als die Kerzen gelöscht werden, in den nächsten Beichtstuhl, sind ganz bei der Sache, ihr hechelndes Gestöhn geht unter im heftigen Geschrei der Geißler.

L'amore sacro e l'amore profano, beiden kann man auch in der Kirche begegnen, die sich nahe dem Seitenausgang der *Stazione Termini*, an der *Via Marsala* befindet, wo die Venusjüngerinnen, welche in der Nähe der Bahnhofsgegend ihre Dienste anbieten, alljährlich bei der Karfreitagsprozession andachtsvoll und gesammelt mitschreiten. Dort empfehlen sie sich auch dem Schutz der Madonna, bevor sie in den umliegenden Pensionen die Freier empfangen. Was ich in ›ihrer‹ Kirche einmal erlebte, bleibt mir unvergesslich. Da krümmt sich ein kleines unglückliches Hutzelweiblein vor der Statue der Muttergottes und klagt ihr bald hemmungslos weinend, bald aus tiefster Seele seufzend seine Not. In diesem Augenblick tritt eine mit allen Wassern gewaschene und Hunderte süße Düfte verströmende *Dame* hinzu, hört sich das heulende Elend kurz an, wird ungeduldig, zieht einen Geldschein aus der Handtasche, reicht ihn dem verzweifelten Mütterchen und sagt: *Ora stai zitta; devo parlare io con la Madonna* (Halt jetzt bloß mal für einen Augenblick deinen Mund; jetzt hab ich der Madonna was zu erzählen). Wer angesichts einer solchen Szene auch nur einen Lidschlag lang daran zweifelt, dass die Madonna die Bitte, noch bevor sie ausgesprochen ist, erhört, sollte das Thema Volksfrömmigkeit auf sich beruhen und die Liebedienerinnen in Frieden lassen.

Aber da ist auch noch der Papst. Heutzutage, wir leben ja nicht mehr im 19. Jahrhundert, gibt es kaum mehr einen Römer und schon gar keine Römerin, die ihm nicht zujubeln würde, wenn er am Sonntag anlässlich des Angelusgebetes von seinem Arbeitszimmer aus den auf dem Petersplatz Versammelten seinen Segen erteilt. Wenn er bei einer solchen Gelegenheit wieder einmal gegen ›künstliche‹ Empfängnisverhütung anpredigt, spenden ihm auch jene

Frauen stürmischen Beifall, welche die Pille im Handtäschchen mitführen. Nüchtern denkende Nordlichter, die hier einen Widerspruch sehen, sind schnell widerlegt: *Ma che c'entra il Papa con la pillola?! Il Papa è il Papa, e la pillola è la pillola* (Was hat denn die Pille mit dem Papst zu tun?! Der Papst ist der Papst, und die Pille ist die Pille). Eine solche Logik ist schlicht unwiderlegbar. Gleichzeitig offenbart sich in einem solchen Satz die innerste Natur des römischen Volkskatholizismus; der ist nun einmal ausgesprochen praktischer Natur.

Das heißt, er hat auch einen starken folkloristischen Einschlag. In Rom ist man katholisch, weil man nichts anderes kennt. Gewiss, seit dem Untergang des Kirchenstaates ist in Italien die Religionsfreiheit garantiert; aber einen religiösen Pluralismus hat es dort nie gegeben. Erwähnenswert wäre allenfalls die Religionsgemeinschaft der Waldenser, die sich im 12. Jahrhundert formierte und in einigen oberitalienischen Alpentälern die römischen Verfolgungen überlebte, sich nach der Reformation der reformierten Kirche anschloss und heute in Rom eine theologische Fakultät unterhält. Dass auch die Anglikaner, die Pfingstler, die Methodisten und die Heilsarmee, allerdings nur mit mäßigem Erfolg, missionieren, nehmen die Bewohner im Zentrum der Christenheit schon gar nicht erst zur Kenntnis. Wer in Rom geboren ist, wird (fast durchwegs) katholisch getauft, heiratet (zumeist) katholisch und wird (in der Regel) katholisch beerdigt. Das hat mehr mit dem römischen Lebensstil als mit einer persönlichen Entscheidung zu tun. Und ob man angesichts der Misslichkeiten des Alltags außer zur Madonna auch noch zur heiligen Rita von Cascia oder aber zum heiligen Antonius von Padua Zuflucht nimmt, hängt zu einem guten Teil von den Erfahrungen und Erzählungen der *nonna* ab. Zu gelegentlichen Unsicherheiten kommt es allenfalls, wenn eine Braut in eine Familie einheiratet, deren Großmutter mit anderen Heiligen bessere Erfahrungen gemacht hat. Oder wenn in *Trastevere* oder bei *Tre Fontane* ein Mädchen ohne Schulabschluss plötzlich Visionen hat und seltsame Botschaften verkündet.

In der Regel versucht der römische Klerus, seine Aufgaben bezüglich der Glaubensverkündigung gewissenhaft wahrzunehmen. Dabei fällt allerdings ins Gewicht, dass Rom, was den Priesternachwuchs betrifft, in der Statistik ziemlich am Schluss aller italienischen Diözesen rangiert. Dass die Seelsorge trotzdem halbwegs gewährleistet ist, verdankt sich der Präsenz der Orden in der Ewigen Stadt. Viele der an den Päpstlichen Fakultäten studierenden Ordenspriester verdienen sich ein (eher klägliches) Zubrot, indem sie, vorab an Wochenenden, in der Seelsorge mithelfen. Das eigentliche Rückgrat in manchen römischen Pfarrgemeinden bilden häufig die Ordensschwestern, die seit einigen Jahren vermehrt karitative und kulturelle Aufgaben wahrnehmen.

Ausländische Beobachter und Journalistinnen wundern sich immer wieder, dass der Papst, der Vorsitzende der italienischen Bischofskonferenz, vor allem aber der *Osservatore Romano* von den römischen Medien überdurchschnittlich häufig zitiert werden – eine für deutsche und, mehr noch, für schweizerische Verhältnisse geradezu komische Sache. Wer genauer hinsieht oder hinhört wird aber bald einmal feststellen, dass die Religion dabei kaum eine Rolle spielt. Untergründig nämlich sind fast durchwegs parteipolitische Interessen im Spiel, wenn die laizistische Presse oder private oder staatliche Fernsehanstalten päpstliche oder vatikanische Verlautbarungen zustimmend oder auch empört kommentieren. Aber dieses Spielchen wird schon viel zu lange gespielt, als das sich noch jemand ernsthaft darüber aufregen würde.

Das Allerheiligenfest oder Die Vertreibung der Götter

ANNO DOMINI 1350 unternahm der gotterfüllte Laie und Mystiker Hermann von Fritzlar eine Pilgerfahrt nach Rom, um dort in den Genuss des vom Papst aus Anlass des Heiligen Jahres ausgeschriebenen Jubiläumsablasses zu gelangen. Als Verfasser eines Buches mit dem Titel *Heiligenleben* besuchte er begreiflicherweise auch das Pantheon, das, der Name sagt es, zu Ehren aller Götter errichtet wurde, damals jedoch unter dem Namen *Santa Maria Rotonda* bekannt, in Wirklichkeit aber längst allen Heiligen geweiht war. Wie es zu dieser Umwidmung und damit zum alljährlichen Begängnis des Allerheiligenfestes kam, hat Hermann von Fritzlar vermutlich erst in Rom erfahren und sein (nach unseren heutigen Erkenntnissen geradezu abenteuerliches) Wissen für die Nachwelt festgehalten:

Wie dieser Festtag auf uns gekommen, das sagt die Geschichte der Römer. Ein Tempel ward gebaut zu Rom zu Ehren aller Abgötter, und es wurden in den Tempel so viel Abgötter gesetzt als Könige auf der Welt waren, und jeglichem König ward ein Abgott zugeschrieben, und jeglicher Abgott hatte eine Glocke in seinen beiden Händen, und der Römer Abgott stand in der Mitte des Tempels und hatte eine goldene

Das Pantheon. Stich von Giuseppe Vasi.

Glocke in seinen beiden Händen und wandte sich um und um, zu welchem Abgott er wollte. Nun war es mit Künsten und mit den Teufeln so gemacht: Welch König sich den Römern widersetzte, dessen Abgott läutete seine Glocke gegen der Römer Abgott und der Römer Abgott läutete seine Glocke wider jenen. So vernahmen die Römer, dass dieser König ihr Feind war, und fuhren aus und machten ihn untertänig. Dies war lange Zeit so, bis es zu Rom viele Christen gab. Da verstörte der Papst die Abgötter. Da waren 72, und die Teufel fuhren aus den Bildern, und der Römer Abgott nahm den Schlussstein oben von der Kirche, der aus Erz gegossen, ein künstlich heidnisch Werk, wohl so groß wie ein Backofen. Diesen führte er vor Sankt Peters Münster, wo er noch heutigen Tages steht, und das Loch an der Kirche, wo der Schlussstein stand, das steht noch offen und es mag niemand verblüffen, denn die Kirche ist gar groß und hat überhaupt keine Säule. Diesen Tempel weihte der Papst zur Ehre unserer Jungfrau und aller Heiligen und ließ darinnen wohl 12 Altäre setzen; in denen ist einmal im Jahr Kirchweih. Als dies Gotteshaus geweiht ward, da schlief ein alter Mann in der Kirche und hörte gar schönen Gesang von den Heiligen und den Engeln und zu ihm ward gesprochen: »Man begeht heute aller Heiligen Tag im Himmel: Sag dem Papst, dass man ihn auch auf der Erde begehen möge.« Da gebot der Papst diesen Tag zu begehen gleich dem höchsten Feste des ganzen Jahres, und diese Kirche heißt Santa Maria Rotonda.

Auf Grund dieser Notiz wissen wir, was man um die Mitte des 14. Jahrhunderts vom Pantheon wusste – und dass man sich damals durchaus bewusst war, dass die alten Götter nicht bloß aus der Stadt vertrieben, sondern gleichzeitig durch die christlichen Heiligen ersetzt wurden. Gesagt wird aber auch, dass der Umsturz auf Gottes ausdrückliche Weisung hin erfolgte.

Dieser volkstümlich-religiösen Betrachtungsweise stellt der Philosoph Paul York von Wartenburg (1835–1897), ein Anreger Martin Heideggers, gegen Ende des 19. Jahrhunderts in seinem *Tagebuch* eine religionssoziologische Erklärung gegenüber, wobei er sich gleichzeitig einmal mehr über die fromme römische Volksseele mokiert:

Ich habe den Zusammenhang des antiken und des katholischen Rom auch darin gefunden, dass das alte Rom, wie das neuere von Tempeln und Kultstätten erfüllt war. Und meistens stehen die katholischen Kirchen auf oder an der Stelle der alten Tempel. Ich glaube einen Einblick in die psychische Möglichkeit der antiken römischen Religiosität gewonnen zu haben, mag aber noch nicht den Gedanken ausdrücklich fixieren. Die Annäherung gewährt auch hier das katholische Rom. Woher z. B. die Unzahl der Kultusmarien? Es wird natürlich nur eine Maria angenommen. Aber die hat eine Mannigfaltigkeit von Funktionen: die Funktionärin wird separat angerufen, wie ein Beamter, der verschiedene Ressorts verwaltet. Die Funktion wird von ihr erbeten, dafür ihr geopfert und Verehrung gezollt. Ähnlich waren es die Funktionen der Götter, welche die alten Römer postulierten und durch den Kultus zu bestimmen strebten.

Tatsächlich wurden »die Funktionen der alten Götter« natürlich nicht von Maria »übernommen«, wie Paul York von Wartenburg behauptet, sondern von den ›Patronanten‹ der verschiedenen Heiligen, welche der schlichte Volksglaube im Lauf der Jahrhunderte mit immer neuen Zuständigkeiten bedachte. Hingegen trifft zu, dass die »katholischen Kirchen auf oder an der Stelle der alten Tempel« stehen; es hängt dies, religionssoziologisch betrachtet, natürlich nicht nur mit dem neuen Glauben, sondern auch mit den neuen Machthabern zusammen. Nachdem das Christentum im Römischen Reich Fuß gefasst hatte, setzten seine maßgebenden Vertreter alles daran, die alten Götter durch den Christengott zu ersetzen; weil ihnen dabei oft jedes Mittel recht war, wurden die ehemals Verfolgten ihrerseits zu Verfolgern. Was auch nur entfernt nach Heidentum aussah, wurde zerstört, beseitigt, getilgt. Systematisch durchgeführt wurden solche Aktionen unter anderem von Gregor I. (dem Großen; 590–604), der einen erbitterten Kampf gegen die »heidnischen Götzenbilder« führte, um zu verhindern, dass das Volk angesichts der Großartigkeit dieser Monumente vom wahren Glauben abgelenkt werde. Aber schon vor dem fanatischem Einschreiten dieses Papstes entstanden auf den Ruinen der alten Heiligtümer Kirchen: *Santa Maria sopra Minerva* über dem Minervatempel; *Santa Maria in Aracoeli* auf den Grundmauern des Tempels der Juno Moneta (neben dem sich die Münze befand) … Standbilder, die an die römische Vergangenheit erinnerten, wurden zertrümmert oder eingeschmolzen. Die berühmte Reiterstatue des Marc Aurel (die ursprünglich nicht auf dem Kapitol, sondern auf dem Platz vor der Lateranbasilika stand, wie ein Fresko aus dem Jahre 1490 von Filippo Lippi an der rechten Seitenwand der Caraffa-Kapelle in *Santa Maria sopra Minerva* dokumentiert) entging diesem Schicksal nur, weil man sie für ein Bildnis des Kaisers Konstantin hielt. Andere Zeitzeugen anderer Religionen wurden mit christlichen Symbolen und Inschriften

Reiterstatue des Marc Aurel auf dem Kapitol. Stich 19. Jh.

versehen; auf der Trajan-säule mit ihren rund 2500 Figuren steht seit 1587 der heilige Petrus. Auf der Marc-Aurel-Säule auf der *Piazza Colonna* erhebt der heilige Paulus segnend seine Rechte. Ähnliches gilt für die größtenteils aus Ägypten stammenden Sonnennadeln; erwähnt sei bloß der Obelisk auf dem Petersplatz, der 37 n. Chr. auf einem eigens für diesen Transport gebauten Schiff von Ägypten nach Rom verfrachtet und dort zunächst auf der *spina*, der Mitteltrennung, des nero-nischen Zirkus aufgestellt und 1586 auf Betreiben Sixtus' V. an seinen heutigen Standort ge-schafft wurde. Seither ziert seine Spitze ein Kreuz, während auf dem Sockel Inschriften vom Sieg des Guten über die bösen Mächte kün-den: *Ecce crux Domini, fugite partes adversae* – angesichts des Kreu-zes Christi fliehet, ihr feindlichen Mächte! Andere Denkmäler der heidnischen Antike, die sich nicht ohne weiteres beseitigen ließen, dienten zunächst als Steinbrüche. Das bekannteste Beispiel ist das Kolosseum, das später gleich in zweifacher Hinsicht ›christianisiert‹ wurde – zunächst indem man über Jahrhunderte hin die Mär er-zählte, dass an diesem Ort Tausende von Christen den Märtyrertod erlitten hätten (während wir in Wirklichkeit kein einziges Zeugnis dafür besitzen, dass dort je ein Christ *um seines Glaubens willen* ge-tötet wurde); dann indem man in den Ruinen ein Kreuz und später einen Kreuzweg errichtete, um den Sieg des Christengottes über die heidnischen Gottheiten augenfällig zu dokumentieren, was Fried-rich Hebbel zu der bissigen Bemerkung veranlasste: »Im Colliseum das Kreuz: es ist als ob man es einem erschlagenen Titanen auf die Stirn gebrannt und ihn danach noch im Grabe zum Kreuzritter um-geschaffen zu haben geglaubt hätte.«

»Umgeschaffen« aber wurde zweifelsohne das Pantheon, und zwar mehrmals. Wie bereits erwähnt, war dieser Tempel ursprünglich allen Göttern geweiht. Gebaut wurde er in der Zeit zwischen 27. und 25 v. Chr. von Marcus Agrippa, dem Schwiegersohn des Augustus. Sein Name ziert noch immer die Frontseite des Gebäudes, das von einem Brand hundert Jahre nach seiner Fertigstellung zerstört wurde. Kaiser Hadrian ließ den Tempel 118 n. Chr. wieder aufbauen, vermutlich nach eigenen Entwürfen. Die Bronzeinschrift, welche Agrippa als Architekten nennt, blieb wohl deshalb erhalten, weil der Schwiegersohn des Augustus in jener Zeit noch immer in großem Ansehen stand. Seit jeher galt das Pantheon als eine der vollkommensten architektonischen Leistungen der römischen Antike. Der Bau war noch nicht dreihundert Jahre alt, als er, nachdem Theodosius das Christentum zur Staatsreligion erklärt hatte, zusammen mit den übrigen Tempeln für den heidnischen Kult geschlossen wurde. Dies hatte zur Folge, dass die gesamte Innenausstattung – Altäre, Statuen, Kultgegenstände – abhanden kam. Das Bauwerk selber blieb letztendlich deshalb erhalten, weil die Kirche viel mehr Heilige verehrt, als das Jahr Tage zählt. Dieser chronische Platzmangel im Kalender führte zwangsläufig dazu, dass selbst heroische Jesusstreiter und beherzte Christusnachfolgerinnen im Lauf der Zeit zu liturgischen Trittbrettfahrern degradiert wurden. Um diesen zumeist unbeachteten Vorbildern gegenüber etwas mehr Gerechtigkeit walten zu lassen, verfiel man im 6. Jahrhundert auf den Gedanken, den ersten Sonntag nach Pfingsten als *Dominica in natali Sanctorum* zu feiern. Dieser Gedächtnistag der himmlischen Mauerblümchen war der Vorläufer des Allerheiligenfestes. Einen weiteren Meilenstein in dieser Entwicklung setzte Bonifaz IV., als er am 13. Mai 610 das Pantheon in eine christliche Kirche umwandelte und diese der Jungfrau Maria und allen Märtyrern weihte. Gut hundertfünfzig Jahre später gedachte man an diesem Tag nicht mehr bloß der christlichen Märtyrer, sondern aller Heiligen. Gegen Ende des 9. Jahrhunderts setzte sich in der westlichen Kirche der Brauch durch, das Allerheiligenfest am 1. November zu feiern.

Der Jahrtausendfund

ROM, 14. SEPTEMBER. Alljährlich begeht die Christenheit an diesem Tag das Fest der Kreuzerhöhung. In der Basilika *Santa Croce in Gerusalemme* wird aus diesem Anlass ein feierliches Hochamt gesungen. Denn dort befindet sich ein Teil der Kreuzreliquien. Die Kirche selber wurde über dem ehemaligen Palast Helenas, der Mutter Kaiser Konstantins, errichtet.

Jerusalem, 14. September 325. Ein aufgeregter Priester begehrt bei Helena vorzusprechen, die sich gerade in Palästina aufhält. Der Kleriker wird vorgelassen; er hat eine wichtige Nachricht zu überbringen: »Die Arbeiter haben es gefunden, in einer verschütteten Zisterne, ganz in der Nähe der Stadt!« Die vom Mittagsschlaf noch etwas benommene Kaiserin wird mit einem Mal hellwach; sie weiß sofort, was gemeint ist. Die nunmehr 76-Jährige hat sich nach Palästina begeben, um dort nach dem Kreuz Jesu zu suchen. Sollte sich der Traum ihres Lebens endlich erfüllt haben? Sie zieht ihr bestes Gewand an und begibt sich in Begleitung des Klerikers und unter dem Schutz ihrer Leibwache zur Fundstelle, wo die Bauarbeiten zu einer von ihrem Sohn Konstantin in Auftrag gegebenen Grabeskirche im Gang sind. Die besagte Zisterne birgt drei Nägel, die Balken dreier Kreuze, die aber durcheinander liegen, sowie eine Tafel mit einer hebräischen, griechischen und lateinischen Inschrift: »Jesus der Nazarener, König der Juden.« Die anfängliche Freude über den einzigartigen Fund wird allerdings schnell getrübt; denn welche beiden der sechs Balken gehörten zum Kreuz Jesu? Dieses Problem vermag Makarios, der Bischof von Jerusalem zu lösen, dank seiner guten Kenntnis des Johannesevangeliums. Dort nämlich steht geschrieben, auf welche Art Jesus gekreuzigt wurde: nicht mit Stricken, sondern mit Nägeln (vgl. Johannesevangelium, Kapitel 20, Vers 25). Zwei der sechs Balken weisen tatsächlich deutliche Nagelspuren auf.

Jerusalem, Ende September 325. Helena bereitet ihre Rückreise nach Rom vor. Sie hegt die Absicht, die kostbaren Reliquien mitzunehmen. Allerdings ist ihr bewusst, dass nicht nur die Hauptstadt der Christenheit, sondern auch Jerusalem, die Wiege der Kirche, ein Anrecht auf sie hat. Angesichts dieses Dilemmas entschließt sich die Kaiserin zu einem Kompromiss. Einen Nagel, die Hälfte des Kreu-

Santa Croce in Gerusalemme. Stich von Giovanni Battista Piranesi.

zesstammes und den Querbalken will sie nach Rom überführen. Die Tafel mit der Inschrift lässt sie in der Mitte teilen. Die eine Hälfte kommt ebenfalls nach Rom, die andere bleibt in Jerusalem. Die restlichen zwei Nägel und weitere Teile des Kreuzes übergibt Helena ihrem Sohn Konstantin, der sie in Konstantinopel zunächst in der *Hagia Sophia*, später in der kaiserlichen Schatzkammer verwahren lässt.

Jerusalem 614. Die Perser fallen ins byzantinische Reich ein und erobern Syrien und Palästina, zerstören die Grabeskirche und schaffen das Jerusalemer Kreuzreliquiar nach Bagdad. Von dem ebenfalls in Jerusalem aufbewahrten Fragment der Kreuzestafel fehlt seither jede Spur. Vierzehn Jahre später werden die Perser in einem erneuten Krieg vom byzantinischen Kaiser Heraklios vernichtend geschlagen. Der bringt das Reliquiar mit dem Stück des Kreuzesbalkens nach Jerusalem zurück und lässt die Grabeskirche wieder aufbauen.

Jerusalem, 15. Juli 1099. Die Kreuzfahrer nehmen die seit 638 von den Muslimen besetzte Heilige Stadt ein, veranstalten ein furchtbares Blutbad und errichten das Königreich Jerusalem. Doch die Herrschaft der Kreuzritter hat keine hundert Jahre Bestand. Am 4. Juli 1187 erobern die Muslime die Stadt zurück. Die dortige Kreuzreliquie ist seither verschollen.

Konstantinopel, 13. April 1204. Scharen von Kreuzrittern, die auf das Heilige Land zustreben, verwandeln sich in Konstantinopel in

292

plündernde Horden. Seither sind auch die bis dahin in der byzantinischen Hauptstadt verwahrten Kreuzreliquien verschwunden.

Rom, Santa Croce, 1. Februar 1492. Bei Reparaturarbeiten am Dach der Helenakapelle kommt hinter dem Verputz ein Ziegelstein mit der Aufschrift *titulus crucis* zum Vorschein. Dahinter stoßen die Arbeiter auf eine Nische, die eine bleierne Kassette enthält. Die wiederum ist mit dem Siegel des Kardinals Gerardus versehen, der 1144 unter dem Namen Lucius II. Papst wurde und einen vollständigen Umbau der Basilika *Santa Croce* veranlasste. Offenbar hatte dieser angesichts der damaligen wirren Zeiten die Kreuzestafel in der Mauer der Helenakapelle versteckt.

Rom, 13. September 1798. Der Kommandant der französische Revolutionstruppen, welche Rom besetzt haben, verlangen an diesem Vorabend des Festes der Kreuzerhöhung von dem einzigen als Aufseher in *Santa Croce* zurückgebliebenen Mönch die Herausgabe der Kreuzesreliquien, die seit Jahrhunderten hier verehrt werden – ein Nagel, das Fragment der Kreuzestafel und ein Fragment vom Kreuzesbalken. Der Klosterbruder jedoch hat in weiser Voraussicht die Reliquien versteckt und gibt nur die leeren Reliquiare heraus. Diese werden 1803, als der ganze Spuk vorüber ist, durch neue ersetzt.

Die Frage, ob die in *Santa Croce* verwahrten Reliquien wirklich echt sind, wird von den Geschichtsforschenden unterschiedlich beantwortet, weil nämlich über die Auffindung des Kreuzes durch Helena keine Augenzeugenberichte existieren. Für den weitaus größten Teil heutiger Jesusjünger und Christusnachfolgerinnen ist diese Frage höchst zweitrangig. Wichtig ist für sie vielmehr eine andere, nämlich: Welche Bedeutung hat der Mann aus Nazaret, der vor fast zweitausend Jahren am Kreuz hingerichtet wurde?

Der Bambino von Aracoeli

Aus aller Welt schreiben Kinder dem Kind. Über 400 Briefe treffen das Jahr über ein, die meisten davon in der Vorweihnachtszeit. Manche Anschriften muten einen schon fast waghalsig oder doch kurios an, aber der Empfänger ist so bekannt, dass ihn jede Zuschrift erreicht. *Bambino miracoloso Chiesa di Aracoeli, Jésus Bambino Église Aracoeli,* oder *S. Bambino of Aracoeli* steht auf den Briefumschlägen. Nicht nur in Italien, auch in Frankreich und England, scheinen die Postangestellten zu wissen, wohin sie solcherart adressierte Sendungen weiterleiten müssen. Auf einem Eilschreiben aus Ghana ist sogar die Stadt vermerkt, in welcher der berühmte *Bambino* residiert: *Holy Infant Jesus Aracoeli Basilica Rome.* Auch eine *An das Bambino, Kirche in Ara coeli* gerichtete Bitte aus Österreich hat den Bestimmungsort erreicht, und dies obwohl kaum ein römischer Postbote Deutsch versteht.

Mehrere solcher Zuschriften sind in der Sakristei der Kirche *Santa Maria in Aracoeli* unter der Glasscheibe eines Tisches zu sehen. Der Franziskanerbruder, der dort Devotionalien verkauft und Messstipendien entgegennimmt, ist so stolz auf die Sammlung, als seien die Briefe an ihn persönlich gerichtet.

Mit dem *Santo Bambino* selber hat es eine besondere Bewandtnis. Es gibt kaum eine Römerin, welche nicht davon überzeugt ist, dass die Statue wundertätig ist, und wehe dem Römer, der das im Beisein seiner Frau anzuzweifeln wagte. Tatsächlich trifft man zu jeder Tageszeit Menschen, die vor dem Jesuskind in der kleinen Seitenkapelle neben der Sakristei ihr Herz erleichtern und sich einen Trost von ihm erhoffen. Während der Weihnachtszeit aber gehört der *Bambino* allein den Kindern. Nach der Mitternachtsmette wird er von seinem Stammplatz in feierlicher Prozession zu einer prachtvoll aufgebauten Krippe getragen und auf Stroh gebettet. Dort besucht ihn ganz Rom im Lauf der kommenden Feiertage. Natürlich gilt die Visite nicht nur ihm, sondern auch den Darbietungen, die vom 25. Dezember bis zum 6. Januar in *Aracoeli* stattfinden. Denn an diesen besinnlichen Tagen werden die berühmten Kinderpredigten gehalten, eine Marathonveranstaltung, von der schon der preußische Historiker Ferdinand Gregorovius anlässlich seines Romaufenthaltes im Dezember 1853 schwärmte:

Der Krippe gegenüber steht auf der andern Seite des Kirchenschiffes ein Predigtpult, auf welches Kinder im Alter von sechs bis zu zehn Jahren steigen, eins nach dem andern, jedes etwa fünf Minuten lang predigend. Ein kleiner hübscher Junge stieg zuerst auf das Pult, schlug ein Kreuz und fing mit Gebärden, wie Kinder handbewegend zu deklamieren pflegen, eine wohlgesetzte Predigt von dem in die Welt gekommenen Heil an. Sein Nachfolger, ein größerer Knabe im Chorhemd, verstand es noch besser. Er schrie mit komischem Pathos, donnerte seine Predigt gleich einem Kapuzinermönch herunter und gestikulierte gleich einem tragischen Schauspieler. Auf die Knaben folgten Mädchen, zierliche kleine Fräulein mit Locken im Federhütchen und im atlasnen Jäckchen. Sie machten einen Knicks, schlugen ein Kreuz und begannen ihre Predigt. Es ist seltsam genug zu hören, wenn ein so kleines Ding von der Sünde Adams spricht, die der Herr von uns genommen hat, von dem Glauben an das Heil und das Wort, welches Fleisch geworden ist durch Jesum Christum, und von dessen Opfertod, wodurch er die Menschheit gereinigt hat. Es sind sehr gewichtige Predigten im großen Stil, und keiner fehlt der grundgelehrte Anstrich der Zitate. Und so hört man fast ein jedes Mädchen, unter denen auch Kinder von sechs Jahren predigen, einzelne Glaubenswahrheiten durch Anführung von Kirchenvätern bekräftigen und sagen: So lehrt der heilige Paulus, così dice San Bernardo, dice Sant'Agostino, und so sagt der heilige Tertullian. Die Kinder nun, die das Jesuskind im Schoß der Maria wie ein Püppchen anlächelten, knieten am Schluss ihrer Predigt nieder und richteten ein Gebet an den Bambinello. Ein kleines Mädchen betete also: »Allerliebstes kleines Knäblein, schlag doch deine kleinen Augen auf und wirf auf uns Sünder einen Blick der Gnade.« – Seht die große Prozession setzt sich in Bewegung, sie holt den Bambino aus dem Schoß der Mutter Gottes, führt ihn durch die Kirche und auf die große Treppe, wo er dem Volk gezeigt wird, und dann kehrt sie zurück, um den Bambinello zu verschließen. Es sind prächtige Köpfe unter den Franziskanern in Aracoeli, Gesichter, die in der Kutte stecken, wie ein halb eingesunkener Grabstein von römischem Travertin in der Erde steckt mit verwischter Lapidarschrift; andere sind eherne Köpfe, Dickköpfe wie Claudius, und Fettgesichter gleich Nero.

Über das Aussehen der Bambino-Wächter äußert sich knapp vier Jahrzehnte später, am 4. Februar 1891, auch der Philosoph Graf Paul York von Wartenburg in seinem *Italienischen Tagebuch*, allerdings mit einem gewissen Unmut: »Aracieli. Basilika auf antiken ungleich geformten Säulen ... Ein Sonnenstrählchen mitten in dem wüsten Kultus. Die Puppe: der Santo bambino, wurde von dem schmutzigen Mönche gezeigt.«

Mit ihren Predigten beglücken die Kinder nicht nur ihre Eltern und das Jesuskind, sondern auch die zahlreichen Schaulustigen, die das Spektakel sichtlich genießen. Vermutlich wissen die wenigsten von ihnen, dass die Bezeichnung *Aracoeli* (wörtlich: ›Himmelsaltar‹) auf eine Legende zurückgeht, welche das Gotteshaus mit Kaiser Augustus und diesen wiederum mit der Geburt Jesu in Verbindung bringt. In einem anonymen Reiseführer aus dem 12. Jahrhundert, der die *Mirabilia urbis Romae*, die Sehenswürdigkeiten der Stadt Rom, schildert, liest sich die Begebenheit so:

Als die Senatoren sahen, dass Oktavian von solcher Schönheit war, dass niemand in seine Augen schauen konnte, und in solchem Glück und Frieden herrschte, dass er sich die ganze Welt tributpflichtig machte, sagten sie zu ihm: »Wir wollen dich anbeten, weil Göttlichkeit in dir ist. Wäre dies nicht so, ging dir nicht alles glücklich aus.« Er lehnte ab und verlangte Ruhe. Er ließ die Tiburtinische Sibylle [eine Seherin] holen und berichtete ihr, was die Senatoren gesagt hatten. Sie verlangte drei Tage Zeit, in denen sie strenges Fasten einhielt. Nach dem dritten Tag antwortete sie dem Kaiser: »Ohne Zweifel, Herr Kaiser, ist dies ein Zeichen des Gerichts: Die Erde wird von Schweiß triefen. Vom Himmel wird ein König kommen, der in alle Ewigkeit herrscht, im Fleische gegenwärtig, um die Welt zu richten.« Auf der Stelle öffnete sich der Himmel und ungeheurer Glanz fiel auf Oktavian. Und er sah am Himmel eine Jungfrau von unvergleichlicher Schönheit, die über einem Altar stand und ein Kind in ihren Armen hielt. Er wunderte sich sehr und hörte eine Stimme, die sprach: »Das ist Ara coeli, der Altar des Gottessohnes.« Und sofort warf er sich zu Boden und betete. Er erzählte den Senatoren von dieser Erscheinung, und sie wunderten sich sehr. Diese Erscheinung ereignete sich im Gemach des Kaisers Oktavian, wo jetzt die Kirche der heiligen Maria auf dem Kapitol steht; daher heißt sie heilige Maria vom Altar des Himmels.

Zweifellos hat diese Legende ihren Ursprung in jener Stelle aus der vierten Ekloge, in der der römische Dichter Vergil (70–19 v. Chr.) einen Knaben besingt, der dereinst jeden Zwist überwinden, ein Zeitalter des Friedens heraufführen und alle Sehnsüchte der Menschen erfüllen werde. Diese Vision bezog man im Nachhinein zunächst auf den Kaiser Augustus, welcher das Reich befriedete und so

Das Kapitol und die Treppe zu Santa Maria in Aracoeli. Stich von Giovanni Battista Piranesi.

das sprichwörtliche ›goldene Zeitalter‹ begründete. Ein paar Jahrhunderte später jedoch interpretierten die Kirchenväter die geheimnisvollen Verse als messianische Weissagung (was wiederum dazu führte, dass man Vergil zeitweise wie einen Propheten verehrte). Am Friedenskaiser blieb dennoch etwas hängen; aus dem von Vergil formulierten Menschheitstraum machte die Legende eine Vision des Augustus.

Diese Verbindung zwischen dem Römischen Imperium und dem messianischen Reich einerseits und andererseits zwischen der Herrschaft des Augustus und der Geburt Jesu drängte sich vom Neuen Testament her geradezu auf. Bekanntlich setzt Lukas im zweiten Kapitel seines Evangeliums die von Augustus angeordnete Volkszählung um ein paar Jahre früher an, in der Absicht, dem Weltenherrscher in Rom das Krippenkind aus Betlehem gegenüberzustellen. Damit bedeutet er seiner Leserschaft, dass nicht die Herrschaft eines Augustus, sondern die Heilsbotschaft Jesu einen dauerhaften Frieden begründet.

Wie aber kommt die Legende zu der Behauptung, die Erscheinung der »Jungfrau von unvergleichlicher Schönheit, die ein Kind in ihren Armen hielt« habe auf dem Kapitol stattgefunden? Zur Beant-

297

wortung dieser Frage müssen wir uns in der Kirche etwas umsehen. Am dritten Pfeiler der linken Säulenreihe vom Haupteingang aus gesehen erkennen wir hoch oben eine Beschriftung: *A CUBICULO AUGUSTORUM* (vom Raum der Erhabenen). Diese Inschrift schien auf Augustus (wörtlich: ›der Erhabene‹ oder ›der Geheiligte‹) und gleichzeitig auf den Ort zu verweisen, an welchem der Kaiser seine Vision gehabt haben soll. Aller Wahrscheinlichkeit nach jedoch stammt die Säule aus einem Gebäude, in welchem die Auguren (also Seher und Weissager, welche *augusti*, Erhabene, genannt wurden) ihren Sitz hatten. Damit erklärt sich auch das Loch in Augenhöhe der Säule; es diente den Auguren zur Beobachtung des Sternenhimmels und damit der Bestimmung des genauen Zeitpunktes, an dem bestimmte Kulthandlungen vorzunehmen waren.

Auf einen weiteren Textbaustein der Augustus-Legende stoßen wir im linken Querschiff in der Nähe des neuen Hauptaltars. Dort erhebt sich über einem prunkvollen Porphyrgrab ein zierlicher Baldachin aus dem 17. Jahrhundert. Bei der Öffnung des Grabes im Jahr 1963 entdeckte man ein Kästchen aus Sandelholz aus dem 13. Jahrhundert mit den Reliquien der heiligen Helena, der Mutter Kaiser Konstantins. Darunter stieß man auf einen Altar mit Kosmatenverzierungen und einem Relief, mit einer Darstellung der Marienerscheinung, die Augustus angeblich zuteil wurde. Dieser Altar wurde im 13. Jahrhundert errichtet, und zwar über antiken Trümmerresten, die man im Mittelalter für einen Opfertisch gehalten hatte. Tatsächlich jedoch handelt es sich um die Ruine einer Mauer aus dem 2. Jahrhundert, die neueren Nachforschungen zufolge zum Gebäudekomplex der Auguren (*augusti*) gehörte. Damit dürfte nun vollends geklärt sein, wie die darüber erbaute Kirche *Santa Maria* zu der Bezeichnung *beim Himmelsaltar* kam.

Das Weihnachtsfest erwartet der *Bambino* von *Aracoeli* jeweils in einem Glasschrein. Dort stapeln sich auch mehrere Bündel von Briefen, welche an ihn adressiert sind. Im Unterschied zu dem berühmten Prager Kindl, das immer wieder neu eingekleidet wird, ist die Statuette von *Aracoeli* in Binden eingemummt; einzig der Kopf und die Hände sind sichtbar. Diese Art der Darstellung geht auf das Lukasevangelium zurück, das an zwei Stellen von dem in Windeln eingewickelten Jesuskind spricht. Ist dieses auf einem Samtkissen oder in einer Wiege liegend dargestellt, spricht man in der Kunstgeschichte von ›Fatschenkindern‹; während stehende Christkindfiguren wie das Prager Jesulein oder der *Santo Bambino* dem Typus ›Himmlischer Bräutigam‹ zugezählt werden.

Die Herkunft des Jesuskindes von *Aracoeli* liegt im Dunkeln. Einem Chronisten des 15. Jahrhunderts zufolge wurde die kleine Statue zwei Jahrhunderte vorher von einem Franziskanerbruder in Jerusalem aus dem Holz eines Olivenbaumes vom Ölberg gefertigt. Als der bettelarme Künstler in der ganzen Stadt keine Farbe auftreiben konnte, um sein Schnitzwerk zu bemalen, sollen Engel ihm diese Arbeit abgenommen haben. Unter abenteuerlichen Umständen – das Schiff, auf dem der Bildschnitzer mit seiner Statuette reiste, geriet angeblich in einen schrecklichen Sturm – gelangte das Jesuskind nach Rom, wo es sich (und hier verlassen wir den Bereich der Legende und betreten wiederum historischen Boden) schon bald einer großen Verehrung erfreute. Damaligem Brauch entsprechend wurde es mit kostbaren Stoffen eingekleidet und mit noch kostspieligerem Schmuck behängt, mit dem die Gläubigen ihm für zahllose Gebetserhörungen ihren Dank bekundeten. Des Öfteren brachte man den *Bambino* mit feierlichem Geleit in die Häuser der Kranken, damit er ihnen Trost spende und die Heilung beschleunige.

An dieser Stelle fällt die geschwätzige Legende der nüchternen Historie ins Wort und erzählt von einer Kindsunterschiebung, die von einer römischen Dame aufs Sorgfältigste geplant und auf äußerst raffinierte Weise inszeniert wurde. Angeblich hatte die findige Fromme eine Kopie der Statue anfertigen lassen, dann eine Krankheit vorgetäuscht und den *Bambino* zu sich gebeten. Tatsächlich schaffte sie es bei diesem Besuch, die Mönche abzulenken und ihnen das falsche Kind unterzuschieben; das echte behielt sie bei sich. Schon in der folgenden Nacht jedoch verlässt das wahre Jesuskind den prächtigen Palazzo und meldet sich durch dreimaliges Klopfen am Klostertor bei den Mönchen zurück. Erst traut der Bruder Pförtner seinen Ohren nicht, nachdem er aufgesperrt hat, misstraut er seiner Brille, und als er endlich begreift, fällt ihm nichts Besseres ein, als mit allen Kirchenglocken zu läuten, damit sämtliche Klosterbrüder und die ganze Stadt das Wunder möglichst schnell erfahren.

Weil die Legende hier nicht mehr weiter weiß, kann die Historie jetzt in aller Ruhe erklären, dass irgendetwas dran sein muss an dieser Geschichte. In der Tat wird noch heute in der Kirche *San Giovanni* in dem etwa 50 Kilometer von Rom entfernten Flecken Giulianello eine getreue Nachbildung des Jesuskindes von *Aracoeli* verehrt, welche Kardinal Scipio Borghese, der Lehnsherr dieses Gebiets, dem kleinen Ort schenkte. Diese Kopie soll auf Veranlassung der Fürstin Borghese angefertigt worden sein.

Aufschluss über das weitere Schicksal des echten *Bambino* gibt eine Bemerkung des hochgelehrten römischen Abtes Francesco Valesio, der am 28. Dezember 1738 in sein Tagebuch notierte: »Unter dem Vorwand das Jesuskind zu küssen, haben Diebe es beraubt.« Die Statue lag an diesem Tag in der Weihnachtskrippe. Die Anwesenden wandten ihr den Rücken zu und lauschten gebannt den Kanzelreden der Kinder, so dass es den Nichtsnutzen nicht allzu schwer fiel, den *Bambino* seiner Preziosen zu berauben, während sie sich andachtsvoll zum Kuss niederbeugten.

Historisch gesichert ist überdies, dass die kleine Statue sogar einmal dafür herhalten musste, die Klosterbrüder zu erpressen. Im Jahre 1798 bezahlte der römische Adelige Serafino Petrarca ein hohes Lösegeld an die napoleonischen Truppen, als diese drohten, den *Santo Bambino* zu verbrennen.

1849, zur Zeit der kurzlebigen Römischen Republik, als die Kutschen und Karossen des päpstlichen Hofs auf der *Piazza del Popolo* verbrannt wurden, blieb nur die Prachtkalesche Leos XII. verschont (der zwei Jahrzehnte zuvor verstorben war). Ein Senator übergab sie den Franziskanerbrüdern von *Aracoeli*. Diese benutzten das Gefährt bis vor wenigen Jahrzehnten, wenn sie den *Bambino* zu Kranken und Sterbenden brachten, um ihnen Trost zu spenden. In dieser Sache wiederum möchte die *Legenda* noch etwas hinzufügen, nämlich dass für die Kranken noch Hoffnung bestand, wenn sich die Lippen des Jesuskindes rot verfärbten; andernfalls blieben sie blass.

Gegen diesen erbaulichen Schluss hat die sonst sachliche Historie nichts einzuwenden, im Bewusstsein, dass sie meist doch das letzte Wort behält. Und dieses betrifft in unserem Fall eine Begebenheit, die am 1. Februar 1994 ganz Rom, und zwar Gläubige und Agnostiker gleicherweise, mit Trauer erfüllte. An diesem Tag nämlich schrieben die Zeitungen, dass der *Santo Bambino* gestohlen werden sei. Erst rechnete man mit einem Erpressungsversuch; aber die Diebe meldeten sich nie; sie waren wohl nur an den Juwelen interessiert, mit welchen das Jesuskind behangen war. Das Ende dieser Geschichte ist prosaisch. Zum Dezemberbeginn desselben Jahres haben die Klosterleute die entwendete Statuette durch eine Nachbildung ersetzt.

Dem Vernehmen nach erhält der Nachfolgerbambino mindestens so viel Post wie sein Vorgänger. Zum Beweis, dass tatsächlich jeder Brief ankommt, zeigt der Klosterbruder in der Sakristei geradezu triumphierend auf einen Briefumschlag aus Kolumbien mit der Anschrift *Señor Babbo Natale Italia.*

Antonius oder Der Kopf der Kopflosen

GANZ GLEICH, ob sie die Kirche *Santa Maria in Trastevere* als Touristinnen oder als Pilger besuchen – zuallererst bewundern sie alle das Apsismosaik dieses Gotteshauses, welches zusammen mit *San Pietro*, *San Giovanni in Laterano* und *San Lorenzo in Lucina* zu den wichtigsten Zentren der frühen Christengemeinde von Rom gehörte. Dabei fällt ihr Blick zunächst auf den Mosaikschmuck des Apsisgewölbes, auf dessen linker Seite Papst Innozenz II. (1130–43), der übrigens selbst aus Trastevere stammte, mit dem Modell des Umbaus abgebildet ist, der in Wirklichkeit eher einem Neubau der bereits seit dem 3. oder 4. Jahrhundert bestehenden Kirche gleichkam.

Darunter erstrahlt vor einem zeitlosen Goldglanz ein Bilderzyklus mit sieben Episoden aus dem Leben der Madonna, ein Meisterwerk Pietro Cavallinis, eines der größten römischen Wandmaler des 13. Jahrhunderts. Von besonderen Interesse ist die Darstellung der Geburt Jesu links vom Mittelfenster, weil der Künstler auf diesem Mosaik die Szene mit einer historischen Reminiszenz anreicherte. Genau zu Füßen Marias nämlich entdeckt man ein kleines Gebäude mit einem Türmchen und die erklärende Inschrift: *taberna meritoria*. Geschichtskundige erkennen darin eine Anspielung auf die Entstehungsgeschichte dieses Gotteshauses.

Erwiesen ist, dass sich zur Kaiserzeit an der Stelle, wo sich heute die Basilika erhebt, ein Hospiz für verdiente Kriegsveteranen, eben die so genannte *taberna meritoria*, befand. Angeblich begann ein paar Jahre vor Christi Geburt aus dem Boden dieses Gebäudes eine Ölquelle zu fließen, die jedoch schon bald wieder versiegte.

Sowohl die damals in Trastevere ansässigen Juden, wie auch später die Christen erblickten in diesem Ereignis ein Wunderzeichen. Den Juden zufolge verwies die Quelle auf die Ankunft des Messias. Die Christen hingegen neigten ein paar Jahrzehnte später zu der Ansicht, dass das seltsame Vorkommnis an den gekreuzigten und auferstandenen Messias erinnere. Dass beide Seiten die Ölquelle mit dem Messias in Zusammenhang brachten, überrascht nicht weiter; denn der hebräische Begriff ›Messias‹ (griechisch: *Christós*) bedeutet nichts anderes als *der [mit Öl] Gesalbte*. So erklärt es sich, dass die *taberna meritoria* für Juden und Christen sehr bald zu einer Art Wallfahrtsort wurde.

Santa Maria in Trastevere im 16. Jh. Stich von G. B. Falda.

Den Sieg trugen schließlich die Christen davon, allerdings nicht über die Juden, sondern über ein paar heidnische Garköche des Viertels. Diese Information verdanken wir einem Chronisten aus dem 4. Jahrhundert, welcher berichtet, dass einige Inhaber besonders billiger und anrüchiger Kneipen das Gebäude zu einer Schänke umfunktionieren wollten. Kaiser Alexander Severus (222–235) soll den Prozess zu Gunsten der Christen entschieden haben. Ob man (wie einige Historiker) daraus schließen darf, dass schon Papst Kalixtus I. (217–222) an dieser Stelle ein Oratorium errichten ließ, scheint fraglich. Wahrscheinlicher ist, dass das erste Gotteshaus erst unter Julius I. (337–352) erbaut wurde.

Im Übrigen meinen inzwischen manche Geologen, das Ölwunder auf natürliche Weise erklären zu können. Im Zuge der Eindeichung des Tibers gegen Ende des letzten Jahrhunderts verströmte der Boden Erdgas, woraus sie schließen, dass sich in dieser Gegend vermutlich fossiles Öl befindet, eine Substanz, die im Altertum noch kaum bekannt war.

Über derartigen historischen Betrachtungen, vor allem aber wegen der Schönheit der wunderbaren Mosaiken und der Pracht der teilweise vergoldeten Kassettendecke, die 1617 nach Entwürfen von Domenichino angefertigt wurde, übersehen die weitaus meisten Besucherinnen und Besucher dieses ältesten Muttergottesheiligtums der Ewigen Stadt die gipserne Antoniusstatue im hinteren linken Seitenschiff der Basilika. Denn ausgerechnet bei ihr (trotz oder wegen ihres geschmacklos-kitschigen Aussehens ist hier nicht von Interesse) suchen unzählige Gläubige aus allen sozialen Gruppen und Schichten Trost und Rat in den verschiedenartigsten Anliegen. Die meisten Hilfe Suchenden allerdings erinnern sich an sie erst, wenn sie zuerst den Kopf und anschließend sonst noch irgendetwas verloren haben. Dabei ist der 1195 in Lissabon geborene Heilige bloß wegen eines banalen Übersetzungsfehlers dazu verurteilt, Sachen zusammensuchen zu müssen, die andere Leute verbummelt haben. Allerdings existiert nicht das geringste Indiz, dass Antonius sich zu Lebzeiten für derlei Aktivitäten interessiert hätte.

Diese ungeliebte Aufgabe verdankt er indirekt seinem Zeitgenossen und Mitbruder Julian von Speyer, welcher zu seinen Ehren das berühmte *Si quæris miracula* (»Wenn du Wunderzeichen suchst…«) verfasste, einen lateinischen Wechselgesang, in welchem er den Heiligen als begnadeten Wundertäter preist. Die zweite Liedstrophe behauptet, dass Antonius für die *res perditas* zuständig sei, was man mit »verlorene Sachen« übersetzte. In Wirklichkeit jedoch besitzt *res* mehr Bedeutungen als ein gesunder Mensch Zähne hat. Gewiss bezeichnet der Begriff auch ein Ding oder eine Sache oder ein Objekt. Mit *res* kann aber genauso gut ein Landgut, ein Schatz, ein Gemeinwesen, ein Geschäft oder ein bestimmtes Ereignis gemeint sein. Oder ein Prozess. An einen solchen, und nicht an all die Dinge, die sich in den Fundbüros stapeln, scheint Julian von Speyer bei der Niederschrift seines Hymnus gedacht zu haben.

Schon bald nach dem Tod des Heiligen nämlich kursierten Legenden, in denen dieser als Anwalt zu Unrecht Verdächtiger in Erscheinung tritt. Eine davon berichtet, dass ein Bürger in Lissabon einen Jungen umbrachte und die Leiche im Garten von Antonius' Vater begrub. Nachdem man sie dort entdeckt hatte, wurde dieser zum Tod verurteilt. Antonius, durch göttliche Erleuchtung von diesem Vorfall in Kenntnis gesetzt, befand sich damals in Padua. Doch schon am Morgen nach dem Urteilsspruch tauchte er in seiner Geburtsstadt Lissabon auf und bat den Richter, ihn zu der Leiche zu führen. Dann gebot er dem toten Knaben sich zu erheben und den Namen seines Mörders kundzutun. Damit war der Vater des Antonius von dem schrecklichen Verdacht befreit.

Dieser Legende zufolge müsste sich der Heilige eigentlich vorzugsweise für jene einsetzen, die bei Gerichtsverhandlungen zwar ein gutes Gewissen, aber schlechte Karten haben. Weil man jedoch dem Zusammenhang zwischen der Legende und dem Hymnus keine Beachtung schenkte, wurde aus der dort genannten *res* (aus dem Gerichtsverfahren) ein Gegenstand und der heilige Antonius zum Kopf der Kopflosen.

Dem Vernehmen nach scheint er sich auf seinem Spezialgebiet nach wie vor bestens zu bewähren. Davon zeugen auch die über hundert Briefe, Zettelchen und Papierfetzen, sowie die rührend kitschigen Gaben, mit denen die Römerinnen und Römer ihren Heiligen bedenken und bestürmen. Wer außer für Kunst auch etwas übrig hat für die Empfindsamkeiten der Volksseele und die Ausdrucksweisen unbefangener Volksfrömmigkeit wird diese Statue des heiligen Antonius von Padua nicht ohne Rührung betrachten.

Weihnachtsessen mit Stadtstreichern

CLOCHARDS, STADTSTREICHERINNEN, illegal Zugewanderte, Alte, Behinderte – alle versammeln sie sich zur Mittagszeit des 25. Dezembers, am Fest der Geburt Jesu, in der Kirche *Santa Maria in Trastevere*, nicht zum Beten, sondern zu einem festlichen Essen. Die Einladung ergeht jeweils per Karte; für die meisten Gäste ist dies wohl der einzige Brief, den sie im Lauf des Jahres (nicht durch die Post, sondern irgendwo in der Stadt persönlich überreicht) erhalten.

Mahlzeiten in den Kirchen oder in deren näheren Umgebung waren im Altertum keineswegs ungewöhnlich. Entsprechend einem heidnischen Brauch pflegten auch die Christen der Frühzeit am Jahrestag ihrer Verstorbenen deren Gräber aufzusuchen. Daran schloss sich häufig eine Agape an. Dieses anfänglich bescheidene ›Mahl der Nächstenliebe‹ sollte den Zusammenhalt der Gemeinschaft fördern. Später fanden solche Agapen auch in Kirchen statt; vor allem an Hochfesten wie Ostern oder Weihnachten bildeten sie den Abschluss des Gottesdienstes. Mit dieser frommen Sitte war häufig eine Armenspeisung verbunden. Allerdings wurde der Wunsch nach Gemeinschaft schon bald vom Bedürfnis nach Geselligkeit verdrängt, so dass das Mahl der Liebe häufig zu einem Liebesmahl entartete, bei dem nicht mehr Jesus und Maria angerufen, sondern Bacchus und Venus gehuldigt wurde. Derlei Auswüchse haben die Kirchenväter vom italischen Mailand (Ambrosius) bis zum nordafrikanischen Hippo (Augustinus) zu Recht und konstant bekämpft, übrigens mit mäßigem Erfolg.

Dass geistige Getränke bei diesen Zusammenkünften eine wichtigere Rolle spielten als geistliche Gedanken, hatte schon der heilige Augustinus in einem Sermon festgestellt: »*Diversis nominibus incipiunt bibere, non solum vivorum hominum, sed et angelorum et reliquiorum sanctorum* (auf das Wohl sehr verschiedenartiger Geschöpfe leeren sie ihre Becher, nicht nur auf jenes ihrer Bekannten, sondern auch auf das der Engel und auf die Reliquien der Heiligen). Tatsächlich war es in manchen Gegenden Brauch, den Gedenkgottesdienst zu Ehren des Kirchen- oder Landespatrons, aber auch die liturgischen Feiern an den kirchlichen Hochfesten mit einem Umtrunk zu beschließen. So galt den Dänen Weihnachten als »Fest des Horns«, weil sie an diesem Tag nach dem Gottesdienst dem Trunk aus ihren mitgebrachten Hörnern etwas über die Maßen zusprachen. Auch die Irländer feierten die Geburt Jesu, indem sie, kaum dass der Priester den Schlusssegen gesprochen hatte, einander mit ihren vergoldeten Hörnern zuprosteten. Die Norweger hingegen zechten an diesem Tag zu Ehren des heiligen Olav, der ihnen im Jahre 995 das Christentum verordnet hatte. Der Klerus sah in diesem Tun nichts Verwerfliches; nur so ließ sich angeblich vermeiden, dass die Untertanen einander auf das Wohlergehen ihrer falschen Götter zuprosteten.

Neben anderen Kirchenversammlungen verurteilte auch eine im Jahre 1127 in Nantes abgehaltene Synode die Gepflogenheit, in *amorem Sanctorum*, zu Ehren der Heiligen, die Gottesdienste in den Kirchen mit einer wilden Zecherei zu beenden. Aber es brauchte noch ein paar Jahrhunderte, bis sich die Erkenntnis durchzusetzen vermochte, dass man die Heiligengedenktage nicht unbedingt mit einem öffentlichen Besäufnis begehen muss.

Von den in der Vergangenheit üblichen Missbräuchen ist am Weihnachtstag in *Santa Maria in Trastevere* nichts mehr zu spüren. Die Kirchenbänke im Schiff der Basilika sind durch Tische mit roten Decken ersetzt, die Tafel ist festlich geschmückt, und die Kerzen brennen, wenn die Gäste sich zum festlichen Mittagsmahl einfinden. Gastgeberin ist die *Comunità di Sant'Egidio*, die im Römischen Trastevere ihren Hauptsitz hat.

Gegründet wurde diese Bewegung 1968 von dem Studenten Andrea Riccardi und einer Gruppe von Römer Gymnasiasten in der Absicht, Gescheiterten, Vereinsamten und Notleidenden, überhaupt Randexistenzen und Gestrandeten unter die Arme zu greifen. Es war dies die Zeit, der großen Demonstrationen und Krawalle, als Studierende überall auf der Welt gegen ›das System‹ (was immer sie darunter verstanden) aufbegehrten. Während die ›Linken‹ gegen die ›Bourgeoisie‹ rebellierten, gegen die ›Macht‹ demonstrierten und gegen das ›Kapital‹ protestierten, entdeckten Riccardi und seine Gefährten die Armut in den Barackensiedlungen am Stadtrand von Rom, in welchen die Sinti und die Roma und die Zugewanderten aus dem Mezzogiorno, allesamt meist Analphabeten, unter menschenunwürdigen Bedingungen hausten. Sie erteilten den Kindern dort Nachhilfestunden, halfen ihnen bei den Schulaufgaben, bemühten sich um die Verbesserung der desolaten hygienischen Zustände, um die Unterbringung von Obdachlosen und die medizinische Betreuung von Kranken. Während die Studenten und Studentinnen in allen großen europäischen Metropolen Marx als Propheten neu entdeckten und Theorien entwickelten, deren Konsequenzen sich im Bombenwerfen, in Brandstiftungen und in der Belagerung der Universitäten manifestierten, inspirierte sich Riccardi mit seiner Gruppe an der Bergpredigt und konzentrierte sich auf das Nächstliegende, nämlich auf den praktischen Einsatz zu Gunsten jener, die aus eigener Kraft kaum zu überleben vermochten. Während die Revolution der Achtundsechziger längst Geschichte (und Legende) ist, hat sich die Gruppe von Trastevere im Lauf der Jahre zu einer apostolischen Bewegung entwickelt, zu der heute mehr als 30'000 Menschen gehören, die sich in 35 Ländern der verschiedenen Kontinente für die Übervorteilten und Benachteiligten einsetzen.

Ihren Hauptsitz hat die Gemeinschaft, inzwischen als »kirchlicher öffentlicher Verein von Gläubigen« auch rechtlich anerkannt, in dem alten Karmeliterinnenkloster *Sant'Egidio* unweit der *Piazza Santa Maria in Trastevere.*

Dort betreibt sie eine Volksküche, wo vier Mal in der Woche rund 1500 Mahlzeiten abgegeben werden. An den übrigen Tagen sind die ›Sant'EgidianerInnen‹ in Rom mit mobilen Küchen unterwegs und verköstigen Arme, Landstreicherinnen und Obdachlose beim Bahnhof Termini, bei U-Bahn-Stationen und unter Tiberbrücken.

Alljährlich an Weihnachten lädt die Gemeinschaft von Sant'Egidio in die Marienkirche von Trastevere alle jene Ausgegrenzten und Abgeschriebenen, die schon zur Zeit Jesu am Rand der Gesellschaft lebten, zu einem festlichen Mahl – ein unrasiertes Gesicht zählt hier mehr als ein Taufschein. Dennoch versuchen fast alle Gäste, sich ein bisschen herauszuputzen. Auch die Mitglieder der Gemeinschaft haben an diesem Weihnachtstag ihre Jeans und T-Shirts abgelegt und erscheinen in einer dem Anlass entsprechenden, aber doch schlichten Aufmachung. Feinfühligkeit zeigt sich auch in der Wahl des Menüs. Viele der Geladenen haben kaum noch Zähne, leiden unter motorischen Störungen oder laufen Gefahr, sich an Knöchelchen oder Fischgräten zu verschlucken. Lasagne, Linsen, Bohnen, Hackbraten, Kartoffelbrei und weich gekochtes Gemüse aber werden von allen geschätzt – und demzufolge auch aufgetragen. Zum Nachtisch gibt's Eis und natürlich ein großes Stück Panettone, der in Rom zu Weihnachten gehört wie der Obelisk zum Petersplatz. Beim Ausschenken

des Weins zeigen sich die Helferinnen und Helfer eher etwas zurückhaltend. Gäste, die meinen, in dieser Hinsicht zu kurz kommen,
werden am späten Nachmittag unter einem Kirchdach oder unter
einer Brücke ohnehin ihr privates Weihnachten feiern, allein, wie sie
es seit Jahren oder Jahrzehnten gewohnt sind. Aber im Unterschied
zu den übrigen 364 Tagen des Jahres trinken sie ihren Fusel dann
wenigstens nicht auf nüchternen Magen.

Aberglaube und Spanische Hochzeit
im 19. Jahrhundert

WO IMMER DER GLAUBE WEST, treibt der Aberglaube sein Unwesen; die Grenze zwischen beiden ist fließend. Das hängt damit zusammen, dass die Himmlischen sich nur selten bequemen, die Wünsche der Irdischen hinlänglich zu erfüllen oder bedrängende Fragen auf befriedigende Weise zu beantworten. Weshalb der Mensch, um ihnen auf die Schliche zu kommen, seit jeher dazu neigt, auf Umwegen wenigstens ein Schnippelchen olympischer Allmacht zu erbeuten oder zumindest einen Fetzen der göttlichen Allwissenheit zu ergattern. Dabei nimmt er naturgemäß Zuflucht zu mysteriösen Maßnahmen und magischen Mitteln.

Ein klassisches Beispiel dafür bildet das Treiben bei der *Bocca della Verità*, dem ›Mund der Wahrheit‹, in der Vorhalle der Kirche *Santa Maria in Cosmedin*. Heute wissen wir, dass es sich bei dieser runden Marmorplatte in Form eines Faunsgesichts mit aufgesperrtem Rachen um einen römisch-antiken Schachtdeckel handelt. Jahrhunderte später erst, im wundersüchtigen Mittelalter, als die alten Götter in Rom längst besiegt waren und das Christentum das Sagen hatte, fand die Riesenmaske (die Einheimischen sprechen vom *mascherone*) als postantiker Lügendetektor Verwendung. Schienen die Aussagen von Angeklagten den Richtern wenig glaubhaft, erzwangen sie mittels des Fauns ein Gottesurteil; die Beschuldigten wurden zu dem berüchtigten *mascherone* geführt. Dort mussten sie ihre Hand in den Mund des Fauns stecken und ihre Ausführungen wiederholen. Konnten sie die Hand unverletzt wieder herausziehen, hatten sie die Wahrheit gesagt. Das Ungetüm war damals in der Nähe der Kirche vor einer Hütte aufgestellt, deren Mauer genau an der Stelle durchbrochen war, an welcher sich die Mundöffnung des Fauns befand. Verwundert es da, dass manche

Der »Mund der Wahrheit«. Zeichnung von L. Canina.

Santa Maria in Cosmedin. Stich 18. Jh.

Angeklagte den Arm unter gellenden Schreien zurückzogen? Und dass dem einen oder der anderen Beschuldigten die Hand oder ein paar Finger fehlten? Gelegentlich nämlich soll es vorgekommen sein, dass die Richter, wenn sie von der Schuld eines Angeklagten oder einer Verdächtigten überzeugt waren, auch den Scharfrichter zu dem Gottesurteil bestellten, der dann im Innern der Hütte die Wahrheitsfindung mit dem Schwert vorantrieb.

Naturgemäß (wir befinden uns ja im Süden, wo die Frauen heißblütiger und die Männer entsprechend eifersüchtig sind) kamen die weitaus meisten Untersuchungen auf Veranlassung misstrauischer Ehemänner zu Stande. Aber längst nicht immer, wenn vorher unter Unschuldsbeteuerungen Tränen geflossen waren, floss nachher Blut. Überliefert ist der Fall einer Frau, die sich vor dem Gottesgericht mit ihrem Liebhaber abgesprochen hatte. Der mimte den Verrückten, als die des Ehebruchs Verdächtige zum Faun geführt wurde, rannte auf sie zu, umarmte und küsste sie, machte sich die allgemeine Verwirrung zu Nutze und aus dem Staube. Worauf die Beschuldigte die Hand in den Mund des Monstrums streckte und schwor, außer ihrem Mann und diesem Irren nie jemanden umarmt noch geküsst zu haben. Seither, erzählen mit Bedauern die Römer und mit Er-

311

leichterung die Römerinnen, habe der Faun seine magische Kraft verloren. 1632 wurde er an seinem jetzigen Standort aufgestellt.

Dort ist er noch immer zu besichtigen, wenn nicht schon wieder eine japanische Reisegruppe die Sicht versperrt. Das kann dann dauern. Bis alle Vierzig oder Fünfzig ihre Hand in den Rachen des Ungeheuers gesteckt und ihre Unschuld auf dem Erinnerungsfoto dokumentiert haben, bleibt uns hinreichend Zeit, die Kirche mit den wundervollen Kosmatenarbeiten zu besichtigen. Dabei lohnt sich auch ein Besuch in der Sakristei, wo wir das Fragment eines Goldmosaiks aus dem Jahre 706 bewundern können, eines der wenigen ornamentalen Stücke, welche aus Alt-Sankt-Peter hinübergerettet wurden; es zeigt das Jesuskind, während es das Geschenk eines der Magier aus dem Morgenland entgegennimmt.

Beim Hinausgehen, die Sicht auf den Faun ist jetzt frei, fragen wir uns, ob die zwei besonders hübsche Touristinnen aus dem Fernen Osten uns eher aus Angst vor der Wahrheit oder doch vielleicht aus kulturellem Interesse in die Kirche gefolgt sind, statt sich dem fragwürdigen Test zu unterziehen.

Die (reellen oder virtuellen) Hörner der Ehemänner lenken unsere Gedanken noch auf eine ganz andere Art von Hörnern, die ihrerseits wiederum auf eine abergläubische Vergangenheit verweisen. Bekanntlich wird das Johannisfest in Rom alljährlich in der Nacht vom 23. auf den 24. Juni auf der *Piazza San Giovanni* mit einem öffentlichen Schneckenessen (und neuerdings auch mit einem spektakulären Rockkonzert) gefeiert. Allerdings handelt es sich dabei ursprünglich nicht um eine Art Hommage zu Ehren des heiligen Johannes des Täufers, sondern um einen christlich verbrämten heidnischen Brauch, der möglicherweise gar auf die prähistorische Zeit zurückgeht, als in dieser Gegend der Sommerbeginn festlich begangen wurde. Im Mittelalter verbanden sich mit dieser Lustbarkeit zunehmend abergläubische Elemente wie das Schneckenessen. Bekanntlich bekommen Schnecken, wenn sie ihre Augen aufmachen, ›Hörner‹. Und diese Hörner, vor allem wenn man sie sich einverleibt, haben die Macht Dämonen, Kobolde und andere Abergeister zu bannen. Das Jahr über, wenn gerade keine Schnecken zur Hand oder auf dem Teller sind, schafft man selber Ersatz; Daumen, Mittel- und Ringfinder der rechten Hand werden gekrümmt, während der Zeige- und der kleine Finger ausgestreckt bleiben. Diese ›Hörner‹ werden (um Ärger zu vermeiden meist im Verborgenen, also in der Hosen- oder Manteltasche, gegen übel wollende Personen gerichtet, von denen man annimmt, dass sie mit ihrem *malocchio*, dem bösen Blick, Schaden stiften.

In der Nacht auf Johannis hingegen macht man Nägel mit Köpfen. Wohl wissend, dass die Schnecken allein in dieser Nacht der Nächte nicht ausreichen, um jeglichen Schadenzauber fern zu halten – auch die Poltergeister, die Trolle und Unholde, ebenso wie die Klabautermänner und die Gnomen wollen bekämpft, betäubt, zumindest aber besänftigt werden – kommt viel Knoblauch, der selbst die Vampire vertreibt, in den Schneckenkessel. Wer in der Nacht auf Johannis keine Schnecken mag, kauft sich *porchetta*. Im Gegensatz zu den *lumache* jedoch ist das geröstete Spanferkel nur spärlich mit der scharfen Knolle gewürzt; jeder *Romano de Roma*, was so viel wie ›waschechter Römer‹ bedeutet, empfiehlt daher seinen engsten Angehörigen, die Geliebte eingeschlossen, in dieser Nacht zum Schutz gegen Druden, Drachen und Dämonen mindestens eine der umstrittenen Knollen bei sich zu tragen. Für den Fall, dass dies alles wider Erwarten nichts fruchten sollte, entfachte man früher Feuerbrände, die das römische Volk, um deren heidnischen Ursprung zu verschleiern, irgendwann als *fuoco di San Giovanni*, als Johannisfeuer, bezeichnete, während doch alle, angefangen vom Lastenträger bis hinauf zum Papst, genau wussten, dass der heilige Johannes mit dieser Sache überhaupt nichts zu tun hatte. Und alle, angefangen vom Papst bis hinunter bis zum letzten Lastenträger, waren früher der Überzeugung, dass das Jahr über weder Weihwasser noch Votivmessen noch irgendwelche Segenshandlungen das Geringste bewirken würden, wenn man nicht zuvor, und zwar in der Nacht vom 23. auf den 24. Juni, die bösen Geister mit Feuer eingeschüchtert hatte.

Wenn wir uns schon auf der *Piazza San Giovanni* befinden und uns am wahren Glauben der Römer, will sagen an ihrem Aberglauben erbauen, legt es sich nahe, auch die Basilika selber aufzusuchen, welcher der Platz seinen Namen verdankt.

Die Lateranbasilika ist eine der ältesten, wenn nicht die älteste Kirche Roms. Der Name leitet sich vom Grundstück ab, auf dem sie gebaut wurde; es handelte sich um ein damals am äußersten Stadtrand gelegenes Areal, auf dem in der frühen Kaiserzeit die Villa der Patrizierfamilie der Laterani stand. Papst Silvester I. (314–335) ließ an dieser Stelle eine fünfschiffige Basilika errichten. Diese Kirche wurde 897 durch ein Erdbeben schwer beschädigt und ab 904 wieder aufgebaut und den beiden Heiligen Johannes dem Täufer und Johannes dem Evangelisten geweiht. Aus Anlass des Heiligen Jahres 1650 gab Papst Innozenz X. Francesco Borromini den Auftrag, die damals baufällige Basilika zu renovieren. Dieser modernisierte im barocken Sinn den Innenraum. 1735 ließ Papst Klemens XII. die Fassade errichten. Die Inschrift am Portikus *CAPUT ET MATER ECCLESIARUM URBIS ET ORBIS* (Haupt und Mutter der Kirchen der Stadt Rom und des Erdkreises) erinnert daran, dass *San Giovanni in Laterano* und nicht, wie die meisten meinen, der Petersdom, die ranghöchste Basilika der Christenheit ist. Das hängt damit zusammen, dass die Päpste rund ein Jahrtausend lang im Lateranpalast residierten, bis sie 1309 von Rom ins französische Avignon übersiedelten; von dort kehrten sie erst 1377, also nach achtundsechzig Jahren, in die Hauptstadt der Christenheit zurück, nicht zuletzt auf Grund inständiger Bitten der römischen Bevölkerung, die mit ansehen musste, wie ihre Stadt an Bedeutung und Wohlstand abgenommen hatte.

Die Bronzetüren des mächtigen Hauptportals von *San Giovanni in Laterano* stammen aus der *Curia*, dem Sitzungsgebäude des römischen Senats auf dem *Forum Romanum*. Sei es, weil diese Türflügel aus der heidnischen Antike stammen, sei es, weil der christliche Glaube allein den Hoffnungen seiner Anhänger und Anhängerinnen nicht voll zu genügen, sei es, dass er ihre Ängste nicht gänzlich zu überwinden vermag, Tatsache ist, dass sie dem Aberglauben auch an diesem Bronzetor ihren Tribut zollen. Es trifft dies allerdings nur zu auf die neu verheirateten Paare, welche sich, wenn immer möglich noch am Tag der Eheschließung und natürlich vor dem Hochzeitsessen, nach *San Giovanni in Laterano* begeben, nicht um in dieser ersten Kirche der Christenheit einen Dank abzustatten, noch um eine Bitte auszusprechen, sondern um den inzwischen schon ganz abgegriffenen Türgriff des rechten Torflügels zu berühren. Denn nur so scheint ihnen eine gesunde Nachkommenschaft gewährleistet. Warum dem so ist, meine lieben Leserinnen und Leser, werden Sie feststellen, wenn sie diese Türklinke anlässlich Ihrer nächsten Romreise etwas genauer betrachten. All jenen, welche gerade Paris oder Prag oder Brüssel auf dem Programm haben und deshalb vielleicht nicht so bald in die Ewige Stadt kommen, sei verraten, dass keinerlei Fantasie vonnöten ist, um zu erkennen, dass der erwähnte Türgriff eindeutig die Form eines Phallus aufweist.

Wenn schon von Brautpaaren und von Heirat die Rede ist, wollen wir hier den preußischen Legationssekretär Kurd von Schlözer wieder einmal zu Wort kommen lassen. Der berichtet am Freitag, den 8. Juli 1864 seiner Mutter von einem in Rom von Spaniern geübten Brauch, der nicht weniger erheiternd ist als der Aberglaube der Römer.

An der hiesigen spanischen Botschaft ist ein sehr angenehmer Kollege, Marquis Arcicollar, ein Vetter d'Osunas. Als erster Sekretär bezieht er außer seinem Gehalt eine sehr spaßhafte Revenue. Wenn nämlich ein Spanier sich verheiraten will, und seine Braut mit ihm im dritten oder vierten Grade verwandt ist, muss er vorher den päpstlichen Dispens einholen. Von Spanien aus ist die Beschaffung einer solchen päpstlichen Erlaubnis mit vielen Schreibereien, bureaukratischen Weitläufigkeiten und solchen Kosten verbunden, dass die meisten dieser Söhne Aragoniens, Kataloniens und Andalusiens in derartigen Fällen es vorziehen, statt den schriftlichen Instanzenweg in der Heimat zu gehen, sich selbst nach Rom zu begeben. Die erforderlichen Atteste und sonstigen Papiere bringen sie mit; die spanische Botschaft schreibt dann an den Vikar von Rom, und nach zwei oder drei Tagen ist der päpstliche Dispens ausgefertigt.

So weit hat das Geschäft seinen natürlichen Verlauf. Nun aber muss in solchen Fällen eine Heirat par procuration hier in Rom stattfinden, und da tritt denn das Schicksal in Gestalt irgendeines Vikariatsbeamten mit der gewichtigen Frage an den dispensglücklichen Bräutigam heran: »Wer soll deine Braut bei diesem Prokurationsakte vertreten?« Der Hispanier war natürlich noch niemals in Rom, ist in der Ewigen Stadt wildfremd, kennt hier keinen Menschen, am wenigsten ein weibliches Wesen, welches mit ihm an den Altar treten könnte. Und doch sind die Tage seines hiesigen Aufenthalts gezählt, das Leben ist in Rom kostspielig und dabei zieht es ihn gewaltig zurück nach der Heimat, nach seiner Stadt, seinem Dorf, wo die Braut ungeduldig harrt.

Die Lage wäre für den armen unerfahrenen Jüngling schrecklich, wenn nicht die Hohe Botschaft Ihrer Spanischen Majestät mit schützender und hilfreicher Hand eingriffe.

Seit vielen Jahren lebt hier nämlich eine Spanierin, die mit einem Römer verheiratet ist und schon hoch in den Vierzigern steht. Diese hat sich ein für alle Mal bereit erklärt, sobald sich irgendeiner ihrer Landsleute in solchen Prokurationsnöten befände, die Würde der stellvertretenden Braut zu übernehmen.

An diesen Engel wird nun der Bräutigam verwiesen. Man verabredet Tag, Stunde und den Ort des Rendezvous. Das Honorar steht fest. Ein im Lauf der Zeiten durch häufig wiederkehrenden Gebrauch etwas abgenutztes Brautkleid wird schleunigst aufgeplättet, und so steht diese eine und selbige Ehrendame jahraus, jahrein, oft einen Tag nach dem andern, mit irgendeinem Spanier vor dem Priester, lässt sich ihrem Kompatrioten feierlich antrauen, zieht ihren Prokurationsscudo ein und verlässt dann sofort den glücklichen Ehegatten, comme si de rien n'était, um vielleicht schon nach wenigen Stunden oder am folgenden Tage das Kleid von neuem anzulegen und wieder einem anderen Landsmann, der ihr ebenso spanisch wie die Übrigen vorkommen mag, aus der Not zu helfen.

Für die Beschaffung eines jeden Dispenses bezieht der erste spanische Botschaftssekretär einen Scudo. Im vorigen Monat hat Arcicollar deren vierzig eingenommen. Daraus folgt, dass jene Donna im wunderschönen Monat Juni mit ganzen vierzig spanischen Mannen eine solche Ehe geschlossen hat. Das gibt Geschäftsroutine.

»Mit Augenaufschlägen das Volk getröstet«

WER NACH ROM FÄHRT, sollte als Erstes die Basilika *Santa Maria Maggiore* aufsuchen. Sie liegt ja auch in unmittelbarer Nähe des Bahnhofs. Wahrscheinlich war es die fast überirdische Schönheit dieser Kirche, welche die Volksfantasie dazu verleitete, ihre Entstehung auf übernatürliche Ursachen zurückzuführen. In der Nacht vom 4. auf den 5. August des Jahres 352, so will es die Legende, erschien die Jungfrau Maria dem Papst Liberius im Traum und trug ihm auf, zu ihren Ehren an jener Stelle eine Kirche zu stiften, an der es am folgenden Tag schneien werde. Als dann an dem glutheißen Sommertag auf dem Esquilin Schnee fiel, legte der Papst den Grundstein. Dargestellt sind diese wunderbaren Geschehnisse auf einem der vier Marmorreliefs aus dem 15. Jahrhundert, die in den untersten Teil der Apsiswand eingelassen sind. Alljährlich am 5. August wiederholt sich das Schneewunder während eines Gottesdienstes, wenn aus der Kuppel der linken vorderen Seitenkapelle Tausende von weißen Blütenblättern herunterschneien. In dieser Kapelle befindet sich auch jene berühmte Madonnenikone, welche unter dem Namen *Salus Populi Romani* (Heil des römischen Volkes) verehrt wird. Das Bild dürfte im 9. Jahrhundert entstanden und byzantinisch beeinflusst sein. Die Legende weiß es natürlich wieder einmal besser und schreibt es dem heiligen Lukas zu, vermutlich deshalb, weil dieser von allen Evangelisten das detailreichste Bild der Gottesmutter gezeichnet hat. Sicher jedenfalls ist, dass die Ikone seit Menschengedenken selbst von jenen Römern mit ehrfürchtiger Scheu verehrt wird, welche ihre Frauen zur Messe schicken, während sie vor dem Fernseher das Sonntagvormittagsprogramm verfolgen.

Aber nicht wegen dieser von vielen als wundertätig betrachteten Ikone bezeichnet man die Basilika als *maggiore*, als die Größere, sondern weil das erste an dieser Stelle errichtete Gotteshaus um die Mitte des 5. Jahrhunderts durch ein geräumigeres ersetzt wurde. Den ehrwürdigen Namen verdient diese Basilika aber auch deshalb, weil sie zu den prachtvollsten und imposantesten Bauwerken der Ewigen Stadt gehört. Ist *Santa Maria in Trastevere* die älteste Marienkirche Roms, so gilt *Santa Maria Maggiore* als die schönste – und als römisches Hauptquartier der Madonna.

Die dort aufgestellte Ikone selber ist in zahlreichen Reproduktionen auf der ganzen Welt verbreitet. Sie hat aber auch viele Künstler in Rom zu ähnlichen Darstellungen an Bürgerhäusern und Palästen inspiriert, so dass die Madonna mit dem Bambino in Rom noch heute praktisch allgegenwärtig ist – aber damit befinden wir uns bereits mittendrin in einer anderen Geschichte.

Die wenigsten von denen, die in Rom von der *Piazza Argentina* aus in die *Via delle Botteghe Oscure* einschwenken, bemerken die von Votivtafeln umgebene *Madonna della Provvidenza*, ein Marienbildnis aus dem 18. Jahrhundert am Haus mit der Nummer 34a. Und schon gar nicht beachten sie die dazugehörige Inschrift in lateinischer Sprache: »Wanderer, das Antlitz, das du hier siehst, hat am 9. Juli 1796 mit gütigem Blick und wiederholten Augenaufschlägen das flehende Volk getröstet und die Herzen zu Lobeserhebungen bewegt.« Dass dieses Madonnenbild trotz seiner unmittelbaren Nähe zum früheren Hauptquartier der italienischen Kommunisten die Zeiten unbeschadet überstand, beweist, dass die Antiklerikalen in Rom schon immer ein bisschen flexibler waren als ihre Moskauer Genossen.

Unübersehbar und doch kaum beachtet von den Fremden ist ein anderes von Kerzen und Lichtern umgebenes Marienbild aus der Mitte des 20. Jahrhunderts mit zahlreichen Votivtafeln gegenüber dem Bildungsministerium an der *Viale Trastevere*, das die Römerinnen wie ein Heiligtum schmücken und hegen. Wer die Straße öfters abschreitet, begegnet immer wieder einmal Vorbeieilenden, die der Madonna eine Kusshand zuschicken.

Im *Centro storico*, in der Innenstadt, wimmelt es geradezu von ähnlichen kleinen Madonnen-Denkmalen. Ein ergreifendes Zeugnis solcher römischer Volksfrömmigkeit findet sich sogar rechts vom Eingang zum *Palazzo Montecitorio*, dem Sitz des italienischen Parlaments.

Wer sich über längere Zeit hin in Rom aufhält und Zugang zur einheimischen Bevölkerung hat, bemerkt bald einmal, dass die Römerinnen mit der Muttergottes in der gleichen Weise verkehren wie mit der Fischhändlerin auf dem *Campo de' Fiori*; die Römer zeigen sich diesbezüglich etwas zurückhaltender. Eine römische Matrone sieht in Maria eben nicht bloß die Mutter Jesu, sondern gleichzeitig auch die *Magna Mater*, die große Mutter oder Schutzmantelmadonna, welche alle unter ihre Obhut nimmt, die sich ihr anvertrauen.

Santa Maria Maggiore. Stich 18. Jh.

Der für nordische Gemüter vielleicht etwas allzu familiäre Umgang mit der Gottesmutter hat Ursachen und Gründe, welche zeitlich bis in die römische Antike und geographisch bis nach Konstantinopel zurückreichen.

Dort nämlich war im Jahre 428 gerade ein heftiger Streit im Gang, den ein paar fromme Marienprediger entfacht hatten, welche die Maria als ›Gottesgebärerin‹ priesen. Nun gab es aber welche, denen es nicht einleuchtete, wie oder warum Gott eine Mutter haben sollte; sie sahen in Maria lediglich eine ›Menschengebärerin‹. Der dortige Patriarch Nestorios versuchte zu vermitteln und schlug die Bezeichnung ›Christusgebärerin‹ vor. Weil aber keine der Parteien nachgeben wollte, hatte der Kirchenmann Nestorios nun alle gegen sich. Nun aber nahm in der Kaiserstadt Konstantinopel auch das einfache Volk lebhaften Anteil an diesen Auseinandersetzungen. So kam es in der Folge zu Tumulten, die Gottesdienste wurden gestört, organisierte Sprechchöre unterbrachen die Prediger.

Da dieser Streit die ganze damalige Christenheit in zwei Lager zu spalten drohte, berief der Kaiser auf das Pfingstfest des Jahres 431 eine allgemeine Kirchenversammlung in die kleinasiatische Stadt Ephesos ein, welche die Einheit unter den Gläubigen wiederherstellen sollte. Dort entschieden die Konzilsväter, dass der Ehrentitel

›Gottesgebärerin‹ Maria angemessen sei – und setzten Nestorios als Patriarchen von Konstantinopel ab.

Schon im darauf folgenden Jahr kam man in Rom auf den Gedanken, der Gottesmutter zu Ehren eine neue Kirche von nie da gewesener Schönheit zu errichten, eben *Santa Maria Maggiore,* die sich schnell zu einem wichtigen Wallfahrtsziel entwickelte und so wesentlich zur Verbreitung der Marienverehrung in der Ewigen Stadt beitrug.

Im Spätmittelalter und zu Beginn der Neuzeit begannen nicht nur Bürgersleute, sondern auch Adelige, die Außenmauern ihrer Häuser und Paläste mit Marienbildern zu schmücken, eine Gewohnheit, die im 17. und 18. Jahrhundert weiteste Verbreitung erfuhr. Diese pietätvollen Darstellungen erfüllten gleichzeitig auch einen praktischen Zweck. Nachts nämlich wurden die Malereien mit Windlichtern oder Fackeln erhellt, die dann gleichzeitig als Straßenbeleuchtung dienten. Seit gut einem halben Jahrhundert sind unter den meisten dieser Bilder elektrische Ampeln angebracht, mittels derer die Hausbesitzer ihre Marienverehrung bekunden.

Leider nimmt sich heutzutage kaum jemand die Zeit, die Gedenktafeln zu entziffern, welche sich unter manchen dieser Darstellungen finden. Gelegentlich verspricht eine alte Inschrift andächtigen Betrachtern gar einen Ablass, wenn sie vor einem solchen Andachtsbild ein Gebet sprechen. In dem an den Vatikan angrenzenden *Borgo Pio* (Haus Nummer 27) weist eine Tafel unter einer Madonna mit Kind ausdrücklich darauf hin, dass dies auch für die Betrachterinnen gilt: »Mit Reskript vom 5. Juli 1797 gewährt Pius VI. allen Gläubigen *dell'uno e dell'altro sesso* (also beiderlei Geschlechts) einen Ablass von 200 Tagen, sofern sie vor diesem Bildnis andächtig die Litaneien beten.«

Die größte Verehrung unter den ›Straßenmadonnen‹ genießt nach wie vor die *Madonna dell'Archetto.* Ursprünglich befand sich dieses um 1690 von Domenico Muratori gemalte Bildnis in einem düsteren Gässlein, das die *Via di San Marcello* mit der *Via dell'Archetto* verband. 1696 soll dieses Muttergottesbild die Augen bewegt haben. 1751 wurde die kleine Ädikula erneuert. Bei dieser Gelegenheit sicherte man die Eingänge zu dem unscheinbaren Gässchen beidseitig mit Eisengittern, um die vielen, teilweise recht kostbaren Votivbilder vor räuberischen Zugriffen zu schützen. 1796, genau hundert Jahre nach dem ersten ›Augenwunder‹, wollen zahlreiche

Beterinnen und Beter gesehen haben, wie die Madonna erneut ihre Augen bewegte »und das versammelte Volk mit liebevollen Blicken betrachtete« – was wiederum dazu führte, dass immer mehr Gläubige vor diesem Madonnenbildnis ihr Herz erleichterten. Um die Mitte des 19. Jahrhunderts wurde der Durchgang geschlossen und zu einer kleinen Kapelle umgebaut. Die feierliche Einweihung erfolgte am 31. Mai 1851 im Beisein zahlreicher geistlicher und weltlicher Würdenträger.

Wenn wir der Überlieferung glauben wollen, waren die *Madonna della Provvidenza* an der *Via delle Botteghe Oscure* und der *Madonna dell'Archetto* (Zugang zur kleinen Kapelle von der *Via di San Marcello*) bei weitem nicht die einzigen Muttergottesbildnisse, welche die Römerinnen und Römer mit ihrem Augenaufschlag in Erstaunen versetzten – und manche von ihnen wohl auch zur Besinnung brachten. Dass ihnen die Madonna noch heute von den Mauern und Ecken zahlreicher Palazzi herab zulächelt, bemerken heute nicht einmal mehr die Pilger und Wallfahrerinnen. Denn in unserer schnelllebigen Zeit fehlt sogar ihnen die Muße zum besinnlichen Verweilen.

Arrivederci Roma

Rom lärmt. Rom zermürbt. Rom macht krank. Das wissen nicht nur die Einheimischen, sondern auch die Fremden. Erstere schimpfen über die Verwaltung, über die Politiker, über die Zustände in den Spitälern, in den Schulen und auf den Straßen, während Letztere einen Nervenzusammenbruch riskieren, weil sie schon wieder vor verschlossenen Museumstoren oder vor verriegelten Kirchentüren stehen. Die Römer vermaledeien ihre Stadt, die Römerinnen verwünschen ihre Männer, die angeblich unfähig sind, auch die kleinste Reform einzuleiten, und fromme Pilger und mondäne Touristinnen schwören gleicherweise und einmal mehr, diesem Babylon endgültig den Rücken zu kehren – und ein halbes Jahr später sitzen sie bereits wieder auf der Piazza Navona und schlürfen ihren Espresso. Sie wären auch zurückgekehrt, wenn sie keine Münze rückwärts über die Schulter in den Trevi-Brunnen geworfen hätten.

Ähnlich verhält es sich mit den Einheimischen. Keine halbe Stunde, nachdem sie ihren Wohnsitz unisono vermaledeit und in den Boden verdammt haben, weil sie in dem mörderischen Verkehr stecken geblieben sind, erheben sie die Stadt in den Himmel: Rom ist die schönste von allen Metropolen der Welt, die älteste, die vornehmste, die berühmteste, die interessanteste. Die Ewige. Dem folgt, unausweichlich wie der nächste Streik, ein einziger kurzer Satz: »Roma è sempre Roma«. Damit ist alles gesagt, was es zu sagen gibt. Das Leuchten in den Augen, das ein solches Bekenntnis begleitet, kommt von innen. Von ganz innen. Trotz allem Schmäh und allem Geschimpfe sind sich die Einheimischen und die Fremden eben doch einig: Rom lockt. Rom fasziniert. Rom betört.

Wohl deshalb gibt es über Rom fast mehr Bücher als Wege, die dorthin führen. In den meisten Stadtführern steht das Wichtigste allemal drin. Aber das Wichtigste ist bei weitem nicht immer das Interessanteste – und schon gar nicht das Entscheidende, wenn man etwas vom Geist der Ewigen Stadt und von der Mentalität der Bevölkerung erfahren möchte. Das gelingt nur, wenn man nicht nur auf das gegenwärtige Erscheinungsbild, sondern auch auf die Vergangenheit schaut. Dann merkt man plötzlich ganz von selbst und zum eigenen Erstaunen, dass die Geschichte Roms eine Unmenge Geschichten in sich vereinigt, welche fast nie zueinander passen und die doch zusammengehören.

Allmählich wird es Zeit, dass ich mich von allen verabschiede, die mir auf meinen Streifzügen gefolgt sind. Für das geduldige Zuhören möchte ich mich bedanken. Zu Dank verpflichtet bin ich ferner meinen früheren Professoren und späteren Kollegen, den Historikern Giovanni Odoardi und Lorenzo di Fonzo. Während ich selber gerade nur dreieinhalb Jahrzehnte in Rom weilte, haben sie fast ihr ganzes Leben dort verbracht. Bei meinen Recherchen waren sie mir eine große Hilfe. Danken möchte ich schließlich auch Imelda Casutt, die während mancher ihrer Romaufenthalte alte, oft kaum zugängliche Inschriften fotografierte und mir dadurch ein mühsames Abschreiben ersparte. Dass sie nach der Lektüre des Skripts sagte, nun sei so richtig motiviert für eine weitere Romreise, hat mich als Autor besonders gefreut.

Literatur

Altrichter Helmut (Hrsg.), Bilder erzählen Geschichte, Freiburg i. Br. 1995.

Angenendt Arnold, Heilige und Reliquien, München 1994.

Barberito Manlio, Incanti romani, Roma 1996.

Bartels Klaus, Roms sprechende Steine. Inschriften aus zwei Jahrtausenden, Mainz 2000.

Belli Giuseppe Gioachino, Die Wahrheit packt dich. Eine Auswahl seiner frechen und frommen Verse, vorgestellt und aus dem Italienischen übertragen von Otto Ernst Roch. Mit einem Essay von Gustav René Hocke, München 1978.

Berlioz Hector, Memoiren, Hamburg 1990.

Bihlmeyer Karl / Tüchle Hermann, Kirchengeschichte, Bd. 2: Das Mittelalter, Paderborn 1968.

Bläsi [= Küchler Alois], Eine Romreise, Sarnen 1903.

Breidecker Volker, Rom. Ein kulturgeschichtlicher Reiseführer, Stuttgart 2000.

Bomans Godfried, Römische Impressionen, München 1956.

Borghese Daria, Geliebtes altes Rom, Freiburg i. Br. ²1964.

Buchner Edmund, Die Sonnenuhr des Augustus, Mainz 1982.

Decker Rainer, Die Hexen und ihre Henker. Ein Fallbericht, Freiburg/Basel/Wien 1994.

Delli Sergio, Le strade di Roma, Roma 1975.

Döllinger J. J. Ignaz, Papstfabeln des Mittelalters, Kettwig 1991.

D'Onofrio Cesare, Castel S. Angelo e Borgo tra Roma e Papato, Roma 1978.

D'Onofrio Cesare, Le fontane di Roma, Roma 1986.

D'Onofrio Cesare, Visitiamo Roma mille anni fa. La città dei Mirabilia, Roma 1988.

D'Onofrio Cesare, Il Faccino di via Lata ed altre fontane minori con acqua di Trevi, Roma 1991.

Frank Claus-Günter, Rom – »so viele Städte in einer einzigen«. Literarische Spaziergänge durch die Hauptstadt der Welt, Tübingen 2000.

Fuld Werner, Lexikon der letzten Worte. Letzte Botschaften berühmter Männer und Frauen von Konrad Adenauer bis Emiliano Zapata, Frankfurt am Main 2001.

Gardner Jane F., Frauen im antiken Rom, München 1995.

Gerlini Elsa, Die Villa Farnesina an der Lungara in Rom, Roma o. J.

Gregorovius Ferdinand, Wanderjahre in Italien, München ⁵1997.

Greiner Wilfried / Pelzl Bernhard, Rom. Ruinen erzählen, Wien/Köln/Weimar 1998.

Grimm Gunter E. / Breymayer Ursula / Erhart Walter, »Ein Gefühl von freierem Leben«. Deutsche Dichter in Italien, Stuttgart 1990.

Guarducci Margherita, Le chiavi sulla pietra, Casale Monferrato 1995.

Hesemann Michael, Die Jesus-Tafel. Die Entdeckung der Kreuz-Inschrift, Freiburg/Basel/Wien 1999.

Hülsebusch Bernhard, Vatikan von innen, Graz 1997.

Imbach Josef, Mein Rom, Würzburg 1996.

Jacobus de Voragine, Die Legenda aurea, Gerlingen 1997.

Karrer Otto, Franz von Assisi. Legenden und Laude, Zürich 1945.

Keyssler Johann Georg, Neueste Reisen durch Deutschland, Böhmen, Ungarn, die Schweiz, Italien und Lothringen, worinnen der Zustand und das Merkwürdigste dieser Länder beschrieben, Hannover 1751.

Krogel Wolfgang, All'ombra della Piramide. Storia e interpretazione del cimitero acattolico di Roma, Roma 1995.

Küchler Alois: siehe Bläsi

Kurzel-Runtscheiner Monica, Töchter der Venus. Die Kurtisanen Roms im 16. Jahrhundert, München 1995.

La Stella Mario, Antichi mestieri di Roma, Roma 1982.

Lo Bello Nino, The Incredibile Book of Vatican Facts and Papal Curiosities, Missouri 1998.

Lucentini Mauro (mit Paola, Eric und Jack Lucentini), Rom. Wege in die Stadt, Augsburg 1995.

Mahr Johannes (Hrsg.), Rom – die Gelobte Stadt, Stuttgart 1996.

Malizia Giuliano, Le statue di Roma. Storia, aneddoti, curiosità, Roma 1990.

Marino Laura, Le donne di Roma, Roma 1995.

Mendelssohn-Bartholdy Felix, Briefe aus den Jahren 1830–1847, Leipzig [7]1899.

Merkle Heidrun, Tafelfreuden. Eine Geschichte des Genießens, Düsseldorf/Zürich 2001.

Montaigne Michel de, Tagebuch einer Reise durch Italien, die Schweiz und Deutschland in den Jahren 1580 und 1581, Frankfurt am Main 1988.

Montini Renzo U., Le Tombe dei Papi, Roma 1957.

Müller Wilhelm, Rom, Römer und Römerinnen. Eines deutschen Dichters Italienbuch aus den Tagen der Romantik, Bremen 1956.

Naval Margherita, A Roma si racconta che … Leggende, aneddoti, curiosità, Roma o. J.

Oschwald Hanspeter, Vatikan. Die Firma Gottes, München/Zürich 1998.

O'Grady Desmond, Alle Jubeljahre. Die »Heiligen Jahre« in Rom von 1300 bis 2000, Freiburg/Basel/Wien 1999.

Paravicini Bagliani Agostino, Der Leib des Papstes. Eine Theologie der Hinfälligkeit, München 1997.

Pastor Ludwig von, Geschichte der Päpste seit dem Ausgang des Mittelalters, 16 Bde., Freiburg i. Br. 1886–1933.

Pastor Ludwig von, Die Stadt Rom zu Ende der Renaissance, Freiburg i. Br. 1925.

Paszthory Emmerich, Salben, Schminken und Parfüme im Altertum, Mainz 1992.

Plinius der Ältere, Von der Bildhauerei und der Baukunst (aus der *Historia naturalis*), Frankfurt am Main 1925.

Rabus Jakob, Pilgerfahrt im Jubeljahr 1575, München 1925.

Raffalt Reinhard, Concerto Romano, München 1958.

Recke Elisa von der, Tagebuch einer Reise durch einen Theil Deutschlands und durch Italien, in den Jahren 1804–1806, Berlin 1815.

Redondi Pietro, Galilei der Ketzer, München 1989.

Reinhardt Volker, Rom. Ein illustrierter Führer durch die Geschichte, München 1999.

Schlitter Horst, Religion in Italien, Gütersloh 1993.

Schlözer Kurd von, Römische Briefe, Stuttgart und Berlin 1918.

Serventi Silvano, Vorkoster bei Hofe, in: Slow – Magazin für Kultur und Geschmack 3 (1999) Nummer 13, 10-16.

Seume Johann Gottfried, Spaziergang nach Syrakus im Jahre 1802, München 1985.

Tamburini Filippo, Santi e peccatori. Confessioni e suppliche dai Registri della Penitenzieria dell'Archivio Segreto Vaticano (1451–1586), Milano 1995.

Thiede Carsten Peter, Geheimakte Petrus. Auf den Spuren des Apostels, Stuttgart 2000.

Voragine: siehe Jacobus de Voragine.

Vischer Friedrich Theodor, Briefe aus Italien, München 1907.

Waal Anton de, Der Rompilger, Freiburg im Breisgau, achte, verbesserte und erweiterte Auflage, Freiburg i. Br. 1904.

Waiblinger Franz Peter (Hrsg.), Rom. Ein literarischer Reiseführer, Darmstadt 2000.

Weeber Karl-Wilhelm, Alltag im alten Rom, Zürich 1995.

Worbs Michael (Hrsg.), Rom. Literarische Spaziergänge, Frankfurt am Main 2000.

York von Wartenburg Graf Paul von, Italienisches Tagebuch, Darmstadt 1927.

Zapperi Roberto, Die vier Frauen des Papstes. Das Leben Pauls III. zwischen Legende und Zensur, München 1997.

Zeppengo Luciano / Bellegrandi Franco, Guida ai misteri e piaceri del Vaticano, Milano 1973.

Orts- und Objektregister

(Erwähnt sind lediglich Orte und Objekte, von denen ausführlicher die Rede ist.)